기초에서 응용까지

ATmega128 마이크로컨트롤러

이시현 지음

ATmega123 Microcontroller

도서출판 그린

영문 표기

ADC	: AD변환기(Analog to Digital Converter)
Address	: 번지(어드레스)
ALU	: Arithmetic Logic Unit
CISC	: Complex Instruction Set CoMCUter
MCU	: Central Processing Unit
Crystal	: 수정발진자(크리스탈)
DAC	: Digital to Analog Converter
EEPROM	: Electrically Erasable and Programmable Read Only Memory
EISC	: Extended Instruction Set CoMCUter
I^2C	: Inter-Integrated Circuit
IR	: Infrared
ISP	: In-System Programming
JTAG	: Joint Test Action Group
Keypad	: 키패드
MCU	: MicroController Unit
MIPS	: Million Instructions Per Second
Mode	: 모드
Oscillator	: 수정발진기(오실레이터)
Power Down	: 전원 다운
Power Save	: 전원 절약
RISC	: Reduced Instruction Set CoMCUter
Resonator	: 공진기
RTC	: Real Time Clock
SPI	: Serial Peripheral Interface
SRAM	: Static RAM
Standby	: 대기
TQFP	: Thin Quad Flat Package
TWI	: Two-Wire serial Interface
USB	: Universal Serial Bus

기호

→	: 변경을 표시
⇒	: 설정 과정의 표시

서문

1997년 Atmel사에서 개발된 AVR ATmega128은 하버드 구조를 갖는 RISC형 8비트 마이크로컨트롤러입니다. ATmega128은 다양한 온칩 메모리(플래시, EEPROM, SRAM), 인터페이스(JTAG, SPI, ISP, TWI, RS-232C)와 통합개발환경 제공으로 시스템 개발에 많은 유연성과 편의성을 제공하고 있습니다. 또한 ATmega128은 저가격, 저전력, 고성능, 풍부한 I/O 포트 지원으로 다양한 응용분야에서 폭넓게 사용되고 있습니다. 이러한 기술 및 산업체의 응용 추세에 따라 본서는 ATmega128을 활용하여 대학에서 마이크로컨트롤러를 이해하고 실무에서 응용할 수 있도록 다음과 같이 구성하였습니다.

첫째, 제 1부(1장~8장)에서는 ATmega128의 기본적인 구조, 동작과 인터페이스를 이해할 수 있도록 설명하였고, 제 2부(9장~23장)에서는 실습용 키트에서 응용 회로와 프로그램을 설계하는 내용으로 구성하였습니다.

둘째, ATmega128 마이크로컨트롤러를 활용하여 응용 회로를 부분적으로 실습할 수 있고 PCB 보드에 직접 조립하면서 이해할 수 있도록 모든 소자를 DIP형으로 하였습니다.

셋째, 학생들이 취업 전 반드시 경험해야 되는 부품 판독, 납땜, 회로 설계 및 조립, 시험방법, 개발환경 구축, 시스템 프로그래밍 설계기법을 단계별로 이해하고 경험할 수 있도록 하였습니다.

본서가 출간될 수 있도록 많은 지원을 해주신 (주)ED 박용후 대표 이사님께 깊은 감사를 드립니다. 또한 출판 기회를 주신 도서출판 그린의 윤덕우 사장님께 감사를 드리며 프로그램을 수정해 준 차유성 군에게 감사를 드립니다.

마지막으로 본서가 ATmega128을 이해하고 응용하는 분야에서 많은 도움이 되기를 희망하며, 미흡한 부분에 대해서는 지속적으로 수정하고 보완할 것을 약속드립니다.

2013년 6월

저자

차 례

제1부 ATmega128 기초

제 1 부

ATmega128 기초

제 1 장

ATmega128 소개

학습목표

1. 마이크로컨트롤러(microcontroller)의 개념을 이해한다.
2. AVR ATmega128 마이크로컨트롤러의 종류, 특징, 응용분야를 이해한다.
3. ATmega128 마이크로컨트롤러의 핀 신호의 기능, 내부 구조, 레지스터를 이해한다.

1.1 개요

1971년 미국 인텔(Intel)사에서 최초로 4비트 마이크로프로세서(microprocessor) i4004를 개발하였다. 그 후 인텔에서는 i8080, i8085, 자일로그(Zilog)사의 Z80, 모토로라(Motorola)사의 MC6800 등이 개발되었다. 또한 인텔에서는 1978년 MCS-51 계열이 개발되었는데, 기존의 마이크로프로세서에 비하여 크기, 복잡성, 성능 측면에서 비약적인 발전을 가져왔다. 또한 ARM(1990년 설립)에서 개발된 RISC형 ARM 프로세서는 스마트폰, 휴대형 정보단말기, 가전, 통신, 계측기, 의료기기, 무기 시스템, 산업용 기기 등의 다양한 응용 분야에 사용되고 있다.

한편 AVR 계열의 ATmega128은 1997년 Atmel사에서 개발된 하버드 구조를 갖는 RISC형 8비트 마이크로컨트롤러이다. 마이크로프로세서는 마이크로컴퓨터의 기능을 수행하는 장치에 활용되는 단일 칩(chip) 형태의 MCU(Central Processing Unit)이다. 마이크로프로세서는 데이터 처리와 연산이 주 목적이며 메모리를 비롯한 각종 외부 장치를 필요로 한다. 그러나 마이크로컨트롤러(microcontroller)는 산업용 기기의 제어(control)가 주 목적이며, 마이크로프로세서와는 명령어, 하드웨어 구조, 응용 분야 등에서 구분이 된다. 임베디드프로세서(embedded processor)는 마이크로컨트롤러와 구분되지만 혼용하여 사용되고 있다.

마이크로프로세서를 분류하는 방법은 표 1.1과 같으며 프로세서의 구조와 특징은 표 1.2와 같다. 마이크로프로세서의 구조는 폰노이만 방식(von neumann architecture)와 하버드 방식(harvard architecture)로 구분할 수 있다.

| 표 1.1 | 마이크로프로세서의 분류 방법

분 류	설 명
1 프로세서의 기능에 따른 분류	• 의미 없음(제조사와 다양한 응용분야에 사용)
2 데이터 버스, 산술논리장치(ALU)와 레지스터의 크기에 따른 분류	• 4비트 : 단순한 응용목적 • 8비트 : 응용 목적이 간단한 경우 • 16비트 : 중간 정도의 복잡도를 가지는 응용분야 • 32비트 : 내장형 시스템(embedded system)에서 많이 사용 • 64비트 : 최고의 성능이 필요한 응용분야
3 명령어 구조에 따른 분류	• CISC(Complex Instruction Set CoMCUter) • RISC(Reduced Instruction Set CoMCUter) • EISC(Extended Instruction Set CoMCUter)

| 표 1.2 | 프로세서의 구조 및 특징

종류	명령어	회로 복잡도	메모리	프로그램	컴파일러
CISC	명령어 개수가 많고 그 길이가 다양하여 실행 사이클도 명령어 마다 다름	복잡	고밀도 메모리 사용이 효율적	명령어를 적게 사용	다양한 명령어를 사용하므로 컴파일러가 복잡해짐
RISC	명령어 길이는 고정적이며 워드와 데이터 버스 크기와 실행 사이클이 모두 동일	단순	낮은 밀도의 명령어 사용으로 메모리 사용이 비효율적	상대적으로 많은 명령어가 필요, 파이프라인 사용	명령어 개수가 적어 단순한 컴파일러 구현이 가능
EISC	16비트 명령을 사용하여 32비트 데이터를 처리	단순	코드 밀도가 높음(임베디드 시스템에 유리)	RISC 보다 더 깊은 파이프라인 단계를 사용	국내 기술에 의해서 개발(ADC Corp.)

1.2 AVR ATmega128

AVR 시리즈의 마이크로컨트롤러는 1997년 미국의 Atmel(Advanced Technology for Memory Enhanced Logic)사에서 개발한 8비트 RISC 마이크로컨트롤러이다. AVR은 1996년 Norwegian 공과대학교에 재학 중인 Alf-Egil Bogen과 Vegard Wollan에 의해서 개발되었다고 해서 AVR(Alf and Vegard's RISC)로 명명되었다. 그 후 두 사람은 Atmel사에 입사하여 AVR을 연구하게 되었다.

AVR 계열의 마이크로컨트롤러는 AVR 8-32비트, ARM 기반의 솔루션, MCU Wireless, ATmega128 구조를 갖는 제품군이 있다. ATmega128은 AVR의 megaAVR 계열에 속하는 제품이며, Atmel사의 AVR 마이크로컨트롤러의 종류는 표 1.3과 같다.

| 표 1.3 | AVR 마이크로컨트롤러의 종류와 특징

AVR 계열의 종류	데이터 버스 크기	주요 특징
AVR UC3	32비트	범용의 32비트 고성능 마이크로컨트롤러
AVR XMEGA	8/16비트	범용의 8/16비트 마이크로컨트롤러
megaAVR	8비트	범용의 다양한 응용분야의 제어를 목적으로 개발된 풍부한 주변장치를 갖는 마이크로컨트롤러(ATmega128이 해당)
tinyAVR	8비트	범용 및 소형 마이크로컨트롤러
배터리 관리용 AVR	8비트	휴대형 Li-Ion 배터리의 회로 보호, 전압, 전류, 온도제어용의 마이크로컨트롤러

자동차용 AVR	8비트	자동차의 지능형 전자제어 및 전자장치에 사용되는 마이크로컨트롤러

AT128은 AVR의 megaAVR 패밀리의 8비트 마이크로컨트롤러이며 주요 특징은 표 1.4와 같다.

| 표 1.4 | ATmega128의 주요 특징

특징	설명
구조	• 고성능, 저전력 소모의 AVR 8비트 마이크로컨트롤러 • 진보된 RISC 구조(133개의 명령어, 32바이트 범용 작업레지스터, 16MHz에서 16MIPS 명령어 처리속도, 2사이클에 처리 가능한 곱셈기
메모리	• 128K바이트 플래시 메모리(ISP 방식의 프로그램용) • 4K바이트의 EEPROM 내장 • 4K바이트 내부 SRAM 내장 • 외부의 추가적인 64K바이트 메모리 공간(A0~A15)
인터페이스 지원	• 프로그래밍과 온칩 디버깅을 위한 JTAG 인터페이스 지원 • JTAG 표준에 따른 바운더리 스캔(boundary-scan) 기능 지원 • 온칩(on-chip) 디버그 지원 • JTAG 인터페이스를 통한 플래시, EEPROM, 퓨즈 및 잠금 비트의 프로그래밍
주변장치 지원	• 2개의 8비트 타이머/카운터(프리스케일러와 비교모드) 지원 • 2개의 16비트 타이머/카운터(프리스케일러와 비교모드, 캡쳐모드) 지원 • 개별적인 수정발진기를 사용한 실시간 카운터 • 2개의 8비트 PWM 채널 • 6개의 PWM 채널(2비트에서 16비트까지 해상도 선택 가능) • 8개의 10비트 ADC 지원 • 2개의 직렬통신(USART) 모듈 • SPI 주/종 직렬 인터페이스 • 와치독 타이머 및 온칩(on-chip) 수정발진기 • 아날로그 비교기
특별한 마이크로컨트롤러 특징	• 파워 온 리셋 기능 • 내부 및 외부 인터럽트 소스 • 6가지의 슬립모드 지원(Idle, ADC 잡음제거, Power-save, Power-down, 대기, Extended 대기) • 소프트웨어적으로 선택 가능한 클럭 주파수
I/O 및 패키지	• 53개의 풍부한 I/O 지원 : PA, PB, PC, PD, PE, PF(이상 8비트), PG(5비트) • 64핀 TQFP와 64핀 MLF 패키지
ATmega128과 ATmega128L	• ATmega128L: 2.7~5.5V, 0~8MHz(ATmega128의 저소비 전력 모델) • ATmega128: 4.5~5.5V, 0~16MHz

1.3 입출력 신호

Atmel사 AVR 시리즈의 마이크로컨트롤러는 다양한 응용분야에 사용될 수 있도록 ATtiny 패밀리, AT90 패밀리, ATmega 패밀리, 특수용 패밀리가 있다. ATmega128은 ATmega 패밀리의 8비트 마이크로컨트롤러이다. 그림 1.1은 ATmega128의 핀 구성도이다. 입출력 핀은 그림 1.1과 같이 모두 64개의 핀으로 구성되어 있으며, 이들 중 전원(Vcc, AVcc, GND)과 클록 공급 핀(XTAL1, XTAL2), 리셋(RESET), PEN (Program Enable) 핀을 제외한 나머지는 모두 일반 I/O 포트 기능과 ATmega128 내부의 특수 기능을 공유하여 사용할 수 있도록 구성되어 있다. PEN(핀1)은 칩에 전원이 공급시 리셋(power on reset)되는 동안 "LOW" 상태를 유지하면 SPI를 사용한 프로그램 모드로 동작할 수 있게 한다. 이 신호는 일반적인 동작에서는 사용되지 않는다. 표 1.5는 ATmega128의 핀 신호 및 설명이다.

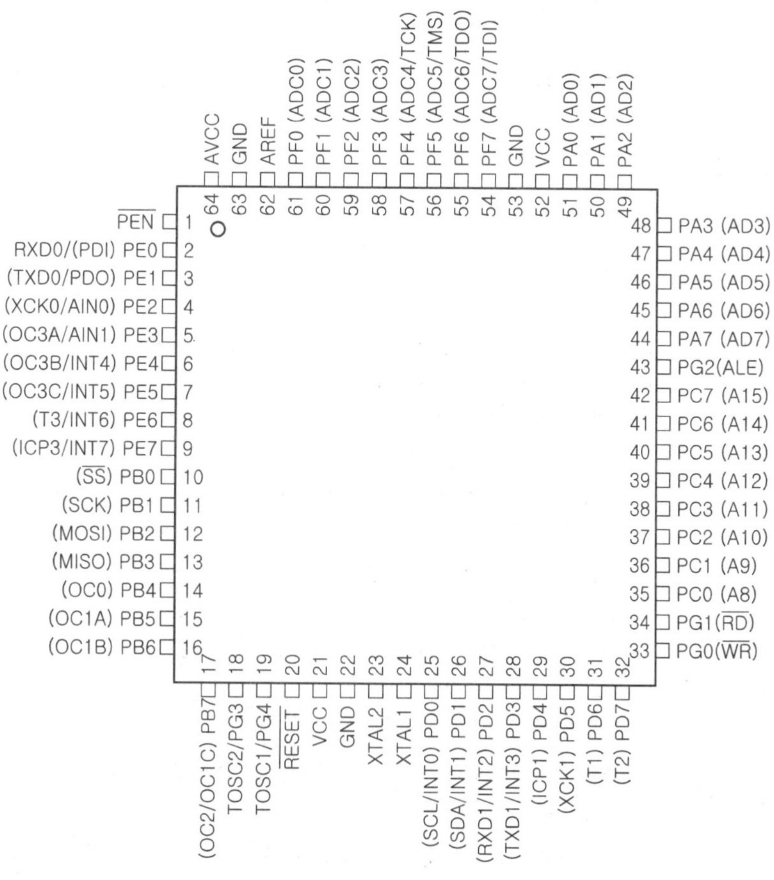

| 그림 1.1 | ATmega128의 핀 구성

| 표 1.5 | ATmega128의 핀 신호 및 설명

핀 번호	신호 이름	설명
1	$\overline{PEN}$	• 프로그램 인가 신호(PEN: Programming ENable) • SPI 직렬프로그래밍 모드의 프로그래밍 인가 신호
21, 51	VCC	• VCC 전원(2.7~5.5 V 전원 입력 핀)
22, 53, 63	GND	• 접지 단자
64	AVCC	• ACD 및 포트F에 대한 공급전압
62	AREF	• ADC 기준전압
20	$\overline{RESET}$	• 리셋 단자
24	XTAL1	• 반전 발진 증폭기 및 내부 클럭 회로 입력
23	XTAL2	• 반전 발진 증폭기로부터의 출력
19	TOSC1	• 반전 타이머/카운터 발진 증폭기에 대한 입력
18	TOSC2	• 반전 타이머/카운터 발진 증폭기에 대한 출력
33	$\overline{WR}$	• 외부 SRAM 기록 스트로브
34	$\overline{RD}$	• 외부 SRAM 읽기 스트로브
43	ALE	• ALE(address latch enable) 신호는 외부 메모리가 사용될 때 번지와 데이터 신호를 분리하기 위해서 사용
44-51	포트PA(PA7~PA0)	• 8비트 양방향성 I/O포트로 사용되며, 비트별 내부 풀업저항 연결 가능 • 외부 메모리를 사용하는 경우 하위 번지(A7-A0)와 데이터 버스(D7-D0)로 공동으로 사용(ALE 신호로 번지와 데이터 신호를 분리)
10-17	포트PB(PB7~PB0)	• 내부 풀업 저항이 있는 8비트 양방향성 I/O포트 등 별도의 기능을 가짐.
35-42	포트PC(PC7~PC0)	• 내부 풀업 저항이 있는 5비트 양방향 I/O포트로 사용 • 외부 메모리를 사용하는 경우 상위 번지 신호(A15-A8)의 버스로
25-32	포트PD(PD7~PD0)	• 내부 풀업 저항이 있는 8비트 양방향 I/O포트로 사용되며, 별도의 다른 기능을 가짐
2-9	포트PE(PE7~PE0)	• 내부 풀업 저항이 있는 5비트 양방향 I/O포트로 사용되며, 외부 인터럽트 요청 등 다른 기능을 가짐
54-61	포트PF(PF7~PF0)	• 8비트 입력포트로 사용되며, ADC에 대한 아날로그 입력으로 사용
18, 19, 33, 34, 43	포트PG(PG4~PG0)	• 내부 풀업 저항이 있는 5비트 양방향 I/O포트로 사용되며, 별도의 기능을 가짐

표 1.6~표 1.12는 포트PA~포트PG의 다른 기능이다. 각 포트의 다른 기능은 핀의 사용과 레지스터의 설정에 따라 다른 기능으로 동작된다.

| 표 1.6 | PA 포트의 다른 기능

다른 기능	포트	핀 번호	설명
AD7	PA7	44	• 외부 메모리 인터페이스 하위 번지 및 데이터 비트7
AD6	PA6	45	• 외부 메모리 인터페이스 하위 번지 및 데이터 비트6
AD5	PA5	46	• 외부 메모리 인터페이스 하위 번지 및 데이터 비트5
AD4	PA4	47	• 외부 메모리 인터페이스 하위 번지 및 데이터 비트4
AD3	PA3	48	• 외부 메모리 인터페이스 하위 번지 및 데이터 비트3
AD2	PA2	49	• 외부 메모리 인터페이스 하위 번지 및 데이터 비트2
AD1	PA1	50	• 외부 메모리 인터페이스 하위 번지 및 데이터 비트1
AD0	PA0	51	• 외부 메모리 인터페이스 하위 번지 및 데이터 비트0

| 표 1.7 | PB의 다른 기능

다른 기능	포트	핀 번호	설명
OC2/OC1C	PB7	17	• 타이머/카운터2의 출력 비교기 및 PWM 출력 • 타이머/카운터1의 출력 비교기 및 PWM 출력C
OC1B	PB6	16	• 타이머/카운터1의 출력 비교기 및 PWM 출력B
OC1A	PB5	15	• 타이머/카운터1의 출력 비교기 및 PWM 출력A
OC0	PB4	14	• 타이머/카운터0의 출력 비교기 및 PWM 출력
MISO	PB3	13	• SPI 버스 마스터 입력/슬레이브 출력
MOSI	PB2	12	• SPI 버스 마스터 출력/슬레이브 입력
SCK	PB1	11	• SPI 버스 직렬 클럭 출력 핀
$\overline{SS}$	PB0	10	• SPI 슬레이브 선택 입력 핀

| 표 1.8 | PC의 다른 기능

다른 기능	포트	핀 번호	설명
A15	PC7	32	• 번지버스15(메모리의 상위 번지)
A14	PC6	31	• 번지버스14(메모리의 상위 번지)
A13	PC5	30	• 번지버스13(메모리의 상위 번지)
A12	PC4	29	• 번지버스12(메모리의 상위 번지)
A11	PC3	28	• 번지버스11(메모리의 상위 번지)
A10	PC2	27	• 번지버스10(메모리의 상위 번지)
A09	PC1	26	• 번지버스09(메모리의 상위 번지)
A08	PC0	25	• 번지버스08(메모리의 상위 번지)

| 표 1.9 | PD의 다른 기능

다른 기능	포트	핀 번호	설명
T2	PD7	32	• 타이머/카운터2의 클럭을 입력받는 핀
T1	PD6	31	• 타이머/카운터1의 클럭을 입력받는 핀
XCK	PD5	30	• USART1 외부 클럭의 입/출력 핀
ICP1	PD4	29	• 타이머/카운터1의 입력 캡처 핀
INT3/TXD1	PD3	28	• INT3: 외부 인터럽트3 입력 • TxD1: UART1 송신 핀
INT2/RXD1	PD2	27	• INT2: 외부 인터럽트2 입력 • RxD1: UART1 수신 핀
INT1/SDA	PD1	26	• INT1: 외부 인터럽트1 입력 • SDA: TWI 직렬 데이터 핀
INT0/SCL	PD0	25	• INT0: 외부 인터럽트0 입력 • SDA: TWI 직렬 클럭 핀

| 표 1.10 | PE의 다른 기능

다른 기능	포트	핀 번호	설명
INT7/ICP3	PE7	9	• INT7: 외부 인터럽트7 입력으로 사용 • ICP3: 타이머/카운터3 입력 캡처 핀으로 사용
INT6/T3	PE6	8	• INT6: 외부 인터럽트6 입력으로 사용 • T3: 타이머/카운터3의 입력 핀으로 사용
INT5/OC3C	PE5	7	• INT5: 외부 인터럽트5 입력으로 사용 • OC3C: 타이머/카운터3의 출력비교와 PWM 출력 C로 사용
INT4/OC3B	PE4	6	• INT4: 외부 인터럽트4 입력으로 사용 • OC3B: 타이머/카운터3의 출력비교와 PWM 출력 B로 사용
AIN1/OC3A	PE3	5	• AIN1: 아날로그 비교기의 -입력 단자로 사용 • OC3A: 타이머/카운터3의 출력비교와 PWM 출력 A로 사용
AIN0/XCK0	PE2	4	• AIN0: 아날로그 비교기의 +입력 단자로 사용 • XCK0: UART0의 외부 클럭 입/출력 핀으로 사용
PDO/TxD0	PE1	3	• PDO: 프로그래밍 데이터를 입력 • TxD0: UART0의 데이터 송신 핀으로 사용
PDI/RxD0	PE0	2	• PDI: 프로그래밍 데이터 출력 핀 • RxD0: UART0의 데이터 수신 핀으로 사용

| 표 1.11 | PF의 다른 기능

다른 기능	포트	핀 번호	설명
ADC7/TDI	PF7	54	• ADC7: AD변환기7의 입력으로 사용 • TDI: JTAG 테스트 값을 입력받는 핀으로 사용
ADC6/TDO	PF6	55	• ADC6: AD변환기6의 입력으로 사용 • TD0: JTAG 테스트 값을 출력하는 핀으로 사용
ADC5/TMS	PF5	56	• ADC5: AD변환기5의 입력으로 사용 • TMS: JTAG 모드를 선택하는 핀으로 사용
ADC4	PF4	57	• AD변환기4의 입력으로 사용
ADC3	PF3	58	• AD변환기3의 입력으로 사용
ADC2	PF2	59	• AD변환기2의 입력으로 사용
ADC1	PF1	60	• AD변환기1의 입력으로 사용
ADC0	PF0	61	• AD변환기0의 입력으로 사용

| 표 1.12 | PG의 다른 기능

다른 기능	포트	핀 번호	설명
TOSC1	PG4	19	• 이 핀은 ASSR(Asynchronous Status Regiater)의 AS0 비트가 0이면 내부 클럭($clk_{I/O}$)이 선택되어 타이머로 동작되고 AS0 비트가 1이면 타이머의 클럭 소스는 TOSC1로 연결하여 외부 클럭을 입력받아 카운팅하는 카운터로 동작된다. • 이때 TSC1의 클럭을 TCCR0 레지스터의 CS02:00 비트로 프리스케일러하여 분주된 값을 clk_{T0}로 사용한다.
TOSC2	PG3	18	• 이 핀은 ASSR의 AS0 비트가 0이면 내부 클럭($clk_{I/O}$)이 선택되어 타이머로 동작되고 AS0 비트가 1이면 타이머의 클럭소스는 TOSC2로 연결하여 외부 클럭을 입력받아 카운팅하는 카운터로 동작된다. • 이때 TSC2의 클럭을 TCCR2 레지스터의 CS02:00 비트로 프리스케일러하여 분주된 값을 clk_{T2}로 사용한다.
ALE	PG2	43	• ALE: Address Latch Enable의 약자 • 외부 메모리 혹은 I/O에 접근하는 경우 번지와 데이터를 분리하는 신호 • HIGH 레벨 값으로 동작(active high)
$\overline{RD}$	PG1	34	• Read의 약자 • 외부 메모리를 읽기 위한 제어신호 • LOW 레벨 값으로 동작(active low)
$\overline{WR}$	PG0	33	• Write의 약자 • 외부 메모리를 쓰기 위한 제어신호 • LOW 레벨 값으로 동작(active low)

표 1.13은 ATmega128에서 지원되는 인터페이스(USART, SPI, ISP, TWI, JTAG)이다. ATmega128은 외부 장치와 직렬로 통신하거나 ATmega128과 칩들 간의 직렬통신을 위한 것이다. 또한 JTAG는 PCB와 칩 내부를 시험하기 위한 규격이다.

| 표 1.13 | ATmega128에서 지원되는 인터페이스(USART, SPI, ISP, JTAG)

인터페이스	사용 신호	설명
USART0	RxD0(핀 2) TxD0(핀 3)	• PE0/PDI~PE1/PDO 신호와 공용으로 사용한다. • 2개의 신호 선으로 직렬로 데이터를 송수신한다.
USART1	RxD1(핀 27) TxD1(핀 28)	• PD2/INT2~PD3/INT3 신호와 공용으로 사용한다. • 2개의 신호 선으로 직렬로 데이터를 송수신한다.
SPI	$\overline{SS}$(핀 10) SCK(핀 11) MOSI(핀 12) MISO(핀 13)	• SPI(Serial Peripheral Interface)는 모토로라 회사에 의해서 개발된 표준 근거리 직렬통신방식으로 4개의 신호 선을 사용하여 직렬로 데이터를 송수신하는 통신 프로토콜이다. • SPI는 AVR 제품들 간에 직렬로 고속 데이터를 송수신하거나 ATmega128과 주변 장치들과 통신하기 위해서 사용한다. • PB0(핀10)~PB3(핀13) 신호와 공용으로 사용한다. • AVR ATxmega 계열에서는 포트C,D,E,F,G에 4개의 SPI 통신포트를 지원한다.
ISP	PDI(핀 2) PDO(핀 3) SCK(핀 11)	• ISP(In-System Programming)는 컴퓨터에서 ATmega128의 플래시 메모리에 쉽게 프로그래밍하기 위해서 사용하는 직렬 통신방식이다. • 이때 사용하는 신호는 PDI(Programming Data Input), PDO(Programming Data Onput), SCK를 사용한다. • PE0/RxD0, PE1/TxD0 신호와 공용으로 사용한다. • 실습용 키트에서는 ISP를 사용하여 HEX 파일을 키트에 다운로더 한다.
TWI	SCL(핀 25) SDA(핀 26)	• TWI(Two-Wire serial Interface)는 필립스(philips)에서 개발된 표준 근거리용 표준 직렬통신 방식인 I^2C를 ATmel에서는 TWI라 한다. • ATmegA128에서는 TWI는 2개의 신호 선을 사용하여 I^2C와 동일하게 직렬통신 한다. • PD0~PD1 신호와 공용으로 사용한다.
JTAG	TDI(핀 54) TDO(핀 55) TMS(핀 56) TCK(핀 57)	• JTAG(Joint Test Action Group)는 1990년 IEEE. 국제표준 1149.1 규격이다. • JTAG는 여러 개의 PCB들, PCB 자체 혹은 칩 내부를 시험하기 위한 표준이다. • PF7/ADC7(핀57)~PF4/ADC4(핀54) 신호와 공용으로 사용한다.

1.4 ATmega128 아키텍처

그림 1.2는 ATmega128의 내부 구조이다. ATmega128은 ALU, 컨트롤 로직(control logic), 범용 레지스터, 버스, 프로그램 메모리, 데이터 메모리 등으로 구성된다. 또한 ATmega128은 MCU의 성능을 극대화시키기 위해 프로그램 메모리와 데이터 메모리가 분리된 하버드 아키텍처와 2단계 파이프라인을 사용하고 있다. ATmega128은 그림 1.2와 같이 8비트 입출력이 가능한 6개 포트(포트PA~포트PF)와 5비트의 포트PG를 제공하며, 2개의 USART, SPI, 인터럽트 모듈, 타이머/카운터, 워치독 타이머, ADC, EEPROM, SRAM, 아날로그 비교기를 가지고 있다.

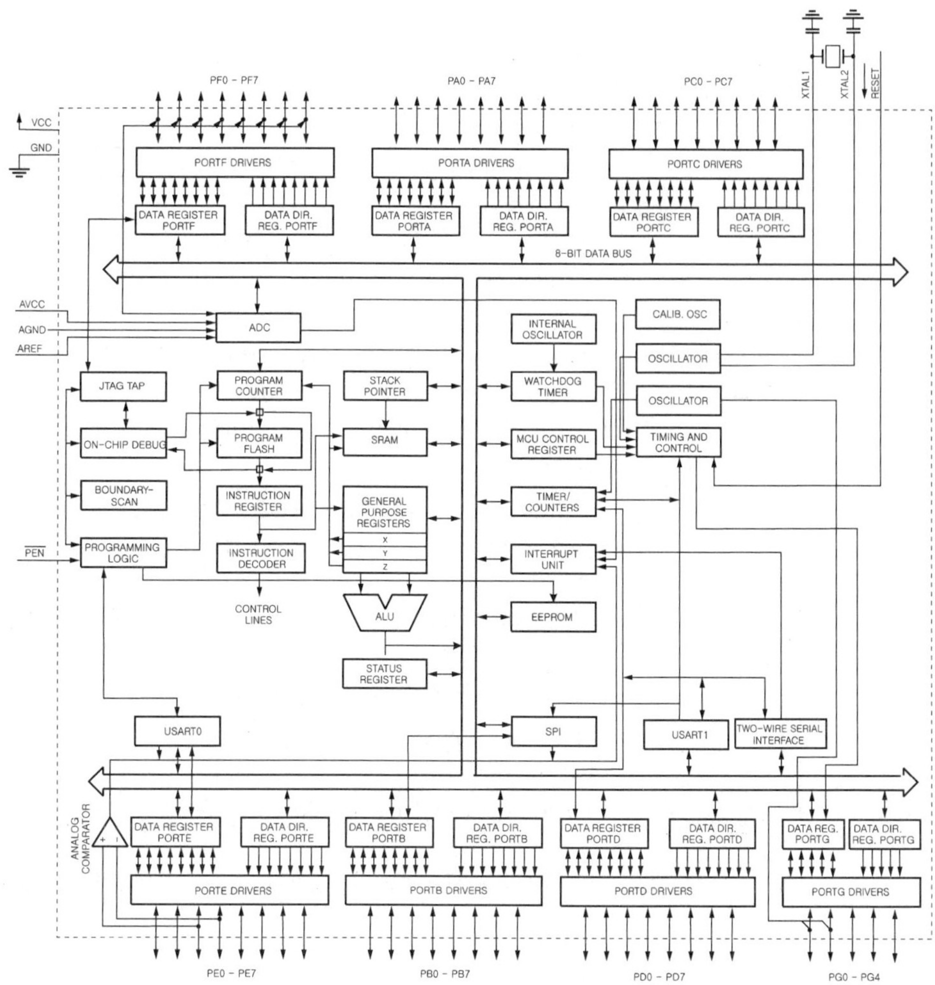

| 그림 1.2 | ATmega128의 내부 구조

그림 1.3은 ATmega128의 코어 내부 구조이다. 코어의 내부는 ALU, SRAM, EEPROM, I/O, 인터럽트 장치, SPI, 와치독 타이머 등으로 구성된다.

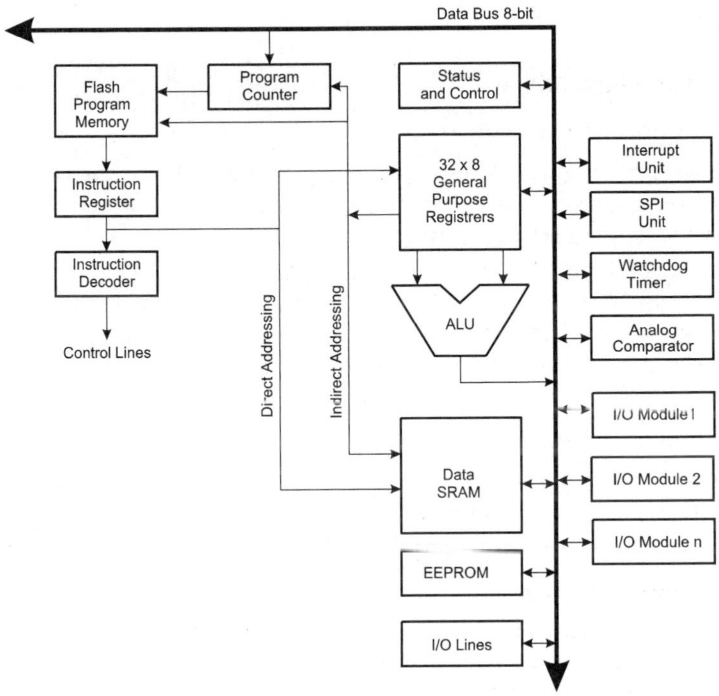

| 그림 1.3 | ATmega128 코어 내부 구조

❶ ALU(Arithmetic Logic Unit)

ALU는 산술 및 논리연산을 수행하는 부분이다. ALU는 32개의 범용 작업 레지스터(general purpose register)와 직접 연결되어 산술 및 논리 연산을 수행한다. ALU는 산술 연산(덧셈, 뺄셈, 곱셈, 1증가, 1감소, 2의 보수), 논리 연산(AND, OR, XOR, NOT) 및 비트연산을 수행한다.

❷ SREG(Status REGister)

그림 1.4는 SREG 레지스터의 비트 구조이다. SREG(상태 레지스터)는 실행된 산술연산의 결과에 대한 상태 값을 가지고 있는 레지스터이다. SREG 레지스터는 가장 최근 실행된 연산의 결과를 가지고 있다. SREG는 ALU의 모든 연산 결과에 따라 변경되며 SREG의 값에 따라 프로그램이 실행된다.

Bit	7	6	5	4	3	2	1	0	
	I	T	H	S	V	N	Z	C	SREG
Read/Write	R/W	R/W	R/W	R/W	R/W	R/W	R/W	R/W	
Initial Value	0	0	0	0	0	0	0	0	

| 그림 1.4 | SREG 레지스터의 비트 구조

SREG 레지스터의 비트별 의미

BIT 7 : I(Global Interrupt Enable)

이 비트는 ATmega128의 전체 인터럽트를 허용하거나 금지하는 플래그이다. 인터럽트가 발생되면 이 비트는 하드웨어적으로 0가 되며 인터럽트 서비스가 종료되면 다시 1로 설정된다. 인터럽트 서비스 루틴이 실행되는 동안에 다른 인터럽트가 요구되면 이 인터럽트는 하드웨어적으로 무시된다.

1: 이 비트가 1이면 전체 인터럽트를 허용한다. 이것은 모든 인터럽트를 허용하는 것이 아니라 모든 인터럽트를 허용할 수 있게 하는 것이다. 즉 개별적인 인터럽트의 허용은 해당 인터럽트 제어 레지스터에 해당하는 비트를 설정하므로써 최종적으로 인터럽트의 허용여부를 결정한다.

0: 이 비트가 0이면 전체 인터럽트를 금지한다. 이때 개별 인터럽트 제어 레지스터의 설정과 무관하게 모든 인터럽트는 금지된다.

BIT 6 : T(Bite Copy Storage)

이 비트는 복사명령(BLD, BST)에서 사용하며 레지스터의 특정 비트에 비트를 복사할 수 있게 허용하거나 금지한다.

1: 이 비트가 1이면 특정 비트에 비트 복사가 가능하게 한다.

0: 이 비트가 1이면 특정 비트에 비트 복사를 금지한다.

BIT 5 : H(Half Carry Flag)

이 비트는 산술연산의 결과, 중간캐리의 발생여부를 표시하며, BCD 연산에 사용된다.

1: 이 비트는 산술연산 결과 중간캐리가 발생되었음을 표시한다.

0: 이 비트는 산술연산 결과 중간캐리가 발생되지 않았음을 표시한다.

BIT 4 : S(Sign Flag)

이 비트는 플래그 N(음수 플래그)과 V(2의 보수 연산의 오버플로 플래그)를 XOR한 결과 값을 표시하는 비트이다. 즉, $S=N\oplus V$이다. 이 비트는 부호 없는 정수와 부호 있는 정수들의 대소 관계를 판단할 때 사용된다.

1: $N\oplus V$의 결과 값이 1임을 표시한다.

0: $N\oplus V$의 결과 값이 0임을 표시한다.

BIT 3 : V(Overflow Flag)

이 비트는 2의 보수에서 범위 초과(over-flow)가 발생 되었는지를 표시하는 플래그이다. 이 비트는 2의 보수 시스템에서 표현할 수 있는 숫자의 범위에서 초과 되었는지를 표시한다.

1: 2의 보수 시스템의 범위가 초과되었음을 표시한다.

0: 2의 보수 시스템의 범위 내에 있음을 표시한다.

BIT 2 : N(Negative Flag)

이 비트는 산술 및 논리연산의 결과가 음수인지 아닌지를 표시한다.

1: 결과가 음수

0: 결과가 양수 또는 0

BIT 1 : Z(Zero Flag)

이 비트는 산술 및 논리연산의 결과가 0인지 아닌지를 표시한다.

1: 결과가 0

0: 결과가 0이 아님

BIT 0	: C(Carry Flag,)

이 비트는 산술 및 논리연산의 결과 캐리가 발생되었는지를 표시한다.
1: 산술연산 및 논리연산 결과 캐리(carry)가 발생된 경우 1로 된다.
0: 산술연산 및 논리연산 결과 캐리가 발생하지 않은 경우 0으로 된다.

❸ 범용 작업 레지스터(R0~R31)

그림 1.5는 AVR의 32개(RO~R31) 범용 작업 레지스터(general purpose working register) 구조이며 그림 1.6은 X, Y, Z 레지스터 구조이다. 그림 1.5에서 R26~R31의 8비트 범용 레지스터는 2개의 8비트로 구성되지만 16비트 레지스터로 사용할 수 있다. 이때 각각이 X, Y, Z 레지스터로 사용된다. 이 레지스터들은 데이터 메모리의 16비트 번지를 지정하는 포인터로 사용되며, Z 레지스터는 LPM, ELPM, SPM 명령에서 프로그램 메모리영역에 접근하는데 사용된다.

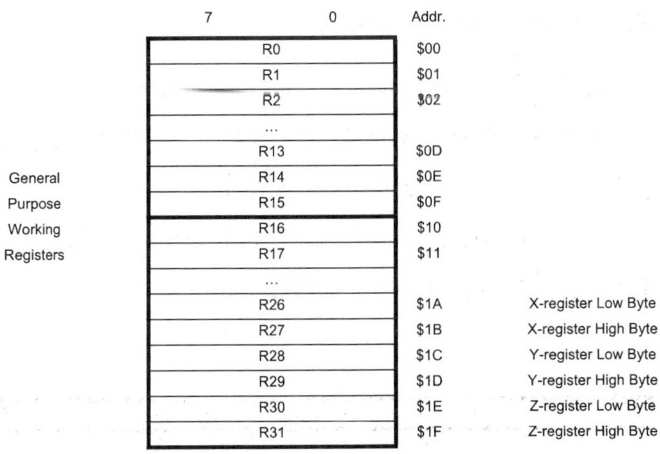

| 그림 1.5 | AVR 범용 작업 레지스터의 구조

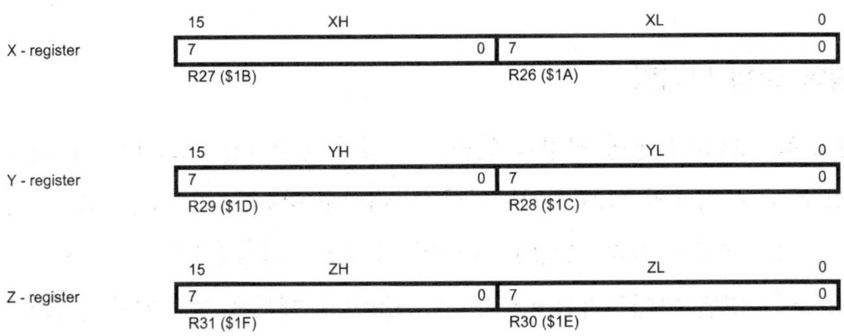

| 그림 1.6 | X, Y, Z 레지스터의 구조

❹ SP(Stack Pointer)

그림 1.7은 ATmega128의 스택 포인터(SPH, SPL)의 구조이다. 스택 포인터(stack pointer)는 스택(stack)의 번지를 포인터로 가지고 있는 레지스터이다. 스택은 임시 데이터 값, 지역변수, 서브루틴 콜, 인터럽트의 복귀(return) 번지를 저장한다.

Bit	15	14	13	12	11	10	9	8	
	SP15	SP14	SP13	SP12	SP11	SP10	SP9	SP8	SPH
	SP7	SP6	SP5	SP4	SP3	SP2	SP1	SP0	SPL
	7	6	5	4	3	2	1	0	
Read/Write	R/W	R/W	R/W	R/W	R/W	R/W	R/W	R/W	
	R/W	R/W	R/W	R/W	R/W	R/W	R/W	R/W	
Initial Value	0	0	0	0	0	0	0	0	
	0	0	0	0	0	0	0	0	

| 그림 1.7 | 스택 포인터(SPH, SPL)의 구조

❺ RAMPZ(RAM Page Z Select Register)

그림 1.8은 RAMPZ 레지스터의 비트 구조이다. RAMPZ 레지스터는 ATmega128 내부의 128K바이트의 플래시 프로그램 메모리를 64K바이트 단위의 2개 페이지 단위로 나누어 사용할 경우에 사용되는 레지스터이다. 만약 RAMPZ0=0이면 프로그램 메모리 번지의 \$0000~\$7FFF(하위 64K바이트)이 선택되고 RAMPZ0=1이면 프로그램 메모리 번지 \$8000~\$FFFF(상위 64K바이트)이 선택된다.

Bit	7	6	5	4	3	2	1	0	
	–	—	–	–	–	–	–	RAMPZ0	RAMPZ
Read/Write	R	R	R	R	R	R	R	R/W	
Initial Value	0	0	0	0	0	0	0	0	

| 그림 1.8 | RAMPZ 레지스터의 비트 구조

❻ 명령어 실행 타이밍

그림 1.9는 AVR의 병렬 명령어 인출과 명령어 실행 타이밍도(timing diagram)이며 그림 1.10은 1-사이클의 ALU 동작에 대한 타이밍도이다. 그림 1.9는 clk_{MCU} 클럭 사이클 T1, T2, T3, T4는 각각 4개의 명령어 인출과 실행과정이다. 그림 1.9와 같이 ATmega128은 병렬 파이프라인(pipeline) 구조이기 때문에 명령어의 인출과 실행이 병렬 파이프라인으로 수행되어 1-사이클로 수행된다. 그래서 ATmega128은 1MHz 클럭이

1개의 명령을 수행할 수 있으므로 1MIPS의 성능을 갖는다.

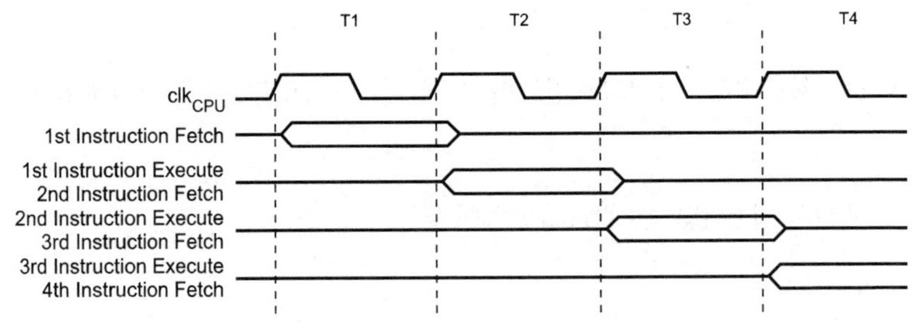

| 그림 1.9 | AVR의 병렬 명령어 인출과 명령어 실행 타이밍도

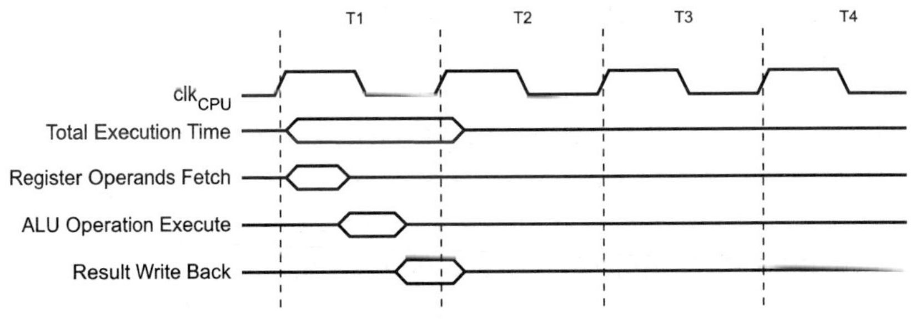

| 그림 1.10 | 1-사이클의 ALU 동작 타이밍도

연습문제

01. 마이크로프로세서, 마이크로컨트롤러, 임베디드 프로세서를 설명하여라.

02. 프로세서의 내부 및 특징을 설명하여라.

03. AVR 마이크로컨트롤러 계열의 종류를 간략하게 설명하여라.

04. ATmega128의 특징을 간략하게 설명하여라.

05. ATmega128의 I/O 핀의 기능을 간략하게 설명하여라.

06. ATmega128의 I/O 핀의 다른 기능을 설명하여라.

07. ATmega128의 내부 구조를 설명하여라.

08. ATmega128의 메모리 인터페이스 방법을 설명하여라.

09. 입출력 핀에서 다른 기능을 사용하는 경우에는 어떻게 설정하는가? 예로써 PA7~PA0 포트를 일반 포트로 사용하지 않고 AD7~AD0로 사용할 경우에는 어떻게 설정해야 하는가?

제 2 장

전원과 클럭 소스

학습목표

1. ATmega128의 리셋 동작을 이해한다.
2. ATmega128의 전원과 리셋 관련 레지스터를 이해한다.
3. ATmega128의 클럭 소스와 동작을 이해한다.
4. ATmega128의 리셋 및 클럭 사용 방법을 이해한다.

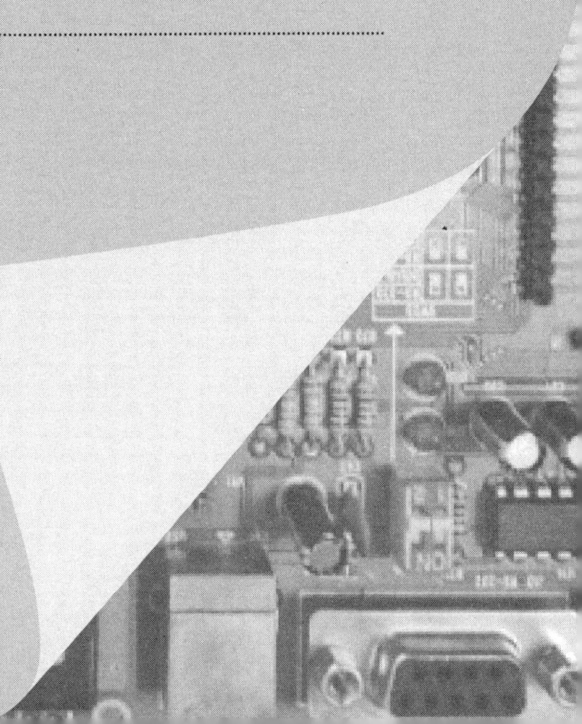

2.1 개요

ATmega128에서는 시스템의 전력 소모를 줄일 수 있는 슬립 모드(sleep mode)를 제공하고, 시스템 리셋 모드를 지원하며, 시스템의 상태를 감시하는 와치독 타이머 기능을 제공한다.

2.2 슬립 모드(sleep mode)

ATmega128의 슬립 모드는 MCU 내부에 사용되지 않는 회로의 동작을 정지(shut down)시켜 전력소모를 줄이기 위한 동작이다. ATmega128에서는 6가지 슬립 모드를 지원하고 있다. 슬립 모드는 MCUCR 레지스터에서 SE 비트를 1로 설정하고 SM2:0 비트를 사용하여 6가지 슬립 모드(아이들(idle) 모드, ADC 잡음감소 모드, 전원 다운 모드, 전원 절약 모드, 대기(standby) 모드, 확장 대기 모드) 상태에서 슬립 명령을 실행한다. 그림 2.1은 MCUCR 레지스터의 비트 구조이며 표 2.1은 MCUCR 레지스터의 SM2:0 비트 설정에 대한 슬립모드이다.

Bit	7	6	5	4	3	2	1	0	
	SRE	SRW10	SE	SM1	SM0	SM2	IVSEL	IVCE	MCUCR
Read/Write	R/W	R/W	R/W	R/W	R/W	R/W	R/W	R/W	
Initial Value	0	0	0	0	0	0	0	0	

| 그림 2.1 | MCUCR 레지스터의 비트 구조

| 표 2.1 | 슬립모드 선택

SM2	SM1	SM0	슬립 모드의 동작
0	0	0	아이들(idle) 상태
0	0	1	ADC 잡음 제거
0	1	0	전원 다운(power down) 모드
0	1	1	전원 절약(power save) 모드
1	0	0	예약 비트
1	0	1	예약 비트
1	1	0	대기(standby) 모드
1	1	1	확장 대기 상태

2.3 ATmega128의 시스템 리셋

2.3.1 시스템 리셋 회로의 구조

그림 2.2는 ATmega128의 내부 리셋 회로 블록도이다. 리셋(reset)은 모든 레지스터들의 값이 초기에 설정된 값으로 재설정 되고, 프로그램은 처음부터 다시 시작하는 동작이다. 리셋이 발생되는 소스(source)에 의해서 리셋 동작이 이루어지면 MCUCSR 레지스터에는 해당하는 비트가 1로 설정된다.

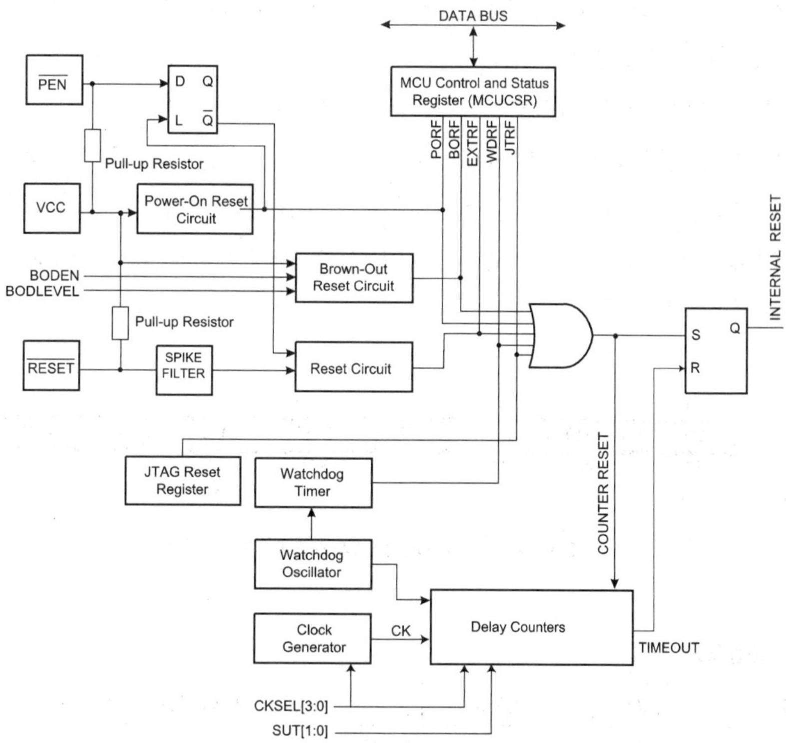

| 그림 2.2 | ATmega128 내부 리셋 회로 블록

2.3.2 시스템 리셋 관련 레지스터

그림 2.3은 MCUCSR(MCU Control and Reset Register) 레지스터의 비트 구조이다. 리셋이 발생되면 MCUCSR에서 리셋 소스에 해당하는 비트가 1로 설정된다. 표 2.2는 리셋 동작의 전기적 특성이다.

Bit	7	6	5	4	3	2	1	0	
	JTD	–	–	JTRF	WDRF	BORF	EXTRF	PORF	MCUCSR
Read/Write	R/W	R	R	R/W	R/W	R/W	R/W	R/W	
Initial Value	0	0	0	See Bit Description					

| 그림 2.3 | MCUCSR 레지스터의 비트 구조

MCUCSR의 비트별 의미

BIT 4 : JTRE(JTAG AVG Reset Flag)

이 비트는 JTAG 리셋이 발생되었는지를 표시하는 플래그이다.
1: 이 비트는 JTAG 명령어 AVR_RESET으로 JTAG 리셋 레지스터가 1이 되어 리셋된 경우 이 비트가 1이 된다.
0: Power-on 리셋이 되었거나 이 비트를 0으로 기록한 경우에 0이 된다.

BIT 3 : WDRF(Watchdog Reset Flag)

이 비트는 와치독 리셋이 발생된 상태를 표시하는 플래그이다.
1: 와치독 리셋이 발생되면 이 비트는 1로 된다.
0: 이 비트의 값을 0으로 쓰거나 Power-on 리셋에 의해서 0가 된다.

BIT 2 : BORF(Brown-out Reset Flag)

이 비트는 낮은 전원전압(Brown-out) 리셋이 발생된 상태를 표시하는 플래그이다.
1: 낮은 전원전압(Brown-out) 리셋이 발생되면 이 비트는 1로 된다.
0: 이 비트 값을 0으로 쓰거나 Power-on 리셋에 의해서 0가 된다.

BIT 1 : EXTRF(External Reset Flag)

이 비트는 외부 리셋이 발생된 상태를 표시하는 플래그이다.
1: 외부 리셋이 발생되면 이 비트는 1로 된다.
0: 이 비트 값을 0으로 쓰거나 Power-on 리셋에 의해서 0가 된다.

BIT 0 : PORF(Power-on Reset Flag)

이 비트는 Power-on 리셋이 발생된 상태를 표시하는 플래그이다.
1: Power-on 리셋이 발생되면 이 비트는 1로 된다.
0: 이 비트 값을 0으로 하여 다시 리셋한다.

| 표 2.2 | 리셋 동작의 전기적 특성

표시	설명	조건	최소	표준	최대	단위
V_{POT}	Power-on 리셋 경계치 전압(상승)	–	–	1.4	2.3	V
	Power-on 리셋 경계치 전압(하강)	–	–	1.3	2.3	V
V_{RST}	$\overline{\text{RESET}}$ 신호의 경계치 전압	–	0.2Vcc	–	0.85Vcc	V
t_{RST}	$\overline{\text{RESET}}$ 신호의 펄스폭	–	1.5			ms
V_{BOT}	절전 리셋 경계치 전압	BODLEVEL=1	2.4	2.6	2.9	V
		BODLEVEL=0	3.7	4.0	4.5	
t_{BOD}	절전 감지용 최소 전압 시기	BODLEVEL=1	–	2	–	ms
		BODLEVEL=0	–	2	–	ms
V_{HYST}	절전 감지 이력 현상	–	–	100	–	mV

2.3.3 시스템 리셋 모드

ATmega128의 리셋 소스는 Power-On 리셋, 외부 리셋, 와치독 리셋, 낮은 전원전압(Brown-out) 리셋, JTAG AVG 리셋이 있다. 다음은 프로그램에서 MCU를 강제로 리셋하는 코드이다. 이것은 프로그램 카운터 레지스터를 0x0000으로 설정하여 MCU를 리셋한다.

```
asm("JMP 0x0000");
```

❶ Power-on 리셋

Power-on 리셋은 전원이 최초로 공급될 때 내부의 'Power-on 리셋 회로'에 의한 power-on 리셋 펄스가 발생하여 MCU를 초기화 한다. Power-on 리셋은 공급전압(Vcc)이 Vpot(Power-on Reset Threshold) 값 이하일 경우 발생된다. $\overline{\text{RESET}}$ 신호는 Vcc에 직접 연결하거나 외부 POR(Power-on Reset) 회로를 통하여 Vcc에 연결할 수 있다.

그림 2.4는 $\overline{\text{RESET}}$ 단자(핀20)가 Vcc(핀21)에 직접 연결된 경우이며, Vcc가 공급되면 $\overline{\text{RESET}}$ 단자가 Vcc와 같이 동작되므로, 리셋동작이 Vcc와 동시에 발생되어 지연 카운터가 동작하여 설정한 시간이 종료(time-out)될 때까지 MCU는 모든 레지스터를 초기값으로 설정하고 설정한 시간이 종료되면 프로그램은 다시 처음부터 실행된다.

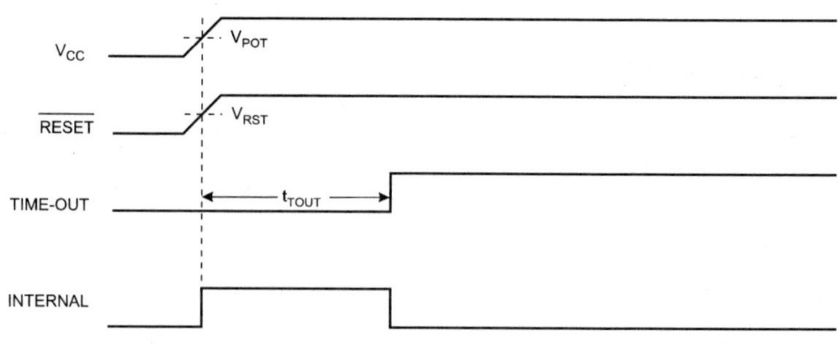

| 그림 2.4 | $\overline{\text{RESET}}$ 단자가 Vcc에 연결된 경우 리셋의 타이밍도

그림 2.5는 $\overline{\text{RESET}}$ 단자가 Vcc에 바로 연결되지 않고 외부의 리셋회로에 연결된 형태의 타이밍도이다. 이 방법은 그림 2.5와 같이 Vcc 값이 정상적인 값으로 된 상태에서 내부 리세 회로 값이 하이 레벨로 되고 $\overline{\text{RESET}}$ 값이 Low → High로 된 후 일정한 시간

(t_{TOUT})이 지난 다음 프로그램은 다시 시작된다. Vcc 신호가 높은 레벨(high level)로 된 다음, 일정시간 지연 후 $\overline{\text{RESET}}$이 Vcc 레벨로 상승하는 시점부터 지연 카운터가 동작하여 설정한 시간(time-out)이 될 때까지 MCU는 모든 레지스터를 초기 값으로 설정하고 설정한 시간이 끝나면 프로그램은 다시 처음부터 실행된다. $\overline{\text{RESET}}$ 단자가 외부 리셋회로에 연결하는 방식은 전원 인가시 안정적인 리셋동작을 얻을 수 있기 때문에 대부분의 MCU에서 이 방법을 사용하고 있다.

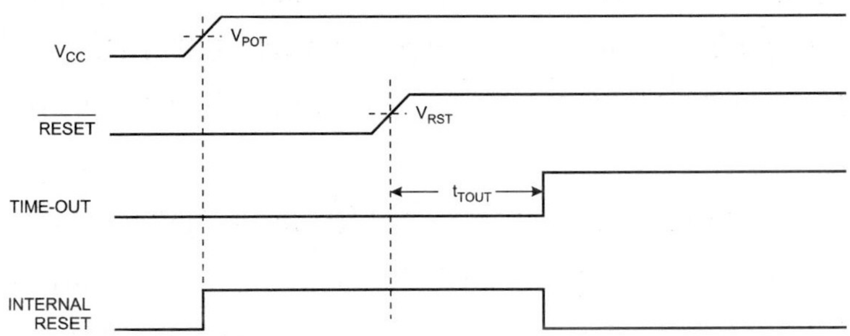

| 그림 2.5 | $\overline{\text{RESET}}$ 단자가 외부 리셋회로에 연결된 경우 타이밍도

❷ 외부 리셋(external reset)

그림 2.6은 $\overline{\text{RESET}}$(핀20) 단자가 외부 리셋신호에 연결된 경우 리셋동작의 타이밍도이다. 외부 리셋은 $\overline{\text{RESET}}$ 단자에 최소 시간(50ns)이상으로 Low 레벨 값이 입력되면 리셋 되는 동작이다. 그림 2.6과 같이 입력되는 $\overline{\text{RESET}}$ 신호가 V_{RST}(표 2.2 참조) 이하로 되면 내부 리셋이 발생되고 V_{RST}의 상승 에지에서 지연 카운터가 시작되어 t_{TOUT} 이후에 종료된다.

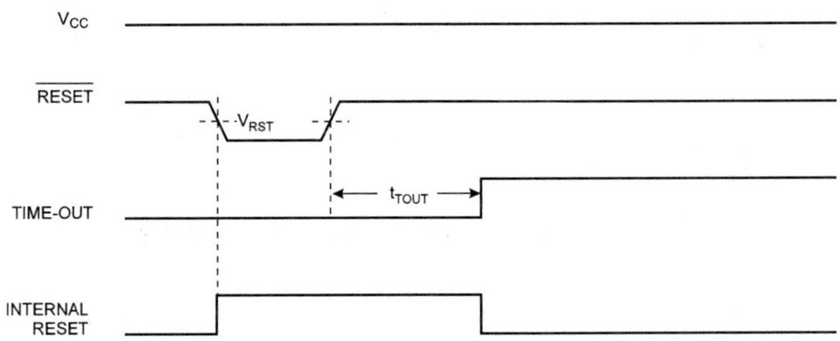

| 그림 2.6 | $\overline{\text{RESET}}$ 단자가 외부 리셋회로에 연결된 경우 리셋동작

③ 낮은 전원전압(Brown-out) 리셋

그림 2.7은 낮은 전원전압(Brown-out) 리셋의 동작 타이밍도이다. ATmega128은 온칩 BOD(Brown- Out Detection) 회로를 가지고 있다. BOD회로는 Vcc 레벨과 일정한 트리거 레벨 값(V_{BOT})을 비교하여 낮을 경우 내부 리셋을 발생한다. 낮은 전원전압 리셋은 BOD 회로가 활성화 된 경우 Vcc(공급전압)가 V_{BOT}(Brown-out Reset Threshold) 전압레벨 이하일 때 발생하는 리셋 동작이다. BOD는 전원전압 Vcc가 BOD 회로에 설정된 저전압 레벨 검출 값보다 낮은 전압이 표 2.2와 같이 t_{BOD}(2ms) 이상 지속될 경우에만 저전압을 검출하여 리셋동작을 수행한다. Vcc의 레벨 검출전압은 BODLEVEL 퓨즈를 사용하여 BODLEVEL=1일 때 검출전압이 2.7V로 설정되고, BODLEVEL=0일 때는 검출전압은 4.0V로 설정된다.

또한 트리거 레벨(BODLEVEL 값: 2.7V)이 낮은 전압은 저전압(spike)에 의한 오동작을 줄이기 위해서 그림 2.7과 같이 어느 정도의 히스테리시스 폭을 갖도록 설계되어 있다. BOD의 설정과 해제는 퓨즈 하위 바이트의 BODEN 비트를 이용한다. 그림 2.7에서 검출 레벨에서 히스테리시스는 다음과 같다.

$$V_{BOT+} = V_{BOT} + V_{HYST}/2$$
$$V_{BOT-} = V_{BOT} - V_{HYST}/2$$

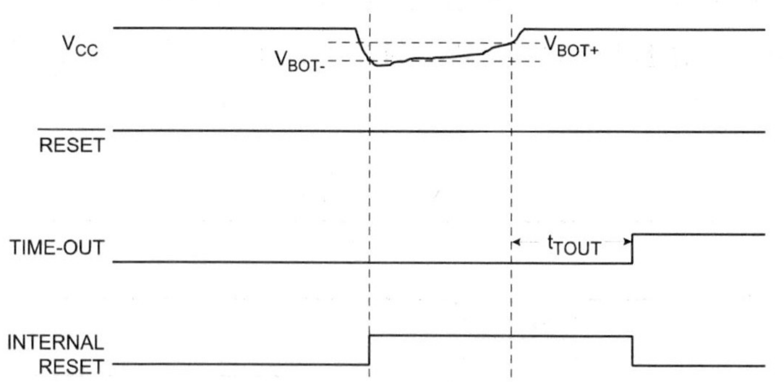

| 그림 2.7 | 낮은 전원전압(Brown-out) 리셋의 동작

④ 와치독 리셋(Watchdog Reset)

그림 2.8은 와치독 리셋(watchdog reset)의 타이밍도이다. 와치독 리셋은 와치독이 활성화된 경우 와치독 타이머가 오버플로(와치독에서 설정한 시간이 된 경우 발생)되면

와치독 타이머는 1클럭 사이클 길이의 리셋 펄스를 발생시켜 MCU를 리셋하는 동작이다. 그림 2.8과 같이 1 클럭 사이클의 WDT의 TIME-OUT 신호가 t_{TOUT} 후 내부 리셋 동작이 수행된다.

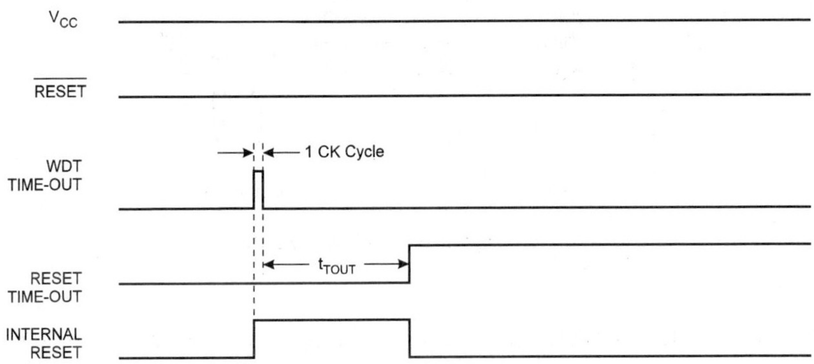

| 그림 2.8 | 와치독 리셋

⑤ JTAG AVR 리셋

JTAG AVR 리셋은 JTAG에 의해서 리셋 레지스터가 설정된 경우 발생한다. JTAG AVR 리셋은 JTAG 시스템의 리셋 레지스터에 1인 동안에는 MCU가 리셋동작을 수행한다.

2.4 와치독 타이머(watchdog timer)

그림 2.9는 MCU의 동작을 감시하는 와치독 타이머의 블럭도이다. 와치독 타이머는 MCU가 어떤 원인으로 설정된 시간 내에 정상적으로 동작하지 않을 경우에 MCU를 리셋하여 시스템을 정상적으로 동작하게 하는 타이머이다. MCU는 와치독 타이머에 오버플로가 발생하면 MCU가 리셋 되므로, 정상적인 프로그램이 수행되도록 하기 위해서 와치독 타이머가 오버플로 되기 전에 주기적으로 리셋해 주어야 한다. 와치독 타이머는 ATmega128의 다른 타이머들과 다르게 별도의 와치독 수정발진기를 사용한다.

와치독 타이머는 그림 2.9와 같이 1MHz(공급 전원이 5V인 경우)의 와치독 수정발진기(WATCHDOG OSCILLATOR)의 클럭을 WDP0~WDP2의 설정 값으로 와치독 프리스케일러(WATCHDOG PRESCALER)의 클럭을 선택하여 지정된 시간에 MCU REST 신호를 발생하여 MCU를 리셋한다.

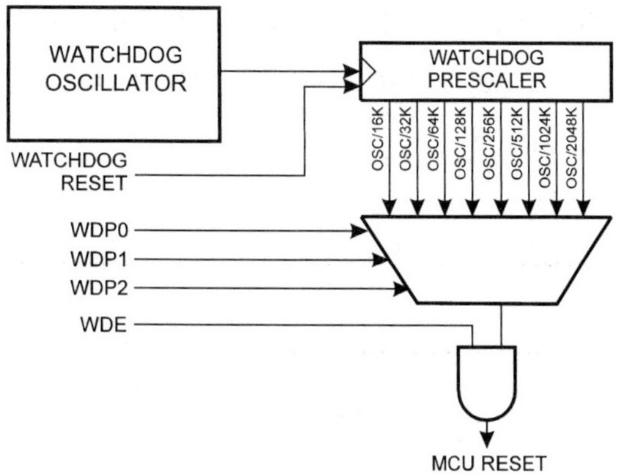

| 그림 2.9 | 와치독 타이머

그림 2.10은 WDTCR(Watchdog Timer Control Register) 레지스터의 비트 구조이다. ATmega128에서는 와치독 타이머를 제어하기 위해서 와치독 타이머는 별도로 내장된 1MHz 수정발진자 클럭을 사용하며, 프리스케일러와 WDTCR의 WP2:0까지의 비트를 사용하여 제어한다. WDTCR의 WDP2:0의 비트에 따라 와치독 타이머는 표 2.3과 같이 8가지로 설정할 수 있다.

Bit	7	6	5	4	3	2	1	0	
	–	–	–	WDCE	WDE	WDP2	WDP1	WDP0	WDTCR
Read/Write	R	R	R	R/W	R/W	R/W	R/W	R/W	
Initial Value	0	0	0	0	0	0	0	0	

| 그림 2.10 | WDTCR의 비트 구조

WDTCR의 비트별 의미

BIT 4 : WDCE(Watchdog Change Enable)

이 비트는 WDE 비트를 0으로 설정한 경우에는 반드시 WDCE 비트는 1로 설정해야 한다. 그렇지 않으면 외치독은 활성화되지 않는다.

BIT 1 : WDE(Watchdog Enable)

이 비트는 와치독 타이머를 활성화 혹은 비활성화한다.
1: 이 비트 값이 1이면 와치독 타이머가 활성화된다.
0: 이 비트 값이 0이면 와치독 타이머가 비활성화된다.

WDP2:0 : WDP(Watchdog Timer Prescaler)

이 비트는 표 2.3과 같이 와치독 타이머의 간격을 설정한다.

| 표 2.3 | 와치독 타이머의 시간 간격 설정

WDP2	WDP1	WDP0	WDT 오실레이터 사이클의 수	Time-out(Vcc=3.0V)	Time-out(Vcc=5.0V)
0	0	0	16K(16,384)	17.1ms	16.3ms
0	0	1	32K(32,768)	34.3ms	32.5ms
0	1	0	64K(65,536)	68.5ms	65ms
0	1	1	128K(131,072)	0.14s	0.13s
1	0	0	256K(262,144)	0.27s	0.26s
1	1	1	512K(524,288)	0.55s	0.52s
1	0	0	1,024K(1,048,576)	1.1s	1.0s
1	1	1	2,048K(2,097,152)	2.2s	2.1s

WDTCR의 WDE(Watchdog Enable) 비트는 와치독 타이머를 활성화하거나 비활성화한다. 활성화된 와치독 타이머를 비활성화 하는 과정은 첫 번째, WDTCR의 WDCE=1, WDE=1로 한다, 이때 WDE=1이 되어 있어도 비활성화하기 전에 반드시 1로 해야 한다. 두 번째, 다음 4사이클 이내에 WDE=0로 설정한다.

2.5 AVR의 시스템 클럭과 클럭 설정

2.5.1 클럭 시스템의 구조

그림 2.11은 AVR의 클럭 시스템과 클럭 분배구조이다. 그림 2.11과 같이 클럭 소스는 타이머/카운터 발진기(timer/counter oscillator), 외부 RC 발진기(external RC oscillator), 외부 클럭(external clock), 수정발진기(crystal oscillator), 저주파 수정 발진기(low-frequency crystal oscillator), 조정 가능한 RC 발진기(calibrated RC oscillator), 와치독 발진기(watchdog oscillator)가 있으며, 이들은 클럭 멀티플렉서(clock multiplexer)와 AVR 클럭 제어 장치(AVR clock control unit)에 의해서 MCU 클럭(clk_{MCU}), I/O 클럭($clk_{I/O}$), 플래시 클럭(clk_{FLASH}), 비동기 타이머 클럭(clk_{ASY}), ADC 클럭(clk_{ADC})을 생성한다. 또한 워치독 발진기에 이해서 생성된 클럭은 워치독 클럭을 생성하여 워치독 타이머를 동작시킨다.

AVR의 클럭 시스템에서 모든 클럭이 항상 동작(active) 되지 않고 전력소모를 줄이기 위해서 사용되지 않는 클럭 모듈들은 슬립 모드(sleep mode)로 한다. 또한 AVR에서는 전력 소모를 줄이기 위한 방법으로 클럭을 각 모듈별로 공급하고, 클럭이 동작되는 모듈로만 공급하거나 차단하는 여러 가지 다른 슬립모드를 사용한다.

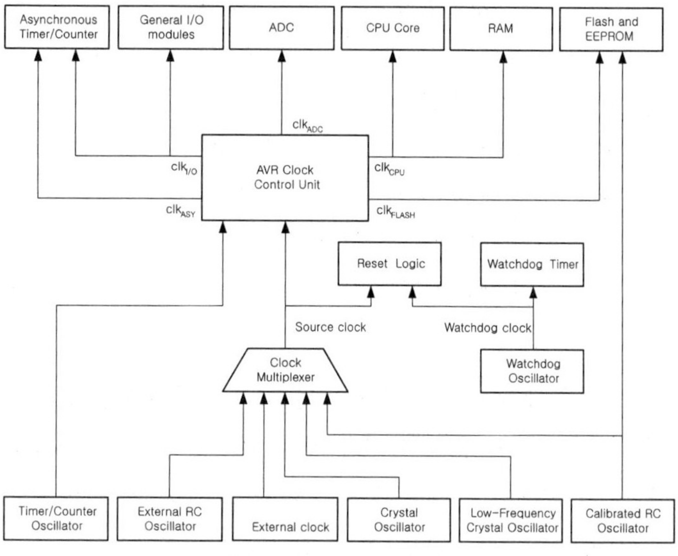

| 그림 2.11 | AVR의 주요 클럭 시스템과 클럭 분배 구조도

표 2.4는 AVR에 사용되는 내부 클럭의 종류이다. ATmega128에서 사용할 수 있는 클럭 소스는 모두 5가지가 있는데, 클럭 소스는 퓨즈 비트 설정용의 3번째 바이트에 있는 4개의 비트 CKSEL3:0을 사용하여 설정한다.

| 표 2.4 | 클럭의 종류와 동작

클럭	설명
clk_{MCU}	이 클럭은 AVR 코어(core)에서 사용하는 클럭 소스이다. 이 클럭은 일반 목적 레지스터(general purpose register), 상태 레지스터(status register), 스택(stack) 등에 공급된다
$clk_{I/O}$	이 클럭은 입출력(I/O) 모듈에서 사용되는 클럭 소스이다. 이 클럭은 타이머/카운터, SPI, USART, 외부 인터럽트 모듈에 사용된다.
clk_{FLASH}	이 클럭은 플래시 메모리의 인터페이스에 사용되는 플래시 클럭이다. 플래시 클럭은 보통 MCU 클럭과 동시에 동작(active)된다.
clk_{ASY}	이 클럭은 비동기 타이머 클럭에 사용된다. 이 클럭은 외부 32KHz 수정발진자 클럭에 의해서 직접 클럭을 공급받을 수 있도록 허용하는 비동기 타이머/카운터이다.
clk_{ADC}	이 클럭은 ADC에 공급되는 ADC 클럭이다. 이 클럭은 디지털 회로에서 발생되는 잡음을 줄이기 위해서 사용되며, MCU와 I/O 클럭을 정지시키는 전용 클럭이다.

2.5.2 시스템 클럭 관련 레지스터

그림 2.12는 XDIV(XTAL Divide Enable) 레지스터의 비트 구조이다. XDIV 레지스터는 2~129까지 소스 클럭(XTAL) 주파수를 분주하기 위해서 사용한다. 이것은 낮은 전력 소모가 요구되는 경우 전력소모를 적게 하기 위해서 사용된다.

Bit	7	6	5	4	3	2	1	0	
	XDIVEN	XDIV6	XDIV5	XDIV4	XDIV3	XDIV2	XDIV1	XDIV0	XDIV
Read/Write	R/W	R/W	R/W	R/W	R/W	R/W	R/W	R/W	
Initial Value	0	0	0	0	0	0	0	0	

| 그림 2.12 | XDIV 레지스터의 비트 구조

XDIV의 비트별 의미

BIT 7 : XDIVEN(XTAL Divide Enable)

이 비트는 ATmega128에서 사용되는 소스 클럭의 주파수를 사용 가능하게 하거나 불가능하게 설정한다.

1: 이 비트가 1로 설정되면 MCU의 클럭 주파수와 모든 주변장치의 클럭 주파수($clk_{I/O}$, clk_{ADC}, clk_{MCU}, clk_{FLASH})는 XDIV6:0 비트에 설정된 값으로 분주된다.

0: 이 비트가 0로 설정되면 ATmega128에서 사용되는 소스 클럭의 주파수 사용을 불가능(disable)하게 한다.

BIT 6:0 : XDIV6:XDIV0

XDIV6:0 비트는 분주비를 설정하는 값이다. 여기서 분주비를 d라고 정의하면 출력되는 MCU와 주변장치의 클럭 주파수(f_{CLK})는 다음의 식으로 정의된다.

$$f_{CLK} = \frac{Source\ Clock}{129 - d}$$

여기서 분주비는 XDIVEN=0일 때 변경할 수 있으며 분주기는 MCU로 들어가는 마스터 클럭 입력을 분주하므로 MCU와 모든 주변장치의 클럭이 분주된다. 그래서 정의된 분주비에 따라 속도가 다르게 된다.

2.5.3 클럭 소스

AVR에서는 클럭 소스로 외부 RC 발진기, 외부 저주파 수정발진기(오실레이터), 외부 수정발진자(크리스탈), 세라믹 공진기, 조정 가능한 내부 RC 발진기, 외부 클럭을 사용할 수 있다. 표 2.5는 플래시 퓨즈 비트(CKSEL3:0)에 의해서 설정되는 ATmega128의 시스템 클럭 소스이다. 표 2.6의 클럭 소스가 AVR 클럭 발생기로 입력되어 선택된 클럭 소스는 적절한 모듈로 출력된다. 공진기(resonator)는 진동자 혹은 공진자라 하며 발진기를 총칭하는 용어이다. 클럭 소스로 사용될 수 있는 수정진동자, 수정발진기, 세라믹 진동자(공진기), VCXO, TCXO, DCXO, DTCXO, OCXO의 설명은 부록 A-4를 참조한다.

| 표 2.5 | 플래시 퓨즈 비트에 의해서 선택되는 시스템 클럭 소스

클럭 소스	CKSEL3:0
외부 수정발진자(크리스탈)/세라믹 공진기	1111~1010
외부 저주파 수정발진기(오실레이터)	1001
외부 RC 발진기	1000~0101
조정 가능한 내부 RC 발진기	0100~0001
외부 클럭	0000

❶ 수정발진자

그림 2.13은 AVR의 클럭 소스로 XTAL1, XTAL2 단자에 수정발진자(크리스탈), 시계 수정발진자(quartz crystal) 또는 세라믹 공진기(resonator)를 모두 연결할 수 있는 방법이다. 수정발진자는 그림 2.13과 같이 입력으로 XTAL1(핀 24), 출력으로 XTAL2(핀 23) 단자에 접속한다. 수정발진자를 사용하는 경우 C1과 C2는 표 2.6과 같이 선택하며, 진동자(공진기)의 경우에는 C1과 C2의 값을 공진기 제조회사에서 권장하는 값으로 한다.

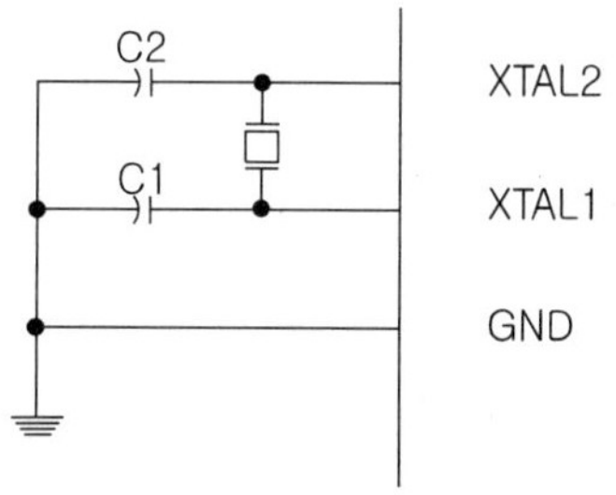

| 그림 2.13 | 수정발진자 회로 구성

AVR에 그림 2.13과 같이 수정발진자 또는 세라믹 공진기를 연결하고 CKSEL3:0 비트를 설정하면 내부의 발진 회로에 의하여 클럭 주파수가 발생되는데, 이때 CKOPT 비트의 설정(0, 1)에 따라 2가지 모드로 동작된다. 첫 번째, CKOPT=0(비트가 프로그램된 상태, 즉 프로그래머가 체크한 상태)인 경우 수정발진자의 출력이 크게 발진하는 모드로 동작되어 잡음이 많은 환경에서 사용된다. 이때 X-TAL2는 외부 클럭 버퍼 1개를 드라이빙할 수 있도록 출력된다. 두 번째, CKOPT=1(비트가 프로그램 되지 않은 상태, 즉 프로그래머에 체크되지 않은 상태)인 경우에는 수정발진자의 출력은 작게 발진하는 모드로 동작되어 외부의 클럭 버퍼를 드라이빙할 수 없지만 전력소모를 줄일 수 있다.

세라믹 공진기를 사용하는 경우에는 CKOPT=1일 때 최대 주파수는 8MHz, CKOPT=0일 때 16MHz까지 사용할 수 있다. 이때 C1과 C2는 항상 같은 값을 사용해야 하며, 사용하는 값은 표 2.6에 정의되어 있다. 표 2.7은 수정발진자 동작모드에 따른 시작시간(start-up time)이다.

| 표 2.6 | 수정발진자 동작 모드

CKOPT	CKSEL3:1	주파수 범위(MHz)	수정발진자 사용시 콘덴서 C1, C2의 권장 범위
1	101	0.4~0.9	–
1	110	0.9~3.0	12pF~22pF
1	111	3.0~8.0	12pF~22pF
0	101, 110, 111	1.0~	12pF~22pF

| 표 2.7 | 수정발진자 동작모드에 따른 시작 시간

CKSEL0	SUT1:0	시작시간, 전원 다운 및 절전모드	리셋(Vcc = 5.0V)에서의 추가 지연	권장 사용
0	00	258 CK	4.1ms	세라믹 공진기, 빠른 전원 상승
0	01	258 CK	65ms	세라믹 공진기, 느린 전원 상승
0	10	1K CK	–	세라믹 공진기, BOD 인가
0	11	1K CK	4.1ms	세라믹 공진기, 빠른 전원 상승
1	00	1K CK	65ms	세라믹 공진기, 느린 전원 상승
1	01	16K CK	–	세라믹 공진기, BOD 인가
1	10	16K CK	4.1ms	세라믹 공진기, 빠른 전원 상승
1	11	16K CK	65ms	세라믹 공진기, 느린 전원 상승

❷ 저주파 수정발진자

저주파 수정발진자(low-frequency crystal oscillator)는 외부의 클럭 소스로 32.768KHz의 시계 수정발진자(quartz crystal)를 사용하는 것이다. 저주파 수정발진자는 그림 2.13의 수정발진자와 같은 방법으로 구성하며 CKSEL3:0=1001로 설정한다. 만약 CKOPT=0으로 설정하면 내부 커패시터 36pF가 사용되며 외부 커패시터 C1과 C2는 사용하지 않는다. 표 2.8은 저주파 수정발진자 동작모드에 따른 시작 시간(start-up time)이다.

| 표 2.8 | 저주파 수정발진자의 동작모드에 따른 시작 시간(start-up time)

SUT1:0	ower-down과 Power-save로부터 시작 시간	리셋(Vcc = 5.0V)에서의 추가 지연	권장 사용법
00	1K CK	4.1 ms	빠른 전원 상승 및 BOD 인가
01	1K CK	65 ms	느린 전원 상승
10	32K CK	65 ms	시작시 안정 주파수
11	예약		

❸ 외부 RC 발진기

그림 2.14는 클럭 소스로 외부 RC 발진기(external RC oscillator)를 사용하기 위한 회로이다. 외부 RC 발진기는 타이밍에 민감하지 않는 응용(timing insensitive application)에 사용된다. 이때 발진 주파수가 $f = 1/3RC$로 결정되며, C 값은 적어도 22pF 이상을 사용해야 한다. 만약 CKOPT=0으로 설정하면 외부의 XTAL1과 GND 단자 사이에 외부 커패시터 C 대신에 내부의 36pF 커패시터를 연결하여 사용할 수 있다.

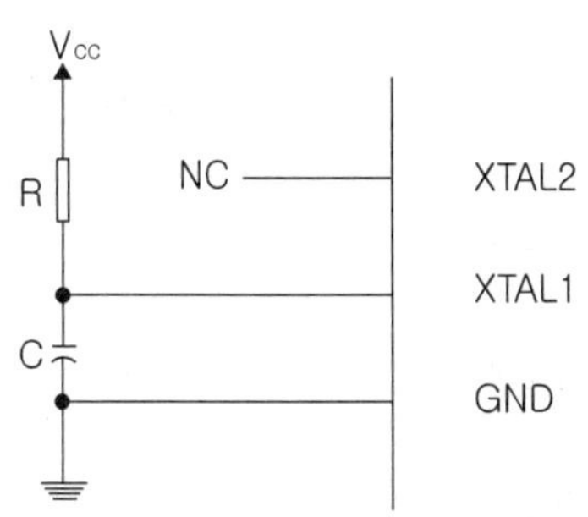

| 그림 2.14 | 외부 RC 발진기 회로

표 2.9는 CKSEL3:0에 의한 4가지 동작 모드이다. 또한 SUT 퓨즈의 선택에 따라서 표 2.10은 외부 RC 발진기의 동작 모드에 따른 시작 시간이다.

| 표 2.9 | 외부 RC 발진기의 동작 모드

CKSEL3:0	주파수 범위(MHz)
0101	0.1 ~ 0.9
0110	0.9 ~ 3.0
0111	3.0 ~ 8.0
1000	8.0 ~ 12.0

| 표 2.10 | 외부 RC 발진기의 동작 모드에 따른 시작 시간

SUT1:0	Power-down과 Power-save로부터 시작 시간	리셋(Vcc = 5.0V)에서의 추가 지연	권장 사용법
00	18CK	–	BOD 인가
01	18CK	4.1 ms	고속 상승 전원
10	18CK	65 ms	저속 상승 전원
11	6CK	4.1 ms	고속 상승 전원 또는 BOD 인가

❹ 조정 가능한 내부 RC 발진기

AVR의 조정 가능한 내부 RC 발진기(calibrated internal RC oscillator)는 25℃, 5V 환경에서 고정된 1, 2, 4, 8MHz의 클럭을 공급한다. 이러한 클럭은 기본적으로 1MHz로 설정되어 있지만 표 2.11과 같이 CKSEL3:0 비트로 설정한다. 이때 XTAL1과 XTAL2 단자는 사용하지 않는다. 내부 RC 발진기를 선택하고 사용하기 위해서는 CKOPT 퓨즈 비트가 프로그램 되지 않아야 한다. ATmega128은 리셋 동안 OSCCAL 레지스터에 로드된 1MHz 발진 교정 값을 읽게 된다.

표 2.11은 조정 가능한 내부 RC 수정발진기의 동작 모드이다. ATmega128은 기본적으로 CKSEL3:0 비트가 001로 설정되어 있어서 내부 RC 수정발진기에 의하여 1MHz(±3%) 주파수로 동작하게 된다. 이와 같이 내부 RC 수정발진기가 사용되는 경우의 기동시간은 SUT1:0 비트에 따라 표 2.12와 같이 동작되며 기본적으로 SUT1:0=10로 설정되어 있다.

| 표 2.11 | 조정 가능한 내부 RC 발진기의 동작 모드

CKSEL3:0	중심 주파수(MHz)
0001	1.0
0010	2.0
0011	4.0
0100	8.0

| 표 2.12 | 내부 RC 발진자 클럭의 선택에 따른 시작 시간

SUT1:0	Power-down과 Power-save로부터 시작 시간	리셋(Vcc = 5.0V)에서의 추가 지연	권장 사용법
00	6 CK	–	BOD 인가
01	6 CK	4.1 ms	빠른 상승 전원
10	6 CK	65 ms	느린 상승 전원
11	예약비트		

그림 2.15의 OSCCAL(Oscillator Calibration Register) 레지스터의 비트 구조이다. OSCCAL 레지스터는 수정발진기의 주파수를 교정하기 위해 사용된다. 내부 RC 발진기의 발진 주파수는 수정발진기에 비해 상대적으로 정확도가 떨어지므로 이를 보정하기 위하여 OSCCAL는 리셋 직후에 제품표시 바이트(signature byte)의 첫 번째 번지(0x00) 값이 자동으로 로드되어 주파수를 1MHz로 설정한다. 만약 내부 RC 발진기를 1MHz 이외의 주파수를 사용하기 위해서는 OSCCAL 레지스터 값을 변경한다.

OSCAL 레지스터가 0일 때, 가장 낮은 주파수가 선택되며, $FF일 때 가장 높은 주파수를 출력한다. 내부 RC 발진자의 출력은 EEPROM과 플래시 메모리의 접근에 사용될 수 있기 때문에 정상적인 값에서 10% 이상 변동되지 않도록 한다. 만약 10% 이상의 변동이 있을 경우 EEPROM이나 플래시 메모리에 기록되는 동작이 되지 않을 수 있다. 표 2.13은 OSCCAL 레지스터의 값에 따른 내부 RC 발진기의 주파수 범위이다.

Bit	7	6	5	4	3	2	1	0	
	CAL7	CAL6	CAL5	CAL4	CAL3	CAL2	CAL1	CAL0	OSCCAL
Read/Write	R/W	R/W	R/W	R/W	R/W	R/W	R/W	R/W	
Initial Value	Device Specific Calibration Value								

| 그림 2.15 | OSCCAL 레지스터의 비트 구조(ATmega103 호환 모드에서는 유효하지 않음)

| 표 2.13 | 내부 RC 발진기의 주파수 범위

OSCCAL 값	동작 주파수의 최소 주파수 비율(%)	동작 주파수의 최소 주파수 비율(%)
$00	50	100
$7F	75	150
$FF	100	200

❺ 외부 클럭신호(external clock signal)

그림 2.16은 AVR에 외부 클럭신호(external clock signal)를 사용하기 위한 회로 구성이다. 그림 2.16과 같이 외부 클럭신호는 XTAL1(핀 24) 단자로 연결하고 XTAL2(핀 23) 단자는 사용하지 않는다. 외부 클럭 신호로 AVR을 구동하기 위해서는 퓨즈 하위 바이트의 CKSEL=0000(표 2.7 참조)로 설정한다. 만약 CKOPT=1(표 2.8 참조)으로 하면 사용자가 XTAL1과 GND 사이에 내장된 36pF 커패시터를 사용할 수 있다.

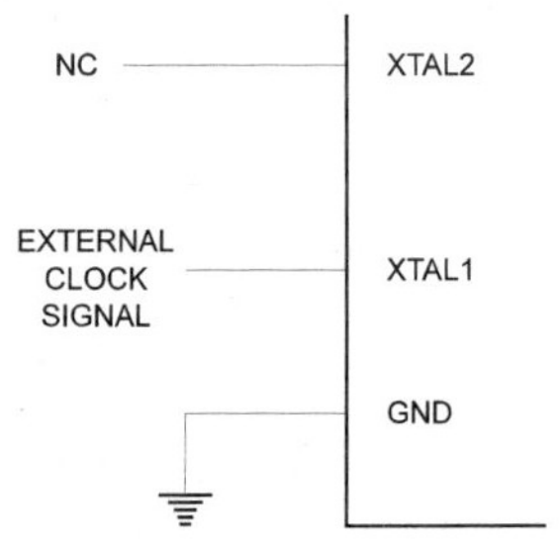

| 그림 2.16 | 외부 클럭신호를 사용하는 경우 회로 구성

표 2.14는 퓨즈 하위 바이트의 SUT1:0 비트에 따른 지연시간이다. AVR이 외부 클럭 신호를 사용하는 경우 퓨즈 하위 바이트의 SUT 비트의 설정에 따라 시작 시간이 결정된다. 클럭 주파수가 순간적으로 2% 이상 변동하면서 MCU의 동작이 불안정해져서 예측할 수 없는 동작을 일으킬 수 있다. 이때 외부 클럭을 사용하는 경우 클럭 주파수의 급격한 변동이 없도록 한다.

| 표 2.14 | 퓨즈 하위 바이트의 SUT1:0 비트에 따른 지연시간

SUT1:0	Power-down과 Power-save로부터 시작 시간	리셋(Vcc=5.0V)으로부터 추가 지연시간	권장 사용
00	6 CK	-	BOD 인가
01	6 CK	4.1ms	고속 상승 전원
10	6 CK	65ms	저속 상승 전원
11	예약비트		

연습문제

01. ATmega128의 전원관리를 위한 MCUCR 레지스터를 설명하여라.

02. ATmega128의 내부 리셋 회로를 설명하여라.

03. ATmega128의 리셋 종류와 동작을 설명하여라.

04. MCUCSR 레지스터를 설명하여라.

05. 수정발진자(크리스탈)와 수정발진기를 설명하여라.

06. 디지털회로에서 사용되는 클럭 소스의 종류와 기능을 설명하여라.

07. ATmega128의 클럭 소스의 종류와 동작을 설명하여라.

08. ATmega128의 OSCCAL 레지스터의 비트별 의미를 설명하여라.

09. AVR에서 기본적으로 사용될 수 있는 5가지의 클럭 소스를 마이크로컨트롤러에 인터페이스하고 프로그래밍하여라.

(1) 외부 수정발진자(크리스탈) 혹은 세라믹 공진기
(2) 외부 RC 발진기
(3) 외부 저주파 수정발진기(오실레이터)
(4) 조정 가능한 내부 RC 발진기
(5) 외부 클럭

제 3 장

메모리 인터페이스

학습목표

1. AVR ATmega128 마이크로컨트롤러의 내부 메모리 구조를 이해한다.
2. AVR ATmega128 마이크로컨트롤러의 외부 메모리 인터페이스 방법을 이해한다.
3. 메모리 잠금비트, 퓨즈 비트, 부트 로더의 동작을 이해한다.

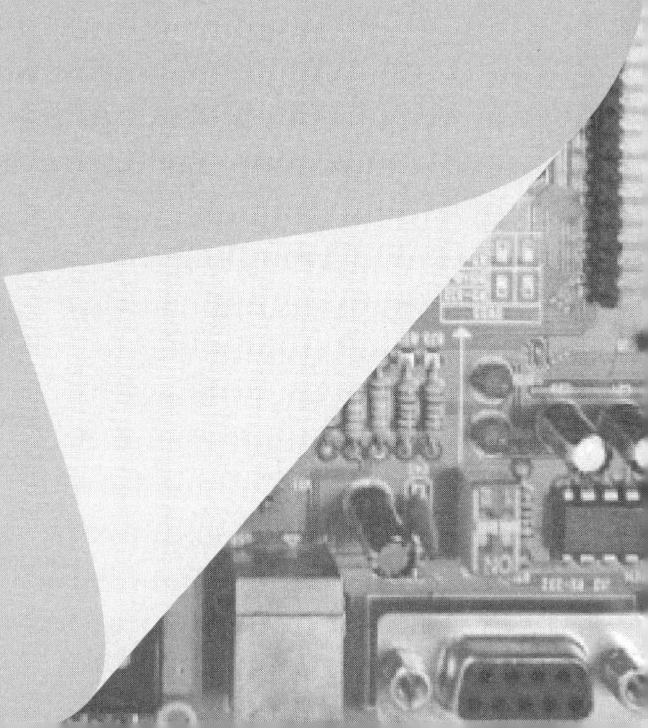

3.1 개요

ATmega128의 번지는 총 16(A0~A15)개를 가지므로 2^{16}=65,536(대략 64K)개의 번지 공간을 가진다. **따라서 ATmega128이 접근할 수 있는 전체 메모리 공간은 64K×2바이트 =128K바이트가 된다. ATmega128은 1개의 번지 공간이 2바이트(16비트)로 할당된다. ATmega128의 명령어는 16비트(2바이트) 혹은 32비트(2워드)로 구성된다.**

ATmega128의 메모리 구조는 128K바이트의 플래시 프로그램 메모리(flash program memory), 4K바이트 EEPROM, 4K바이트 내부 SRAM을 제공하고 있다. 플래시 메모리는 10,000회, EEPROM은 100,000회의 읽기/쓰기를 보장하고 있다. 또한 데이터의 기억(data retention)은 85°C에서 20년, 25°C에서 100년을 보장하고 있다.

ATmega128은 64K바이트까지 외부 메모리를 인터페이스할 수 있다. 여기서 사용되는 외부 메모리 공간은 SRAM 뿐만 아니라 ADC, DAC 및 I/O 장치 등을 인터페이스할 수 있다. 외부 메모리를 인터페이스하기 위해서는 MCUCR 레지스터의 SRE(SRAM/XEM (eXternal MEMory) 비트를 1로 한다.

ATmega128의 메모리를 제어하기 위해서 사용되는 관련 레지스터는 MCUCR, XMCRA, XMCRB가 있다.

3.2 플래시 프로그램 메모리

그림 3.1은 ATmega128의 프로그램 메모리 맵(memory map)이다. 플래시 프로그램 메모리는 프로그램을 저장하는 것이 주 목적이며, 부트 프로그램 영역(boot flash section)과 응용 프로그램 영역(application flash section)으로 구성된다. ATmega128은 내부의 128K바이트의 플래시 메모리를 프로그램 메모리로 사용한다. 또한 명령어들은 16비트 혹은 32비트로 구성된다. ATmega128의 PC(Program Counter)는 16비트 단위로 접근하며 전체 메모리의 번지 공간은 64K바이트 영역(2^{16}=65,536(≒64K) : 0x0000~0xFFFF)이다. 플래시 메모리 공간은 JTAG이나 SPI 모드의 ISP로 프로그래밍 할 수 있다.

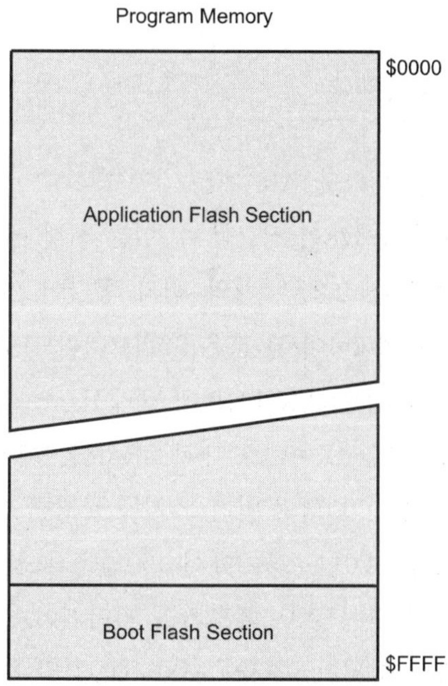

| 그림 3.1 | ATmega128 플래시 프로그램 메모리 맵

3.3 SRAM 데이터 메모리

❶ SRAM 데이터 메모리의 구조

그림 3.2는 내부 SRAM 데이터 메모리(2가지 모드) 구조이다. SRAM 데이터 메모리는 데이터를 저장하기 위한 것이 주 목적이며, 표 3.1과 같이 일반 모드와 이전 모델인 ATmega103과의 호환을 유지하기 위한 호환 모드가 있다. 또한 SRAM 데이터 메모리는 내부와 외부 메모리 공간(SRAM 혹은 I/O 장치)을 합하여 총 64K바이트 공간을 확장하여 사용할 수 있다.

SRAM 데이터 메모리의 일반 모드(Memory Configuration A)는 32개의 범용 레지스터, 64개의 I/O 레지스터, 160개의 확장 I/O 레지스터 그리고 내부 SRAM 4K바이트로 구성된다. 그래서 내부에 총 4,352(4,352=32+64+160+4,096) 바이트 데이터 메모리 공간을 가지고 있다. ATmega103 호환 모드(Memory Configuration B)는 내부에 4,096(4,096=32+64+4,000) 바이트 데이터 메모리 공간을 가지고 있다. 이 영역에는 32개의 레지스터 파일, 64개의 I/O 메모리, 4,000개의 내부 데이터 메모리 공간으로 구성된다.

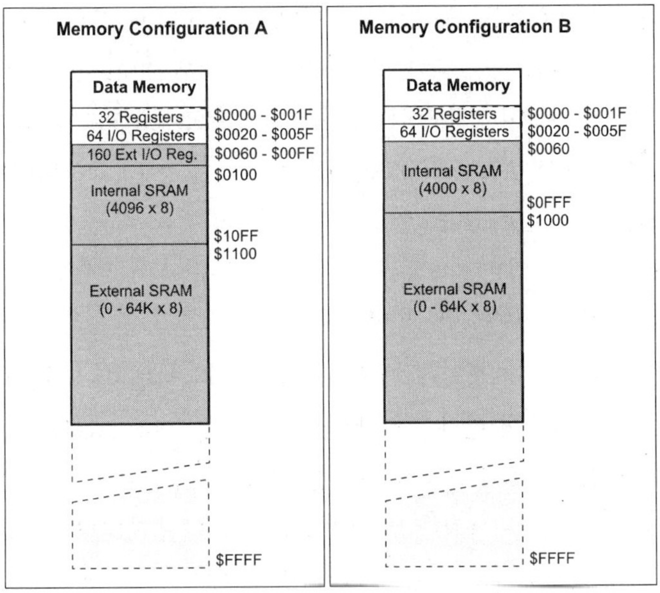

| 그림 3.2 | ATmega128의 내부 SRAM 데이터 메모리(2가지 모드)

| 표 3.1 | ATmega128의 SRAM 데이터 메모리의 모드

SRAM 데이터 메모리 모드	내부 SRAM 데이터 메모리	외부 확장 가능한 SRAM 데이터 메모리
일반 모드	4,096바이트	최대 64K바이트
ATmega103 호환 모드	4,000바이트	최대 64K바이트

❷ SRAM 데이터 메모리의 읽기/쓰기

SRAM 데이터 메모리 공간의 64개 I/O 레지스터 영역($0020~$005F)을 읽고 쓰기 위한 동작은 IN, OUT 명령어를 사용한다. 또한 160개의 확장 I/O 레지스터 영역($0060~$00FF)에 접근하기 위해서는 ST, STS, STD, LD, LDS, LDD 명령만 사용할 수 있다. 만약 ATmega128이 ATmega103의 호환 모드(Memory Configuration B)로 사용되면 확장 I/O 영역은 없게 된다. ATmega128이 내부 SRAM 데이터 메모리에 접근하는 경우에는 외부 SRAM 데이터 메모리의 접근에 사용되는 읽기/쓰기 스트로브 신호($\overline{RD}$(핀34), $\overline{WR}$(핀33)은 사용되지 않는다.

❸ 내부 SRAM + 외부 SRAM 사용

ATmega128이 내부 SRAM을 사용하고 추가적으로 외부 SRAM을 확장하여 사용하는 경우에는 내부에서 사용한 영역으로부터 연속해서 총 64바이트 번지 공간 범위 내에서 사용할 수 있다. 이 경우 외부 SRAM 메모리의 시작 번지는 내부 SRAM의 다음 번지부터 사용된다. 예로써 ATmega128이 일반 모드에서 내부 SRAM이 4,096 바이트를 사용되었다면 외부 SRAM 데이터 메모리는 61,184 바이트(총 65,536-4,096=61,184 바이트)를 사용할 수 있다. 반면 ATmega103 호환 모드에서는 총 61,140 바이트의 외부 SRAM 데이터 메모리를 사용할 수 있다.

④ 번지 지정 방식(addressing mode)

ATmega128은 데이터 메모리에 대해서 5가지의 다른 번지 지정방식를 제공하고 있다. 표 3.2는 ATmega128의 번지 지정방식과 동작이다. 내부 SRAM 데이터 메모리의 32개 범용 레지스터(R0~R31)에서 R26~R31은 데이터 전송 명령에서 X, Y, Z 레지스터로 사용된다. 이 레지스터들은 특정한 번지에 접근하거나, 번지의 자동 증가, 번지의 자동 감소 동작에 사용된다. Z 레지스터는 64K바이트의 데이터 메모리 공간에 직접 접근하거나 128K바이트의 플래시 프로그램 메모리 영역에 직접 접근하는데 사용된다. ATmega128 내부 SRAM 데이터 메모리의 32개 범용 레지스터, 64개 I/O 레지스터, 4,096바이트 내부 SRAM 데이터 메모리 영역에는 표 3.2의 모든 번지 지정 방식으로 접근할 수 있다.

표 3.2 ATmega128의 번지 지정 방식

번지 지정 방식	설명
직접 번지지정 방식	• 이 번지 지정 방식에서는 전체 데이터 공간에서 사용될 수 있다. • 이 번지 지정 방식은 32개 범용 레지스터, 64개 I/O 레지스터, 4,096바이트 내부 SRAM 데이터 메모리에 접근할 수 있다.
변위를 갖는 간접 번지지정 방식	• 이 번지지정 방식에서는 Y 혹은 Z 레지스터로 주어진 시작번지(base address)+63 번지의 위치가 된다. • 이 번지지정 방식은 32개 범용 레지스터, 64개 I/O 레지스터, 4,096바이트 내부 SRAM 데이터 메모리에 접근할 수 있다.
간접 번지지정 방식	• 이 번지지정 방식은 32개 범용 레지스터, 64개 I/O 레지스터, 4,096바이트 내부 SRAM 데이터 메모리에 접근할 수 있다.
전위 감소 간접 번지지정 방식	• 이 번지지정 방식에서는 X, Y, Z 레지스터의 값은 감소한다. • 이 번지지정 방식은 32개 범용 레지스터, 64개 I/O 레지스터, 4,096바이트 내부 SRAM 데이터 메모리에 접근할 수 있다.
후위 증가 간접 번지지정 방식	• 이 번지지정 방식에서는 X, Y, Z 레지스터의 값은 증가한다. • 이 번지지정 방식은 32개 범용 레지스터, 64개 I/O 레지스터, 4,096바이트 내부 SRAM 데이터 메모리에 접근할 수 있다.

❺ 읽기/쓰기 타이밍

그림 3.3은 내부 SRAM 데이터 메모리의 읽기/쓰기 사이클이다. 내부 SRAM 데이터 메모리의 읽기/쓰기 타이밍은 2개의 clk_{MCU} 사이클로 수행되며 이때 $\overline{RD}$, $\overline{WR}$ 컨트롤 신호는 모두 LOW 값일 때 동작(active low)된다.

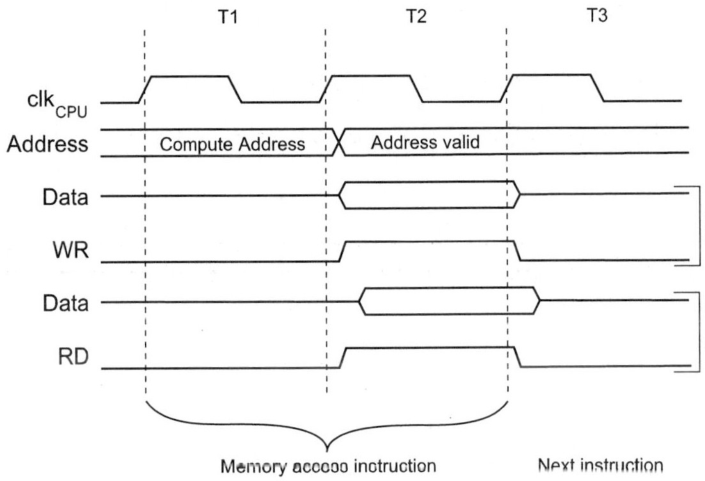

| 그림 3.3 | SRAM 데이터 메모리의 읽기/쓰기 사이클

3.4 EEPROM 데이터 메모리

ATmega128은 4K바이트의 EEPROM(Electrically Erasable Programmable Read-Only Memory) 데이터 메모리를 칩 내부에 제공하고 있으며, 데이터 영역과 분리되어 있다. EEPROM은 바이트 단위로 읽기/쓰기할 수 있으며 총 100,000회 까지 기록/삭제할 수 있다.

ATmega128이 EEPROM에 접근하기 위해서 EEARH(EEPROM Address Register High), EEARL(EEPROM Address Register Low), EEDR(EEPROM Data Register), EECR(EEPROM Control Register)를 사용해야 한다. EEARH/L은 그림 3.4와 같이 EEARH(상위 4비트)와 EEARL(하위 8비트) 레지스터를 조합하여 12비트 크기를 갖고 4K바이트 공간의 번지영역을 표현한다.

Bit	15	14	13	12	11	10	9	8	
	–	–	–	–	EEAR11	EEAR10	EEAR9	EEAR8	EEARH
	EEAR7	EEAR6	EEAR5	EEAR4	EEAR3	EEAR2	EEAR1	EEAR0	EEARL
	7	6	5	4	3	2	1	0	
Read/Write	R	R	R	R	R/W	R/W	R/W	R/W	
	R/W	R/W	R/W	R/W	R/W	R/W	R/W	R/W	
Initial Value	0	0	0	0	X	X	X	X	
	X	X	X	X	X	X	X	X	

| 그림 3.4 | EEARH/L 레지스터의 비트 구조

그림 3.5은 EEDR 레지스터의 비트 구조이다. EEDR 레지스터는 8비트 크기이며 EEPROM에 읽기/쓰기할 데이터를 저장하고 있는 레지스터이다.

Bit	7	6	5	4	3	2	1	0	
	MSB							LSB	EEDR
Read/Write	R/W	R/W	R/W	R/W	R/W	R/W	R/W	R/W	
Initial Value	0	0	0	0	0	0	0	0	

| 그림 3.5 | EEDR 레지스터의 비트 구조

그림 3.6은 EECR 레지스터의 비트 구조이다. EECR 레지스터는 EEPROM을 제어하기 위한 레지스터이다.

Bit	7	6	5	4	3	2	1	0	
	–	–	–	–	EERIE	EEMWE	EEWE	EERE	EECR
Read/Write	R	R	R	R	R/W	R/W	R/W	R/W	
Initial Value	0	0	0	0	0	0	X	0	

| 그림 3.6 | EECR 레지스터의 비트 구조

EECR의 비트별 의미

BIT 7:4 : Reserved Bits

이 비트는 사용되지 않는 비트이다.

BIT 3 : EERIE(EEPROM Ready Interrupt Enable)

이 비트는 EEPROM Ready 인터럽트를 허용하거나 허용(enable)하지 않도록 설정(disable)한다.
1: EERIE=1이면 EEPROM Ready 인터럽트를 허용하게 된다. EEPROM Ready 인터럽트는 EEWE=0이 될 때 요청된다.
0: EEPROM Ready 인터럽트를 허용하지 않는다.

BIT 2 : EEMWE(EEPROM Master Write Enable)

이 비트는 EEPROM Master 쓰기 기능을 가능(enable)하게 하거나 불가능하게 한다.

1: EEMWE=1로 설정된 후 4사이클 이내에 EEWE=1이 되면 EEPROM에 쓰기를 수행한다. 만약 EEMWE=0일 경우 EEWE=1이 되어도 쓰기를 할 수 없다.

0: 소프트웨어적으로 EEMWE=1로 설정된 후 4사이클이 경과하면 하드웨어적으로 EEMWE=0으로 된다.

BIT 1 : EEWE(EEPROM Write Enable)

이 비트는 EEPROM 쓰기 기능을 가능(enable)하게 하거나 불가능하게 한다.
1: EEWE(EEPROM Write Enable): EEWE=1이면 쓰기 허용
0: EERE(EEPROM Read Enable): EERE=1이면 읽기 허용

〈EEPROM에 데이터를 쓰는 절차〉
① EEWE = 0이 될 때 까지 대기한다.
② SPMCSR 레지스터의 SPMEN=0이 될 때 까지 대기한다.
③ EEAR에 EEPROM에 데이터를 기록한 할 번지를 넣는다.
④ EEDR에 EEPROM에 기록한 데이터를 넣는다.
⑤ EECR에 EEWE=0, EEMWE=1을 쓴다.
⑥ EEMWE 비트를 설정한 후 4사이클 이내에 EEWE=1을 쓴다(이 동작 이후에 EEDR의 데이터가 EEAR에 지정된 EEPROM의 번지에 기록된다.

〈EEPROM의 데이터를 읽는 동작〉
① EEWE=0일 때 까지 대기한다.
② EEAR 레지스터에 EEPROM에서 읽을 번지를 넣는다.
③ EERE=1로 설정한다(여기서 지정한 번지의 EEPROM 데이터를 읽어 EEDR에 저장)
④ EEDR 레지스터를 읽는다.

3.5 외부 메모리 인터페이스

ATmega128은 프로그램 메모리와 데이터 메모리가 분리된 하바드 구조(Harvard Architecture)이다. 그래서 외부 메모리 영역에 데이터 SRAM 혹은 I/O 장치들을 인터페이스하여 사용할 수 있다. ATmega128의 외부 메모리 인터페이스는 다음과 같이 포트PA와 포트PC를 사용한다.

- 외부 메모리는 포트PA(핀44~핀51)와 포트PC(핀35~핀42)로 인터페이스 한다.
- 포트PA는 외부 데이터 메모리에 접근(access)하기 위해서 데이터 버스와 하위 번지 버스(A7~A0)을 사용한다.
- 포트PA(AD7:0)는 번지 신호와 데이터 신호를 멀티플렉스(multiplex)하여 사용하기 때문에 ALE(Address Latch Enable) 신호로 데이터 버스와 번지 버스를 분리한다. 만약 포트PA가 번지 신호 선으로 사용되는 경우에는 하위 번지(A7~A0)를 사용하고 데이터 버스로 사용할 경우에는 D7~D0로 사용된다.
- 포트PC는 외부 데이터 메모리를 액세스하기 위해서 16비트 번지 신호선 중에서 상위 바이트 번지 버스(A15~A8)로 사용된다.
- 외부에 인터페이스 된 메모리를 사용하기 위해서 XMCRA(외부 메모리 제어 레지스터

A)와 XMCRB(외부 메모리 제어 레지스터 B) 레지스터를 사용한다.

- 외부 메모리의 사용은 0x1100~0xFFFF 까지 60K바이트이다.
- 외부 메모리를 사용하지 않을 경우 외부 메모리 대신 확장 I/O(Input/Output)로 사용할 수 있다.

그림 3.7은 섹터 선택(sector select)을 갖는 외부 메모리이다. ATmega128의 외부 메모리 공간은 몇 개의 섹터로 나눌 수 있도록 되어 있다. 이것은 접근 속도가 서로 다른 장치(device) 들을 인터페이스 할 경우 각 섹터별로 4가지 서로 다른 대기 상태(wait-state)를 지정할 수 있다. 만약 ATmega128의 외부 메모리를 사용할 경우에는 0x1100~ 0xFFFF(ATmega103 호환 모드를 사용하는 경우 0x1000~0xFFFF)의 영역에 대해서만 외부 메모리를 액세스할 수 있으며, 0x0000~0x1100(ATmega103 호환 모드를 사용하는 경우 0x0000~ 0x1000)의 영역에 접근할 경우 외부 메모리가 아닌 ATmega128 내부의 레지스터 혹은 내부 SRAM에 접근하게 되므로 주의하여 사용해야 한다.

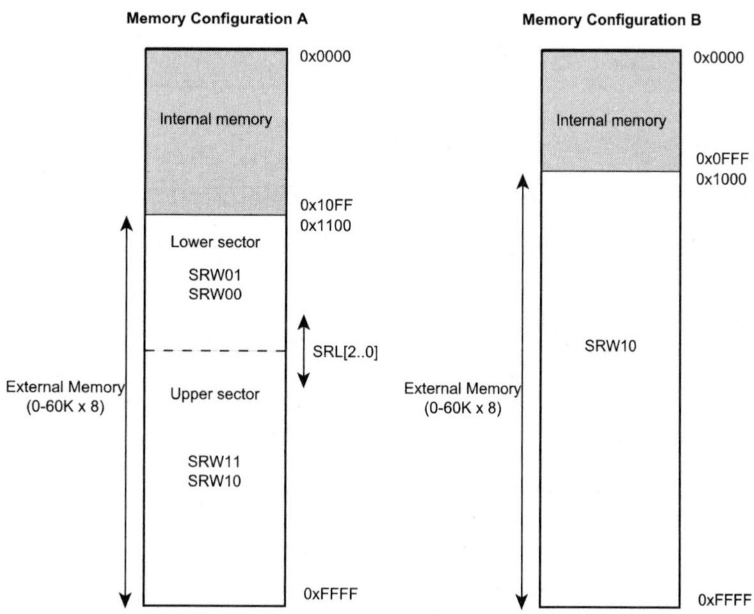

| 그림 3.7 | 섹터 선택을 갖는 외부 메모리

그림 3.8는 ATmega128의 외부 SRAM 메모리를 인터페이스 하는 방법이다. ATmega128의 AD7:0 신호는 번지 버스와 데이터 버스 신호(8비트) 멀티플렉스

(multiplex)하여 사용하기 때문에 래치 칩(latch chip)을 사용하여 ALE(Address Latch Enable) 신호에 따라 번지와 데이터 신호를 분리하여 사용한다. 이때 사용되는 래치 칩은 일반적으로 74HC373 또는 74HC573 등을 주로 사용한다.

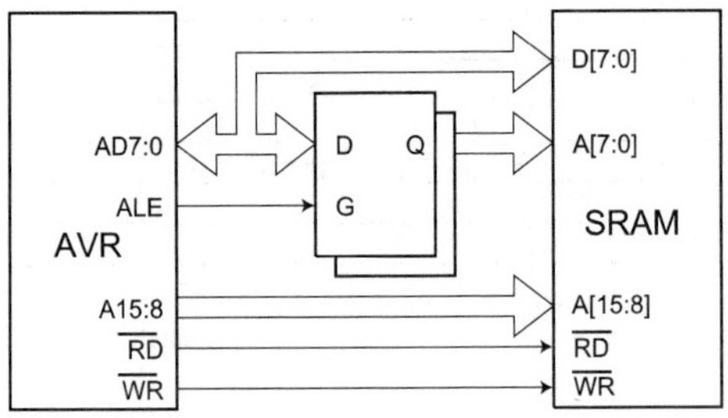

| 그림 3.8 | ATmega128이 외부 SRAM을 인터페이스 하는 방법

ATmega128과 외부에 연결될 수 있는 장치들(예로써 SRAM, DRAM, I/O 상치 등)은 I/O 속도가 서로 다르기 때문에 ATmega128은 기본적인 속도에서 1~3개의 대기 사이클(wait-cycle)을 지원하여 장치들 간의 속도를 해결한다.

그림 3.9는 외부 데이터 메모리를 인터페이스 하기 위한 기본 사이클(대기 상태가 없는)의 타이밍도이다. 그림 3.10은 외부 데이터 메모리를 위한 대기 1-사이클, 그림 3.11은 외부 데이터 메모리를 위한 대기 2-사이클, 그림 3.12는 외부 데이터 메모리를 위한 대기 3-사이클에 대한 읽기/쓰기 타이밍도이다.

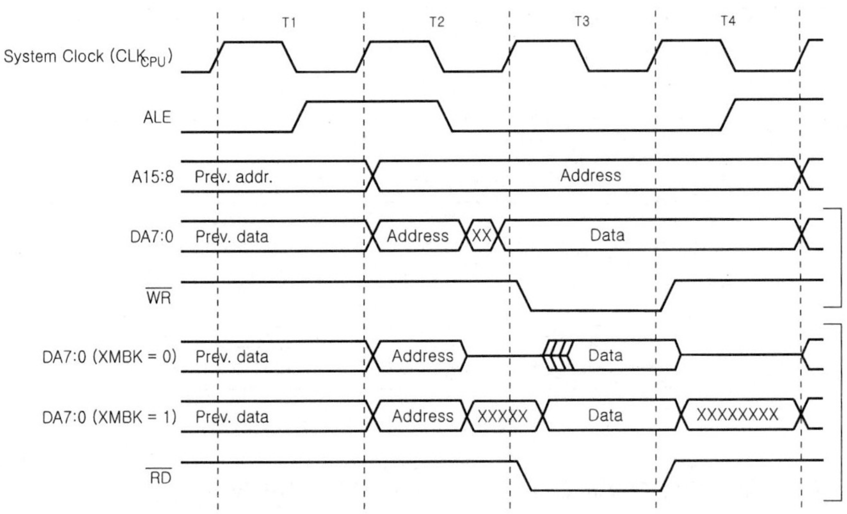

| 그림 3.9 | 외부 데이터 메모리의 읽기/쓰기 기본 사이클(SRWn1=1 및 SRWn0=0)

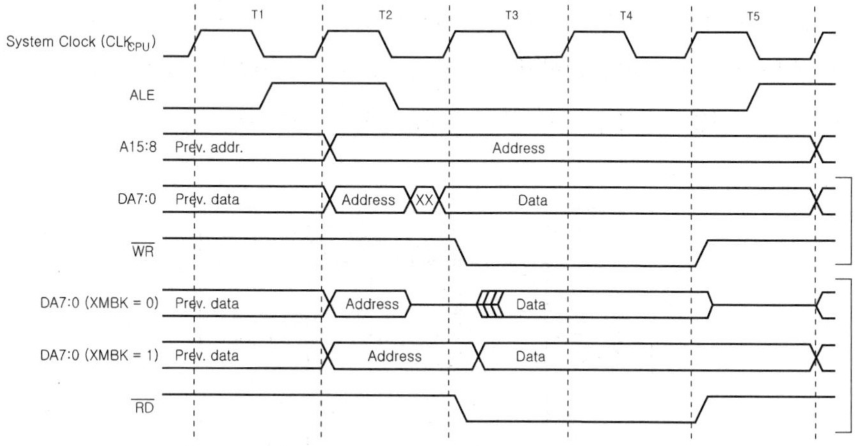

| 그림 3.10 | 외부 데이터 메모리 인터페이스를 위한 대기 1-사이클(SRWn1=0 및 SRWn0=1)

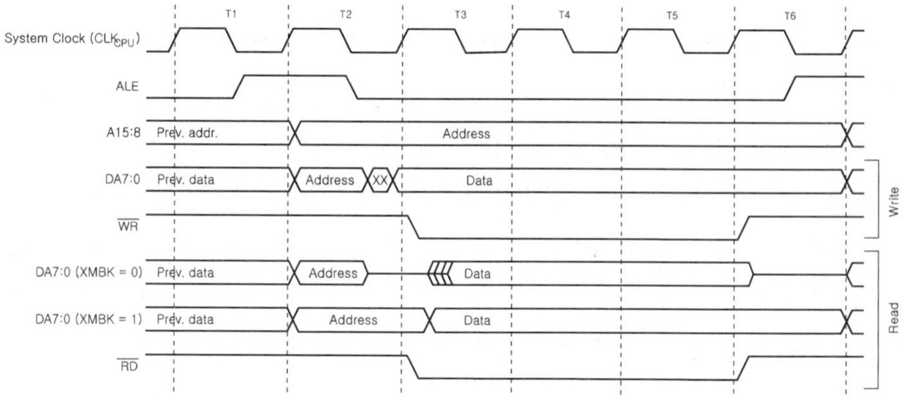

| 그림 3.11 | 외부 데이터 메모리 인터페이스를 위한 대기 2-사이클(사이클(SRWn1=1 및 SRWn0=0)

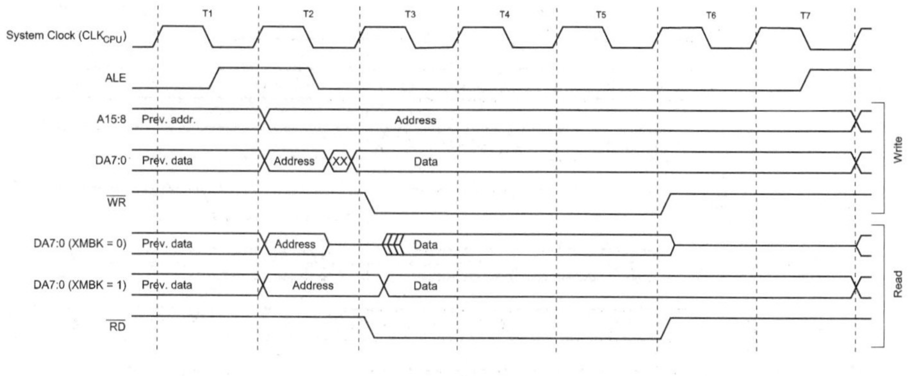

| 그림 3.12 | 외부 데이터 메모리 인터페이스를 위한 대기 3-사이클(사이클(SRWn1=1 및 SRWn0=1)

그림 3.13은 MCUCR(MCU Control Register)의 비트 구조이다. MCUCR 레지스터는 MCU를 제어하는 레지스터이며, SRE, SRW10, SE, SM1:2, IVSEL, IVCE 비트로 구성된다.

Bit	7	6	5	4	3	2	1	0	
	SRE	SRW10	SE	SM1	SM0	SM2	IVSEL	IVCE	MCUCR
Read/Write	R/W	R/W	R/W	R/W	R/W	R/W	R/W	R/W	
Initial Value	0	0	0	0	0	0	0	0	

| 그림 3.13 | MCUCR 레지스터의 비트 구조

MCUCR의 비트별 의미

BIT 7 : SRE(External SRAM/XMEM Enable)

이 비트는 외부 메모리 인터페이스를 가능 혹은 불가능하게 설정한다.

1: 이 비트를 1로 하면 외부 메모리를 인터페이스할 수 있도록 설정된다. 이때 AD7:0, A15:8, ALE, $\overline{WR}$, $\overline{RD}$ 핀은 다른 핀 기능으로 설정된다. 또한 SRE 비트는 데이터 방향 레지스터의 핀 방향 설정으로 대체된다.

0: 이 비트를 0으로 하면 외부 메모리를 인터페이스할 수 없도록 설정된다. 이때 AD7:0, A15:8, ALE, $\overline{WR}$, $\overline{RD}$ 핀은일반 핀 기능으로 설정되며 데이터 방향이 설정된다.

BIT 6 : SRW10(Wait-state Select Bit)

이 비트는 대기상태를 설정한다. 이 비트는 XMCRA 레지스터의 표 3.4를 참조한다. ATmega103 호환모드에서 SRW10에 1을 쓰는 것은 대기 상태를 가능하게 하며 1개의 추가 사이클은 그림 3.9와 같이 읽기/쓰기 스트로브 동안에 추기된다.

그림 3.14는 XMCRA(External Memory Control Register A)이다. XMCRA 레지스터는 외부 메모리를 제어하기 위한 SRL2:0, SRW01:11 비트로 구성된다. SRL2:0과 SRW01:11의 비트에 대한 의미는 표 3.3, 표 3.4와 같다.

Bit	7	6	5	4	3	2	1	0	
	–	SRL2	SRL1	SRL0	SRW01	SRW00	SRW11	–	XMCRA
Read/Write	R	R/W	R/W	R/W	R/W	R/W	R/W	R	
Initial Value	0	0	0	0	0	0	0	0	

| 그림 3.14 | XMCRA 레지스터의 비트 구조

표 3.3은 XMCRA 레지스터의 비트6, 비트5, 비트4의 값에 의해서 설정되는 섹터(sector)의 범위를 지정한다. SRL2, SRL1, SRL0은 각각 하위 섹터(lower sector)와 상위 섹터(higher sector)의 범위를 가진다.

| 표 3.3 | SRL2:0에 의한 섹터 범위 설정

SRL2	SRL1	SRL0	섹터 범위
0	0	0	하위 섹터 = N/A 상위 섹터 = 0x1100 ~ 0xFFFF
0	0	1	하위 섹터 = 0x1100 ~ 0x1FFF 상위 섹터 = 0x2000 ~ 0xFFFF
0	1	0	하위 섹터 = 0x1100 ~ 0x3FFF 상위 섹터 = 0x4000 ~ 0xFFFF
0	1	1	하위 섹터 = 0x1100 ~ 0x5FFF 상위 섹터 = 0x6000 ~ 0xFFFF
1	0	0	하위 섹터 = 0x1100 ~ 0x7FFF 상위 섹터 = 0x8000 ~ 0xFFFF
1	0	1	하위 섹터 = 0x1100 ~ 0x9FFF 상위 섹터 = 0xA000 ~ 0xFFFF
1	1	0	하위 섹터 = 0x1100 ~ 0xBFFF 상위 섹터 = 0xC000 ~ 0xFFFF
1	1	1	하위 섹터 = 0x1100 ~ 0xDFFF 상위 섹터 = 0xE000 ~ 0xFFFF

표 3.4는 XMCRA 레지스터의 비트3, 비트2, 비트1의 값에 의해서 설정되는 SRWn1과 SRWn0에 의한 대기상태(wait-state)이다.

| 표 3.4 | SRWn1과 SRWn0 비트에 의한 대기상태

SRWn1	SRWn0	대기상태
0	0	대기상태 없음
0	0	읽기/쓰기 스트로브(strobe) 동안 1사이클 대기
1	0	읽기/쓰기 스트로브(strobe) 동안 2사이클 대기
1	1	읽기/쓰기 스트로브(strobe) 동안 2사이클 대기하고 새로운 번지(address)를 출력(driving out)하기 전 1사이클을 대기

그림 3.15는 XMCRB 레지스터의 비트 구조이다. XMCRB는 며 표 3.4는 XMM2:0 비트에 의한 외부 메모리 번지 비트이다.

Bit	7	6	5	4	3	2	1	0	
	XMBK	–	–	–	–	XMM2	XMM1	XMM0	XMCRB
Read/Write	R/W	R	R	R	R	R/W	R/W	R/W	
Initial Value	0	0	0	0	0	0	0	0	

| 그림 3.15 | XMCRB 레지스터의 비트 구조

XMCRB의 비트별 의미

BIT 7 : XMBK(External Memory Bus-keeper Enable)

이 비트는 AD 버스(포트A)가 3-상태가 되는 조건에서는 이전의 값을 유지하도록 하는 버스 키퍼(bus keeper)를 설정하는 비트이다.

1: 이 비트를 1로 하면 AD7:0 라인을 버스 키퍼로 동작되도록(enable) 한다. 버스 키퍼가 동작되면 AD7:0 신호선은 XMEM 인터페이스가 라인을 3-상태로 해도 마지막으로 드라이브된 값이 유지된다.

0: 이 비트를 0으로 하면 버스 키퍼(bus keeper)로 동작되지 않도록(disable) 한다. XMEM 인터페이스가 사용할 수 없게) 되어도 XMBK는 SRE(External SRAM/XMEM Enable)로 인정(qualify)되지 않는다. 버스 키퍼는 XMBK가 1로 되어야만 활성화 된다.

BIT 6:3 : 사용되지 않는 비트

BIT 2:0 : XMM2, XMM1, XMM0(External Memory High Mask)

외부 메모리의 인터페이스는 포트A와 포트C를 사용하여 인터페이스 한다. 이때 포트C는 16비트 번지의 상위 바이트 버스로 사용되기 때문에 번지 버스의 상위바이트가 어느 부분까지 번지 버스 신호로 사용할지를 설정하는 기능이다. 표 3.4는 XMM2:0 비트에 의해서 외부 메모리에 접근하는 버스(PC포트)를 선택하게 된다. 예로써 표 3.5와 같이 XMM2:0 비트가 111일 경우 포트C 전체를 I/O 포트로 사용할 수 있다.

| 표 3.5 | XMM2:0에 의한 외부 메모리 번지 비트

XMM2	XMM1	XMM0	외부 메모리 번지에 대한 비트 번호	해제(released) 포트 핀
0	0	0	8(전체 60K바이트 공간)	없음
0	0	1	7	PC7
0	1	0	6	PC7 ~ PC6
0	1	1	5	PC7 ~ PC5
1	0	0	4	PC7 ~ PC4
1	0	1	3	PC7 ~ PC3
1	1	0	2	PC7 ~ PC2
1	1	1	번지 상위비트 없음	포트C((전체)

3.6 메모리 보호와 시스템 설정 비트

ATmega128에는 메모리를 보호하고 시스템을 설정하기 위해서 메모리 잠금 비트(program and data lock bit)와 퓨즈 비트(fuse bit)를 제공하고 있다.

- 메모리 잠금 비트 : 프로그램과 데이터의 잠금(lock) 기능을 설정하는 1바이트의 메모리 비트를 제공한다.
- 퓨즈 비트 : MCU를 설정하기 위한 3바이트(확장 바이트, 상위 바이트, 하위 바이트로 구성)의 퓨즈 비트를 제공한다.

3.6.1 메모리 잠금 비트

ATmega128에는 메모리 보호를 위해 표 3.6과 같이 6개의 메모리 잠금비트가 있다. 이 비트들은 AVR 설계 툴(AVRStudio)을 사용하여 프로그램할 수 있으며, 칩 삭제 명령(chip erase command)을 수행하면 다시 기본 값 1로 된다. 이 비트들의 기본 값은 1(프로그램 되지 않은 상태)이다.

| 표 3.6 | 메모리 잠금 비트(memory lock bit)

잠금 비트	비트 번호	설명	기본 값
–	7	–	1(프로그램 되지 않은 상태)
–	6	–	1(프로그램 되지 않은 상태)
BLB12	5	부트 잠금 비트(Boot Lock Bit)	1(프로그램 되지 않은 상태)
BLB11	4	부트 잠금 비트	(프로그램 되지 않은 상태)
BLB02	3	부트 잠금 비트	(프로그램 되지 않은 상태)
BLB01	2	부트 잠금 비트	1(프로그램 되지 않은 상태)
LB2	1	잠금 비트(ATmega103 호환 모드)	1(프로그램 되지 않은 상태)
LB1	0	잠금 비트(와치독 타이머 전용)	1(프로그램 되지 않은 상태)

ATmega128은 메모리 잠금 비트(표 3.6)들의 값에 따라 다음과 같이 3가지 모드로 동작된다.

- LB(Lock Bit) 모드
- BLB0(Boot Lock Bit 0) 모드
- BLB1(Boot Lock Bit 1)

표 3.7은 3가지 메모리 잠금 비트에 의한 메모리의 보호 기능이다. LB 모드는 외부에서 플래시 프로그램 메모리(부트 로더, 응용프로그램)에 접근할 때 보호 기능으로 사용되며, LB2, LB1의 설정으로 선택한다. BLB0 모드는 부트 로더 프로그램이 응용프로그램 영역을 접근할 때 보호 모드로 사용된다. 이 모드는 BLB02와 BLB01의 설정으로 선택된다. BLB1 모드는 응용프로그램에서 부트 로더 프로그램을 접근할 때 보호 모드로 사용된다.

| 표 3.7 | 메모리 잠금 비트에 의한 메모리 보호 기능

메모리 잠금 비트			메모리의 보호 형태
LB 모드	LB2	LB1	
1	1	1	• 메모리 금지 기능을 사용할 수 없다.
2	1	0	• SPI/JTAG 직렬 프로그래밍 모드와 병렬 모드에서 플래시와 EEPROM에 추가적으로 프로그래밍할 수 없다. • 직렬과 병렬 프로그래밍 모드 모두 퓨즈 비트를 잠금(lock)한다.
3	1	0	• SPI/JTAG 직렬 프로그래밍 모드와 병렬 모드에서 플래시 및 EEPROM에 추가적으로 프로그래밍과 검사(verification)할 수 없다. • 직렬과 병렬 프로그래밍 모드 모두 퓨즈 비트가 금지(lock)된다.

메모리 잠금 비트			메모리의 보호 형태
BLB0 모드	BLB02	BLB01	
1	1	1	• SPM이나 (E)LPM이 응용 세션(application session)에 접근하는 것이 제한되지 않는다.
2	1	0	• SPM은 응용 섹션에 쓰기를 허용하지 않는다.
3	0	0	• SPM이 응용 섹션에 쓰는 것을 금지하고, 부트 로더 섹션에서 (E)LPM이 응용 섹션으로부터 읽어오는 것을 허용하지 않는다. • 만약 인터럽트 벡터가 부트 섹션에 있으면, 인터럽트는 응용 섹션에서 실행되는 동안 제한된다.
4	0	1	• 부트 로더 섹션의 LPM 실행은 응용 섹션에서 읽어오는 것이 허용되지 않는다. • 만약 인터럽트 벡터가 부트 섹션에 위치해 있다면, 인터럽트는 응용 섹션에서 실행되는 동안 제한된다.

메모리 잠금 비트			메모리의 보호 형태
BLB1 모드	BLB12	BLB11	
1	1	1	• SPM이나 LPM이 부트 로더 섹션에 접근하는 것에 대하여 제한하지 않는다.
2	1	0	• SPM이 부트 로더 섹션에 쓰는 것을 허용되지 않는다.
3	0	0	• SPM이 부트 로더 섹션에 쓰는 것을 금지하고, 응용 섹션에서의 LPM 실행이 부트 로더 섹션으로부터 읽어오는 것을 허용하지 않는다. • 만약 인터럽트 벡터가 응용 섹션에 위치해 있으면, 인터럽트는 부트 로더 섹션에서 실행되는 동안 허용되지 않는다.
4	0	1	• 응용 섹션의 LPM 실행은 부트 로더 섹션에서 읽어오는 것이 허용되지 않는다. • 만약 인터럽트 벡터가 응용 섹션에 위치해 있으면, 인터럽트는 부트 로더 섹션에서 실행되는 동안 제한된다.

3.6.2 퓨즈 비트(fuse bit)

퓨즈 비트는 ATmega128 칩을 최초로 사용하기 위해서 기본적으로 설정해야 하는 것이며 3바이트로 구성된다. 퓨즈 바이트는 표 3.8(확장 바이트), 표 3.9(상위 바이트), 표 3.10(퓨즈 상위 바이트의 BOOTSZ1:0에 의한 부트 섹션의 크기를 설정), 표 3.11(하위 바이트)과 같다. 확장 퓨즈 바이트는 M103C와 WDTON 비트로 구성되며, M103은 ATmega103과의 호환모드를 설정하는 것으로 기본 값이 "0"이다. WDTON 비트는 와치독 타이머를 ON(상태 0), OFF(상태 1)하는 기능이다. 기본 값은 "1"로 되어있다. 퓨즈 비트 설정 과정은 9장의 9.3을 참조한다.

| 표 3.8 | 확장 퓨즈 바이트

잠금 비트 바이트	비트 번호	설명	기본값
–	7	–	1(프로그램 되지 않음)
–	6	–	1(프로그램 되지 않음)
–	5	–	1(프로그램 되지 않음)
–	4	–	1(프로그램 되지 않음)
–	3	–	1(프로그램 되지 않음)
–	2	–	1(프로그램 되지 않음)
M103C	1	ATmega103의 호환 모드	0(프로그램 되어 있음)
WDTON	0	와치독 타이머는 항상 ON 상태(동작)	1(프로그램 되지 않음)

| 표 3.9 | 퓨즈 상위 바이트

퓨즈 상위 바이트	비트 번호	설명	기본값
OCDEN	7	OCDEN 비트는 OCD를 ON, OFF하는 기능이다. • OCDEN =1: OCD 기능 OFF(기본 값) • OCDEN =0: OCD 기능 ON	1(프로그램 되지 않음, OCD 제한)
JTAGEN	6	JTAGEN 비트는 JTAG 기능을 ON, OFF하는 비트 • JTAGEN = 1: JTAG 기능 ON. • JTAGEN = 0: JTAG 기능 ON(기본 값)	0(프로그램 되어 있음, JTAG 인가)
SPIEN	5	SPIEN은 SPI의 ON/OFF를 설정하는 비트 • SPIEN = 1: SPI ON • SPIEN = 0: SPI 기능 OFF기본 값)	0(프로그램 되어있음, SPI 인가)
CKOPT	4	• CKOPT = 1: 수정발진자의 진폭 작음, 전력소모 적음(기본 값) • CKOPT = 0: 수정발진자의 진폭 커짐, 잡음이 심한 환경에 적합, 전력소모 증가	1(프로그램 되지 않음)
EESAVE	3	칩 삭제 명령 실행시 EEPROM 내용 보존 여부를 설정하는 비트 • EESAVE = 1: EEPROM 내용 보존 안 됨	1(프로그램 되지 않음, EEPROM 보존 됨)

		(기본 값) • EESAVE = 0: EEPROM 내용 보존됨.	
BOOTSZ1	2	BOOTSZ1, BOOTSZ1 값의 조합에 따라 부트 섹션의 크기를 선택하는 비트 • 디폴트로 부트 섹션의 크기는 "00"으로 세팅되어 0xF000~0xFFFF까지의 4,096 워드로 지정됨	0(프로그램 되어 있음)
BOOTSZ0	1		0(프로그램 되어 있음)
BOOTRST	0	리셋벡터 번지를 설정하는 비트 • BOOTRST = 1: 리셋벡터 번지=0x0000 • BOOTRST = 0: 리셋벡터 번지=부트 로더 리셋 번지(부트섹션 시작번지)	1(프로그램 되지 않음)

| 표 3.10 | 퓨즈 상위 바이트의 BOOTSZ1:0에 의한 부트 섹션 크기의 설정

BOOTSZ1	BOORSZ0	부트 크기	페이지	플래시 섹션 응용	부트 로더 플래시 섹션	섹션의 마지막 부분	부트 리셋 번지
1	1	512워드 (word)	4	\$0000~ \$FDFF	\$FE00~ \$FFFF	\$FDFF	\$FE00
1	0	1,024워드	8	\$0000~ \$FBFF	\$FC00~ \$FFFF	\$FBFF	\$FC00
0	1	2,048워드	16	\$0000~ \$F7FF	\$F800~ \$FFFF	\$F7FF	\$F800
0	0	4,096워드	32	\$0000~ \$EFFF	\$F000~ \$FFFF	\$EFFF	\$F000

| 표 3.11 | 퓨즈 하위 바이트

퓨즈 하위 바이트	비트 번호	설명	기본 값
BODLEVEL	7	BOD의 저전압 검출 레벨을 설정하는 비트 • BODLEVEL = 1: 검출기준전압 =2.7V • BODLEVEL = 0: 검출기준전압 =4.0V	1(프로그램 되지 않음)
BODEN	6	BOD의 기능을 ON, OFF하는 비트 • BODE =1: BOD를 ON • BODE =0: BOD를 OFF	1(프로그램 되지 않음)
SUT1	5	• SUT1, SUT0은 시작 시간을 선택하는 비트이다. 이 비트는 시스템의 클럭과 리셋에 관련 있다. • 자세한 사항은 ATmega128의 시스템 클럭과 클럭 선택 사항을 참조한다.	1(프로그램 되지않음)
SUT0	4		0(프로그램 되어 있음)

CKSEL3	3	• 클럭 소스의 선택을 설정하는 비트이다. 또한 이 비트는 SUT1,0과 클럭에 관계가 있다.	0(프로그램 되어 있음)
CKSEL2	2		0(프로그램 되어 있음)
CKSEL1	1		0(프로그램 되어 있음)
CKSEL0	0		1(프로그램 되지 않음)

3.6.3 부트 로더(Boot Loader)

ATmega128의 플래시 프로그램 메모리에는 응용프로그램 영역과 부트 로더 영역이 있다. 부트 로더 영역에 부트 로더 프로그램이 내장되어 있어서 MCU가 리셋 되면 응용 프로그램을 다운 로드(혹은 업 로드)하는 기능이다. 이것은 응용 프로그램의 수정이 필요할 경우 ISP 케이블로 플래시 프로그램 메모리에 직접 다운로더할 수 있다. 대부분의 임베디드 시스템에 사용되는 임베디드 프로세서는 부트 로더가 있다. AVR 부트 로더의 크기는 퓨즈 비트의 설정에 따라 크기를 조정할 수 있다.

연습문제

01. 마이크로컨트롤러 응용 시스템을 설계하는 경우 메모리 맵(memory map)이 무엇인가?

02. ATmega128의 번지 비트는 모두 몇 비트인가?

03. ATmega128이 사용할 수 있는 전체 메모리 공간은 얼마인가?

04. ATmega128의 내부 메모리 구조를 설명하여라.

05. ATmega128의 플래시 프로그램 메모리의 사용방법을 설명하여라.

06. ATmega128의 내부 SRAM 데이터 메모리의 사용방법을 설명하여라.

07. ATmega128의 EEPROM 데이터 메모리의 사용방법을 설명하여라.

08. ATmega128의 EEPROM 데이터 메모리를 사용하기 위한 관련 레지스터는 어떤 것이 있는가?

09. ATmega128의 외부 SRAM 메모리를 사용하는 방법을 설명하여라.

10. ATmega128의 외부 SRAM 데이터 메모리를 사용하기 위한 관련 레지스터는 어떤 것이 있는가?

11. ATmega128의 내부 플래시 프로그램 메모리를 사용하고자 한다. 어떤 과정과 코드로 설계해야 하는가?

12. ATmega128의 내부 SRAM 데이터 메모리를 사용하고자 한다. 어떤 과정과 코드로 설계해야 하는가?

13. ATmega128의 EEPROM 데이터 메모리를 사용하고자 한다. 어떤 과정과 코드로 설계해야 하는가?

14. ATmega128의 외부 SRAM 데이터 메모리를 사용하고자 한다. 어떤 과정과 코드로 설계해야 하는가?

제4장

인터럽트

학습목표

1. 인터럽트의 개념과 인터럽트 구조를 이해한다.
2. ATmega128의 인터럽트 핀과 동작을 이해한다.
3. ATmega128의 인터럽트 벡터, 인터럽트 서비스 루틴을 이해한다.

4.1 개요

인터럽트(interrupt)는 MCU가 프로그램을 수행하는 과정에서 내부 혹은 외부로부터 긴급 서비스(service) 요청에 의해서 현재 실행하고 있는 프로그램(program)을 일시적으로 중단하고 내부 혹은 외부로부터 요구되는 인터럽트에 대한 서비스를 우선적으로 처리하는 것이다. 인터럽트 요구에 대한 서비스를 처리하는 과정을 ISR(Interrupt Service Routine) 혹은 인터럽트 핸들러(interrupt handler)라 한다.

그림 4.1은 인터럽트가 요구되고 서비스되는 과정이다. 인터럽트는 인터럽트가 요구된 시점의 명령어를 수행한 후 인터럽트에 해당하는 서비스를 실행한다. 요청된 인터럽트의 수행이 완료되면 호출한 프로그램으로 복귀하여 중단된 프로그램 다음부터 실행을 계속한다. 이때 MCU는 인터럽트 서비스가 수행되기 전의 상태를 스택(stack)에 저장(PUSH 동작)하고 인터럽트 서비스가 완료되면 저장된 내용을 가져온다.(POP 동작)

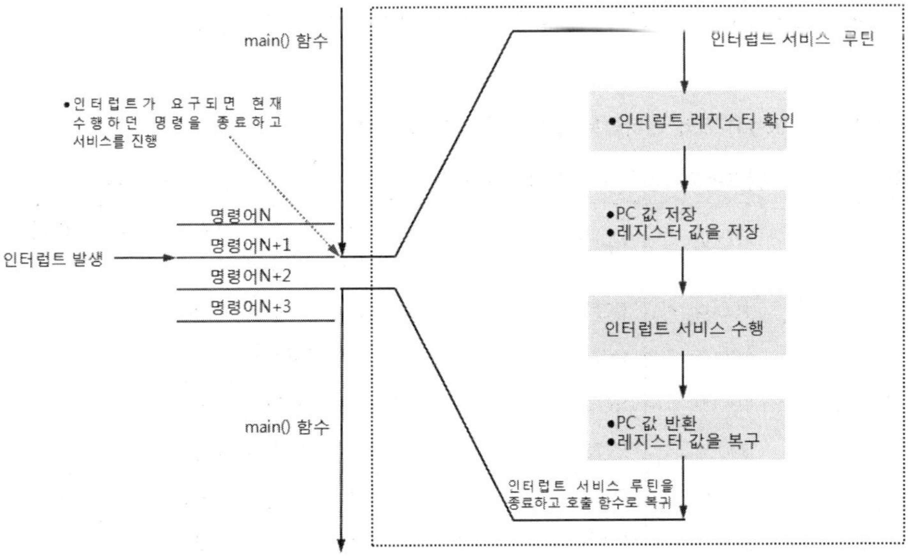

| 그림 4.1 | 인터럽트의 요구 및 서비스 과정

ATmega128에는 리셋을 포함하여 35개의 인터럽트 벡터를 갖고 있다. 이것들은 인터럽트 마스크 레지스터를 통하여 각각 개별적으로 허용여부를 설정할 수 있으며, 상태 레지스터 SREG의 I 비트를 이용하여 전체적으로 허용여부를 설정할 수 있다.

4.2 외부 인터럽트 (External Interrupt)

ATmega128의 외부 인터럽트는 8개의 외부 인터럽트 단자 INT7~INT0(핀25~핀28), (핀6~핀9))를 통해 입력되는 신호에 의하여 발생되는 인터럽트이다. 각각의 외부 인터럽트는 0-레벨(low level), 하강 에지(falling edge), 상승 에지(rising edge)에 의하여 트리거(trigger)될 수 있는데, 이러한 인터럽트 트리거 방법은 외부 인터럽트 제어 레지스터 EICRA(INT3~0)와 EICRB(INT7~4)로 설정한다.

ATmega128에서 인터럽트가 요구되면 MCU는 현재의 동작을 완료하고 상태를 스택에 저장하고 ISR로 동작하는데 4개의 시스템 클럭이 소요된다. 이때 인터럽트 서비스 전의 복귀 번지(return address)를 저장하고 있는 PC(PC: Program Counter)를 스택(stack)에 저장하고 IVT(Interrupt Vector Table)로 가서 ISR의 번지를 읽어온 다음 ISR가 시작된다. 이때 SREG는 자동으로 스택에 저장되지 않으므로 인터럽트 처리과정에서 SREG의 변경되는 것을 막기 위해서는 반드시 ISR에서 저장해야 한다. 표 4.1은 ATmega128의 리셋을 포함한 인터럽트 발생원과 벡터 테이블(vector table)이다.

| 표 4.1 | ATmega128의 인터럽트 발생원과 벡터 테이블

벡터번호	점프번지	인터럽트 소스	인터럽트 동작
1	$0000	RESET	외부 핀, 전원 리셋, 절전 리셋, 와치독 리셋, JTAG AVG 리셋
2	$0002	INT0	외부 인터럽트 요청0
3	$0004	INT1	외부 인터럽트 요청1
4	$0006	INT2	외부 인터럽트 요청2
5	$0008	INT3	외부 인터럽트 요청3
6	$000A	INT4	외부 인터럽트 요청4
7	$000C	INT5	외부 인터럽트 요청5
8	$000E	INT6	외부 인터럽트 요청6
9	$0010	INT7	외부 인터럽트 요청7
10	$0012	TIMER2 COMP	타이머/카운터2 비교일치
11	$0014	TIMER2 OVF	타이머/카운터2 오버플로
12	$0016	TIMER1 CAPT	타이머/카운터1 캡처 이벤트
13	$0018	TIMER1 COMPA	타이머/카운터1 비교일치A
14	$001A	TIMER1 COMPB	타이머/카운터1 비교일치B

15	$001C	TIMER1 OVF	타이머/카운터1 오버플로
16	$001E	TIMER0 COMP	타이머/카운터0 비교일치
17	$0020	TIMER0 OVF	타이머/카운터0 오버플로우
18	$0022	SPI, STC	SPI 직렬 전송 완료
19	$0024	USART0, RX	USART0, Rx 완료
20	$0026	USART0, UDRE	USART0 데이터 레지스터 비어있음
21	$0028	USATT0, TX	USART0, Tx 완료
22	$002A	ADC	ADC 변환 완료
23	$002C	EE READY	EEPROM 준비
24	$002E	ANALOG COMP	아날로그 비교기
25	$0030	TIMER1 COMP	타이머/카운터1 비교 일치 C
26	$0032	TIMER3 CAPT	타이머/카운터3 캡처 이벤트
27	$0034	TIMER3 COMPA	타이머/카운터3 비교일치A
28	$0036	TIMER3 COMPB	타이머/카운터3 비교일치B
29	$0038	TIMER3 COMPC	타이머/카운터3 비교일치C
30	$003A	TIMER3 OVF	타이머/카운터3 오버플로
31	$003C	USART1, RX	USART1, Rx 완료
32	$003E	USART1, UDRE	USART1 데이터 레지스터 비어있음
33	$0040	USART1, TX	USART1, Tx 완료
34	$0042	TWI	2선 직렬 인터페이스
35	$0044	SPM READY	프로그램 메모리 저장 준비

ATmega128에서는 리셋을 포함하여 인터럽트 벡터가 항상 고정되어 있지 않고 변경할 수 있다. 인터럽트 벡터의 변경은 퓨즈 상위 바이트(fuse high byte)의 BOOTRST 비트와 MCUCR 레지스터의 IVSEL 비트의 조합에 따라 재할당할 수 있다. 여기서 부트 리셋 번지(boot reset address)는 부트 로더 섹션의 크기에 따라 달라지는데, 이는 퓨즈 상위 바이트의 BOOTSZ1:0비트에 의하여 설정된다.

4.3 외부 인터럽트 관련 레지스터

ATmega128의 외부 인터럽트를 처리하기 위한 레지스터는 MCUCR, EICRA, EICRB, EMISK, EIFR가 있다.

❶ MCUCR(MCU Control Register)

그림 4.2는 MCUCR 레지스터의 비트 구조이다. MCUCR은 외부 인터럽트(INT7~INT0)를 제어하기 위한 레지스터이다. 외부 인터럽트를 제어하기 위해서 MCUCR의 SRG, IVSEL, IVCE 비트를 사용한다. 표 4.2는 ATmega128의 BOOTRST과 IVSEL의 조합에 따라 설정되는 리셋과 인터럽트 벡터의 번지이다. 여기서 IVSEL=0이면 IVT는 프로그램 메모리의 처음 시작번지 부터 설정되고, IVSEL=1이면 IVSEL은 부트섹터의 리셋 번지로부터 시작해서 설정된다.

Bit	7	6	5	4	3	2	1	0	
	SRE	SRW10	SE	SM1	SM0	SM2	IVSEL	IVCE	MCUCR
Read/Write	R/W	R/W	R/W	R/W	R/W	R/W	R/W	R/W	
Initial Value	0	0	0	0	0	0	0	0	

| 그림 4.2 | MCUCR 레지스터의 비트 구조

| 표 4.2 | ATmega128의 리셋과 인터럽트 벡터

BOOTRST	IVSEL	리셋 번지	인터럽트 벡터 시작 번지
1	0	$0000	$0002
1	1	$0000	부트 리셋 번지+$0002
0	0	부트 리셋 번지	$0002
0	1	부트 리셋 번지	부트 리셋 번지+$0002

MCUCR의 비트별 의미

BIT 7 : SRE(SRAM/XMEM)

이 비트는 프로세서가 외부 메모리를 액세스하거나 외부 메모리를 액세스하지 않도록 설정한다.

1: 이 비트가 1로 설정되면 프로세서는 외부 메모리를 액세스하지 않고 일반 I/O로 동작된다. 이때 AD7:0, ALE, $\overline{RD}$, $\overline{WR}$ 핀은 I/O로 동작되는 컨트롤 신호로 동작된다.

0: 이 비트가 0로 설정되면 프로세서는 외부 메모리를 액세스한다. 이때 AD7:0, ALE, $\overline{RD}$, $\overline{WR}$ 핀은 I/O로 동작되지 않고 메모리를 액세스하는 컨트롤 신호로 동작된다.

BIT 1 : IVSEL(Interrupt Vector SELect)

이 비트는 어떤 오류에 의해서 인터럽트 벡터 테이블이 변경되는 것을 방지하기 위하여 IVSEL 비트의 설정 값을 변경하는 데는 IVCE(Interrupt Vector Change Enable) 비트를 이용하여 다음과 같은 단계에 의해서 가능하도록 하고 있다.
단계-1. IVCE=1로 한다.
단계-2. 4사이클 이내에 IVSEL에 원하는 값을 쓰고 IVCE=0로 한다.

이 과정으로 IVT의 위치를 변경할 때에는 모든 인터럽트가 자동으로 금지되며, 위의 단계-1 이후에 4사이클 이내에 단계

-2의 동작이 일어나지 않을 경우에 자동으로 인터럽트는 다시 활성화된다.
1: 이 비트 값이 1이면 인터럽트 벡터는 플래시 메모리의 부트 로더(boot loader) 부분의 시작점으로 옮겨진다.
0: 이 비트 값이 0이면 인터럽트 벡터는 플래시 메모리의 시작점에 위치한다.

BIT 0 : IVCE(Interrupt Vector Change Enable)

이 비트는 인터럽트 벡터(interrupt vector)를 변경하거나 변경을 허용하지 않는 비트이다. IVCE 비트는 IVSEL 비트의 변경을 허용하기 위해서는 1이 되어야 한다.
1: IVCE 비트가 1이 되면 IVSEL 비트의 변경을 허용한다. IVCE 비트를 1로 설정하는 것은 인터럽트를 금지(disable)하게 된다.
0: IVCE 비트는 IVSEL 비트가 기록된 후 4사이클 내에 하드웨어에 의해서 0으로 된다.

어셈블리 코드 예

```
Move_interrupts:
; 인터럽트 벡터의 변경을 허용
ldi r16, (1<<IVCE)
out MCUCR, r16

; 인디럽트를 부트 플래시 영역으로 이동
ldi r16, (1<<IVSEL)
out MCUCR, r16
ret
```

C 코드 예

```
void Move_interrupts(void)
{
; 인터럽트 벡터의 변경을 허용
MCUCR = (1<<IVCE);

/* 인터럽트를 부트 플래시 영역으로 이동 */
ldi r16, (1<<IVSEL)
MCUCR = (1<<IVSEL);
}
```

❷ EICRA(External Interrupt Control Register A)

그림 4.3은 EICRA 레지스터의 비트 구조이다. EICRA 레지스터는 외부 인터럽트 INT3:0의 트리거 방식(0-레벨, 상승에지, 하강에지)을 설정한다. 표 4.3은 EICRA의 비트 설정에 따른 트리거 방법이다.

Bit	7	6	5	4	3	2	1	0	
	ISC31	ISC30	ISC21	ISC20	ISC11	ISC10	ISC01	ISC00	EICRA
Read/Write	R/W	R/W	R/W	R/W	R/W	R/W	R/W	R/W	
Initial Value	0	0	0	0	0	0	0	0	

| 그림 4.3 | EICRA 레지스터의 비트 구조

| 표 4.3 | 외부 인터럽트 INT3~0의 설정에 의한 트리거 설정

ISCn1(n=0,1,2,3)	ISCn0(n=0,1,2,3)	설명
0	0	INTn(n=0,1,2,3) 단자로 입력되는 인터럽트를 0레벨(low level)에서 인터럽트 요구를 트리거(trigger)한다.
0	1	예약된 비트(reserved bit)
1	0	INTn(n=0,1,2,3) 단자로 입력되는 인터럽트를 하강에지(falling edge)에서 인터럽트 요구를 트리거(trigger)한다.
1	1	INTn(n=0,1,2,3) 단자로 입력되는 인터럽트를 상승에지(rising edge)에서 인터럽트 요구를 트리거(trigger)한다.

❸ EICRB(External Interrupt Control Register B)

그림 4.4는 EICRB 레지스터의 비트 구조이다. EICRB 레지스터는 외부 인터럽트 INT7:4의 트리거 방식(0레벨, 상승에지, 하강에지)을 설정한다. 표 4.4는 EICRB 레지스터의 비트 설정에 따른 트리거 방법이다.

Bit	7	6	5	4	3	2	1	0	
	ISC71	ISC70	ISC61	ISC60	ISC51	ISC50	ISC41	ISC40	EICRB
Read/Write	R/W	R/W	R/W	R/W	R/W	R/W	R/W	R/W	
Initial Value	0	0	0	0	0	0	0	0	

| 그림 4.4 | EICRB 레지스터의 비트 구조

| 표 4.4 | 외부 인터럽트 INT7~4 까지의 트리거 설정

ISCn1(n=4,5,6,7)	ISCn0(n=4,5,6,7)	설명
0	0	INTn(n=4,5,6,7) 단자로 입력되는 인터럽트를 0-레벨(low level)에서 인터럽트 요구를 트리거(trigger)한다.
0	1	예약된 비트(reserved bit)
1	0	INTn(n=4,5,6,7) 단자로 입력되는 인터럽트를 하강에지(falling-edge)에서 인터럽트 요구를 트리거(trigger)한다.
1	1	INTn(n=4,5,6,7) 단자로 입력되는 인터럽트를 상승에지(rising-edge)에서 인터럽트 요구를 트리거(trigger)한다.

❹ EIMSK(External Interrupt Mask Register)

그림 4.5는 EIMSK레지스터의 비트 구조이다. EIMSK 레지스터는 외부 인터럽트 단자(PD0~PD3(핀25~핀28), PE4~PE7(핀6~핀9))로부터 외부 인터럽트를 개별적으로

허용하거나 금지하는 레지스터이다.

Bit	7	6	5	4	3	2	1	0	
	INT7	INT6	INT5	INT4	INT3	INT2	INT1	IINT0	EIMSK
Read/Write	R/W	R/W	R/W	R/W	R/W	R/W	R/W	R/W	
Initial Value	0	0	0	0	0	0	0	0	

| 그림 4.5 | EIMSK 레지스터의 비트 구조

EMISK의 비트별 의미

BIT 7:0 : INTFn(n=7:. 0)

EIFR 레지스터의 모든 비트는 외부 인터럽트 단자(PD0~PD3(핀25~핀28), PE4~PE7(핀6~핀9))의 인터럽트를 개별적으로 허용하거나 금지한다.
1: 이 비트가 1로 설정된 비트는 해당 비트의 인터럽트를 허용한다.
0: 이 비트가 0로 설정된 비트는 해당 비트의 인터럽트를 금지한다.

❺ EIFR(External Interrupt Flag Register)

그림 4.6은 EIFR 레지스터의 비트 구조이다. EIFR 레지스터는 외부 인터럽트 단자(PD0~PD3(핀25~핀28), PE4~PE7(핀6~핀9))로부터 인터럽트가 요구되었는지 상태를 표시하는 레지스터이다. 만약 이 비트가 0이면 인터럽트가 요구되지 않았고 1이면 해당 인터럽트가 요구되었음을 의미한다. EIFR의 비트가 1이면 MCU는 인터럽트를 처리하는 ISR로 동작되며, 이때 이 비트는 0으로 된다. EIFR 레지스터는 MCU에 의해서 자동으로 해당 비트를 1로 하거나 0으로 한다.

Bit	7	6	5	4	3	2	1	0	
	INTF7	INTF6	INTF5	INTF4	INTF3	INTF2	INTF1	IINTF0	EIFR
Read/Write	R/W	R/W	R/W	R/W	R/W	R/W	R/W	R/W	
Initial Value	0	0	0	0	0	0	0	0	

| 그림 4.6 | EIFR 레지스터의 비트 구조

EIFR의 비트별 의미

BIT 7:0 : INTFn(n=7:. 0)

EIFR 레지스터의 모든 비트는 외부 인터럽트 단자(PD0~PD3(핀25~핀28), PE4~PE7(핀6~핀9))로 인터럽트가 입력되었다는 것을 표시하는 레지스터이다.
1: 이 비트가 1로 설정되면 외부 인터럽트가 입력되어 트리거(trigger)되었음을 표시한다.
0: 이 비트는 인터럽트 벡터가 인출되고 인터럽트 서비스루틴이 수행되면 0으로 된다. 이 비트의 값이 1이면 인터럽트 처리가 시작된다.

연습문제

01. 인터럽트가 무엇인가?

02. 인터럽트가 필요한가?

03. ATmega128의 인터럽트 핀은 어떤 것이 있는가 ?

04. ATmega128의 인터럽트 벡터 테이블을 설명하여라.

05. ATmega128의 외부 인터럽트 관련 레지스터를 설명하여라.

06. ATmega128의 외부 인터럽트(INT0) 단자(핀 25)로 스위치를 연결하고 스위치가 누를 때 마다 PA0(핀 51)에 LED를 켜는 프로그램을 설계하고자 한다. 이러한 기능을 구현하는 회로를 설계하고 프로그램을 설계하여라.

제 5 장

8비트 타이머/카운터

학습목표

1. ATmega128의 타이머/카운터의 종류와 특징을 이해한다.
2. ATmega128의 8비트 타이머/카운터0,2의 동작모드를 이해한다.
3. ATmega128의 8비트 타이머/카운터0,2의 관련 레지스터와 타이밍도를 이해한다.

5.1 개요

5.1.1 타이머와 카운터

타이머(timer)는 시간을 측정하고, 카운터(counter)는 입력되는 신호의 이벤트(event)를 카운팅(counting)하는 것이다. 그러면 임베디드 시스템에서 타이머와 카운터의 기능이 왜 사용되는가?

예로써 ATmega128을 사용하여 크리스마스 트리의 LED를 제어하는 장치를 설계하는 경우 다음의 요구조건을 고려할 수 있다. 이러한 요구조건에서 타이머와 카운터 기능을 생각해 보자.

- 모든 LED는 1초에 한 번씩 ON/OFF를 반복한다.(타이머 기능)
- LED는 3번 ON/OFF된 후 좌로 2회 우로 3회 회전한다.(카운터 기능)

표 5.1은 타이머와 카운터의 동작과 이를 구분하기 위한 내용이다. 또한 타이머와 카운터는 입력으로 들어오는 클럭 소스(clock source)의 위치에 따라 구분된다.

| 표 5.1 | 타이머와 카운터의 사용

	타이머(timer)	카운터(counter)
사용목적	시간을 측정(클럭의 개수로 시간을 측정)	입력되는 신호의 이벤트(event)를 카운터(count)
입력되는 클럭 소스	XTAL1,2 단자로부터 입력	외부 핀(TOSC1(핀 19), TOSC2(핀 18), T1(핀 31), T2(핀 32), T3(핀 8))으로부터 입력
사용 클럭 소스	MCU 클럭을 사용(크리스탈 혹은 오실레이터)하여 $clk_{I/O}$ → 프리스케일러 → clk_{Tn}(n=0,1,2,3) 사용	TOSC1, TOSC2, T1, T2, T3 핀으로 입력되는 클럭을 그대로 사용
신호형태	주기신호	주기신호 혹은 비주기신호
모드	동기 모드	비동기 모드
동작 형태	일정한 시간 간격으로 펄스를 생성(분주)하거나 일정 시간 경과 후 인터럽트를 발생(시간측정)한다.	TOSC1, TOSC2, T1, T2, T3 핀으로 입력되는 펄스를 카운팅한다. 즉 이벤트를 카운팅한다.

5.1.2 PWM 신호

그림 5.1은 듀티 비(Duty ratio : D)의 정의이다. 듀티 비는 논리 1 값(T_H)을 주기(T)로 나누고 100을 곱한 %값으로 정의한다. 그림 5.1의 주파수 $f=1/t\ (t=1/f\,)$이며 신호의 듀티 비(D)는 다음과 같이 계산되어 25%가 된다.

$$D=\frac{T_H}{T_L}\times 100=\frac{4}{10}\times 100=25\%$$

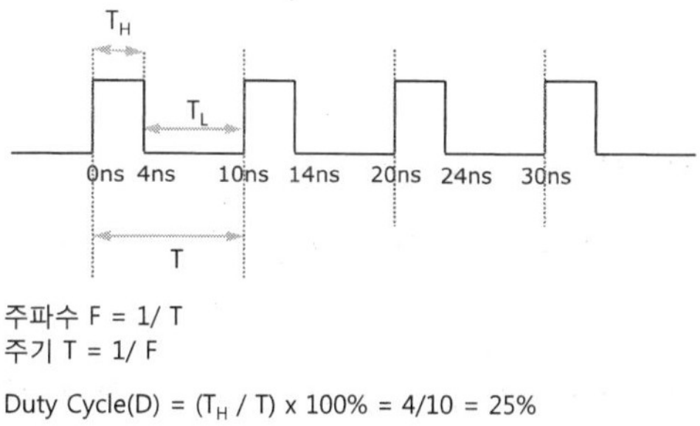

| 그림 5.1 | 신호의 듀티 비

그림 5.2는 톱니파와 삼각파를 입력하여 PWM(Pulse Width Modulation) 파형을 생성하는 원리이다. 표 5.2는 그림 5.2의 비교기에 의해서 생성되는 PWM 신호이다. ATmega128은 PWM 신호로 타이머/카운터0,1,2,3의 동작모드를 제어한다.

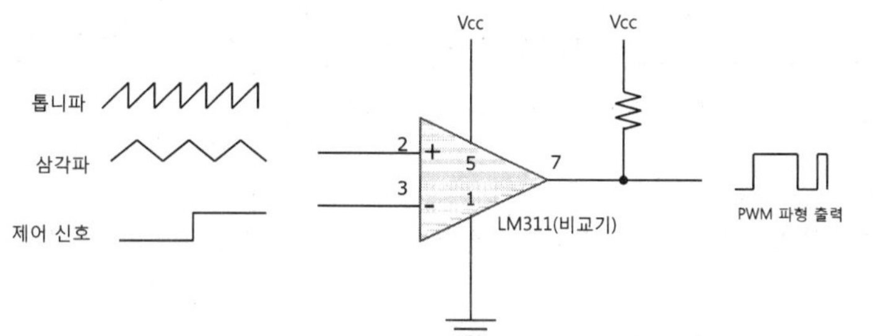

| 그림 5.2 | 톱니파와 삼각파에 의한 PWM 파형 생성

| 표 5.2 | PWM 신호의 생성

LM311의 입력	LM311의 출력
+입력전압 〉 -입력전압	H
+입력전압 〈 -입력전압	L

그림 5.3은 톱니파에 의한 PWM 파형을 생성하는 원리이다. PWM의 펄스폭은 카운터에 의한 값이 작을수록 출력되는 펄스폭은 점차 줄어들게 된다.

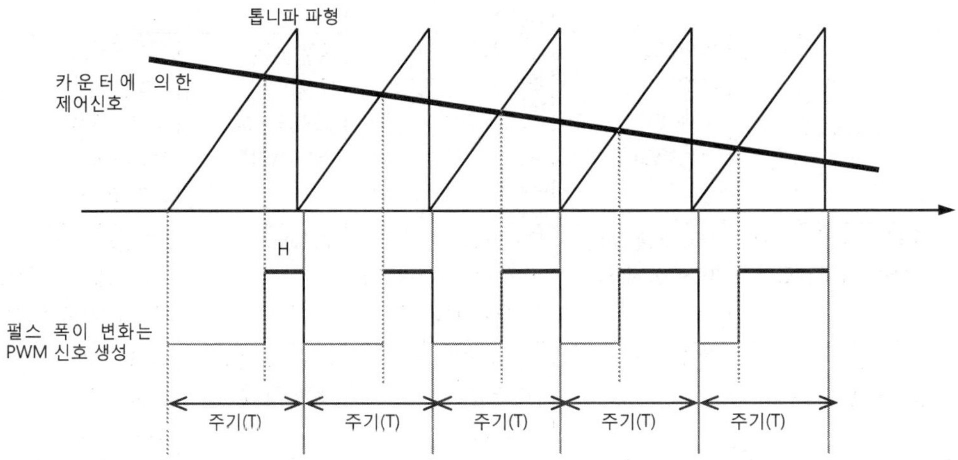

| 그림 5.3 | 톱니파에 의한 PWM 파형의 생성

5.1.3 ATmega128의 타이머/카운터0,1,2,3의 비교

표 5.3은 8비트 타이머/카운터0,2와 16비트 타이머/카운터1,3을 비교하였다. 타이머/카운터0,1,2,3은 동작모드와 사용되는 레지스터가 유사하거나 다른 점을 정확하게 파악하여 혼동하지 않고 사용할 수 있도록 해야 한다.

| 표 5.3 | ATmega128 타이머/카운터0,1,2,3의 기능

기능 \ 타이머/카운터	타이머/카운터0	타이머/카운터1	타이머/카운터2	타이머/카운터3
비트수	8비트	16비트	8비트	16비트
카운터범위	0~255	0~65,535	00~255	0~65,535
사용 프리스케일러	1, 8, 32, 64, 128, 256, 1,024	1, 8, 64, 256, 1,024	1, 8, 64, 256, 1,024	1, 8, 64, 256, 1,024
사용 레지스터	TCNT0, OCR0, TCCR0, TIMSK, TIFR, ASSR, SFIOR	TCNT1H, TCNT1L, OCR1AH, OCR1AL OCR1BH, OCR1BL, OCR1CH, OCR1CL, ICR1H, ICR1L	TCNT2, OCR2, TCCR2, TIMSK, TIFR, SFIOR	TCNT3H, TCNT3L OCR3AH, OCR3AL OCR3BH, OCR3BL OCR3CH, OCR3CL ICR3H, ICR3L TCCR3A, TCCR3B TCCT3C,

		TCCR1A, TCCR1B, TCCT1C, TIMSK, ETIMSK, TIFR, ETIFR, SFIOR		TIMSK, ETIMSK TIFR, ETIFR SFIOR
동작모드	일반모드, CTC, 고속 PWM, PC PWM	일반모드, CTC, 고속 PWM, PC PWM, PFC PWM	일반모드, CTC, 고속 PWM, PC PWM	일반모드, CTC, 고속 PWM, PC PWM, PFC PWM
카운터로 동작시 외부 클럭 입력신호	TOSC1(핀19), TOSC2(핀18)	T1(핀31), ICP1(핀29, 입력신호의 트리거로 사용)	T2(핀32)	T3(핀8), ICP3(핀9, 입력신호의 트리거로 사용)
PWM 출력신호핀	OC0(핀14)	OC1A(핀15), OC1B(핀16), OC1C(핀17)	OC2(핀17, OC1C와 겸용)	OC3A(핀5), OC3B(핀6), OC3C(핀7)
인터럽트 형식	오버플로 비교일치	오버플로 출력 비교일치A, B, C 입력캡처	오버플로 출력 비교일치	오버플로출력비교일치A,B,C 입력캡처
캡처신호	없음	ICP1	없음	ICP3
다른 특징	TOSC를 이용한 RTC기능	ICP1(핀29)으로 트리거 신호가 입력되면 TCNT1로 카운터 값이 복사되어 캡처기능 수행	타이머/카운터 1,2에서 OC2와 OC1C는 동일한 핀을 사용	ICP3(핀9)으로 트리거 신호가 입력되면 TCNT3으로 카운터 값이 복사되어 캡처기능 수행

5.2 8비트 타이머/카운터0

5.2.1 타이머/카운터0의 내부 구조

그림 5.4는 ATmega128의 타이머/카운터0의 구조이다. 타이머/카운터0는 카운터부, 출력비교부, 비교일치출력부, 비동기 동작 제어부로 구성된다. 타이머/카운터0과 타이머/카운터2는 $clk_{I/O}$를 사용하여 프리스케일러에 의해서 clk_{Tn} 클럭 신호에 의해서 8비트 카운터 TCNTn이 동작되고 TCNTn 레지스터의 값이 0xFF에서 0x00으로 오버플로 되면 TOVn 신호에 의해서 오버플로 인터럽트가 발생된다. 그림 5.4에서 굵은 선은 MCU가 직접 접근할 수 있는 I/O 레지스터와 입출력 핀들이다.

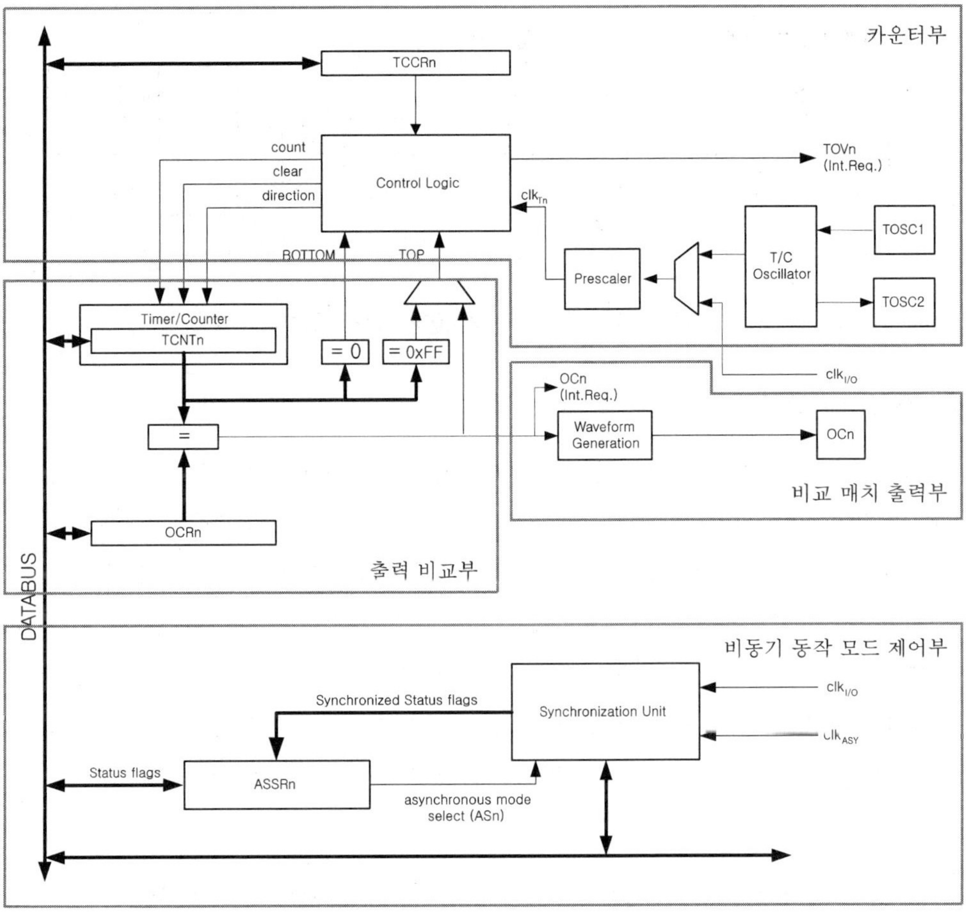

| 그림 5.4 | 타이머/카운터0의 내부 구조

❶ 카운터 장치

그림 5.5는 타이머/카운터0의 카운터 장치의 구조이다. 타이머/카운터0는 32.768KHz의 수정발진자를 연결하는 TOSC1(핀 19)과 TOSC2(핀 18) 단자를 제공하여 RTC(Real Time Clock) 기능을 갖도록 할 수 있다. 또한 타이머/카운터0는 T0 핀이 없는 대신 TOSC1 핀를 통해 카운터 클럭을 인가할 수 있다. 그림 5.5에서 TOSC1 단자는 ASSR(Asynchronous Status Register)의 AS0 비트가 0이면 내부 클럭($clk_{I/O}$)이 선택되어 타이머로 동작되고 AS0 비트가 1이면 타이머의 클럭 소스는 TOSC1로 연결하여 외부 클럭을 입력받아 카운팅하는 카운터로 동작된다. 이때 TSC1의 클럭을 TCCR0 레지스터의 CS02:00 비트에 의해서 사용 클럭을 분주하여 clk_{T0}로 사용한다.

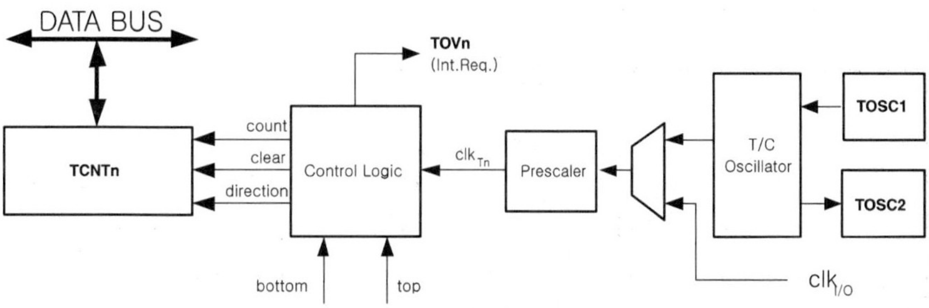

| 그림 5.5 | 타이머/카운터0의 카운터 장치의 구조

❷ 출력비교장치

그림 5.6은 타이머/카운터0의 출력비교장치의 구조이다. 타이머/카운터0에 입력되는 clk_{Tn} 클럭 신호는 8비트 TCNTn 레지스터를 동작시키고 출력비교레지스터 OCRn과 항상 비교하여 두 값이 같아지면 그 다음 주기에서 OCFn 출력비교인터럽트 플래그가 1로 되며 OCFn의 비트에 따라 OCn 핀으로 PWM 신호를 출력하도록 설정할 수 있다. 이때 TCNTn과 OCRn이 일치하여 OCFn 신호가 발생되면 파형 발생기(waveform generator)에 WGMn1:0와 COM1:0로 설정된 모드의 파형이 발생되어 OCn 핀으로 출력된다. 파형 발생기로 입력되는 FOCn 신호는 PWM 모드가 아닌 경우에 사용된다.

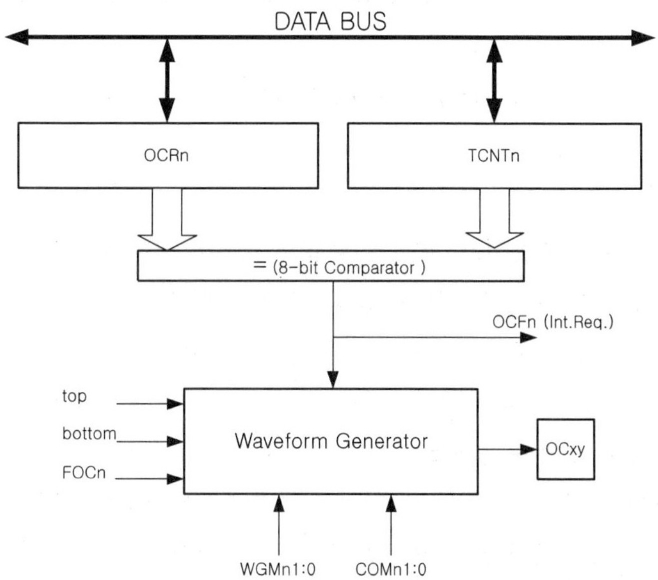

| 그림 5.6 | 타이머/카운터0의 출력비교장치의 구조

❸ 비교일치출력 장치

그림 5.7은 타이머/카운터0의 비교일치출력 장치의 구조이다. 타이머/카운터1,3 제어레지스터 TCCR1A와 TCCR3A의 COMnx1:0 비트는 2가지 기능을 가진다. 첫 번째로 COMnx1:0 비트는 다음 비교일치에서 출력비교상태(OCnx)를 정의하기 위한 COMnx1:0 비트를 사용하는 파형발생기로 사용된다. 두 번째로 COMnx1:0 비트는 OCnx 핀 출력 소스를 컨트롤한다. 타이머/카운터0의 비교일치출력장치의 출력부는 범용입출력포트와 공동으로 사용하고 있다.

그림 5.7과 같이 멀티플렉서(multiplex)를 통해서 OCnx와 포트신호를 COMnx1:0 신호에 의해서 선택되어 출력된다. 이때 COMnx1과 COMnx0 신호가 모두 0이면 포트 신호가 출력되고, COMnx1과 COMnx0 신호 둘 중에서 하나가 1이면 OCnx 신호가 선택되어 DDR 레지스터의 값이 출력으로 설정되었으면 출력된다. 이때 OCnx 핀 앞부분의 3상태버퍼(tri-state buffer)는 DDR 레지스터가 출력으로 설정되어야만 해당되는 값이 출력된다.

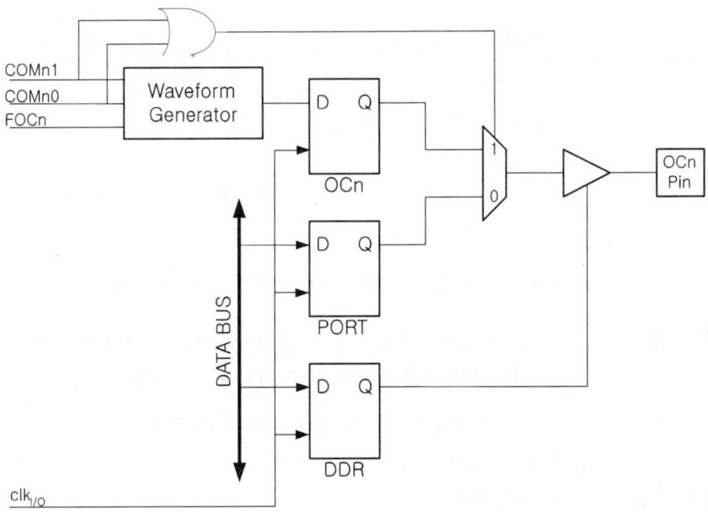

| 그림 5.7 | 타이머/카운터0의 비교일치출력 장치의 구조

5.2.2 타이머/카운터0의 동작 모드

타이머/카운터0의 TCCR0(Timer/Counter Control Register 0) 레지스터의 WGM01:00 비트에 의해서 동작 모드가 결정되고, COM01:00 비트에 의하여 OC0 핀에 출력할 파형을 결정한다. 타이머/카운터0의 동작 모드는 일반 모드, CTC 모드, 고속 PWM 모드, 위상교정 PWM 모드가 있다.

❶ 일반 모드(normal mode)

일반 모드는 WGM01:00=00이 되면 타이머/카운터0는 일반 모드로 설정된다. 이 모드에서는 타이머/카운터 레지스터 TCNT0가 항상 상향 카운터로 동작하고 값이 지워지지 않는다. TCNT0 값이 증가되어 0xFF가 되면 다시 0x00에서 증가된다. 그래서 카운터 값은 클럭 입력에 의하여 0x00~0xFF의 값으로 반복된다.

타이머/카운터0의 값이 0xFF → 0x00으로 되는 순간에 TIFR 레지스터에서 TOV0=1로 되면서 오버플로 인터럽트가 발생하며, 인터럽트가 처리되면 자동으로 TOV0=0으로 된다. 일반 모드에서는 OC0 단자를 이용하여 PWM 파형을 생성하는 것 보다 고속 PWM 모드를 이용하는 것이 좋다. 표 5.4는 일반 모드의 설정과 동작이다.

| 표 5.4 | 일반 모드의 설정과 동작

항목	기능
사용 목적	• 일반 PWM 출력파형을 발생하는 경우에 사용
카운터 동작 방향	• 상향 카운터로만 동작(0x00 → 0xFF → 0x00)되고 카운터 값은 지워지지 않는다.
모드 설정 방법	• TCCR0 레지스터의 WGM01:0 비트를 00(0)로 설정하면 일반 모드로 설정된다. • 이 모드에서 OC0 단자로 PWM 신호를 출력하지 않고 고속 PWM를 사용하는 것을 권고한다.
비반전, 반전 모드	• 이 모드에서는 비반전, 반전 모드가 존재하지 않는다.
TOV0 인터럽트 플래그 설정 시기	• TCNT0가 0xFF에서 다음 클럭의 1비트가 입력되면 TCNT0는 0x00가 되고 TOV0는 1로 설정되고 인터럽트가 발생된다.
OC0의 출력 주파수	TCNT0와 OCR0에 의해서 주파수 값이 결정 $f_{norm} = 1/16[\mu s] \times n \times (x-y)$ n : 분주비 x : 최댓값(256) y : TCNT0의 초기 값

❷ CTC 모드

CTC(Clear Timer on Compare Match) 모드는 PWM 파형을 출력하는 방법으로 카운터 값이 일치한 경우 OC0 단자로 출력하고 값을 지우고 다시 일치하는 경우 반전하여 PWM 파형을 출력한다. 그림 5.8은 타이머/카운터0의 CTC 모드이다. 표 5.5는 CTC 모드의 설정과 동작이다.

| 표 5.5 | CTC 모드의 설정과 동작

항목	기능
사용 목적	• 설정한 타이머 값이 일치할 때 PWM 출력파형을 발생하고 다시 값을 설정하는 경우에 사용
카운터 동작 방향	• 상향 카운터로만 동작(0x00 → TCNT0에 설정한 값까지)
모드 설정 방법	• TCCR0 레지스터의 WGM01:0 비트를 10(2)로 하면 CTC 모드로 설정된다. • TCCR0 레지스터의 COM01:00 비트를 01(1)로 설정하면 반전(toggle)되어 OC0 단자로 출력한다.
비반전, 반전 모드	• 이 모드에서 비반전, 반전 모드는 존재하지 않는다.
OCR0 값이 갱신되는 시점	• 이 모드에서는 값이 갱신되지 않고 값을 레지스터에 쓰게 된다.
OC0 인터럽트 발생 시점	• TCNT0 값과 OCR0 값이 TCNT0 값과 일치하는 경우에 인터럽트를 발생하여 OC0 단자로 출력한다.
TOV0 인터럽트 플래그 설정 시기	• 이 모드에서는 오버플로 인터럽트는 발생되지 않는다. • TIMSK 레지스터의 OCIEn이 상승하는 과정에 OCRn과 값이 일치할 때 인터럽트가 발생된다.
OC0의 출력 주파수	$f_{OCn} = \frac{f_{clk_{I/O}}}{2 \times N \times (1 + OCR_n)}$ $N = 1, 8, 32, 64, 128, 256, 1024$

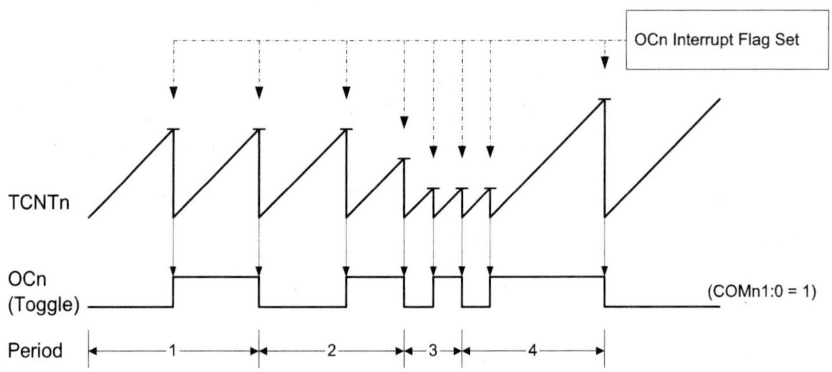

| 그림 5.8 | 타이머/카운터0의 CTC 모드

❸ 고속 PWM 모드

그림 5.9는 타이머/카운터0의 고속 PWM 모드이다. 표 5.6은 고속 PWM 모드의 설정과 동작이다.

| 표 5.6 | 고속 PWM 모드의 설정과 동작

항목	기능
사용 목적	• 고주파 PWM 출력파형을 발생시킬 때 사용
카운터 동작 방향	• 상향 카운터로 만 동작(0x00 → 0xFF)
모드 설정 방법	• TCCR0 레지스터의 WGM01:0 비트를 11(3)로 설정하면 고속 PWM 모드로 설정된다. • TCCR0 레지스터의 COM01:00 비트를 10(2)로 설정하면 비반전 모드(non-inverting mode)로 동작되어 OC0 단자로 출력되고, 11(3)로 설정하면 반전 모드(inverting mode)로 동작되어 /OC0 단자로 출력된다.
비반전, 반전 모드	• 비반전 모드로 설정되면 상향 카운터(up-counting)로 카운팅 하다가 OCR0 값을 0에서 증가하여 TCNT0 값과 일치할 때 OC0 단자로 ↓(falling edge)를 출력하고, 최솟값(0x00)이 될 때 OC0 단자로 ↑(rising edge)을 출력한다. • 반전 모드로 설정되면 상향 카운터로 카운팅 하다가 OCR0 값을 0에서 증가하여 TCNT0 값과 일치할 때 $\overline{OC0}$(OC0가 반전된 값) 단자로 ↑(rising edge)을 출력하고, 최솟값(0x00)이 될 때 ↓(falling edge)를 출력한다.
OCR0 값이 갱신되는 시점	• TCNT0 값이 최대로 된 경우(0xFF)에 OCR0 값이 갱신된다. 만약 카운터 도중에 OCR0에 값을 쓰면 즉시 바뀌지 않고 TCNT0 값이 0xFF → 0x00로 오버플로 되어 현재의 주기가 끝나는 순간에 갱신된다. • 만약 OCR0의 값을 0x000으로 설정하면 TCNT0 값이 0x00으로 되는 1개의 타이머 클럭 사이클 동안에만 좁은 폭의 펄스가 출력(듀티 비 1/256)되고, 0xFF로 설정하면 계속 1로 출력(듀티 비 100%)된다.
OC0 인터럽트 발생 시점	• TCNT0 값과 OCR0 값이 TCNT0 값과 일치하는 경우에 인터럽트를 발생하여 OC0 단자로 출력한다.
TOV0 인터럽트 플래그 설정 시기	• TCNT0 값이 최대(0xFF) 값일 때 TOV0 인터럽트 플래그가 1로 설정된다.
OC0의 출력 주파수	$f_{OCnPCPWM} = \dfrac{f_{clk_{I/O}}}{N \times 256}$ $N = 1, 8, 32, 64, 128, 256, 1024$

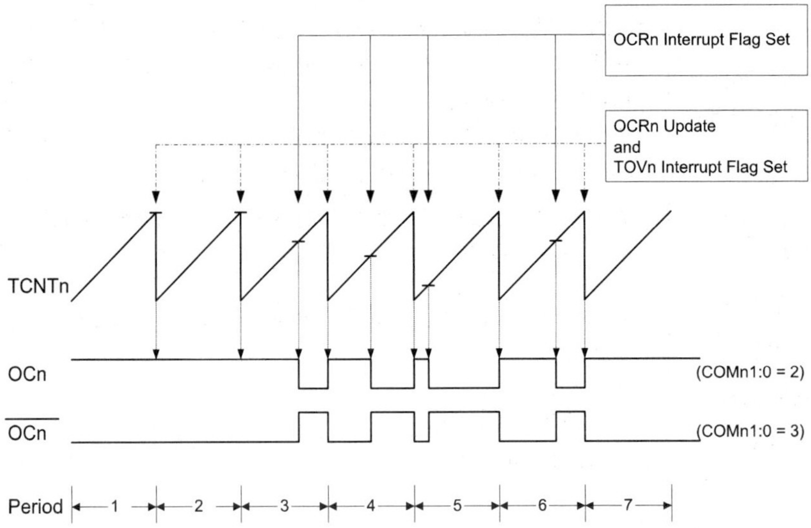

| 그림 5.9 | 타이머/카운터0의 고속 PWM 모드

❹ 위상교정 PWM 모드

표 5.7은 위상교정 PWM 모드의 설정과 동작이다. 그림 5.10은 타이머/카운터0의 위상교정 PWM 모드이다.

| 표 5.7 | 위상교정 PWM 모드의 설정과 동작(그림 5.10 참조)

항목	기능
사용 목적	• 고분해능의 PWM 출력파형을 발생시킬 때 사용
카운터 동작 방향	• 최초로 상향 카운터로 동작되고 최댓값에서 하향 카운터로 동작을 반복(0x00 → 0xFF → 0x00 → …)
모드 설정 방법	• TCCR0 레지스터의 WGM01:0 비트를 01로 설정하면 위상교정 PWM 모드로 설정된다. • TCCR0 레지스터의 COM01:00 비트를 10(2)로 설정하면 비반전 모드(non-inverting mode)로 동작되어 OC0 단자로 출력되고, 11(3)로 설정하면 반전 모드(inverting mode)로 동작되어 /OC0 단자로 출력된다.
비반전, 반전 모드	• 비반전 모드로 설정되면 상향 카운터(up-counting)로 카운팅 하다가 OCR0 값을 0에서 증가하여 TCNT0 값과 일치할 때 OC0 단자로 ↓(falling edge)를 출력하고, 계속 증가하여 최댓값에서 하향으로 카운팅 하다가 OCR0 값이 TCNT0 값과 일치하면 OC0 단자로 ↑(rising edge)을 출력한다. • 반전 모드로 설정되면 상향 카운터(up-counting)로 카운터하다가 OCR0 값을 0에서 증가하여 TCNT0 값과 일치할 때 $\overline{OC0}$ 단자로 ↑(rising edge)을 출력하고, 계속 증가하여 최댓값에서 하향으로 카운터하다가 OCR0 값이 TCNT0 값과 일치하면 $\overline{OC0}$ 단자로 ↓(falling edge)를 출력한다.

OCR0 값이 갱신되는 시점	• TCNT0 값이 최대로 된 경우(0xFF)에 OCR0 값이 갱신된다. 만약 카운터 도중에 OCR0에 값을 쓰면 즉시 바뀌지 않고 TCNT0 값이 최대로 된 경우(0xFF)에 갱신된다. • 만약 OCR0의 값을 0x000으로 설정하면 계속 0으로 출력(듀티 비 0%)되고, 0xFF로 설정하면 계속 1로 출력((듀티 비 100%)된다.
OC0 인터럽트 발생 시점	• TCNT0 값과 OCR0 값이 TCNT0 값과 일치하는 경우에 인터럽트를 발생하여 OC0 단자로 출력한다.
TOV0 인터럽트 플래그 설정 시기	• TCNT0 값이 최소(0x00) 값일 때 TOV0 인터럽트 플래그가 1로 설정된다.
OC0의 출력 주파수	$f_{OCnPCPWM} = \dfrac{f_{clk_{I/O}}}{N \times 510}$ $N = 1, 8, 32, 64, 128, 256, 1024$

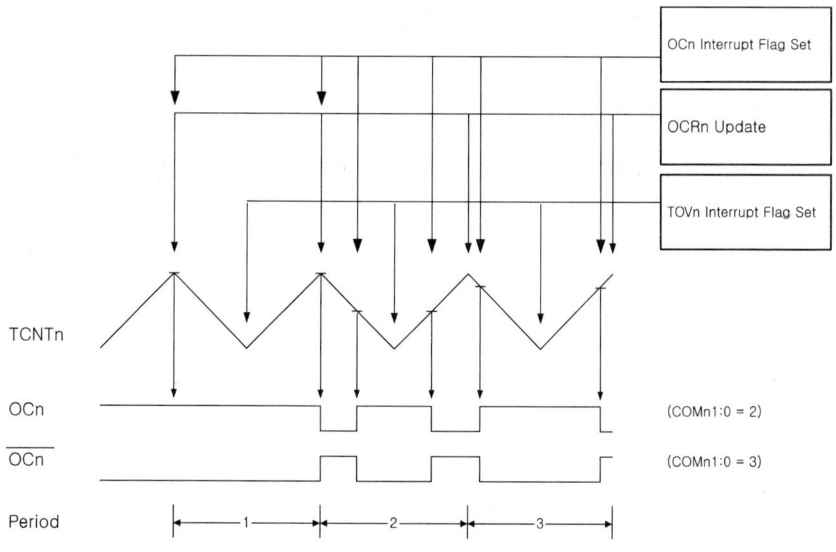

| 그림 5.10 | 타이머/카운터0의 위상교정 PWM 모드

5.2.3 타이머/카운터0 관련 레지스터

타이머/카운터0 관련 레지스터는 타이머/카운터0 기능을 제어하고 타이머/카운터에 설정하는 값을 저장하고 비교한다. 또한 설정한 타이머/카운터 값이 일치하는 경우 인터럽트를 발생한다. 8비트 타이머/카운터0의 관련 레지스터는 다음과 같다.

• TCCR0(Timer/Counter Control Register)

• TCNT0(Timer/Counter Register)

• OCR0(Output Compare Register)

- ASSR(Asynchronous Status Register)
- TIMSK(Timer/Counter Interrupt Mask Register)
- TIFR(Timer/Counter Interrupt Flag Register)
- SFIOR(Special Function IO Register)

❶ TCCR0(Timer/Counter Control Register 0)

그림 5.11은 TCCR0 레지스터의 비트 구조이다. TCCR0는 타이머/카운터0의 동작 모드를 설정하고 프리스케일러(분주비)를 설정하는 레지스터이다.

Bit	7	6	5	4	3	2	1	0	
	FOC0	WGM00	COM01	COM00	WGM01	CS02	CS01	CS00	TCCR0
Read/Write	W	R/W	R/W	R/W	R/W	R/W	R/W	R/W	
Initial Value	0	0	0	0	0	0	0	0	

| 그림 5.11 | TCCR0 레지스터의 비트 구조

TCCR0의 비트별 의미

BIT 7 : FOC2(Force Output Compare 0)

이 비트는 PWM 모드가 아닌 경우에만 FOC0 비트가 활성화된다. 이 비트 값에 의해서 타이머/카운터0는 Non-PWM 혹은 PWM 모드로 동작된다.

1: 이 비트가 1로 설정되면 파형생성모드(WGM: Waveform Generation Mode)로 동작된다. WGM은 비트 6,3에서 정의한다.

0: 이 비트는 AVR 상위 기종과 호환성을 위해서 PWM 모드로 동작될 때 0으로 설정한다.

BIT 6, 3 : WGM00:01(Waveform Generation Mode)

이 비트는 표 5.8과 같이 4가지 동작모드를 설정한다.

| 표 5.8 | WGM00:01 비트에 의한 동작 모드의 설정

모드	WGM00 (CTC0)	WGM01 (PWM0)	동작 모드	최댓값	OCR2 값의 갱신	TOV2 플래그가 설정되는 시기
0	0	0	일반 모드	0xFF	즉시	MAX
1	0	1	PWM, 위상교정	0xFF	TOP	BOTTOM
2	1	0	CTC	OCR2	즉시	MAX
3	1	1	고속 PWM	0xFF	TOP	MAX

BIT 5, 4 : COM01~00(Compare Match Output Mode)

이 비트는 OC0(핀14)의 출력 동작을 설정한다. OC0 핀의 동작은 표 5.9와 같이 COM01-COM00 비트에 의해서 타이머/카운터0의 동작 모드를 결정한다.

| 표 5.9 | COM01~COM00 비트에 의한 OC0 핀의 동작

(a) PWM 모드가 아닌 경우

COM01	COM00	OC0 핀의 동작
0	0	일반 I/O 포트로 동작되며, OC0핀에는 출력이 연결되지 않는다.
0	1	비교 일치에서 OC0 값을 반전한다.
1	0	비교 일치에서 OC0 값을 0으로 클리어한다.
1	1	비교 일치에서 OC0 값을 1로 설정한다.

(b) 고속 PWM 모드인 경우

COM01	COM00	OC0 핀의 동작
0	0	일반 I/O 포트로 동작되며, OC0핀에는 출력이 연결되지 않는다.
0	1	예약 비트(reserved bit)
1	0	비교 일치에서 OC0 값을 0으로 클리어(TOP에서 OC0 값 설정)한다.
1	1	비교 일치에서 OC0 값을 1로 설정(TOP에서 OC0 값 클리어)한다.

(c) 위상교정 PWM 모드인 경우

COM01	COM00	OC0 핀의 동작
0	0	일반 I/O 포트로 동작되며, OC0핀에는 출력이 연결되지 않는다.
0	1	예약 비트(reserved bit)
1	0	증가 카운팅할 때 비교일치에서 OC0을 0으로 클리어하고, 감소 카운팅일 때 비교 일치에서 OC0을 1로 설정한다.
1	1	증가 카운팅일 때 비교일치에서 OC0을 1로 설정하고, 감소 카운팅할 때 비교 일치에서 OC0을 0으로 클리어 한다.

BIT 2:0　　: CS02~CS00(Clock Select)

이 비트는 CS02~CS00(Clock Select)로써 프리스케일러를 설정한다. 표 5.10과 같이 프리스케일러를 설정하여 클럭을 정지하거나 7가지의 분주비를 선택하여 타이머를 동작하도록 한다.

| 표 5.10 | CS02~CS00 비트에 의한 클럭의 분주비 선택

CS02	CS01	CS00	OC0 핀의 동작
0	0	0	클럭 소스 없음(타이머/카운터 정지)
0	0	1	$clk_{I/O}$ (프리스케일링 없음)
0	1	0	$clk_{I/O}$ ÷8 (프리스케일러 형성)
0	1	1	$clk_{I/O}$ ÷64 (프리스케일러 형성)
1	0	0	$clk_{I/O}$ ÷256 (프리스케일러 형성)
1	0	1	$clk_{I/O}$ ÷1,024 (프리스케일러 형성)
1	1	0	T0핀의 외부 클럭 소스로써, 하강 에지(falling edge)에서 동작된다.
1	1	1	T0핀의 외부 클럭 소스로써, 상승 에지(rising edge)에서 동작된다.

❷ TCNT0(Timer/Counter Register 0)

그림 5.12는 TCNT0 레지스터의 비트 구조이다. TCNT0는 타이머/카운터0의 8비트 카운터 값을 저장하는 레지스터이다. TCNT0는 항상 읽기/쓰기가 가능하지만 카운터가 동작하고 있는 과정에 값을 쓰면 TCNT0 값과 OCR0 값을 비교하여 일치 신호를 출력하는데 문제를 발생시킬 수 있다.

Bit	7	6	5	4	3	2	1	0	
	TCNT0[7:0]								TCNT0
Read/Write	R/W	R/W	R/W	R/W	R/W	R/W	R/W	R/W	
Initial Value	0	0	0	0	0	0	0	0	

| 그림 5.12 | TCNT0 레지스터의 비트 구조

❸ OCR0(Output Compare Register)

그림 5.13은 OCR0 레지스터의 비트 구조이다. OCR0는 TCNT0 레지스터의 값과 비교하기 위한 비교 값을 저장하는 레지스터이다. OCR0에는 8비트 길이의 값이 저장된다. 이때 TCNT0 값과 OCR0 값이 일치하면 OC0(핀 14) 단자에 일치를 표시하는 출력신호를 발생한다.

Bit	7	6	5	4	3	2	1	0	
	OCR0[7:0]								OCR0
Read/Write	R/W	R/W	R/W	R/W	R/W	R/W	R/W	R/W	
Initial Value	0	0	0	0	0	0	0	0	

| 그림 5.13 | OCR0 레지스터의 비트 구조

❹ ASSR(Asynchronous Status Register)

그림 5.14는 ASSR 레지스터의 비트 구조이다. ASSR 레지스터는 타이머/카운터0의 외부 클럭에 의해서 비동기 모드로 동작하는 경우 동작을 제어한다.

Bit	7	6	5	4	3	2	1	0	
	–	–	–	–	AS0	TCN0UB	OCR0UB	TCR0UB	ASSR
Read/Write	R	R	R	R	R/W	R	R	R	
Initial Value	0	0	0	0	0	0	0	0	

| 그림 5.14 | ASSR 레지스터의 비트 구조

ASSR의 비트별 의미

BIT 3: : AS0(Asynchronous Timer/Counter0)

이 비트는 타이머/카운터0에 공급되는 클럭을 선택한다. AS0 비트 값을 변경하면 TCNT0, OCR0; TCCR0 레지스터의 값이 변경할 수 있다.
1: 이 비트가 1로 설정되면 타이머/카운터0의 클럭은 TOSC1과 TOSC2에 연결되는 클럭이 공급된다.
0: 이 비트가 0으로 설정되면 타이머/카운터0의 클럭은 $clk_{I/O}$에서 공급된다.

BIT 2: : TCN0UB(Timer/Counter0 Update Busy)

1: 타이머/카운터0가 비동기로 동작될 때 TCNT0 레지스터에 카운팅 값을 쓰면 1로 설정된다.
0: 이 비트는 임시저장 레지스터로 부터 TCNT0 레지스터 값이 갱신되면 이 비트는 하드웨어에 의해서 0으로 된다. 이 비트 값이 0인 경우에는 TCNT0 레지스터에 새로운 값을 쓸 수 있다.

BIT 1: : OCR0UB(Output Compare Register0 Update Busy)

1: 타이머/카운터0가 비동기로 동작하고 있을 때 OCR0 레지스터에 카운팅 값을 쓰면 1로 설정된다.
0: 이 비트는 임시저장 레지스터로부터 OCR0 값이 갱신되면 이 비트는 하드웨어에 의해서 0으로 된다. 이 비트 값이 0인 경우에는 OCR0 레지스터에 새로운 값을 쓸 수 있다는 것이다.

BIT 0: : TCR0UB(Timer/Counter Control Register0 Update Busy)

1: 타이머/카운터0가 비동기로 동작하고 있을 때 TCCR0 레지스터에 데이터를 쓰면 이 비트는 1로 설정된다.
0: 이 비트는 임시저장 레지스터로부터 TCCR0에 값을 기록하여 갱신되면 이 비트는 하드웨어에 의해서 0으로 된다. 이 비트 값이 0인 경우에는 TCCR0 레지스터에 새로운 값을 쓸 수 있다.
타이머/카운터0가 동작 중에 동기 클럭과 비동기 클럭으로 전환되면 TCNT0, OCR0, TCCR0에서 오류가 발생될 수 있기 때문에 클럭 소스를 정확하게 전환하기 위해서 다음과 같이 해야 한다.
① TIMSK 레지스터의 OCIE0=0, TOIE0=0로 설정하여 인터럽트를 금지시킨다.
② ASSR 레지스터의 AS0 비트로 클럭 소스를 선택한다.
③ TCNT0, OCR0, TCCR0 레지스터에 새로운 값을 쓴다.
④ 비동기 모드로 전환하기 위해서 ASSR의 TCN0UB=0, OCR0UB=0, TCR0UB=0로 될 때까지 대기한다.
⑤ 타이머/카운터0의 인터럽트 플래그(TIFR 레지스터의 OCF0 및 TOV0 비트)를 클리어 한다.(만약 필요한 경우 TIMSK의 OCIE0 및 TOIE0 비트를 인에이블(논리1)로 한다.)

❺ TIMSK(Timer/Counter Interrupt Mask Register)

그림 5.15는 TIMSK 레지스터의 비트 구조이다. TIMSK는 타이머/카운터0,1,2가 발생하는 인터럽트를 개별적으로 허용하거나 금지(masking)하는 레지스터이다. TIMSK 레지스터는 타이머/카운터0에서 BIT7:2는 사용되지 않는다.

Bit	7	6	5	4	3	2	1	0	
	OCIE2	TOIE2	TICIE1	OCIE1A	OCIE1B	TOIE1	OCIE0	TOIE0	TIMSK
Read/Write	R/W	R/W	R/W	R/W	R/W	R/W	R/W	R/W	
Initial Value	0	0	0	0	0	0	0	0	

| 그림 5.15 | TIMSK 레지스터의 비트 구조

TIMSK의 비트별 의미

BIT 1: : OCIE0(Timer/Counter0 Output Compare Match Interrupt Enable)

이 비트는 타이머/카운터0의 출력비교일치 인터럽트를 가능 혹은 불가능하게 설정한다.
1: 타이머/카운터0의 출력비교일치 인터럽트를 가능하도록 설정한다.
0: 타이머/카운터0의 출력비교일치 인터럽트를 사용할 수 없도록 설정한다.

BIT 0: : TOIE0(Timer/Counter 0 Overflow Interrupt Enable)

이 비트는 타이어/카운터0에서 오버플로가 발생되면 인터럽트를 가능 혹은 불가능하게 한다.
1: 타이머/카운터0의 오버플로 인터럽트를 가능하도록 설정한다.
0: 타이머/카운터0의 오버플로 인터럽트를 사용할 수 없도록 설정한다.

❻ TIFR(Timer/Counter Interrupt Flag Register)

그림 5.16은 TIFR 레지스터의 비트 구조이다. TIFR 레지스터는 타이머/카운터0,2의 인터럽트 플래그를 저장하는 레지스터이다 이 비트는 타이머 오버플로 인터럽트와 비교일치 인터럽트가 발생된 경우 1로 설정되며 인터럽트 서비스 루틴이 수행되면 이 비트는 하드웨어가 0으로 설정한다. 만약 이 비트가 1인 상태에서 1을 쓰면 플래그 값은 클리어되고 인터럽트 서비스 루틴이 시작되지 않는다. TIFR 레지스터는 타이머/카우터0에서 BIT7:2는 사용되지 않는다.

Bit	7	6	5	4	3	2	1	0	
	OCF2	TOV2	ICF1	OCF1A	OCF1B	TOV1	OCF0	TOV0	TIFR
Read/Write	R/W	R/W	R/W	R/W	R/W	R/W	R/W	R/W	
Initial Value	0	0	0	0	0	0	0	0	

| 그림 5.16 | TIFR 레지스터의 비트 구조

TIFR의 비트별 의미

BIT 1: : OCF0(Timer/Counter0 Output Compare Flag)

1: 타이머/카운터0의 TCNT0와 OCR0 레지스터 값이 일치하면, 비교일치인터럽트를 발생하고 이 비트를 1로 설정한다.
0: 이 비트는 해당하는 인터럽트 서비스 루틴이 실행되면 하드웨어에 의해서 0으로 된다.

BIT 0: : TOV0(Timer/Counter0 OVerflow Flag)

이 비트는 타이머/카운터0의 오버플로가 발생된 것을 표시하는 플래그이다.
1: 타이머/카운터0에서 오버플로가 발생되면 이 비트를 1로 설정한다.
0: 이 비트는 해당하는 인터럽트 서비스 루틴이 실행되면 하드웨어에 의해서 0으로 된다.

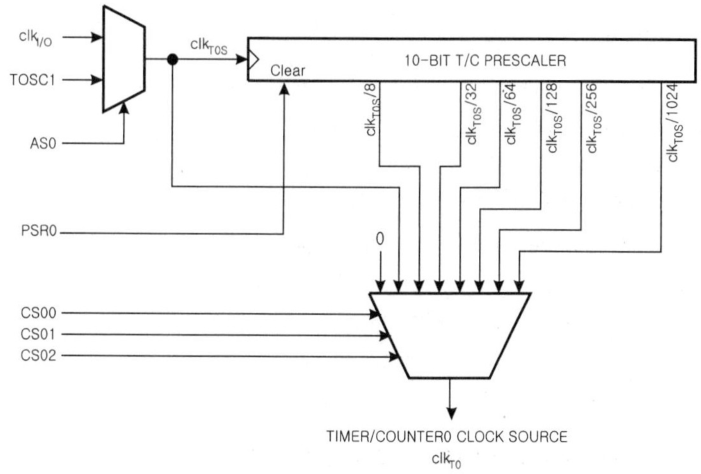

| 그림 5.17 | 타이머/카운터0의 프리스케일러 구조

⑦ SFIOR(Special Function IO Register)

그림 5.18은 SFIOR 레지스터의 비트 구조이다. SFIOR는 모든 타이머/카운터를 동기화하는 레지스터이다.

Bit	7	6	5	4	3	2	1	0	
	TSM	–	–	–	ACME	PUD	PSR0	PSR321	SFIOR
Read/Write	R/W	R	R	R	R/W	R/W	R/W	R/W	
Initial Value	0	0	0	0	0	0	0	0	

| 그림 5.18 | SFIOR 레지스터의 비트 구조

SFIOR의 비트별 의미

BIT 7 : TSM(Timer/Counter Synchronization Mode)

이 비트는 모든 타이머/카운터를 동기화시키는 기능이다.

1: 이 비트가 1로 설정되면 PSR0와 PSR321에 기록된 값을 그대로 유지하고 프리스케일러에 리셋신호를 발생하여 타이머/카운터의 동작을 정지하여 같은 값으로 설정한다.

0: 이 비트가 0로 설정되면 PSR0와 PSR321는 하드웨어적으로 0이 되고 모든 타이머/카운터들이 동시에 동작된다.

BIT 6:4 : Reserved Bit

이 비트는 사용되지 않는다.

BIT 3 : ACME(Analog Comparator Multiplexer Enable)

이 비트는 아날로그 비교기의 -입력에 AD변환기의 입력신호가 사용될 수 있도록 한다.

1: ACME=1로하고 ADCSRA의 ADEN=0(AD변환기의 동작을 정지시키면)이면, ADC0~7의 입력신호가 아날로그 비교기의 -입력으로 사용된다.

0: -입력에는 AIN1로 입력된 전압이 사용된다.

BIT 2:	: PUD(Pull-Up Disable)

이 비트는 모든 포트의 풀업저항을 설정하거나 해제한다.
1: 모든 포트는 풀업저항을 사용하지 않는다.
0: 모든 포트는 풀업저항을 사용할 수 있도록 한다.

BIT 1:	: PSR0(Prescaler Reset Timer/Counter0)

이 비트는 타이머/카운터0 프리스케일러의 동작을 셋 혹은 리셋하여 동작을 제어한다.
1: 이 비트가 타이머/카운터0 프리스케일러의 동작을 셋 한다.
0: 이 비트는 타이머/카운터0 프리스케일러의 동작을 리셋 한다.

BIT 0:	: PSR321(Timer/Counter1,2,3 Prescaler Reset)

이 비트는 타이머/카운터0,1,2,3의 프리스케일러를 셋 혹은 리셋한다.
1: 이 비트가 1이면 타이머/카운터1,3의 프리스케일러를 리셋시킨다.
0: TSM 비트가 0이면 동작 후 이 비트가 0으로 된다.

5.2.4 타이머/카운터0의 타이밍 다이어그램

그림 5.19는 프리스케일링이 없는 경우(분주비가 1인 경우) 위상교정 PWM 모드를 제외한 모든 모드에서 TCNTn의 값이 증가하여 MAX에서 0x00FH 되는 순간이 TOVn 비트가 1로 되는 것을 보인 것이다.

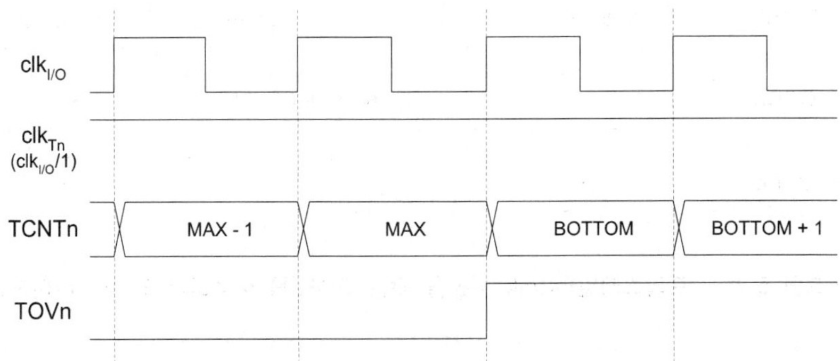

| 그림 5.19 | 프리스케일링이 없는 경우의 타이머/카운터의 타이밍 다이어그램

그림 5.20은 프리스케일러의 분주비가 8인 경우의 타이밍도이다. 그림 5.20에서 clk$_{I/O}$ 클럭을 8분주되는 clk$_{I/O}$/8 클럭의 1주기 마다 TCNTn의 값이 증가하여 MAX 값에서 TOVn이 발생되는 것을 알 수 있다.

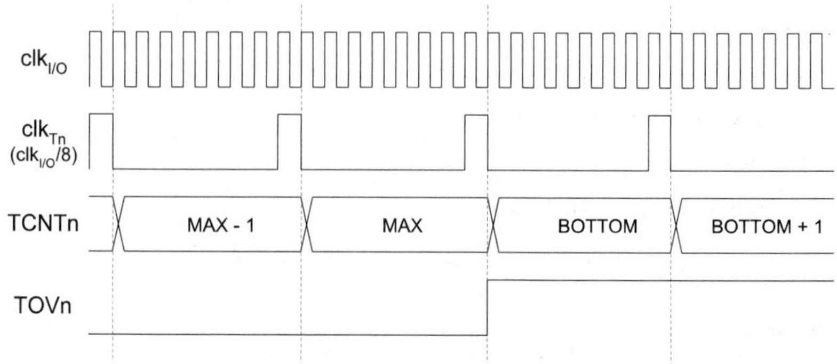

| 그림 5.20 | 프리스케일러(fclk$_{I/O}$/8)을 갖는 타이머/카운터의 타이밍 다이어그램

그림 5.21는 CTC 모드를 제외한 모든 모드에서 OCF0의 설정을 보인 것이다. 그림 5.9에서 clk$_{Tn}$의 하강 에지에서 TCNTn 값과 OCRn 값이 일치할 경우 OCFn의 값이 1로 설정된다.

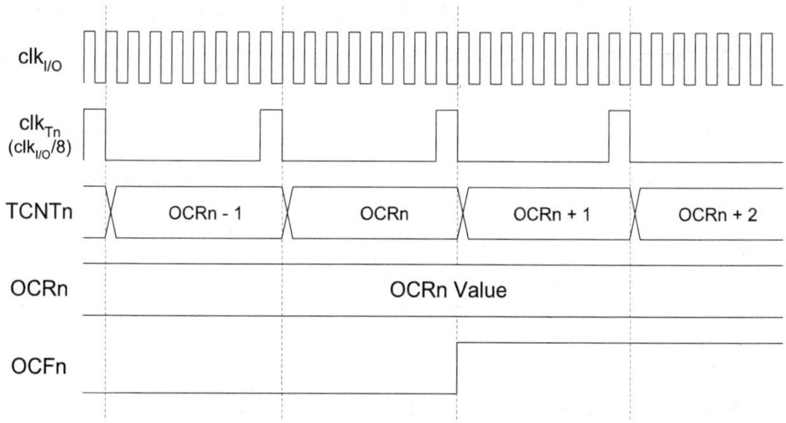

| 그림 5.21 | 프리스케일러(fclk$_{I/O}$/8)을 갖는 OCF0를 설정하는 타이밍 다이어그램

그림 5.22는 CTC 모드에서 OCF0를 설정하고 TCNT0을 클리어 하는 것을 보인 것이다. 그림 5.10에서 clk$_{Tn}$의 하강 에지에서 TCNTn의 TOP 값과 OCRn의 TOP 값이 일치할 경우 OCFn의 값이 1로 설정된다.

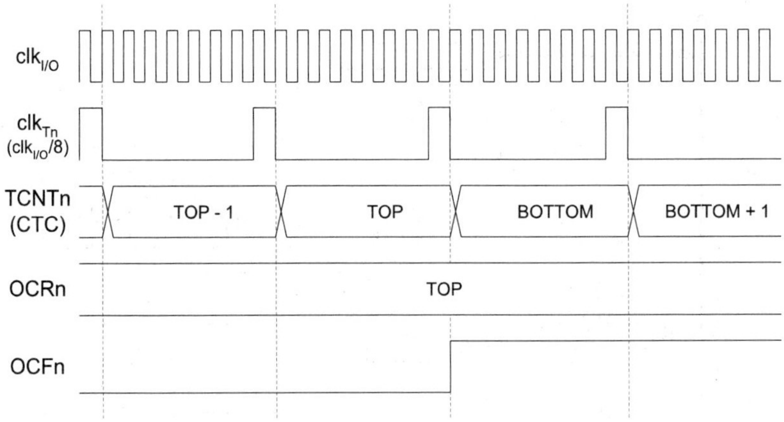

| 그림 5.22 | 프리스케일러(fclk$_{I/O}$/8)을 갖는 CTC 일치 모드(Clear Timer on Compare Match Mode)의 타이머/카운터 타이밍 다이어그램

5.3 8비트 타이머/카운터2

5.3.1 8비트 타이머/카운터2의 내부 구조

8비트 타이머/카운터2는 8비트 타이머/카운터0와 유사하게 동작되며, 내부 구조는 그림 5.23과 같다. 8비트 타이머/카운터2는 범용으로 사용되는 1채널의 8비트 타이머/카운터 모듈이다. 타이머/카운터2의 주요 특징은 다음과 같다.

- 단일 채널의 카운터
- 비교 일치시(자동으로 값을 다시 로드) 타이머 클리어
- 글리치 없는(Glitch-free) PWM(Phase Correct Pulse width Modulator)
- 주파수 발생기
- 외부의 이벤트 카운터
- 10비트 클럭 프리스케일러
- 오버플로 및 비교일치 인터럽트 소스(TOV2, OCF2))

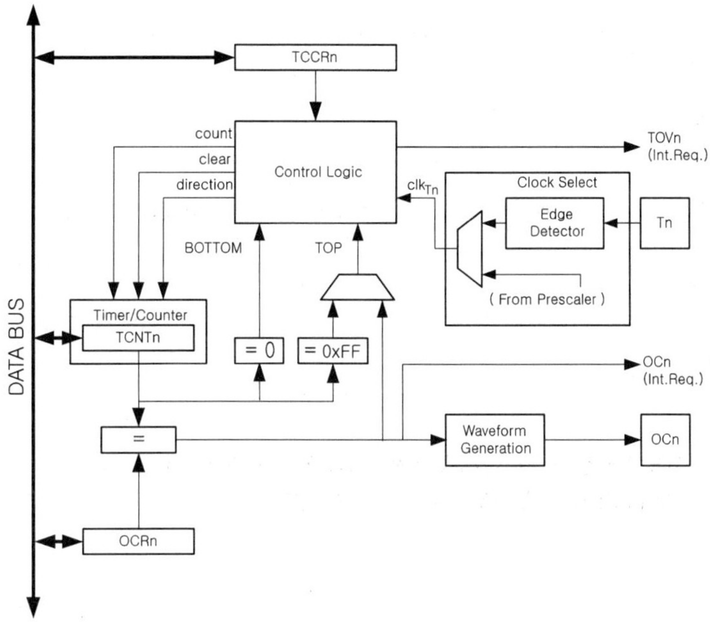

| 그림 5.23 | 8비트 타이머/카운터2의 구조

❶ 카운터 장치

그림 5.24는 타이머/카운터2의 카운터 장치의 구조이다. 타이머/카운터2는 T2(핀32) 단자를 통해서 외부로부터 클럭을 공급받는다.

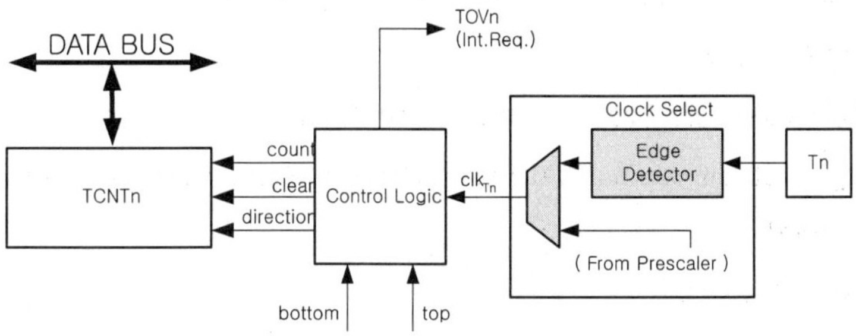

| 그림 5.24 | 타이머/카운터2의 카운터 장치의 구조

❷ 출력비교장치

그림 5.25는 타이머/카운터2의 출력비교장치의 구조이다. 타이머/카운터2의 출력비교장치는 타이머/카운터0의 타이머/카운터2의 출력비교장치와 유사하게 동작되므로 참조한다. 파형 발생기로 입력되는 FOCn 신호는 PWM 모드가 아닌 경우에 사용된다.

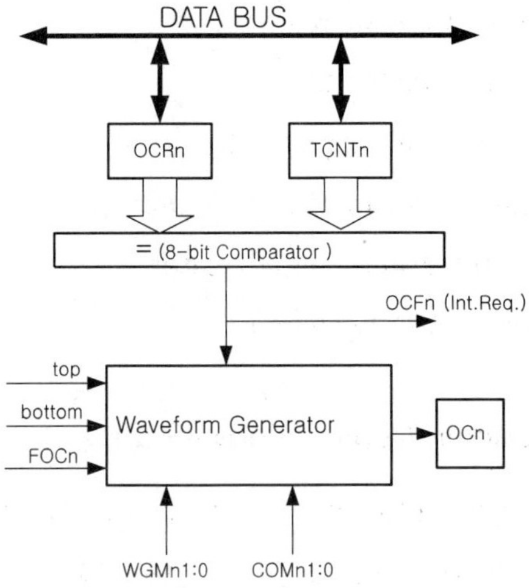

| 그림 5.25 | 타이머/카운터2의 출력비교장치의 구조

❸ 비교일치출력 장치

그림 5.26은 타이머/카운터2의 비교일치출력 장치의 구조이다. 타이머/카운터2의 비교일치출력 장치는 타이머/카운터0의 비교일치출력 장치와 동일하게 동작된다.

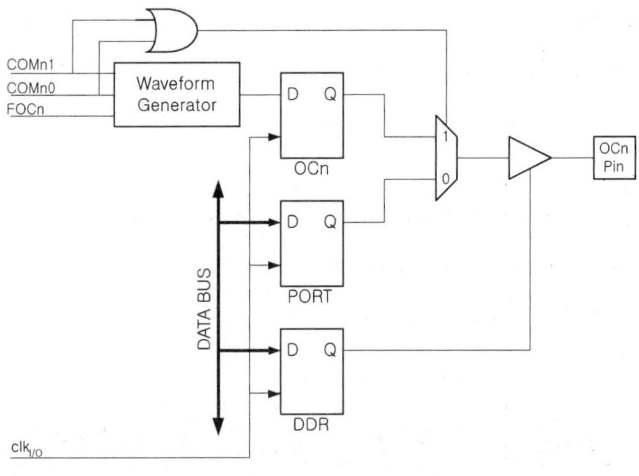

| 그림 5.26 | 타이머/카운터2의 비교일치출력 장치의 구조

5.3.2 8비트 타이머/카운터2 관련 레지스터

8비트 타이머/카운터2의 모드를 설정하고 동작을 제어하기 위해서 사용되는 관련 레지스터는 다음과 같다.

- TCCR2(Timer/ Counter Control Register 2)
- TCNT2(Timer/Counter Register 2)
- OCR2(Timer/Counter Output Register 2)
- TIMSK(Timer/Counter Interrupt Mask Register)
- TIFR(Timer/Counter Interrupt Flag Register)
- SFIOR(Special Function I/O Register)

❶ TCCR2(Timer/ Counter Control Register 2)

그림 5.27은 TCCR2 레지스터의 비트 구조이다. TCCR2 레지스터는 8비트 타이머/카운터2의 동작 모드를 설정하고, 클럭 분주비를 설정한다.

Bit	7	6	5	4	3	2	1	0	
	FOC2	WGM20	COM21	COM20	WGM21	CS22	CS21	CS20	TCCR2
Read/Write	W	R/W	R/W	R/W	R/W	R/W	R/W	R/W	
Initial Value	0	0	0	0	0	0	0	0	

| 그림 5.27 | TCCR2 레지스터의 구조

TCCR2의 비트별 의미

BIT 7 : FOC2(Force Output Compare 2)

이 비트는 PWM 모드가 아닌 경우에만 FOC0 비트가 활성화된다. 이 비트 값에 의해서 타이머/카운터2는 PWM 모드 혹은 PWM가 아닌 모드로 동작된다.
1: 이 비트가 1로 설정되면 OC2 단자로 COM21:20 비트에 의해서 설정된 값이 출력된다.
0: 이 비트는 AVR 상위 기종과 호환성을 위해서 PWM 모드로 동작될 때 0으로 설정된다.

BIT 6, 3 : WGM21~20(Waveform Generation Mode)

이 비트는 표 5.11과 같이 카운터의 4가지 동작모드를 설정한다.

| 표 5.11 | WGM21:20 비트에 의한 동작 모드의 설정

모드	WGM21 (CTC2)	WGM20 (PWM2)	동작 모드	상위	OCR2 값의 갱신	TOV2 플래그가 설정되는 시기
0	0	0	일반모드	0xFF	즉시 갱신	MAX
1	0	1	PWM모드, 위상정정모드	0xFF	TOP	BOTTOM
2	1	0	CTC모드	OCR2	즉시 갱신	MAX
3	1	1	고속PWM모드	0xFF	TOP	MAX

BIT 5, 4 : COM21:20(Compare Match Output Mode)

OC2(핀17)의 출력 동작을 설정한다. OC2 핀의 동작은 표 5.12와 같이 COM21:20 비트에 의해서 타이머/카운터2의 동작 모드를 결정한다.

| 표 5.12 | COM21~COM20 비트에 의한 OC2 핀의 동작

(a) PWM 모드가 아닌 경우

COM21	COM20	설명
0	0	일반 I/O 포트로 사용(OC2핀은 차단)
0	1	비교 일치에서 OC2 값 반전
1	0	비교 일치에서 OC2 값 클리어
1	1	비교 일치에서 OC2 값 설정

(b) 고속 PWM 모드인 경우

COM21	COM20	설명
0	0	일반 I/O 포트로 사용(OC2핀은 차단)
0	1	예약 비트(reserved bit)
1	0	비교 일치에서 OC2 값 클리어(TOP에서 OC2 값 설정)
1	1	비교 일치에서 OC2 값 설정(TOP에서 OC2 값 클리어)

(c) 위상교정 PWM 모드인 경우

COM21	COM20	설명
0	0	일반 I/O 포트로 사용(OC2핀은 차단)
0	1	예약 비트(reserved bit)
1	0	증가 카운팅일 때 비교 일치에서 OC2는 클리어 되고, 감소 카운팅일 때 비교 일치에서 OC2를 설정된다.
1	1	증가 카운팅일 때 비교 일치에서 OC2는 설정되고, 감소 카운팅일 때 비교 일치에서 OC2를 클리어한다.

BIT 2:0 : CS22~CS20(Clock Select)

이 비트는 CS22~CS20(Clock Select)로써 프리스케일러를 설정한다. 표 5.12와 같이 프리스케일러를 설정하여 클럭을 정지하거나 7가지의 분주비를 선택하여 타이머를 동작하도록 한다.

| 표 5.12 | CS22~20 비트에 의한 클럭의 분주비 선택

CS22	CS21	CS20	설명
0	0	0	클럭 소스 없음(타이머/카운터 정지)
0	0	1	$clk_{I/O}$ (프리스케일링 없음)
0	1	0	$clk_{I/O}$ ÷8 (프리스케일러 형성)
0	1	1	$clk_{I/O}$ ÷64 (프리스케일러 형성)
1	0	0	$clk_{I/O}$ ÷256 (프리스케일러 형성)
1	0	1	$clk_{I/O}$ ÷1,024 (프리스케일러 형성)
1	1	0	T2핀의 외부 클럭 소스로써, 하강 에지(falling edge)에서 동작된다.
1	1	1	T2핀의 외부 클럭 소스로써, 상승 에지(rising edge)에서 동작된다.

❷ TCNT2(Timer/Counter Register 2)

그림 5.28은 TCNT2 레지스터의 비트 구조이다. TCNT2 레지스터는 8비트 타이머/카운터2의 카운터 값(8비트)을 저장하고 있는 레지스터이다. 이 레지스터는 항상 읽기/쓰기 동작이 가능하지만 카운터가 동작하고 있을 때 이 값을 수정하면 TCNT2 값과 OCR2 값을 비교하여 출력신호를 발생하는데 문제가 발생할 수 있다.

Bit	7	6	5	4	3	2	1	0	
	TCNT2[7:0]								TCNT2
Read/Write	R/W	R/W	R/W	R/W	R/W	R/W	R/W	R/W	
Initial Value	0	0	0	0	0	0	0	0	

| 그림 5.28 | TCNT2 레지스터의 비트 구조

TCNT2의 비트별 의미

BIT 7:0 : TCNT2 7:0

이 비트는 타이머/카운터2의 8비트 카운터 값을 저장한다.

❸ OCR2(Timer/Counter Output Register 2)

그림 5.29는 OCR2 레지스터의 비트 구조이다. OCR2는 TCNT2 레지스터의 값과 비교하기 위한 비교 값을 저장하는 출력비교 레지스터로 비교 결과를 OC2(핀17)에 출력한다.

Bit	7	6	5	4	3	2	1	0	
	OCR2[7:0]								OCR2
Read/Write	R/W	R/W	R/W	R/W	R/W	R/W	R/W	R/W	
Initial Value	0	0	0	0	0	0	0	0	

| 그림 5.29 | OCR2 레지스터의 비트 구조

OCR2의 비트별 의미

BIT 7:0 : OCR2 7:0

OCR2는 TCNT2 레지스터의 값과 비교하기 위한 비교 값을 저장한다.

❹ TIMSK(Timer/Counter Interrupt Mask Register)

그림 5.30은 TIMSK 레지스터의 비트 구조이다. TIMSK는 타이머/카운터0,1,2가 발생하는 인터럽트를 개별적으로 허용하거나 금지하는 레지스터이다. TIMSK의 비트5~비트0는 타이머/카운터2에서는 사용되지 않는다.

Bit	7	6	5	4	3	2	1	0	
	OCIE2	TOIE2	TICIE1	OCIE1A	OCIE1B	TOIE1	OCIE0	TOIE0	TIMSK
Read/Write	R/W	R/W	R/W	R/W	R/W	R/W	R/W	R/W	
Initial Value	0	0	0	0	0	0	0	0	

| 그림 5.30 | TIMSK 레지스터의 비트 구조

TIMSK의 비트별 의미

BIT 6 : TOIE2(Timer/Counter2 Overflow Interrupt Enable)

이 비트는 타이머/카운터2의 오버플로 인터럽트를 허용하거나 금지하는 기능이다.

1: SREG(ATmega128 상태레지스터)의 I비트(전역 인터럽트를 활성화하는 비트)가 1로 설정되어 있는 경우, 타이머/카운터2의 오버플로 인터럽트가 허용된다. 이때 타이머/카운터2의 오버플로 인터럽트가 발생되어 TIFR레지스터의 TOV2비트가 1로 되면 인터럽트가 발생되고 처리된다.

0: 타이머/카운터2의 오버플로 인터럽트를 금지한다.

BIT 7 : TOCIE2(Timer/Counter2 Output Compare Match Interrupt Enable)

이 비트는 타이머/카운터2의 비교일치 인터럽트를 허용하는 기능이다.

1: SREG(ATmega128 상태레지스터)의 I비트(전역 인터럽트를 활성화하는 비트)가 1로 설정되어 있는 경우, 타이머/카운터2의 출력비교 인터럽트가 허용된다. 이때 타이머/카운터2의 출력비교 인터럽트가 발생되면, TIFR 레지스터의 OCF2 플래그 비트는 1로 설정된다.

0: 타이머/카운터2의 출력비교 인터럽트를 금지한다.

❺ TIFR(Timer/Counter Interrupt Flag Register)

그림 5.31은 TIFR 레지스터의 비트 구조이다. TIFR는 타이머/카운터0, 타이머/카운터1, 타이머/카운터2가 발생하는 인터럽트 플래그를 저장하는 레지스터이다. TIFR의 비트5~비트0는 타이머/카운터2에서는 사용되지 않는다.

Bit	7	6	5	4	3	2	1	0	
	OCF2	TOV2	ICF1	OCF1A	OCF1B	TOV1	OCF0	TOV0	TIFR
Read/Write	R/W	R/W	R/W	R/W	R/W	R/W	R/W	R/W	
Initial Value	0	0	0	0	0	0	0	0	

| 그림 5.31 | TIFR 레지스터의 비트 구조

TIFR의 비트별 의미

BIT 6 : TOV2 (Timer/Counter2 Overflow Flag)

이 비트는 타이머/카운터2에서 오버플로가 발생하면 이 비트가 1로 설정되는 플래그 비트이다.
1: 타이머/카운터2에서 오버플로가 발생하면 이 비트가 1로 되면서 오버플로 인터럽트가 요구된다. 요구되는 인터럽트가 처리되면 이 플래그는 자동으로 0으로 된다.
0: 타이머/카운터2에서 오버플로 인터럽트가 처리되기 시작하면 이 비트는 자동으로 0으로 된다.

BIT 7 : OCF2(Output Compare Match Flag 2)

이 비트는 타이머/카운터2의 TCNT2 레지스터와 출력비교 레지스터 OCR2의 값을 비교하여 같으면 이 비트가 1로 되면서 출력비교 인터럽트를 요청하는 기능이다.
1: 타이머/카운터2의 TCNT2 레지스터와 출력비교 레지스터 OCR2의 값을 비교하여 같으면 이 비트가 1로 되면서 출력비교 인터럽트를 요구하게 된다.
0: 타이머/카운터2에서 비교일치 인터럽트가 처리되는 동시에 이 비트는 자동으로 0으로 된다.

❻ SFIOR(Special Function I/O Register)

그림 5.32는 SFIOR 레지스터의 비트 구조다. 이 레지스터는 타이머/카운터를 동기화하는 기능이다.

Bit	7	6	5	4	3	2	1	0	
	TSM	–	–	–	ACME	PUD	PSR0	PSR321	SFIOR
Read/Write	R/W	R	R	R	R/W	R/W	R/W	R/W	
Initial Value	0	0	0	0	0	0	0	0	

| 그림 5.32 | SFIOR 레지스터의 비트 구조

SFIOR의 비트별 의미

BIT 7 : TSM(Timer/Counter Synchronization Mode)

이 비트는 타이머/카운터를 동기 방식으로 설정하는 기능이다.
1: 이 비트가 1로 설정되면 타이머/카운터는 동기방식으로 설정된다.
0: 타이머/카운터는 동기방식으로 동작되지 않는다.

BIT 1 : PSR0(Prescaler Reset Timer/Counter0)

이 비트는 타이머/카운터0의 프리스케일러를 리셋하는 기능이다.
1: 이 비트가 1로 설정되면 타이머/카운터0의 프리스케일러는 리셋된다. 이 비트는 보통 하드웨어에 의해서 즉시 클리어된다.
0: 타이머/카운터0의 프리스케일러는 리셋하지 않는다.

5.3.3 타이머/카운터2의 타이밍 다이어그램

그림 5.33은 프리스케일링이 없는 경우(분주비가 1인 경우) 위상교정 PWM 모드를 제외한 모든 모드에서 TCNTn의 값이 증가하여 MAX에서 0x00FH 되는 순간의 TOVn 비트가 1로 되는 것을 보인 것이다.

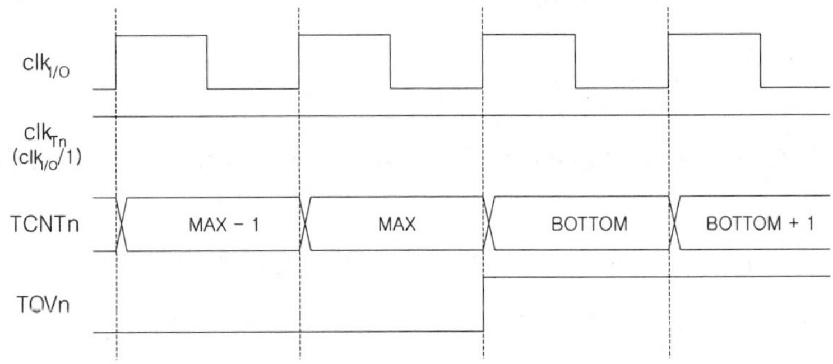

| 그림 5.33 | 프리스케일링이 없는 경우의 타이머/카운터의 타이밍도 다이어그램

그림 5.34는 프리스케일러의 분주비가 8인 경우의 타이밍도이다. 그림 5.8에서 $clk_{I/O}$ 클럭을 8분주되는 $clk_{I/O}/8$ 클럭의 1주기마다 TCNTn의 값이 증가하여 MAX 값에서 TOVn이 발생되는 것을 볼 수 있다.

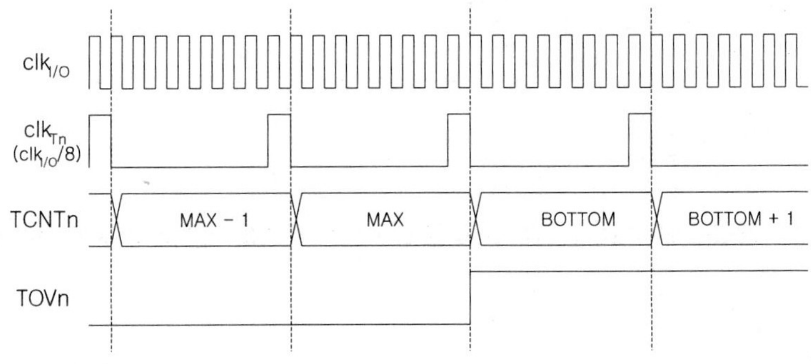

| 그림 5.34 | 프리스케일러($f_{clk\_I/O}/8$)을 갖는 타이머/카운터의 타이밍 다이어그램

그림 5.35는 CTC 모드를 제외한 모든 모드에서 OCF0의 설정을 보인 것이다. 그림 5.9에서 clk_{Tn}의 하강 에지에서 TCNTn 값과 OCRn 값이 일치할 경우 OCFn의 값이 1로 설정된다.

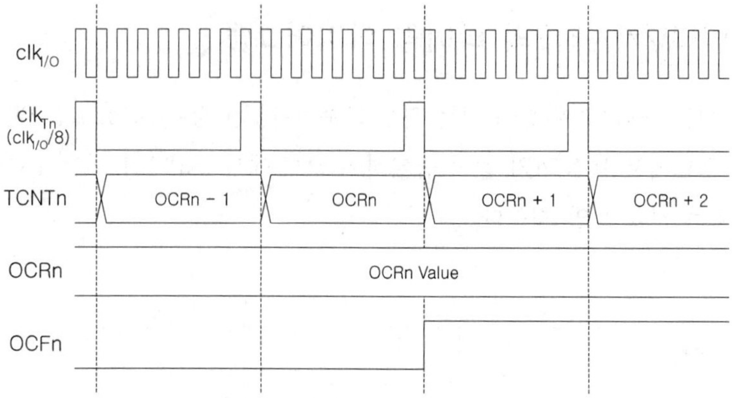

| 그림 5.35 | 프리스케일러(fclk$_{I/O}$/8)을 갖는 OCF0를 설정하는 타이밍 다이어그램

그림 5.36은 CTC 모드에서 OCF0를 설정하고 TCNT0을 클리어 하는 것을 보인 것이다. 그림 5.10에서 clk$_{Tn}$의 하강 에지에서 TCNTn의 TOP 값과 OCRn의 TOP 값이 일치할 경우 OCFn의 값이 1로 설정된다.

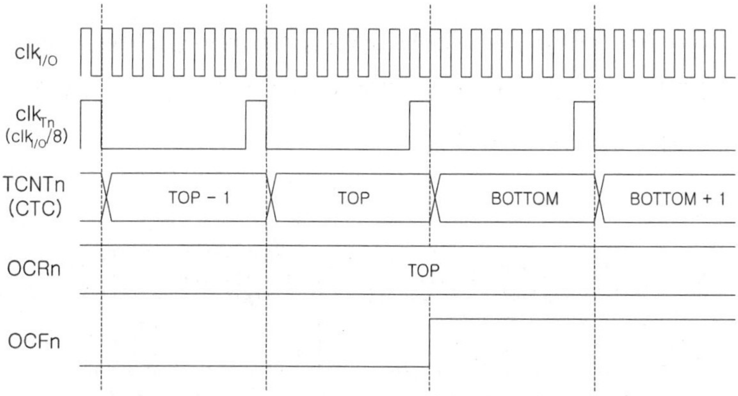

| 그림 5.36 | 프리스케일러(fclk$_{I/O}$/8)을 갖는 CTC일치 모드의 타이머/카운터 타이밍 다이어그램

연습문제

01. 타이머/카운터0,2의 내부 구조를 설명하여라.

02. 타이머/카운터0,2의 동작 모드를 설명하여라.

03. 타이머/카운터0의 프리스케일러의 구조를 설명하여라.

04. 타이머/카운터0,2의 관련 레지스터를 설명하여라.

05. 타이머/카운터2의 카운터 장치의 구조를 설명하여라.

06. 타이머/카운터2의 출력비교장치의 구조를 설명하여라.

제6장

16비트 타이머/카운터

학습목표

1. ATmega128의 타이머/카운터1,3의 내부구조를 이해한다.
2. ATmega128의 타이머/카운터1,3 관련 레지스터를 이해한다.
3. ATmega128의 타이머/카운터1,3의 동작모드를 이해한다.

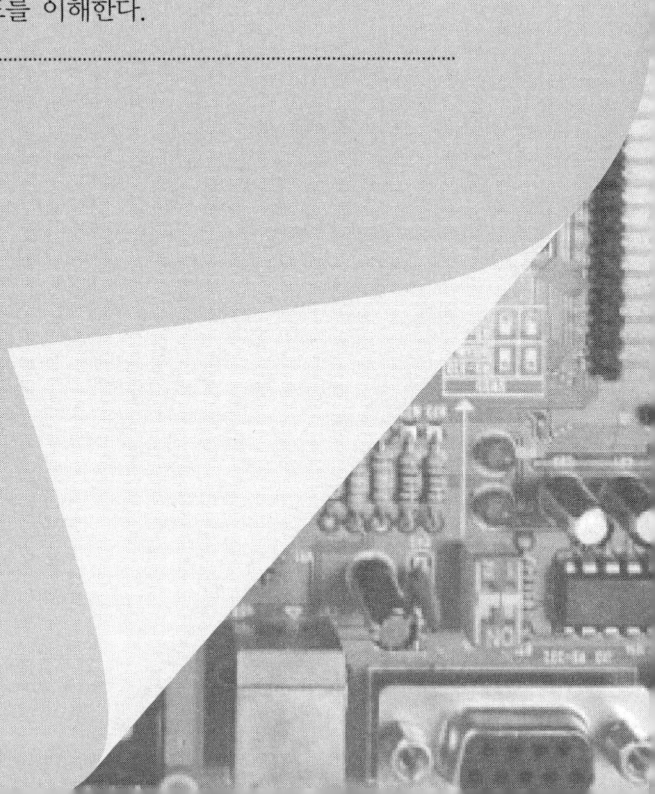

6.1 개요

ATmega128에는 동일한 하드웨어 구조와 레지스터를 사용한 완전한 2개의 16비트 타이머/카운터1,3을 제공하고 있다. 타이머/카운터1,3은 각각 5개 동작 모드(일반 모드, CTC 모드, 고속 PWM 모드, 위상 교정 PWM 모드, 위상 및 주파수 교정 PWM 모드)를 제공하고 있다. 타이머/카운터1,3은 각각 3개의 PWM 출력 핀(OCnA, OCnB, OCnC)이 있으며, WGMn3:0 비트에 의한 15 종류의 동작모드, 외부 클럭 입력 핀(Tn), 입력 캡처 트리거 핀(ICPn)을 제공하고 있다.

ATmega128이 ATmega103과 호환모드로 동작할 때는 타이머/카운터3이 없고, 타이머/카운터1의 비교출력에는 C가 없다.(A와 B만 존재한다) 표 6.1은 타이머/카운터1,3에서 사용되는 BOTTOM, MAX, TOP에 대한 용어의 정의이다.

| 표 6.1 | 타이머/카운터1,3에서 사용되는 BOTTOM, MAX, TOP의 정의

용어	설명
BOTTOM	카운터가 가질 수 있는 최솟값 : 0x0000
MAX	카운터가 가질 수 있는 최댓값 : 0xFFFF(16비트=2^{16}=65,535까지 카운팅)
TOP	각각의 동작 모드에 따라 카운터가 카운팅되는 최댓값으로 5가지가 있다. TOP= 0xFF, 0x1FF, 0x3FF, OCRnA, ICRn

6.2 타이머/카운터1,3의 구조

6.2.1 내부구조

그림 6.1은 16비트 타이머/카운터1,3의 내부 구조이다. 16비트 타이머/카운터1,3은 카운터부, 입출력캡처부, 출력비교부, 비교일치출력부로 구성된다. 16비트 타이머/카운터1,3이 카운터로 동작할 때는 각각 T1과 T3 핀으로 외부 클럭을 입력받아서 16비트의 업/다운 카운터 TCNT1 또는 TCNT3에 입력되고, 이것이 0xFFFF → 0x0000으로 오버플로 되면 TOV=1 또는 TOV3=1로 되면서 각각의 해당 타이머 오버플로 인터럽트가 발생한다. 16비트 카운터 TCNT1 및 TCNT3은 입력되는 클럭을 카운팅 하기 위한 레지스터이다. OCR1A, OCR1B, OCR1C 및 OCR3A, OCR3B, OCR3C는 TNCT1과 TNCT3 레지

스터의 값과 비교하기 위한 값을 저장하고 있는 레지스터이며, 카운팅한 값이 같으면 OCF1A, OCF1B, OCF1C 또는 OCF3A, OCF3B, OCF3C 신호에 의하여 출력비교 인터럽트가 발생되고, OC1A, OC1B, OC1C 또는 OC3A, OC3B, OC3C 단자로 신호가 출력된다. 3개의 비교레지스터(OCRnx, n=1,3, x=A,B,C)와 출력단자(OCnxn=1,3, x=A,B,C)를 이용하면 각각 원하는 PWM 출력신호들을 발생할 수 있다.

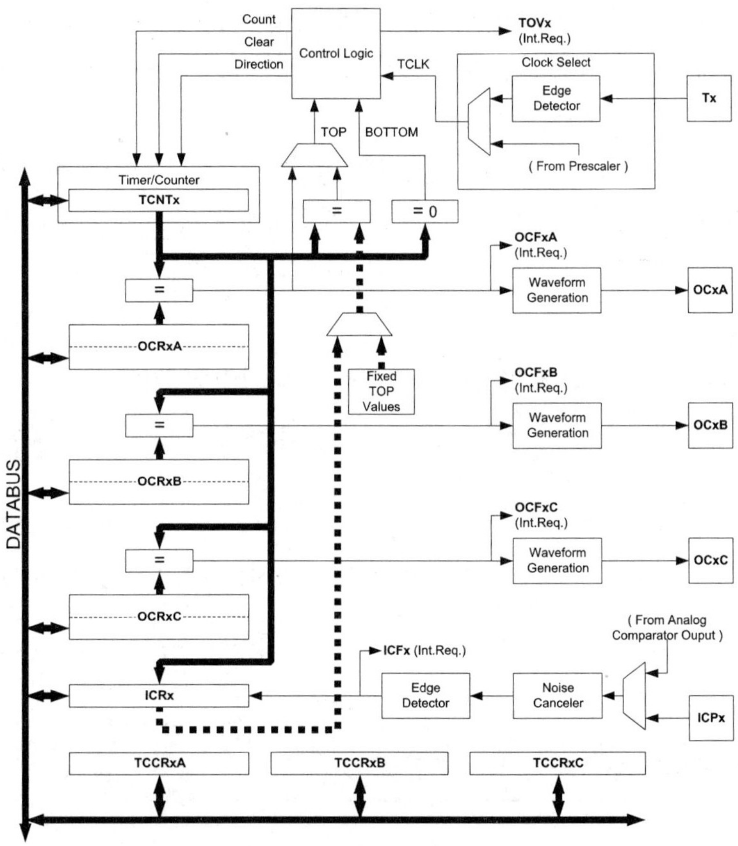

| 그림 6.1 | 16비트 타이머/카운터1, 3의 내부 구조

6.2.2 카운터부

그림 6.2는 16비트 타이머/카운터1,3의 카운터부 내부 구조이다. 16비트 타이머/카운터1,3의 TCNTn 레지스터는 8비트 상위 카운터(TCNTnH)와 8비트 하위 카운터(TCNTnL)로 구성된다. MCU가 하위 카운터(TCNTnL)를 읽을 때 상위 카운터(TCNTnH)는 TEMP 레지스터로 읽게 된다. 그래서 MCU는 1클럭 내에 16비트 레지스터 TCNTn을 모두 읽을 수 있다.

그림 6.2와 같이 타이머/카운터1,3이 카운터로 동작하는 경우 clk_{Tn} 신호는 외부의 Tn 핀으로 입력되는 클럭으로 프리스케일러를 사용하지 않고 에지 검출기(Edge Detection)를 거쳐서 동기화 된다. 이때 제어 로직(Control Logic)으로 입력되는 clk_{Tn} 신호는 설정된 동작 모드에 따라 TCNTn의 레지스터의 값을 증가, 감소 혹은 클리어 한다. 클럭 소스 $clk_{I/O}$는 내부 클럭과 외부 입력 클럭 중에서 TCCRnB 레지스터의 CSn2:0 비트 에 의해서 $clk_{I/O}$를 설정한 값으로 분주한다. 카운터의 파형발생모드는 TCCRnA 레지스터의 WGMn3:0 비트로 설정한 모드로 동작되며, COMnx1:0 비트에 따라 OCnx 출력파형이 결정된다.

만약 타이머/카운터1과 3이 타이머로 동작하는 경우 clk_{Tn} 신호는 시스템 클럭 주파수와 같은 $clk_{I/O}$ 신호를 프리스케일러로 분주된 클럭이다. 이때 제어 로직(control logic)으로 입력되는 clk_{Tn} 신호는 설정된 동작 모드에 따라 TCNTn의 레지스터의 값을 증가, 감소 혹은 글리어 힌다. 표 6.2는 그림 6.2의 신호 명칭에 대한 설명이다.

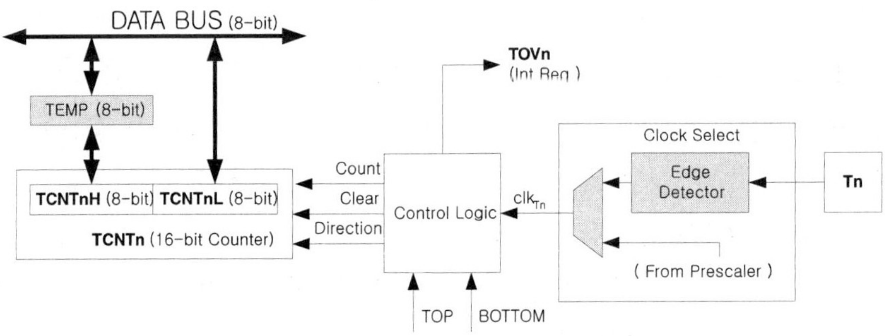

| 그림 6.2 | 16비트 타이머/카운터1,3의 카운터부의 구조

| 표 6.2 | 카운터부(그림 6.2)의 신호 설명

신호명	설명
Count	1씩 증가 혹은 감소
Direction	증가와 감소 선택
Clear	TCNTn←0
clk_{Tn}	타이머/카운터 입력 클럭
TOP	TCNTn이 최댓값에 도달했을 때의 신호
BOTTOM	TCNTn이 최솟값(0x0000)에 도달했을 때의 신호

6.2.3 입력캡처부

그림 6.3은 16비트 타이머/카운터1,3의 입력캡쳐부의 구조이다. 타이머/카운터1,3의 입력캡쳐 기능은 ICP1(핀 29)과 ICP3(핀 9)으로 입력되는 외부 이벤트(external event)를 캡처하고 이벤트의 발생시간을 표시하는 시간표시(time-stamp)를 한다. 이러한 입력캡처 기능을 사용하면 주파수, 주기 및 듀티 사이클의 특성을 계산할 수 있으며, 발생된 이벤트를 기록(log)할 수 있다. 타이머/카운터1의 경우에는 입력캡처신호를 ICP1 핀으로 받거나 ACSR 레지스터의 아날로그비교기출력(ACO: Analog Comparator Output)으로 선택할 수 있다. ACO를 입력캡처신호로 하기 위해서는 ACSR 레지스터의 ACIC 비트를 1로 해야 한다.(전원을 리셋하면 초기 값은 ICP1로 설정된다.)

입력캡처의 동작은 ICPn 핀으로 트리거 신호가 입력되면 노이즈 제거기(noise canceler)와 에지 검출기(edge detector)를 지나서 입력된 신호가 설정된 트리거 신호와 같으면 이 신호에 의해서 TCNTn 레지스터의 16비트 값은 ICRn 레지스터에 복사된다. 이때 입력캡처신호에 이벤트가 발생되면 MCU 프로그램과 무관하게 즉시 TCNTn의 카운터 값은 16비트의 ICRn으로 복사된다. 이 입력 캡처신호는 TCCRnB 레지스터의 ICNCn 비트를 사용하여 노이즈 제거 기능을 설정할 수 있고, ICESn 비트를 사용하여 상승 에지(1로 설정한 경우)나 하강 에지(0로 설정한 경우)로 설정할 수 있다. 잡음 제거 기능이 동작되면 트리거 신호는 4클럭 주기 동안 샘플링 후 동일한 신호가 검출되면 이를 신호로 인정하여 트리거 된다. 검출된 신호는 잡음에 의한 영향이 적지만 시스템 클럭의 4주기 만큼 트리거 신호가 지연되어 검출된다.

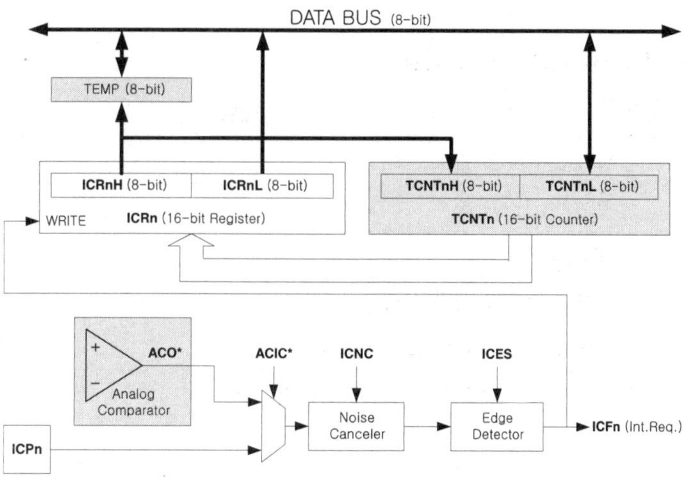

| 그림 6.3 | 16비트 타이머/카운터1과3의 입력캡쳐부의 구조

6.2.4 출력비교부

그림 6.4는 타이머/카운터1,3의 출력비교장치의 구성도이다. 그림 6.4의 16비트 비교기(16bit comparator)는 항상 TCNTn과 출력 비교 레지스터(OCRnx)를 비교하여 두 레지스터 값이 같으면 일치 신호를 발생시키고 출력비교 플래그 OCFnx=1로 설정한다. OCIEnx=1이면, 출력비교 인터럽트가 발생되며, 인터럽트가 실행되면 OCFnx 플래그는 소프트웨어적으로 0이 된다.

파형 발생기(waveform generator)는 타이머/카운터1(TCCR1A, TCC1B)과 타이머/카운터3(TCCR3A, TCCR3B)의 WGM3:0, COMnx1:0 비트의 설정에 의해서 설정된 동작 모드가 발생시키는 파형을 발생시킨다. 이때 파형발생 모드에 따라 ICRn 혹은 OCRn 레지스터는 파형의 주기신호를 발생하는 TOP 값을 사용할 수 있다.

OCRnx 버퍼(16비트 레지스터)는 12개의 PWM 모드 중의 하나로 동작되는 경우에만 임시 레지스터(TEMP)를 사용하여 이중으로 버퍼링된다. 그러나 일반 모드나 CTC 모드 동작에서는 이중버퍼링으로 동작되지 않는다. PWM 모드로 동작될 때 이중으로 버퍼링을 히므로써 OCRnx 비교레지스터의 갱신은 TCNTn가 TOP(고속 PWM 및 위상교정 PWM 모드에서는 TOP에서 갱신) 혹은 BOTTOM(위상 및 수파수 교정 PWM 모드에서는 BOTTOM에서 갱신)에 도달되면 갱신된다. 이러한 동기화 기법은 홀수 길이(odd-length), 비대칭적(non-symmetrical)인 PWM 펄스가 발생되지 않도록 한다. 그래서 글리치 없는(glitch-free) 출력신호를 만들 수 있다.

PWM 파형생성모드가 아닌 경우에는 비교기의 일치출력은 FOCnx 비트에 1을 쓰는 것에 의해서 강제적으로 OCnx 단자에 COMnx1:0 설정에 의한 출력비교일치신호를 출력한다. 강제비교일치(forcing compare match)는 OCFnx 플래그를 설정하지 않으며, 타이머를 재 로드/삭제(reload/clear)하지 않는다.

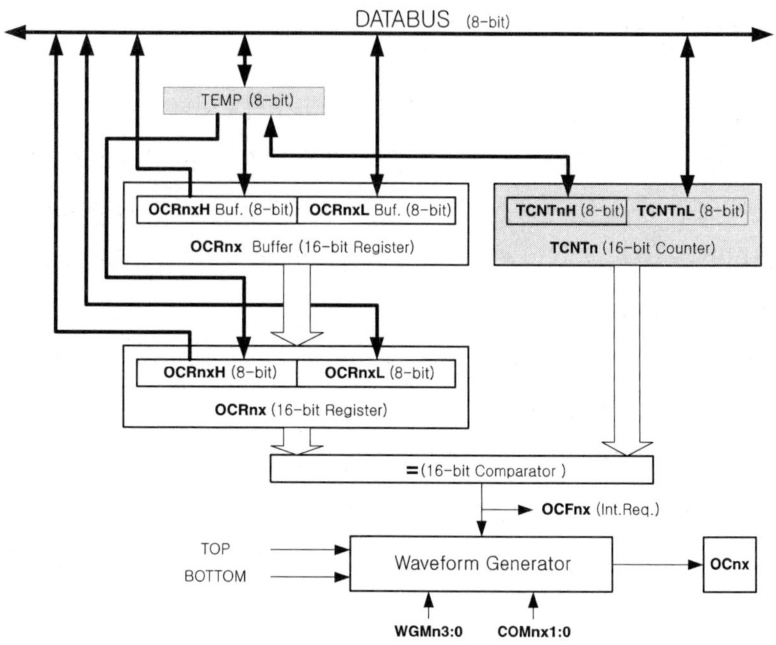

| 그림 6.4 | 16비트 타이머/카운터1,3의 출력비교부의 구조

6.2.5 비교일치출력부

그림 6.5는 타이머/카운터1,3의 비교일치출력부의 구조이다. 타이머/카운터1,3은 TCCR1A와 TCCR3A의 COMnx1:0 비트는 2가지 기능을 가진다. 첫 번째로 COMnx1:0 비트는 다음 비교일치에서 출력비교상태(OCnx)의 파형발생기로 사용된다. 두 번째로 COMnx1:0 비트는 OCnx 핀 출력을 컨트롤한다.

타이머/카운터1,3의 비교일치출력부는 범용 입출력포트와 공동으로 사용하고 있으며 그림 6.15와 같이 멀티플렉서를 통해서 OCnx와 포트 신호를 COMnx1:0 신호에 의해서 선택되어 출력된다. 이때 COMnx1과 COMnx0 신호가 모두 0이면 포트 신호가 출력되고, COMnx1과 COMnx0 신호 둘 중에서 하나가 1이면 OCnx 신호가 선택되어 DDR 레지스터의 값이 출력으로 설정되었으면 출력된다. 이때 OCnx 핀 전단의 3상태버퍼(tri-state buffer)는 DDR 레지스터가 출력으로 설정되어야만 해당되는 값이 출력된다.

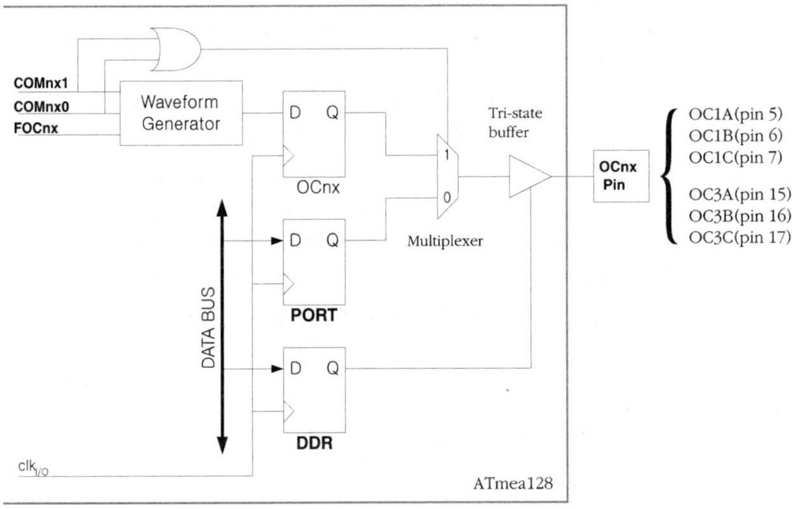

| 그림 6.5 | 16비트 타이머/카운터1, 3의 비교일치출력부의 구조

6.3 타이머/카운터1,3의 동작 모드

6.3.1 일반 모드

16비트 타이머/카운터1,3의 일반 모드(normal mode)는 TCCR1A, TCCR1B의 WGMn13, 12, 11, 10 비트가 0(0000)일 경우, 타이머/카운터3일 경우 TCCR3A, TCCR3B의 WGMn33, 32, 31, 30 비트가 0(0000)일 경우에 설정된다. 이 모드에서는 TCNTn(n=1, 3)이 항상 상향 카운터로만 동작되며 0x0000~0xFFFF 까지 카운터 동작이 반복된다. 표 6.3은 일반 모드로 설정하고 동작을 설명한 것이다.

| 표 6.3 | 일반 모드의 설정과 동작

항목	기능
사용 목적	• 0~0xFFFF 까지 일반 상향 카운터로 사용하는 경우이다.
카운터 동작 방향	• TCNTn(n=1, 3)이 상향 카운터로만 동작을 반복한다. (0x0000 → 0xFFFF → 0x0000 …)
모드 설정 방법	• 타이머/카운터1이면 TCCR1A의 WGM11, WGM10 비트와, TCCR1B의 WGM13, WGM12 비트를 0(0000)으로 설정한다. • 타이머/카운터3이면 TCCR3A의 WGM31, WGM30 비트와, TCCR3B의 WGM33, WGM32 비트를 0(0000)으로 설정한다.

<table>
<tr><td>OCnx단자 출력
(n=1,3: x=A,B,C)</td><td>

• TCCRnx(n=1, 3: x=A, B) 레지스터의 COMnx1, COMnx0 비트를 설정에 따라 OCnx 단자로 출력된다.
• 이때 OCnx 단자로 출력하기 위해서는 DDRx(x=A:F)과 PORTx(x=A:F) 레지스터의 해당 비트를 1로 설정해야 한다.
• 표 6.3과 같이 일반 모드에서 COMnx1, COMnx0 비트를 10으로 하면 해당 채널로 비반전 모드로 출력되고, 11로 설정하면 반전 모드로 출력된다.
• 예로써 **타이머/카운터1의 A채널로 출력(OC1A(핀15))하는 경우 TCCR1A의 COM1A1, COM1A0 비트를 10(비반전)으로 설정하고 DDRx(x=A:F)와 PORTx(x=A:F) 레지스터의 해당 비트를 1로 설정한다.**

| 표 6.3 | 일반 모드(PWM 모드가 아닌 경우)에서 비교출력모드
<table>
<tr><th>COMnx1</th><th>COMnx0</th><th>OCnx(n=1,3, x=A,B,C) 핀의 기능</th></tr>
<tr><td>0</td><td>0</td><td>• 일반 입출력 포트로 동작(OCnx 핀의 연결을 끊는다.)</td></tr>
<tr><td>0</td><td>1</td><td>• 비교일치에서 OCnx 핀의 신호를 반전(toggle)한다.</td></tr>
<tr><td>1</td><td>0</td><td>• 비교일치에서 OCnx 핀의 출력을 논리 '0'(Low Level)으로 설정</td></tr>
<tr><td>1</td><td>1</td><td>• 비교일치에서 OCnx 핀의 출력을 논리 '1'(High Level)로 설정</td></tr>
</table>
</td></tr>
<tr><td>TCNTn(n=1,3) 값이 갱신되는 시점</td><td>• 타이머/카운터1,3의 일반 모드에서는 TCNTn의 값이 BOTTOM(0x0000)에서 0xFFFF가 된 다음 클럭 펄스가 1개 들어오는 순간 TCNTn의 값은 0x0000으로 되고 TIFR의 TOV1, TOV3 비트가 1이 되며 오버플로 인터럽트가 발생된다. 이때 오버플로가 발생되는 시간이 주기가 된다.</td></tr>
<tr><td>최대 주기(T) 값</td><td>$T = 1/16[\mu s] \times prescaler value \times (65{,}536 - TCNTn)$</td></tr>
</table>

6.3.2 CTC 모드

그림 6.6은 CTC 모드(Clear Timer on Compare match mode)의 동작이다. CTC 모드는 TCCRnx(n=1,3: x=A,B,C)의 WGMn3:0 비트가 4(0100) 또는 12(1100)로 설정하는 경우 CTC 모드로 동작된다. 타이머/카운터1의 CTC 모드로 설정하기 위해서는 TCCR1A의 WGM11, WGM10 비트와 TCCR1B의 WGM13, WGM12 비트를 0100로 설정한다. CTC 모드에서는 TCNTn은 CORnA와 일치(모드4의 경우) 하거나 ICRn과 일치(모드12의 경우)할 때 까지 계속 증가하며, 이 값과 일치한 후 다음 클럭에서 TCNT1은 0x0000으로 된다. CTC 모드의 설정과 세부적인 동작은 표 6.4와 같다.

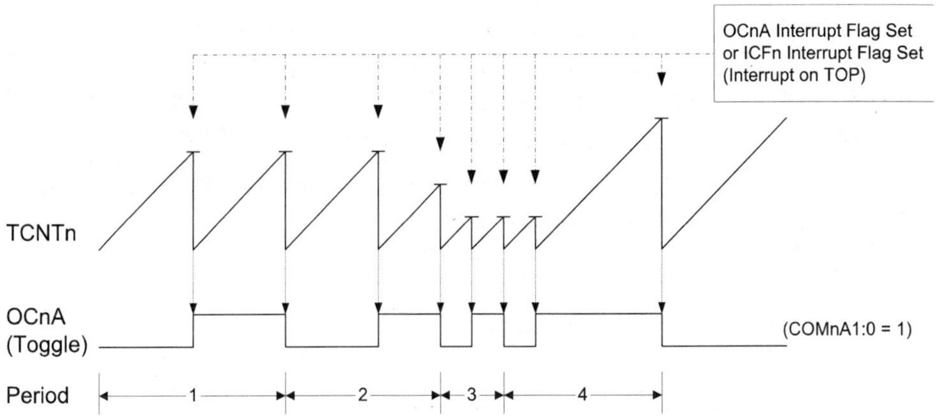

| 그림 6.6 | 16비트 타이머/카운터 1,3의 CTC 모드

| 표 6.4 | CTC 모드의 설정과 동작

항목	설명
사용 목적	• TCNTn 값이 OCR1A와 일치하는 경우 TCNTn 값을 0으로 하여 사용하는 경우
카운터 동작 방향	• TCNTn(n=1, 3) 값이 OCR1A(모드4)와 ICR1(모드12)과 일치할 때 까지 증가하다가 TCNTn과 일치하면 0x0000으로 설정된다. 카운팅은 0x000 → TOP → 0x0000 ... 이 되는 상향 카운터이다.
모드 설정 방법	• TCCRnx(n=1, 3: x=A, B) 레지스터의 WGMn3, WGMn2, WGMn1, WGMn0 비트 값이 4(0100) 혹은 12(1100)로 설정되면 CTC 모드로 동작된다. 여기서 n이 1이면 타이머/카운터1이며 n이 3이면 타이머/카운터3을 의미한다. • 타이머/카운터1이면 TCCR1A의 WGM11, WGM10 비트와 TCCR1B의 WGM13, WGM12 비트로 모드를 설정한다. • 만약 타이머/카운터3이면 TCCR3A의 WGM31, WGM30 비트와, TCCR3B의 WGM33, WGM32 비트로 모드를 설정한다.
OCnx(n=1,3: x=A,B,C) 단자 출력	• TCCRnx(n=1, 3: x=A, B) 레지스터의 COMnx1, COMnx0 비트를 설정에 따라 OCnx(n=1,3: x=A,B,C) 단자로 출력된다. • 이때 OCnx 단자로 출력하기 위해서는 DDRx(x=A:F)과 PORTx(x=A:F) 레지스터의 해당 비트를 1로 설정해야 한다. • COMnx1, COMnx0 비트를 10으로 하면 해당 채널로 비반전 모드로 출력되고, 11로 설정하면 반전 모드로 출력된다. • 예로써 타이머/카운터1의 A채널로 출력(OC1A(핀 15))하는 경우 TCCRnx의 COMnx1, COMnx0 비트를 10(비반전)으로 설정하고 DDRx(x=A:F)과 PORTx(x=A:F) 레지스터의 해당 비트를 1로 설정한다.
TCNTn(n=1,3) 값이 갱신되는 시점	• TCNTn(n=1, 3) 값이 OCR1A(모드4)와 ICR1(모드12)으로 일치할 때 까지 증가하다가 TCNTn과 일치하면 0x0000으로 설정된다.

OCnA 인터럽트 플래그, ICFn 인터럽트 플래그 설정 시점	• 모드4(OCRnA의 TOP 값을 설정하는 모드)에서 TCNT1이 OCR1A와 일치할 때 OCF1A가 1로 설정되고 출력비교 인터럽트가 발생된다. • 모드 12(ICR1A를 TOP 값을 설정하는 모드)에서서는 TCNT1이 ICR1과 일치할 때 ICF1이 1로 설정되어 입력캡처 인터럽트가 발생된다.
OCnx의 출력 주파수	• 다음은 OCnx의 주파이다. 이때 모드4에서 TOP 값은 OCR1A가 되고 모드 12에서서는 TOP 값은 ICR1이 된다. $f_{OCn} = \frac{f_{clk_{IO}}}{2 \times N(1+OCR_n)}$ $N = 1, 8, 64, 256, 1024$

6.3.3 고속 PWM 모드

고속 PWM 모드(fast PWM mode)는 높은 주파수의 PWM 출력파형을 발생하는 데 사용되며 TCCRnx(n=1,3: x=A,B,C)의 WGMn3:0 비트 값이 5(0101), 6(0110), 7((0111), 14(1100), 15(1111)로 설정하는 경우 고속 PWM 모드로 동작된다. TCNTn의 카운팅 동작이 항상 0x0000~TOP 까지 증가하는 단방향으로 동작한다. 그림 6.7은 16비트 타이머/카운터1,3의 고속 PWM 모드의 타이밍도이며 표 6.5는 고속 PWM 모드의 설정과 세부동작이다.

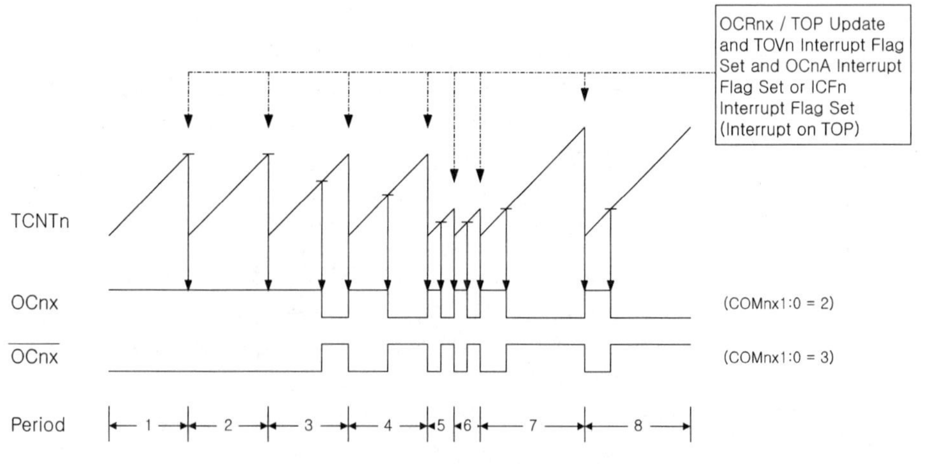

| 그림 6.7 | 16비트 타이머/카운터1,3의 고속 PWM 모드의 동작

| 표 6.5 | 고속 PWM 모드의 설정과 동작

<table>
<tr><th>항목</th><th>기능</th></tr>
<tr><td>사용 목적</td><td>• 높은 주파수의 PWM 출력파형을 발생하는데 사용한다.</td></tr>
<tr><td>카운터 동작 방향</td><td>• TCNTn(n=1, 3)이 0에서 TOP 값까지 증가하고 다시 0에서 시작되는 상향 카운터로 동작한다.(0x0000 → TOP → 0x0000 ...)</td></tr>
<tr><td>모드 설정 방법</td><td>• TCCRnx(n=1, 3: x=A, B) 레지스터의 WGMn3, WGMn2, WGMn1, WGMn0 비트 값이 5, 6, 7, 14, 15로 설정되면 고속 PWM 모드로 동작된다. 여기서 n이 1이면 타이머/카운터1이며 n이 3이면 타이머/카운터3을 의미한다.
• 타이머/카운터1이면 TCCR1A의 WGM11, WGM10 비트와 TCCR1B의 WGM13, WGM12 비트로 모드를 설정한다.
• 만약 타이머/카운터3이면 TCCR3A의 WGM31, WGM30 비트와 TCCR3B의 WGM33, WGM32 비트로 모드를 설정한다.(표 6.6 참조)

| 표 6.6 | 고속 PWM 모드에서 모드별 TCNTn의 TOP 값
<table>
<tr><th>모드</th><th>비트</th><th>TOP 값</th></tr>
<tr><td>모드5</td><td>8비트</td><td>0x00FF</td></tr>
<tr><td>모드6</td><td>9비트</td><td>0x01FF</td></tr>
<tr><td>모드7</td><td>10비트</td><td>0x03FF</td></tr>
<tr><td>모드14</td><td>ICR1</td><td>ICR1</td></tr>
<tr><td>모드15</td><td>OCR1A</td><td>OCR1A</td></tr>
</table></td></tr>
<tr><td>OCnx단자 출력
(n=1,3: x=A,B,C)</td><td>• TCCRnx(n=1, 3: x=A, B) 레지스터의 COMnx1, COMnx0 비트를 설정에 따라 OCnx(n=1,3: x=A,B,C) 단자로 출력된다.
• 이때 OCnx 단자로 출력하기 위해서는 DDRx(x=A:F)과 PORTx(x=A:F) 레지스터의 해당 비트를 1로 설정해야 한다.
• COMnx1, COMnx0 비트를 10으로 하면 해당 채널로 비반전 모드로 출력되고, 11로 설정하면 반전 모드로 출력된다.
• 예로써 타이머/카운터1의 A채널로 출력(OC1A(핀 15))하는 경우 TCCRnx의 COMnx1, COMnx0 비트를 10(비반전)으로 설정하고 DDRx(x=A:F)과 PORTx(x=A:F) 레지스터의 해당 비트를 1로 설정한다.
• 고속 PWM 모드를 사용하면 위상교정 PWM 모드에 비해서 2배의 주파수로 제어할 수 있다.</td></tr>
<tr><td>OCRnx(n=1,3: x=A,B,C) 값이 갱신되는 시점</td><td>• 모드 5,6,7에서 BOTTOM에서 OCRnx 값이 갱신된다.
• 모드 14,15에서 BOTTOM에서 OCRnx 값이 갱신된다.</td></tr>
<tr><td>TOVn 인터럽트 플래그 설정 시점</td><td>• TOVn 인터럽트 플래그는 TCNTn이 오버플로가 발생되었을 때 1로 설정하고 인터럽트 서비스 루틴이 수행되면 0으로 된다.
• 타이머/카운터1,3의 고속 PWM 모드에서는 TCNTn의 값이 TOP 값과 일치할 때 TOV1이 1로 설정되고 오버플로 인터럽트를 발생한다.
• TOP으로 사용되는 OCF1A와 ICF1 플래그도 TOV1과 같은 클럭의 사이클에서 1로 설정되어 인터럽트를 발생한다.</td></tr>
</table>

OCnx의 출력 주파수	$f_{OCnPWM} = \frac{f_{clk_{I/O}}}{N \times 256}$ $N = 1, 8, 64, 256, 1024$

6.3.4 위상교정 PWM 모드

그림 6.8는 16비트 타이머/카운터 1,3의 위상교정 PWM 모드 동작이며 표 6.6은 위상 교정 PWM 모드의 설정과 모드의 동작이다. 위상교정 PWM 모드(phase correct PWM mode)는 높은 분해능의 PWM 출력파형을 얻기 위해서 사용한다. TCCRnx(n=1,3: x=A,B,C)의 WGMn3:0 비트 값이 1(0001), 2(0010), 3(0011), 10(1010), 11(1011)로 설정하는 경우 위상 교정PWM 모드로 동작된다. 이 모드에서는 TCNTn의 카운팅 동작은 BOTTOM(0x0000)~TOP 까지 증가 후 다시 TOP~BOTTOM(0x0000)으로 감소하는 동작을 반복하는 양방향 카운터이다.

위상교정 PWM모드에서 TOP의 값은 0x00FF(모드 1), 0x01FF(모드 2), 0x03FF(모드 3), ICnA(모드 10), OCRnA(모드 11)의 값을 사용하며, 카운터 값은 TOP과 같을 때까지 증가 후 같으면 카운팅 방향을 반대로 하여 증가에서 감소하게 된다. 표 6.6은 위상교정 PWM 모드의 설정과 동작이다.

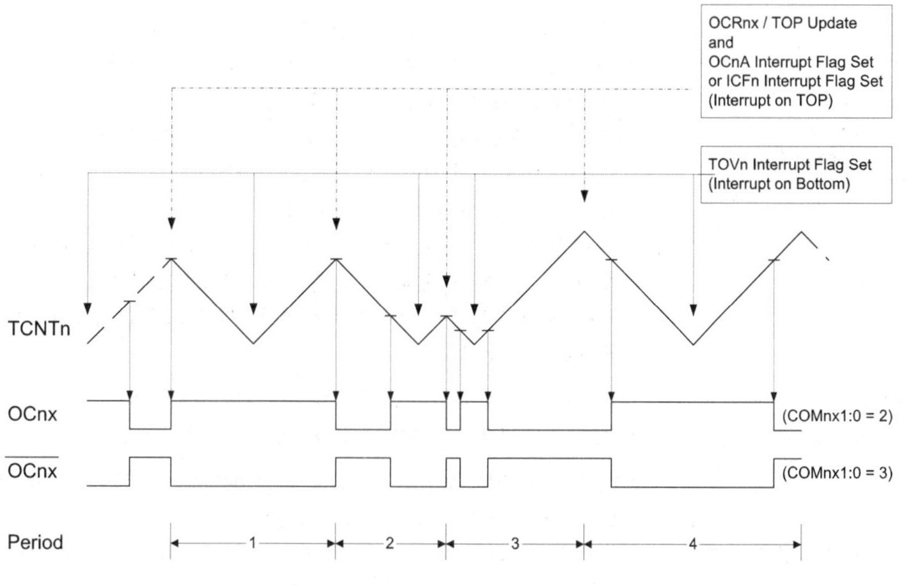

| 그림 6.8 | 16비트 타이머/카운터1,3의 위상교정 PWM 모드 동작

| 표 6.6 | 위상 교정 PWM 모드의 설정과 동작

<table>
<tr><th>항목</th><th>설명</th></tr>
<tr><td>사용 목적</td><td>• 높은 분해능의 PWM 출력파형을 생성하기 위한 목적으로 사용한다.</td></tr>
<tr><td>카운터 동작 방향</td><td>• TCNTn(n=1, 3) 값이 0에서 TOP까지 증가 후 다시 0으로 감소하는 양방향 카운터이다.
• 표 6.7는 위상교정 PWM 모드에서 모드별 TCNTn의 TOP 값이다.

| 표 6.7 | 위상교정 PWM 모드에서 모드별 TCNTn의 TOP 값
<table>
<tr><th>모드</th><th>비트</th><th>TOP 값</th></tr>
<tr><td>모드1</td><td>8비트</td><td>0x00FF</td></tr>
<tr><td>모드2</td><td>9비트</td><td>0x01FF</td></tr>
<tr><td>모드3</td><td>10비트</td><td>0x03FF</td></tr>
<tr><td>모드10</td><td>ICR1</td><td>ICR1</td></tr>
<tr><td>모드11</td><td>OCR1A</td><td>OCR1A</td></tr>
</table></td></tr>
<tr><td>모드 설정 방법</td><td>• TCCRnx(n=1, 3: x=A, B) 레지스터의 WGMn3, WGMn2, WGMn1, WGMn0 비트를 1, 2, 3, 10, 11 중의 하나로 설정하면 위상 교정 PWM 모드로 설정된다. 여기서 n이 1이면 타이머/카운터1이며 n이 3이면 타이머/카운터3을 의미한다.
• 만약 타이머/카운터1이면 TCCR1A의 WGM11, WGM10 비트와 TCCR1B의 WGM13, WGM12 비트로 모드를 설정한다.
• 만약 타이머/카운터3이면 TCCR3A의 WGM31, WGM30 비트와 TCCR3B의 WGM33, WGM32 비트로 모드를 설정한다.</td></tr>
<tr><td>OCnx단자 출력
(n=1,3: x=A,B,C)</td><td>• TCCRnx(n=1, 3: x=A, B) 레지스터의 COMnx1, COMnx0 비트를 설정에 따라 OCnx(n=1,3: x=A,B,C) 단자로 출력된다.
• 이때 OCnx 단자로 출력하기 위해서는 DDRx(x=A:F)과 PORTx(x=A:F) 레지스터의 해당 비트를 1로 설정해야 한다.
• COMnx1, COMnx0 비트를 10으로 하면 해당 채널을 비반전 모드로 출력되고, 11로 설정하면 반전 모드로 출력된다.
• 예로써 타이머/카운터1의 A채널로 출력(OC1A(핀 15))하는 경우 TCCRnx의 COMnx1, COMnx0 비트를 10(비반전)으로 설정하고 DDRx(x=A:F)과 PORTx(x=A:F) 레지스터의 해당 비트를 1로 설정한다.</td></tr>
<tr><td>OCRnx(n=1,3:
x=A,B,C) 값이
갱신되는 시점</td><td>• 모드1,2,3에서 TOP에서 OCRnx 값이 갱신된다.
• 모드10,11에서 TOP에서 OCRnx 값이 갱신된다.</td></tr>
<tr><td>TOVn 인터럽트
플래그 설정 시점</td><td>• TOVn 인터럽트 플래그는 TCNTn이 오버플로가 발생되었을 때 1로 설정하고 인터럽트 서비스 루틴이 수행되면 0으로 된다.
• TOP으로 사용되는 레지스터에 따라 TCNT1의 값과 일치할 때 OCF1과 ICF1 플래그 비트가 1로 설정되며 인터럽트를 발생한다.
• TCNT1 값이 TOP에서 0가 될 때 TOV1 비트가 1로 설정되고 오버플로 인터럽트가 발생된다.</td></tr>
</table>

OCnx의 출력 주파수	$f_{OCnPCPWM} = \dfrac{f_{clk_{I/O}}}{N \times 510}$ $N = 1, 8, 64, 256, 1024$

6.3.5 위상과 주파수 교정 PWM 모드

위상과 주파수 교정 PWM 모드(phase and frequency correct PWM mode)는 WGMn3:0=8 혹은 9로 설정하여 높은 분해능의 PWM 출력파형을 발생하기 위한 목적으로 사용한다. 이 동작 모드에서는 TCNTn(n=1,3)이 상향 카운터로서 BOTTOM(0x0000)~TOP까지 증가 하였다가 다시 하향 카운터로서 TOP~BOTTOM(0x0000)까지 연속적으로 반복하는 양방향으로 동작하는 카운터이다. 그림 6.9는 16비트 타이머/카운터1,3의 위상과 주파수 교정 PWM 모드이다.

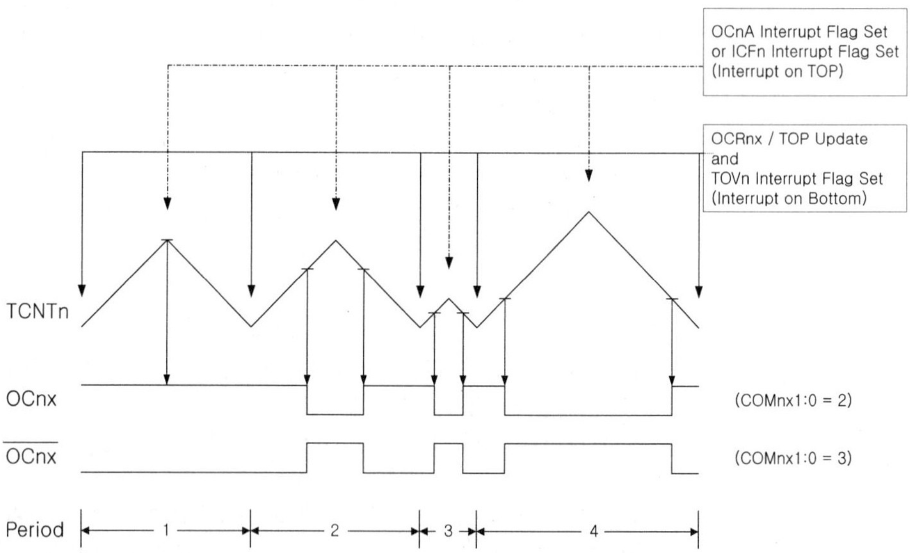

| 그림 6.9 | 16비트 타이머/카운터1,3의 위상과 주파수 교정 PWM 모드

표 6.7은 위상과 주파수 교정 모드의 설정과 동작이다. 위상 교정 PWM과 위상과 주파수 교정 모드의 차이점은 표 6.8과 같이 OCRnA가 갱신되는 시점이다.

| 표 6.8 | 위상과 주파수 교정 PWM 모드의 설정과 동작

<table>
<tr><th>항목</th><th>기능</th></tr>
<tr><td>사용 목적</td><td>• 높은 분해능의 PWM 출력파형을 생성하기 위한 목적으로 사용한다.</td></tr>
<tr><td>카운터 동작 방향</td><td>• TCNTn(n=1, 3)이 상향 카운터로 동작한 다음 하향 카운터로 동작이 반복(0x0000 → 0xFFF → 0x0000 …)되는 양방향 카운터이다.</td></tr>
<tr><td>모드 설정 방법</td><td>• TCCRnx(n=1, 3: x=A, B) 레지스터의 WGM33:10 비트를 8 혹은 9로 설정하면 위상과 주파수 교정 PWM 모드로 설정된다. 여기서 n이 1이면 타이머/카운터1이며 n이 3이면 타이머/카운터3을 의미한다.
• 만약 타이머/카운터1이면 TCCR1A의 WGM11, WGM10 비트와 TCCR1B의 WGM13, WGM12 비트로 모드를 설정한다.
• 만약 타이머/카운터3이면 TCCR3A의 WGM31, WGM30 비트와 TCCR3B의 WGM33, WGM32 비트로 모드를 설정한다.</td></tr>
<tr><td>OCnx(n=1,3: x=A,B,C) 단자 출력</td><td>• TCCRnx(n=1, 3: x=A, B) 레지스터의 COMnx1, COMnx0 비트를 설정에 따라 OCnx(n=1,3: x=A,B,C) 단자로 출력된다.
• 이때 OCnx 단자로 출력하기 위해서는 DDRx(x=A:F)과 PORTx(x=A:F) 레지스터의 해당 비트를 1로 설정해야 한다.
• COMnx1, COMnx0 비트를 10으로 하면 해당 채널로 비반전 모드로 출력되고, 11로 설정하면 반전 모드로 출력된다.
• 예로써 타이머/카운터1의 A채널로 출력(OC1A(핀 15))하는 경우 TCCRnx의 COMnx1, COMnx0 비트를 10(비반전)으로 설정하고 DDRx(x=A:F)과 PORTx(x=A:F) 레지스터의 해당 비트를 1로 설정한다.</td></tr>
<tr><td>OCRnx(n=1,3: x=A,B,C) 값이 갱신되는 시점</td><td>• 타이머/카운터1,3의 위상과 주파수 교정 모드에서는 OCRnx의 TOP 값은 TCNTn의 BOTTOM(0x0000)에서 갱신된다.(그림 참조)
• 위상교정 PWM 모드와 위상과 주파수 교정 모드의 차이점은 표 6.9와 같이 OCRnx 값이 갱신되는 시점이 다르다. 즉, 위상교정 PWM 모드는 TCNTn의 TOP에서 갱신되고, 위상과 주파수 교정 모드에서는 TCNTn의 BOTTOM에서 갱신된다.

| 표 6.9 | 위상교정 PWM 모드와 위상과 주파수교정 PWM 모드 비교
<table>
<tr><th></th><th>실행모드(WGMn3:0)</th><th>TOP 값</th><th>TOP 값의 갱신 시점</th></tr>
<tr><td rowspan="5">위상교정PWM모드</td><td>WGMn3:0 =1</td><td>0x00FF</td><td rowspan="3">TCNTn=TOP에서 갱신</td></tr>
<tr><td>WGMn3:0 =2</td><td>0x01FF</td></tr>
<tr><td>WGMn3:0 =3</td><td>0x03FF</td></tr>
<tr><td>WGMn3:0 =10</td><td>ICRn</td><td>TCNTn=TOP: 갱신하지 않는다.</td></tr>
<tr><td>WGMn3:0 =11</td><td>OCRnA</td><td>TCNTn=TOP</td></tr>
<tr><td rowspan="2">위상 및 주파수교정 PWM 모드</td><td>WGMn3:0 =8</td><td>ICRn</td><td>TCNTn=BOTTOM: 갱신하는 않는다.</td></tr>
<tr><td>WGMn3:0 =9</td><td>OCRnA</td><td>TCNTn=BOTTOM</td></tr>
</table></td></tr>
</table>

TOVn 인터럽트 플래그 설정 시점	• TOVn 인터럽트 플래그는 TCNTn이 오버플로가 발생되었을 때 1로 설정하고 인터럽트 서비스 루틴이 수행되면 0으로 된다. • 타이머/카운터1,3의 위상과 주파수 교정 모드에서는 0x0000(BOTTOM)에서 카운팅 방향을 바꿀 때 이 비트를 1로 설정한다. • 만약 모드 10(OCRnA의 TOP 값을 설정하는 모드), 모드 11(ICRn의 TOP 값을 설정하는 모드)로 사용되면 TOP에서 OCnA나 ICFn 플래그도 같이 1로 설정된다.
OCnx의 출력 주파수	$f_{OCnxPFCPWM} = \frac{f_{clk_{I/O}}}{2 \times N \times TOP}$ $N = 1, 8, 32, 64, 128, 256, 1024$

6.4 타이머/카운터1,3 관련 레지스터

표 6.10은 6비트 타이머/카운터1,3의 관련 레지스터이다. 여기서 사용된 n은 타이머/카운터 1과3에 해당하는 1또는 3의 번호를 나타내며 x=A, B, C이다. 이들 레지스터는 I/O 영역에서 위치하는 것도 있고 확장 I/O 영역에 위치하는 것도 있으므로 사용시 주의가 필요하다. 여기서 16비트 레지스터는 상위 바이트(H)와 하위 바이트(L)로 구성된다.

| 표 6.10 | 16비트 타이머/카운터1,3 관련 레지스터

레지스터	레지스터 종류
타이머/카운터 레지스터(16비트)	TCNT1H/L, TCNT3H/L
출력비교 레지스터(16비트)	OCR1A, OCR1B, OCR1C, OCR3A, OCR3B, OCR3C
타이머/카운터 제어 레지스터(16비트)	TCCR1A, TCCR1B, TCCR1C, TCCR3A, CCR3B, TCCR3C
입력 캡쳐 레지스터(16비트)	ICR1H/L, ICR3H/L
타이머/카운터 인터럽트 플래그 레지스터(8비트)	TIFR, ETIFR
타이머/카운터 인터럽트 마스크 레지스터(8비트)	TIMSK, ETIMSK
특별 기능 I/O 레지스터(8비트)	SFIOR

❶ TCCR1A 및 TCCR3A(Timer/Counter Control Register1, 3)

그림 6.10은 TCCR1A와 TCCR3A 레지스터의 비트 구조이다. TCCR1A, TCCR3A 레지스터는 타이머/카운터1,3의 동작 모드를 제어하고, 출력비교 단자의 파형 발생 모드를 제어하는 레지스터이다.

Bit	7	6	5	4	3	2	1	0	
	COM1A1	COM1A0	COM1B1	COM1B0	COM1C1	COM1C0	WGM11	WGM10	TCCR1A
Read/Write	R/W	R/W	R/W	R/W	R/W	R/W	R/W	R/W	
Initial Value	0	0	0	0	0	0	0	0	

Bit	7	6	5	4	3	2	1	0	
	COM3A1	COM3A0	COM3B1	COM3B0	COM3C1	COM3C0	WGM31	WGM30	TCCR3A
Read/Write	R/W	R/W	R/W	R/W	R/W	R/W	R/W	R/W	
Initial Value	0	0	0	0	0	0	0	0	

| 그림 6.10 | TCCR1A와 TCCR3A 레지스터의 비트 구조

COMnA1:0, COMnB1:0, COMnC1:0 비트들은 타이머/카운터1,3의 출력 핀 OCnA(n=1,3), OCnB(n=1,3), OCnC(n=1,3)의 출력동작을 제어한다. COMnA1:0, COMnB1:0, COMnC1:0 비트에 의한 PWM 신호가 OCnA, OCnB, OCnC 단자로 출력된다. 이때 PWM 신호의 출력, 방향은 표 6.11의 DDRx, PORTx, PINx 레지스터에 의해서 제어된다. 표 6.10은 입출력 포트의 동작을 제어하는 관련 레지스터이다.

| 표 6.11 | 입출력 포트의 동작을 제어하는 관련 레지스터

레지스터	리셋된 경우 초기 값	기능
DDR(8비트)	0000 0000	I/O 포트의 입·출력 방향을 설정한다. 0: 포트를 입력으로 설정한다. 1: 포트를 출력으로 설정한다.
PORT(8비트)	0000 0000	DDR 레지스터의 설정 값에 의해서 방향이 출력으로 설정되어 있는 경우, 출력 값이 포트 레지스터로 출력된다.
PIN(8비트)	높은 임피던스(high impedance)	DDR 레지스터에 의해서 방향이 입력으로 설정된 경우, PIN 레지스터의 번지에서 핀의 논리 값을 읽을 수 있다.

TCCR1A, TCCR3A의 비트별 의미

BIT 7:6　　: COMnA(n=1,3)

이 비트는 채널A의 비교출력모드 기능이다. 이 비트의 설정에 따라 표 6.12, 표 6.13, 표 6.14와 같이 3가지(PWM 모드가 아닌 경우의 비교출력모드, 고속 PWM 모드의 비교출력모드, PC PWM 모드와 PFC 모드의 출력 모드)로 동작된다.

BIT 5:4　　: COMnB(n=1,3)

이 비트는 채널B의 비교출력모드를 설정한다.

BIT 3:2　　: COMnC(n=1,3)

이 비트는 채널C의 비교출력모드를 설정한다.

BIT 1:0　　: WGMn1:0(n=1,3)

이 비트는 파형 생성모드를 설정하는 기능이다. 이 비트는 표 6.15와 같이 TCCRnB(n=1, 3) 레지스터의 WGMn3:2 비트와 조합되어 타이머/카운터1, 3의 최댓값을 설정하고, OCRnx 레지스터를 갱신 시점(TOP, BOTTOM, 설정 즉시)을 설정하고, 동작모드를 설정한다. 이 비트의 동작은 표 6.15에 정의되었다.

| 표 6.12 | PWM 모드가 아닌 경우 비교출력모드

COMnx1 (n=1,3, x=A,B,C)	COMnx0 (n=1,3, x=A,B,C)	OCxx 핀의 기능
0	0	• 일반 입출력 포트로 동작(OCnx(n=1,3, x=A,B,C)) 핀의 연결을 끊는다.)
0	1	• 비교일치에서 OCnx(n=1,3, x=A,B,C) 핀의 신호를 반전(toggle)한다.
1	0	• 비교일치에서 OCnx(n=1,3, x=A,B,C) 핀의 출력을 논리 '0'(Low Level)으로 설정
1	1	• 비교일치에서 OCnx(n=1,3, x=A,B,C 핀의 출력을 논리 '1'(High Level)으로 설정

| 표 6.13 | 고속 PWM 모드의 비교출력모드인 경우

COMnx1 (n=1,3, x=A,B,C)	COMnx0 (n=1,3, x=A,B,C)	설명
0	0	• 일반 입출력 포트로 동작(OCnx(n=1,3, x=A,B,C)) 핀의 연결을 끊는다.)
0	1	• 모드 15(WGMn3:0)의 경우, 비교일치에서 OCnA 출력을 반전하고 OCnB, OCnC 핀은 연결을 끊는다.(일반 포트동작) • 모든 다른 모드에서는 일반 입출력 포트로 동작되고 OCnA, OCnB, OCnC 핀은 연결을 끊는다.

1	0	• 비교일치에서 OCnA, OCnB, OCnC 핀은 논리 '0'으로 설정하고 TOP에서 OCnA, OCnB, OCnC를 논리 '1'로 설정한다.
1	1	• 비교일치에서 OCnA, OCnB, OCnC 핀은 논리 '1'으로 설정하고 TOP에서 OCnA, OCnB, OCnC를 논리 '0'으로 설정한다.

| 표 6.14 | 위상교정 PWM 모드인 경우

COMnx1 (n=1,3, x=A,B,C)	COMnx0 (n=1,3, x=A,B,C)	설명
0	0	일반 입출력 포트로 동작(OCnx(n=1,3, x=A,B,C)) 핀의 연결을 끊는다.)
0	1	• 모드 9(WGMn3:0) 혹은 모드 14의 경우, 비교일치에서 OCnA 출력을 반선하고 OCnB, OCnC 핀은 연결을 끊는다.(일반 포트동작) • 모든 다른 모드에서는 일반 입출력 포트로 동작되고 OCnA, OCnB, OCnC 핀은 연결을 끊는다.
1	0	• 상향 카운팅시 비교일치에서 OCnA, OCnB, OCnC 핀은 논리 '0'으로 설정한다. • 하향 카운팅시 비교일치에서 OCnA, OCnB, OCnC 핀은 논리 '1'로 설정한다.
1	1	• 상향 카운팅시 비교일치에서 OCnA, OCnB, OCnC 핀은 논리 '1'로 설정한다. • 하향 카운팅시 비교일치에서 OCnA, OCnB, OCnC 핀은 논리 '0'으로 설정한다.

| 표 6.15 | WGMn3:0 비트에 의한 동작 모드

모드	WGM13	WGM12	WGM11	WGM10	동작모드	TOP	OCRnx의 갱신 시점	TOVn의 플래그 설정 시점
0	0	0	0	0	일반 모드	0xFFFF	TOP	MAX
1	0	0	0	1	위상교정 PWM(8비트)	0x00FF	TOP	BOTTOM
2	0	0	1	0	위상교정 PWM(9비트)	0x01FF	TOP	BOTTOM
3	0	0	1	1	위상교정 PWM(10비트)	0x03FF	TOP	BOTTOM
4	0	1	0	0	CTC	OCRnA	즉시	MAX
5	0	1	0	1	고속 PWM, 8비트	0x00FF	TOP	TOP
6	0	1	1	0	고속 PWM, 9비트	0x01FF	TOP	TOP
7	0	1	1	1	고속 PWM, 10비트	0x03FF	TOP	TOP

8	1	0	0	0	위상및주파수 교정 PWM	ICRn	BOTTOM	BOTTOM
9	1	0	0	1	위상및주파수 교정 PWM	OCRnA	BOTTOM	BOTTOM
10	1	0	1	0	위상교정 PWM	ICRn	TOP	BOTTOM
11	1	0	1	1	위상교정 PWM	OCRnA	TOP	BOTTOM
12	1	1	0	0	CTC	ICRn	즉시	MAX
13	1	1	0	1	사용되지 않음(예약)	–	–	–
14	1	1	1	0	고속 PWM	ICRn	TOP	TOP
15	1	1	1	1	고속 PWM	OCRnA	TOP	TOP

❷ TCCR1B 및 TCCR3B(Timer/Conter Control Register1B, 3B)

그림 6.11은 TCCR1B 레지스터, 그림 6.12는 TCCR3B 레지스터의 비트 구조이다. TCCR1B, TCCR3B 레지스터는 타이머/카운터1과 3의 입력 캡처(capture) 기능에 제어하고 프리스케일러의 분주비를 설정한다.

Bit	7	6	5	4	3	2	1	0	
	ICNC1	ICES1	–	WGM13	WGM12	CS12	CS11	CS10	TCCR1B
Read/Write	R/W	R/W	R	R/W	R/W	R/W	R/W	R/W	
Initial Value	0	0	0	0	0	0	0	0	

| 그림 6.11 | TCCR1B 레지스터의 비트 구조

Bit	7	6	5	4	3	2	1	0	
	ICNC3	ICES3	–	WGM33	WGM32	CS32	CS31	CS30	TCCR3B
Read/Write	R/W	R/W	R	R/W	R/W	R/W	R/W	R/W	
Initial Value	0	0	0	0	0	0	0	0	

| 그림 6.12 | TCCR3B 레지스터의 비트 구조

TCCR1B, TCCR3B의 비트별 의미

BIT 7 : ICNCn(n=1,3)

이 비트는 입력캡처잡음제거회로(Input Capture Noise Canceler) 기능을 활성화하거나 비활성화한다.
1: 입력캡처잡음제거회로를 활성화한다.
0: 입력캡처잡음제거회로를 비활성화한다.

BIT 6 : ICESn((Input Capture Edge Select n=1,3)

이 비트는 ICPn(n=1,3) 단자(핀9, 핀29)로 입력되는 캡처신호의 에지를 설정한다.
1: ICPn 핀으로 입력되는 신호는 상승에지(rising edge)에 동기(sync.) 되어 입력 캡처가 수행된다.
0: ICPn 핀으로 입력되는 신호는 하강에지(falling edge)에 동기(sync) 되어 입력 캡처가 수행된다.

BIT 5 : Reserved

이 비트는 사용되지 않는다.

BIT 4:3 : WGMn3:2(n=1,3)

이 비트는 TCCRnA(n=1,3)의 WGMn1:0(n=1,3) 비트와 조합되어 타이머/카운터1,3의 동작모드를 설정한다.

BIT 2:0 : CSn2:0(n=1,3)

이 비트는 타이머/카운터1,3의 클럭 소스(clock source)를 설정한다. 타이머/카운터1,2,3은 클럭 소스로 부터 타이머 클럭을 얻기 위하여 같은 분주기를 사용하는데 $clk_{I/O}$는 MCU 동작 클럭과 같다. CSn2:0비트의 의미는 표 6.16과 같다.

| 표 6.16 | CSn2:0 비트에 의한 클럭의 분주비 선택

CSn2	CSn1	CSn0	설명
0	0	0	클럭 소스 없음 (타이머/카운터1,3의 기능은 정지된다.)
0	0	1	$clk_{I/O}$ ÷1(프리스케일링 없음)
0	1	0	$clk_{I/O}$ ÷8(프리스케일러 형성)
0	1	1	$clk_{I/O}$ ÷64(프리스케일러 형성)
1	0	0	$clk_{I/O}$ ÷256(프리스케일러 형성)
1	0	1	$clk_{I/O}$ ÷1,024(프리스케일러 형성)
1	1	0	Tn(n=1,3) 핀의 외부 클럭이며, 클럭의 하강 에지에서 동작된다.
1	1	1	Tn(n=1,3) 핀의 외부 클럭이며, 클럭의 상승 에지에서 동작된다.

❸ TCCR1C, TCCR3C(Timer/ Counter1, 3 Control Register C)

그림 6.13은 TCCR1C, TCCR3C 레지스터의 비트 구조이다. TCCR1C및 TCCR3C 레지스터는 타이머/카운터1, 3의 비교출력단자의 기능을 설정한다.

Bit	7	6	5	4	3	2	1	0	
	FOC1A	FOC1B	FOC1C	–	–	–	–	–	TCCR1C
Read/Write	W	W	W	R	R	R	R	R	
Initial Value	0	0	0	0	0	0	0	0	

Bit	7	6	5	4	3	2	1	0	
	FOC3A	FOC3B	FOC3C	–	–	–	–	–	TCCR3C
Read/Write	W	W	W	R	R	R	R	R	
Initial Value	0	0	0	0	0	0	0	0	

| 그림 6.13 | TCCR1C, TCCR3C 레지스터의 비트 구조

TCCR1C, TCCR3C의 비트별 의미

BIT 7:5　　: FOCnA(Force Output Compare, n=1,3)

이 비트는 PWM 모드가 아닌 경우에만 유효하며, 특별한 경우를 제외하고 0으로 설정한다. 또한 이 비트는 항상 0으로 읽어진다.

1: 강제로 출력 비교일치신호를 OC1A 핀으로 COM1A1:0 비트에 의해 설정된 값이 출력되며, 해당되는 레지스터의 인터럽트도 발생시키지 않는다.

0: 논리 1의 기능을 해제한다.

BIT 4:0　　: Reserved Bit

이 비트는 사용되지 않는다.

❹ TCNTn(n=1,3)(Timer/Counter Register 1,3)

그림 6.14는 TCNTn(n=1,3) 레지스터의 비트 구조이다. TCNT1H/L, TCNT3H/L은 타이머/카운터1, 3의 16비트 카운터 값을 저장하고 있는 레지스터이다. ATmega128은 8비트 MCU이기 때문에 16비트 레지스터는 8비트 단위로 2번 접근한다.

TCNT1H/L, TCNT3H/L 레지스터는 16비트 레지스터이므로 읽을 경우에는 항상 하위 바이트(TCNTnL(n=1,3))를 먼저 읽고 상위 바이트(TCNTnH(n=1,3))를 읽는다. 쓰는 경우에는 상위 바이트(TCNTnH(n=1,3))를 먼저 쓰고 하위 바이트(TCNTnL(n=1,3))를 쓴다.

Bit	7	6	5	4	3	2	1	0	
	TCNT1[15:8]								TCNT1H
	TCNT1[7:0]								TCNT1L
Read/Write	R/W	R/W	R/W	R/W	R/W	R/W	R/W	R/W	
Initial Value	0	0	0	0	0	0	0	0	

Bit	7	6	5	4	3	2	1	0	
	TCNT3[15:8]								TCNT3H
	TCNT3[7:0]								TCNT3L
Read/Write	R/W	R/W	R/W	R/W	R/W	R/W	R/W	R/W	
Initial Value	0	0	0	0	0	0	0	0	

| 그림 6.14 | TCNTn(n=1,3) 레지스터의 비트 구조

❺ OCRnx(Output Compare Register n=1,3, x=A,B,C)

그림 6.15는 OCRnx 레지스터의 비트 구조이다. 출력비교 레지스터 OCRnx는 타이머/카운터 레지스터 TCNTn(n=1,3) 값과 항상 비교되는 16비트 레지스터이며 각각 A, B,

C 3개의 레지스터로 구분된다. 이 값과 TCNTn와의 비교에 의하여 출력비교 인터럽트를 발생시키거나 OCnx 단자에 출력신호를 발생시킨다.

Bit	7	6	5	4	3	2	1	0	
	OCR1A[15:8]								OCR1AH
	OCR1A[7:0]								OCR1AL
Read/Write	R/W	R/W	R/W	R/W	R/W	R/W	R/W	R/W	
Initial Value	0	0	0	0	0	0	0	0	

Bit	7	6	5	4	3	2	1	0	
	OCR1B[15:8]								OCR1BH
	OCR1B[7:0]								OCR1BL
Read/Write	R/W	R/W	R/W	R/W	R/W	R/W	R/W	R/W	
Initial Value	0	0	0	0	0	0	0	0	

Bit	7	6	5	4	3	2	1	0	
	OCR1C[15:8]								OCR1CH
	OCR1C[7:0]								OCR1CL
Read/Write	R/W	R/W	R/W	R/W	R/W	R/W	R/W	R/W	
Initial Value	0	0	0	0	0	0	0	0	

Bit	7	6	5	4	3	2	1	0	
	OCR3A[15:8]								OCR3AH
	OCR3A[7:0]								OCR3AL
Read/Write	R/W	R/W	R/W	R/W	R/W	R/W	R/W	R/W	
Initial Value	0	0	0	0	0	0	0	0	

Bit	7	6	5	4	3	2	1	0	
	OCR3B[15:8]								OCR3BH
	OCR3B[7:0]								OCR3BL
Read/Write	R/W	R/W	R/W	R/W	R/W	R/W	R/W	R/W	
Initial Value	0	0	0	0	0	0	0	0	

Bit	7	6	5	4	3	2	1	0	
	OCR3C[15:8]								OCR3CH
	OCR3C[7:0]								OCR3CL
Read/Write	R/W	R/W	R/W	R/W	R/W	R/W	R/W	R/W	
Initial Value	0	0	0	0	0	0	0	0	

| 그림 6.15 | OCRnx(n=1,3, x=A,B,C) 레지스터의 비트 구조

❻ ICRn(Timer/Counter Input Capture Register, n=1,3)

그림 6.16은 ICRn(n=1,3) 레지스터의 비트 구조이다. ICRn은 입력캡처신호 ICPn 핀에 이벤트(event)가 발생될 때 마다 타이머/카운터 레지스터 TCNTn(n=1,3) 값을 캡쳐하여 저장하는 16비트 레지스터이다. 타이머/카운터1의 경우에는 아날로그 비교기로의 출력신호로 사용될 수 있다. 또한 ICRn(n=1,3) 레지스터는 타이머/카운터1,3의 동작 모드에 따라 TOP 값을 저장하는데 사용된다.

Bit	7	6	5	4	3	2	1	0	
	ICR1[15:8]								ICR1H
	ICR1[7:0]								ICR1L
Read/Write	R/W	R/W	R/W	R/W	R/W	R/W	R/W	R/W	
Initial Value	0	0	0	0	0	0	0	0	

Bit	7	6	5	4	3	2	1	0	
	ICR3[15:8]								ICR3H
	ICR3[7:0]								ICR3L
Read/Write	R/W	R/W	R/W	R/W	R/W	R/W	R/W	R/W	
Initial Value	0	0	0	0	0	0	0	0	

| 그림 6.16 | ICRn(n=1,3) 레지스터

❼ TIMSK(Timer/Counter Interrupt Mask Register)

TIMSK의 비트 구성은 그림 6.17과 같다. TIMSK는 타이머/카운터0,1,2가 발생하는 인터럽트를 개별적으로 허용하거나 금지(masking)하는 레지스터이다.

Bit	7	6	5	4	3	2	1	0	
	OCIE2	TOIE2	TICIE1	OCIE1A	OCIE1B	TOIE1	OCIE0	TOIE0	TIMSK
Read/Write	R/W	R/W	R/W	R/W	R/W	R/W	R/W	R/W	
Initial Value	0	0	0	0	0	0	0	0	

| 그림 6.17 | TIMSK 레지스터의 구조

TIMSK의 비트별 의미

BIT 7 : OCIE2(Output Compare match Interrupt Enable 2)

이 비트는 타이어/카운터2의 출력비교일치 인터럽트를 가능 혹은 불가능하게 한다.

BIT 6 : TOIE2(Timer/Counter2 Overflow Interrupt Enable)

이 비트는 타이어/카운터2에서 오버플로가 발생되면 인터럽트를 가능 혹은 불가능하게 한다.

BIT 5 : TICIE1(Timer/Counter1 Input Capture Interrupt Enable)

이 비트는 타이머/카운터1의 입력캡처 인터럽트를 가능 혹은 불가능하게 한다.

1: 이 비트가 1로 설정되고, ATmega128의 상태레지스터(SREG)의 I 비트가 1로 설정되면, 타이머/카운터1의 입력캡처 인터럽트를 가능하게 설정한다. 이때 타이머/카운터1의 출력비교B일치 인터럽트가 발생되면 TIFR 레지스터의 ICF1 플래그 비트가 1로 설정되고 해당하는 인터럽트가 실행된다.

0: 이 경우에는 타이머/카운터1의 입력캡처 인터럽트를 불가능하게 한다.

BIT 4 : OCIE1A(Timer/Counter Output Compare A Match Interrupt Enable)

이 비트는 타이머/카운터1의 출력비교A일치 인터럽트를 가능 혹은 불가능하게 한다.

1: 이 비트가 1로 설정되고, ATmega128의 상태레지스터(SREG)의 I 비트가 1로 설정되면, 타이머/카운터1의 출력비교A 일치 인터럽트를 가능하게 설정한다. 이때 타이머/카운터1의 출력비교B일치 인터럽트가 발생되면 TIFR 레지스터의 OCF1A 플래그 비트가 1로 설정되고 해당하는 인터럽트가 실행된다.

0: 이 경우에는 타이머/카운터1의 출력비교A일치 인터럽트를 불가능하게 한다.

BIT 3 : OCIE1B(Timer/Counter Output Compare B Match Interrupt Enable)

이 비트는 타이머/카운터1의 출력비교B일치 인터럽트를 가능 혹은 불가능하게 한다.
1: 이 비트가 1로 설정되고, ATmega128의 상태레지스터(SREG)의 I 비트가 1로 설정되면, 타이머/카운터1의 출력비교B일치 인터럽트를 가능하게 설정한다. 이때 타이머/카운터1의 출력비교B일치 인터럽트가 발생되면 TIFR 레지스터의 OCF1B 플래그 비트가 1로 설정되고 해당하는 인터럽트가 실행된다.
0: 이 경우에는 타이머/카운터1의 출력비교B일치 인터럽트를 불가능하게 한다.

BIT 2: : TOIE1(Timer/Counter 1 Overflow Interrupt Enable)

이 비트는 타이머/카운터1의 오버플로 인터럽트를 가능 혹은 불가능하게 한다.
1: 이 비트가 1로 설정되고 ATmega128의 상태레지스터(SREG)의 I 비트가 1로 설정되면 타이머/카운터1의 오버플로 인터럽트를 가능하게 설정된다. 이때 타이머/카운터1의 오버플로 인터럽트가 발생되면 TIFR 레지스터의 TOV1 플래그 비트가 1로 되고 해당하는 인터럽트가 실행된다.
0: 이 경우에는 타이머/카운터1의 오버플로 인터럽트를 불가능하게 한다.

BIT 1: : OCIE0(Timer/Counter0 Output Compare Match Interrupt Enable)

이 비트는 타이머/카운터0의 출력비교일치 인터럽트를 가능 혹은 불가능하게 설정한다.

BIT 0: : TOIE0(Timer/Counter 0 Overflow Interrupt Enable)

이 비트는 타이어/카운터0에서 오버플로가 발생되면 인터럽트를 가능 혹은 불가능하게 한다.

❽ ETIMSK(Extended Timer/Counter Interrupt Mask Register)

그림 6.18은 ETIMSK 레지스터의 비트 구성이다. ETIMSK레지스터는 타이머/카운터 1,3이 발생하는 인터럽트를 개별적으로 허용하거나 금지한다.

Bit	7	6	5	4	3	2	1	0	
	–	–	TICIE3	OCIE3A	OCIE3B	TOIE3	OCIE3C	OCIE1C	ETIMSK
Read/Write	R	R	R/W	R/W	R/W	R/W	R/W	R/W	
Initial Value	0	0	0	0	0	0	0	0	

| 그림 6.18 | ETIMSK 레지스터의 비트 구조

ETIMSK의 비트별 의미

BIT 7:6 : Reserved Bit

이 비트는 사용하지 않는다.

BIT 5 : TICIE3: Timer/Counter3, Input Capture Interrupt Enable

이 비트는 타이머/카운터3의 입력캡처 인터럽트를 허용 혹은 금지 한다.
1: 이 비트가 1로 설정되고, ATmega128의 상태레지스터(SREG)의 I 비트가 1로 설정되면, 타이머/카운터3의 입력캡처 인터럽트를 가능하게 한다. 이때 타이머/카운터3의 입력캡처 트리거가 발생되면, ETIFR 레지스터의 ICF3 플래그 비트가 1로 설정되고 해당하는 인터럽트가 실행된다.
0: 이 경우에는 타이머/카운터3의 입력캡처 인터럽트를 금지 한다.

BIT 4 : OCIE3A: Timer/Counter3, Output Compare A Match Interrupt Enable

이 비트는 타이머/카운터3의 출력비교A일치 인터럽트를 허용 혹은 금지 한다.
1: 이 비트가 1로 설정되고, ATmega128의 상태레지스터(SREG)의 I 비트가 1로 설정되면, 타이머/카운터3의 출력비교A

일치 인터럽트를 가능하게 설정한다. 이때 타이머/카운터1의 출력비교B일치 인터럽트가 발생되면 ETIFR 레지스터의 OCF3A 플래그 비트가 1로 설정되고 해당하는 인터럽트가 실행된다.
0: 이 경우에는 타이머/카운터3의 출력비교A일치 인터럽트를 금지한다.

BIT 3 : OCIE3B: Timer/Counter3, Output Compare B Match Interrupt Enable

이 비트는 타이머/카운터3의 출력비교B일치 인터럽트를 허용 혹은 금지한다.
1: 이 비트가 1로 설정되고, ATmega128의 상태레지스터(SREG)의 I 비트가 1로 설정되면, 타이머/카운터3의 출력비교B일치 인터럽트를 허용하게 설정한다. 이때 타이머/카운터3의 출력비교B일치 인터럽트가 발생되면 ETIFR 레지스터의 OCF3A 플래그 비트가 1로 설정되고 해당하는 인터럽트가 실행된다.
0: 이 경우에는 타이머/카운터3의 출력비교A일치 인터럽트를 금지한다.

BIT 2: : TOIE3: Timer/Counter3, Overflow Interrupt Enable

이 비트는 타이머/카운터3의 오버플로 인터럽트를 허용 혹은 금지한다.
1: 이 비트가 1로 설정되고 ATmega128의 상태레지스터(SREG)의 I 비트가 1로 설정되면 타이머/카운터3의 오버플로 인터럽트를 허용한다. 이때 타이머/카운터3의 오버플로 인터럽트가 발생되면 ETIFR 레지스터의 TOV3 플래그 비트가 1로 되고 해당하는 인터럽트가 실행된다.
0: 이 경우에는 타이머/카운터1의 오버플로 인터럽트를 금지한다.

BIT 1: : OCIE3C: Timer/Counter3, Output Compare C Match Interrupt Enable

이 비트는 타이머/카운터3의 출력비교C일치 인터럽트를 허용 혹은 금지한다.
1: 이 비트가 1로 설정되고 ATmega128의 상태레지스터(SREG)의 I 비트가 1로 설정되면 타이머/카운터3의 출력비교C일치 인터럽트를 허용한다. 이때 타이머/카운터3의 출력비교C일치 인터럽트가 발생되면 ETIFR 레지스터의 OCF3C 플래그 비트가 1로 되고 해당하는 인터럽트가 실행된다.
0: 이 경우에는 타이머/카운터3의 출력비교C일치 인터럽트를 금지한다.

BIT 0: : OCIE1C: Timer/Counter1, Output Compare C Match Interrupt Enabl

이 비트는 타이머/카운터1의 출력비교C일치 인터럽트를 허용 혹은 금지한다.
1: 이 비트가 1로 설정되고 ATmega128의 상태레지스터(SREG)의 I 비트가 1로 설정되면 타이머/카운터1의 출력비교C일치 인터럽트를 허용한다. 이때 타이머/카운터3의 출력비교C일치 인터럽트가 발생되면 ETIFR 레지스터의 OCF1C 플래그 비트가 1로 되고 해당하는 인터럽트가 실행된다.
0: 이 경우에는 타이머/카운터1의 출력비교C일치 인터럽트를 금지한다.

❾ TIFR(Timer/Counter Interrupt Flag Register)

그림 6.19은 TIFR(Timer/Counter Interrupt Flag Register) 레지스터의 비트 구조다. TIFR 레지스터는 타이머/카운터0,1,2가 발생하는 인터럽트 플러그를 저장하는 레지스터이다.

Bit	7	6	5	4	3	2	1	0	
	OCF2	TOV2	ICF1	OCF1A	OCF1B	TOV1	OCF0	TOV0	TIFR
Read/Write	R/W	R/W	R/W	R/W	R/W	R/W	R/W	R/W	
Initial Value	0	0	0	0	0	0	0	0	

| 그림 6.19 | TIFR 레지스터의 비트 구조

TIFR의 비트별 의미

BIT 7 : OCF2

이 비트는 타이머/카운터2에 관련된다.

BIT 6 : TOV2

이 비트는 타이머/카운터2에 관련된다.

BIT 5 : ICF1(Timer/Counter1 Input Capture Flag)

이 비트는 타이머/카운터1의 입력캡처핀(ICP1, 핀29)에 트리거 신호(trigger signal)가 입력된 것을 표시하거나 아날로그 비교기 출력신호의 캡처동작 상태를 표시하는 플래그이다.

1: 첫 번째, 이 비트는 **타이머/카운터1의 입력캡처핀(ICP1, 핀29)에 캡처를 하라는 이벤트 신호가 입력되면 1로 되며, 이때 입력캡처 인터럽트가 발생된다. 즉, ICP1 핀에 이벤트가 입력되면 TCNT1의 값이 ICR1에 저장되고 ICF1=1로 설정하면 입력캡처 인터럽트를 발생한다.** 이러한 입력캡처모드는 신호의 주파수를 측정하거나 짧은 주기신호를 측정하는데 사용된다. 두 번째는 **ICR1 레지스터가 TOP 값으로 설정되는 모드(WGMn3:0)에서 TCNT1의 값이 TOP에 도달(ICR1의 값과 TCNT1의 값이 같게 되면)하면 ICF1 비트는 1로 된다.**

0: 이 비트는 SREG의 I=1, TIMSK의 OCIE1A=1, TIFR의 OCF1A=1이 되었을 때, 타이머/카운터1 입력캡처 인터럽트가 실행되면 0으로 된다.

BIT 4 : OCF1A(Timer/Counter1, Output Compare A Match Flag)

이 비트는 타이머/카운터1의 TCNT1 레지스터와 OCR1A 레지스터의 값이 일치한 것을 표시하는 플래그이다.

1: 이 비트는 타이머/카운터1의 TCNT1 레지스터와 OCR1A 레지스터의 값이 일치한 경우 1로 된다. 두 개의 값이 일치하면 인터럽트가 실행된다.

0: 이 비트는 SREG의 I=1, TIMSK의 OCIE1A=1, TIFR의 OCF1A=1이 되었을 때, 타이머/카운터1 비교일치A인터럽트가 실행되면 0으로 된다.

BIT 3 : OCF1B(Timer/Counter1, Output Compare B Match Flag)

이 비트는 타이머/카운터1의 TCNT1 레지스터와 OCR1B 레지스터의 값이 일치한 것을 표시하는 플래그이다.

1: 이 비트는 타이머/카운터1의 TCNT1 레지스터와 OCR1B 레지스터의 값이 일치한 경우 1로 된다. 두 개의 값이 일치하면 인터럽트가 실행된다.

0: 이 비트는 SREG의 I=1, TIMSK의 OCIE1A=1, TIFR의 OCF1B=1이 되었을 때, 타이머/카운터1 비교일치B인터럽트가 실행되면 0으로 된다.

BIT 2: : TOV1(Timer/Counter1, Overflow Flag)

이 비트는 타이머/카운터1의 TCNT1의 레지스터가 오버플로된 상태를 표시하는 플래그이다.

1: TCNT1의 레지스터가 오버플로가 발생되면 이 비트가 1로 설정된다.

0: 이 비트는 SREG의 I=1, TIMSK의 TOIE1=1, TIFR의 TOV1=1이 되었을 때, 타이머/카운터1 오버플로 인터럽트가 발생되고 인터럽트가 실행되면 0으로 된다.

BIT 1: : OCF0

이 비트는 타이머/카운터0의 출력비교일치가 발생된 상태를 표시한다.

BIT 0: : TOV0

이 비트는 타이머/카운터1의 TCNT0의 레지스터가 오버플로된 상태를 표시하는 플래그이다.

⑩ ETIFR(Extended Timer/Counter Interrupt Flag Register)

그림 6.20은 ETIFR 레지스터의 비트 구조이다. ETIFR 레지스터는 타이머/카운터1,3이 발생하는 인터럽트 플래그를 저장하는 레지스터이다.

Bit	7	6	5	4	3	2	1	0	
	–	–	ICF3	OCF3A	OCF3B	TOV3	OCF3C	OCF1C	ETIFR
Read/Write	R/W	R/W	R/W	R/W	R/W	R/W	R/W	R/W	
Initial Value	0	0	0	0	0	0	0	0	

| 그림 6.20 | ETIFR 레지스터의 비트 구조

ETIFR의 비트별 의미

BIT 7:6 : Reserved Bit

이 비트는 사용하지 않는다.

BIT 5 : ICF3(Timer/Counter3 Input Capture Flag)

이 비트는 타이머/카운터3의 입력캡처 핀(ICP3, 핀9)에 트리거 신호(trigger signal)가 입력된 것을 표시하거나 아날로그 비교기 출력신호의 캡처동작 상태를 표시하는 플래그이다.

1: 첫 번째, 이 비트는 **타이머/카운터3의 입력캡처핀(ICP3, 핀9)에 캡처를 하라는 이벤트 신호가 입력되면 1로 되며, 이때 입력캡처 인터럽트가 발생된다. 즉, ICP3 핀에 이벤트가 입력되면 TCNT3의 값이 ICR3에 저장되고 ICF3=1로 설정하면 입력캡처 인터럽트를 발생한다.** 이러한 입력캡처모드는 신호의 주파수를 측정하거나 짧은 주기신호를 측정하는데 사용된다. 두 번째는 **ICR3 레지스터가 TOP 값으로 설정되는 모드(WGMn3:0)에서 TCNT3의 값이 TOP에 도달(ICR3의 값과 TCNT3의 값이 같게 되면)하면 ICF3 비트는 1로 된다.**

0: 이 비트는 SREG의 I=1, TIMSK의 OCIE3=1, TIFR의 OCF3=1이 되었을 때, 타이머/카운터3 입력캡처 인터럽트가 실행되면 0으로 된다.

BIT 4 : OCF3A(Timer/Counter3, Output Compare A Match Flag)

이 비트는 타이머/카운터1의 TCNT3 레지스터와 OCR3A 레지스터의 값이 일치한 것을 표시하는 플래그이다.

1: 이 비트는 타이머/카운터3의 TCNT3 레지스터와 OCR3A 레지스터의 값이 일치한 경우 1로 된다. 두 개의 값이 일치하면 인터럽트가 실행된다.

0: 이 비트는 SREG의 I=1, TIMSK의 OCIE3A=1, TIFR의 OCF3A=1이 되었을 때, 타이머/카운터3 비교일치A 인터럽트(compare match interrupt)가 실행되면 0으로 된다.

BIT 3 : OCF3B(Timer/Counter3, Output Compare B Match Flag)

이 비트는 타이머/카운터3의 TCNT3 레지스터와 OCR3B 레지스터의 값이 일치한 것을 표시하는 플래그이다.

1: 이 비트는 타이머/카운터1의 TCNT3 레지스터와 OCR3B 레지스터의 값이 일치한 경우 1로 된다. 두 개의 값이 일치하면 인터럽트가 실행된다.

0: 이 비트는 SREG의 I=1, TIMSK의 OCIE3B=1, TIFR의 OCF3B=1이 되었을 때, 타이머/카운터3 비교일치B 인터럽트(compare match interrupt)가 실행되면 0으로 된다.

BIT 2: : TOV3(Timer/Counter3, Overflow Flag)

이 비트는 타이머/카운터3의 TCNT3의 레지스터가 오버플로된 상태를 표시하는 플래그이다.

1: TCNT3의 레지스터가 오버플로가 발생되면 이 비트가 1로 설정된다.

0: 이 비트는 SREG의 I=1, TIMSK의 TOIE3=1, TIFR의 TOV3=1이 되었을 때, 타이머/카운터3 오버플로 인터럽트가 발생되고 인터럽트가 실행되면 0으로 된다.

BIT 1: : OCF3C(Timer/Counter3 Output Compare C Match Flag)

이 비트는 타이머/카운터3의 TCNT3와 OCR3C 레지스터 값이 일치했을 때 비교일치 인터럽트의 발생 상태를 표시하는 플래그이다.

1: 타이머/카운터3의 TCNT3와 OCR3C 레지스터 값이 일치하면, 비교일치 인터럽트를 발생하고 이 비트를 1로 설정한다.

0: 이 비트는 SREG의 I=1, ETIMSK의 OCIE3C=1, OCF3C=1이 되었을 때, 타이머/카운터3의 출력비교3C일치 인터럽트가 실행되면 0으로 된다.

BIT 0: : OCF1C(Timer/Counter1 Output Compare C Match Flag)

이 비트는 타이머/카운터1의 TCNT1과 OCR1C 레지스터 값이 일치했을 때 비교일치 인터럽트의 발생 상태를 표시하는 플래그이다.

1: 타이머/카운터3의 TCNT1과 OCR1C 레지스터 값이 일치하면, 비교일치 인터럽트를 발생하고 이 비트를 1로 설정한다.

0: 이 비트는 SREG의 I=1, ETIMSK의 OCIE1C=1, OCF1C=1이 되었을 때, 타이머/카운터1의 출력비교1C일치 인터럽트가 실행되면 0으로 된다.

연습문제

01. 타이머/카운터1,3의 내부 구조를 설명하여라.

02. 타이머/카운터1,3의 동작 모드를 설명하여라.

03. 타이머/카운터1,3의 관련 레지스터를 설명하여라.

04. 기본적인 타이머/카운터1,3의 동작을 확인할 수 있는 프로그램을 설계하여라.

제 7 장

아날로그 비교기

학습목표

1. AVR ATmega128의 아날로 비교기의 기능을 이해한다.
2. 아날로그 비교기의 내부구조와 동작을 이해한다.
3. 아날로그 비교기의 프로그래밍 기법을 이해한다.

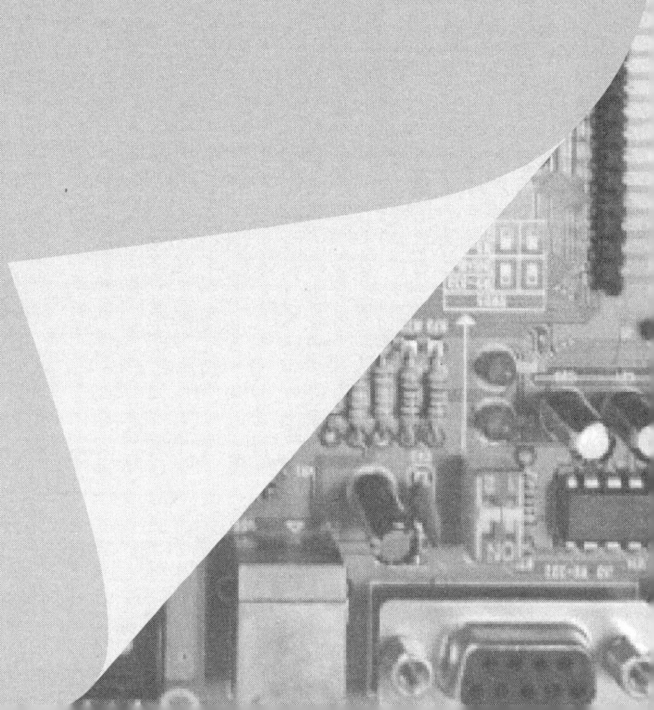

7.1 개요

아날로그 비교기(analog comparator)는 기준 신호와 입력 신호의 전압 차를 비교하여 결과를 출력하는 기능이다. ATmega128의 아날로그 비교기는 AIN0(핀4), AIN1(핀5)을 사용하여 두 신호의 전압차를 비교한다.

7.2 아날로그 비교기

그림 7.1은 아날로그 비교기의 구조이다. 아날로그 비교기는 비교 블럭, 인터럽트 처리 블록 및 입력캡쳐 신호 선택 블록으로 구성된다. 비교 블록은 AIN0(핀4), AIN1(핀5)을 사용하여 두 신호를 비교한다. 비교 블록은 +AIN0 〉 -AIN1이면 아날로그 비교기의 출력을 ACSR 레지스터의 ACO 비트에 1로 설정하고, +AIN0 〈 -AIN1이면 ACO 비트에 0으로 한다. 이때 AIN0 입력은 밴드갭 기준전압(band gap reference) 1.23V와 아날로그 스위치로 선택한다. ACSR 레지스터의 ACBG 비트가 0이면 밴드갭 기준전압이 선택되고 1이면 AIN0가 선택되어 입력된다.

인터럽트처리 블록은 비교 결과의 ACO 값이 설정되는 순간 ACSR 레지스터의 ACIS1, ACIS0 비트에 의해서 설정된 모드(반전, 상승에지, 하강에지)로 인터럽트가 발생된다. 인터럽트는 SREG의 I 비트와 ACSR의 ACIE 비트가 활성화 된 다음 ACO가 발생되면 ACI(Analog Comparator Interrupt Flag)는 1로 된다. 여기서 인터럽트 서비스 루틴이 수행되면 이 비트는 0로 된다.

입력캡쳐 신호 선택 블록은 비교 블록으로부터 출력되는 ACO이다. ACO는 ACSR 레지스터의 비트이며 ACO 비트에 의해서 타이머 카운터1의 입력캡쳐신호를 ICP1 핀 혹은 ACO를 선택할 수 있다. 전원을 켠 초기상태의 입력캡쳐 신호는 ICP1로 설정되지만 ACO를 입력 캡쳐신호로 설정하기 위해서는 ACSR 레지스터의 ACIC 비트를 1로 설정해야 한다. AIN1은 SFIR의 ACME 비트와 ACSR의 ADEN 비트에 의해서 0일 경우 AIN1이 선택된다.

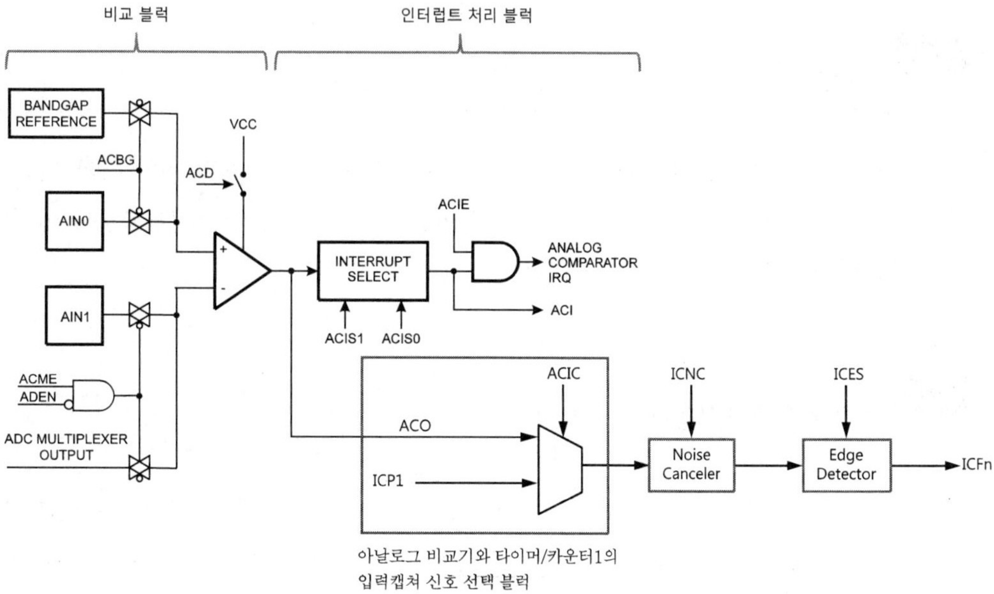

| 그림 7.1 | 아날로그 비교기의 구조

7.3 아날로그 비교기 관련 레지스터

ATmega128에서 아날로그 비교기를 제어하기 위한 관련 레지스터는 SFIOR, ACSR이 있다.

❶ SFIOR(Special Function IO Register)

그림 7.2는 SFIOR 레지스터의 비트 구조이다. SFIOR 레지스터는 특정한 장치에 한정되지 않고 여러 장치의 입출력 핀의 동작을 설정하는 특수 기능 레지스터이다.

Bit	7	6	5	4	3	2	1	0	
	TSM	–	–	–	ACME	PUD	PSR0	PSR321	SFIOR
Read/Write	R/W	R	R	R	R/W	R/W	R/W	R/W	
Initial Value	0	0	0	0	0	0	0	0	

| 그림 7.2 | SFIOR 레지스터의 비트 구조

SFIOR의 비트별 의미

BIT 3 : ACME(Analog Comparator Multiplexer Enable)

ACME는 아날로그 비교기의 멀티플렉서 기능을 허용하거나 금지하는 비트이다. 아날로그 비교기의 입력 핀은 AIN0, AIN1을 사용한다. 그러나 다른 방법으로 AIN0을 기준 비교전압 신호로 사용하고 AIN1 대신 다른 핀을 사용하는 방법은 ACME=1로 하고, ADCSRA 레지스터의 ADEN=0으로 설정하면 ADC7:0 핀 중에서 1개를 아날로그 비교기 입력으로 사용할 수 있다.
ACME=1, ADEN=0이면 ADC 멀티플렉서는 -입력을 ADC7:0 핀 중에서 1개를 아날로그 비교기로 선택한다.
ACME=0이면 아날로그 비교기의 -입력은 AIN1이 사용된다.

| 표 7.1 | ACIS1:0 값에 의한 아날로그 비교기의 인터럽트 트리거 모드

ACME	ADEN	MUX2:0	아날로그 비교기의 입력으로 선택되는 신호
0	×	×××	AIN1
1	1	×××	AIN1
1	0	0 0 0	ADC0
1	0	0 0 1	ADC1
1	0	0 1 0	ADC2
1	0	0 11	ADC3
1	0	1 0 0	ADC4
1	0	1 0 1	ADC5
1	0	1 1 0	ADC6
1	0	1 1 1	ADC7

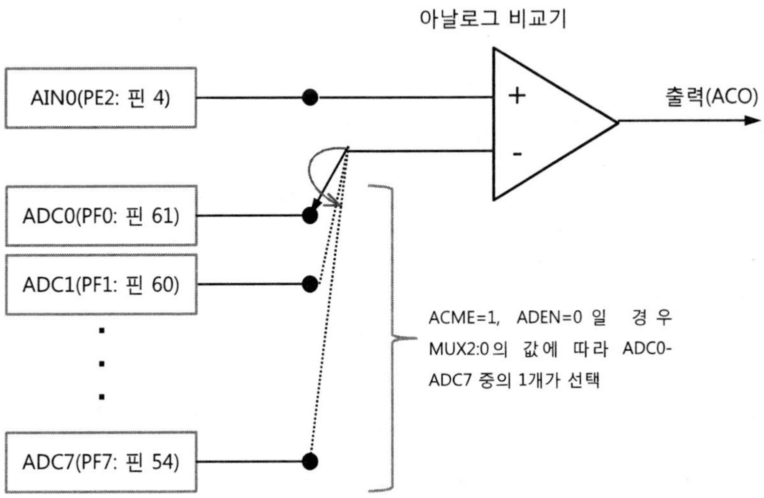

| 그림 7.3 | ACME=1, ADEN=0의 값에 따른 ADC0~ADC7의 선택

❷ ACSR(Analog Comparator Control and Status Register)

그림 7.4는 ACSR 레지스터의 비트 구조이다. ACSR 레지스터는 아날로그 비교기를 제어하고 상태를 표시하는 레지스터이다.

Bit	7	6	5	4	3	2	1	0	
	ACD	ACBG	ACO	ACI	ACIE	ACIC	ACIS1	ACIS0	ACSR
Read/Write	R/W	R/W	R	R/W	R/W	R/W	R/W	R/W	
Initial Value	0	0	N/A	0	0	0	0	0	

| 그림 7.4 | ACSR 레지스터의 비트 구조

ACSR의 비트별 의미

BIT 7 : ACD(Analog Comparator Disable)

이 비트는 아날로그 비교기의 동작을 설정한다.
ACD=1: 아날로그 비교기의 동작을 정지한다. 이때 전원이 차단되고 소비전력이 감소된다.
ACD=0: 아날로그 비교기가 동작된다.

BIT 6 : ACBG(Analog Comparator Bandgap Select)

이 비트는 아날로그 비교기의 공급전압을 선택한다.
ACBG=1: 내부 기준전압 1.23V가 공급된다.
ACBG=0: AIN09핀 4)의 +전압이 공급된다.

BIT 5 : ACO(Analog Comparator Output)

ACO에는 아날로그 비교기의 결과 값(1 혹은 0)이 저장된다.
ACO=1: 아날로그 비교기의 결과 값이 1이다. 이 값은 +AIN0 〉 -AIN1이면 ACO 비트는 1이 된다.
ACO=0: 아날로그 비교기의 결과 값이 1이다. 이 값은 +AIN0 〉 -AIN1이면 ACO 비트는 1이 된다.

BIT 4 : ACI(Analog Comparator Interrupt Flag)

ACI는 아날로그 비교기의 인터럽트 플래그를 표시하는 비트이다.
ACI=1: 아날로그 비교기의 인터럽트가 요구된 것을 표시한다. 이 비트는 ACO, ACIS1:0 비트에 의해서 결정된다. 또한 ACIE=1, SREG=0x80일 때 인터럽트가 처리되고 인터럽트가 처리되면 하드웨어에 의해서 자동으로 0가 된다.
ACI=0: 인터럽트가 처리되면 하드웨어에 의해서 자동으로 이 비트가 0으로 된다. 이 비트가 0인 것은 인터럽트가 요구되지 않았음을 표시한다.

BIT 3 : ACIE(Analog Comparator Interrupt Enable)

ACIE는 아날로그 비교기의 인터럽트를 개별적으로 허용하거나 금지하는 비트이다.
ACI=1: 아날로그 비교기의 인터럽트를 개별적으로 허용한다.
ACI=0: 아날로그 비교기의 인터럽트를 개별적으로 허용하지 않는다.

BIT 2 : ACIC(Analog Comparator Input Capture Enable)

ACIC는 입력 캡처 트리거 신호로 사용하는 것을 허용하거나 금지하는 비트이다.
ACIC=1: 입력 캡처 트리거 신호로 사용하는 것을 허용한다.
ACIC=0: 입력 캡처 트리거와 관계없다.

BIT 1:0 : ACIS1, ACIS0(Analog Comparator Interrupt Mode Select)

ACIS1:0는 표 7.2와 같이 아날로그 비교기의 인터럽트 트리거 모드를 설정한다.

| 표 7.2 | ACIS1:0 값에 의한 아날로그 비교기의 인터럽트 트리거 모드

ACIS1	ACIS0	아날로그 비교기의 인터럽트 트리거 모드
0	0	반전(toggle) 출력에 의한 비교기의 인터럽트 발생
0	1	예약된 비트
1	0	하강 에지(falling edge)에서 비교기의 인터럽트 발생
1	1	상승 에지(rising edge)에서 비교기의 인터럽트 발생

연습문제

01. 아날로그 비교기가 무엇인가?

02. 아날로그 비교기는 어떤 응용에 사용될 수 있는가?

03. 산업체에서 일반적으로 많이 사용되고 있는 아날로그 비교기는 어떤 것이 있는가?

04. 아날로그 비교기의 내부 구조를 설명하여라.

05. 아날로그 비교기의 동작을 간략하게 설명하여라.

06. 아날로그 비교기를 제어하기 위한 레지스터의 비트를 설명하여라.

07. 아날로그 입력 신호의 비교 결과를 출력하는 ACO 신호는 타이머/카운터1의 입력 캡처신호와 어떻게 사용되는가?

08. ATmega128의 비교기를 시험할 수 있는 프로그램을 설계하여라.

제 8 장

ADC(Analog to Digital Converter)

학습목표

1. ATmega128에서 제공되는 ADC의 특징을 이해한다.
2. ADC의 내부 구조와 동작을 이해한다.
3. ADC를 제어하기 위한 관련 레지스터의 비트별 의미를 이해한다.

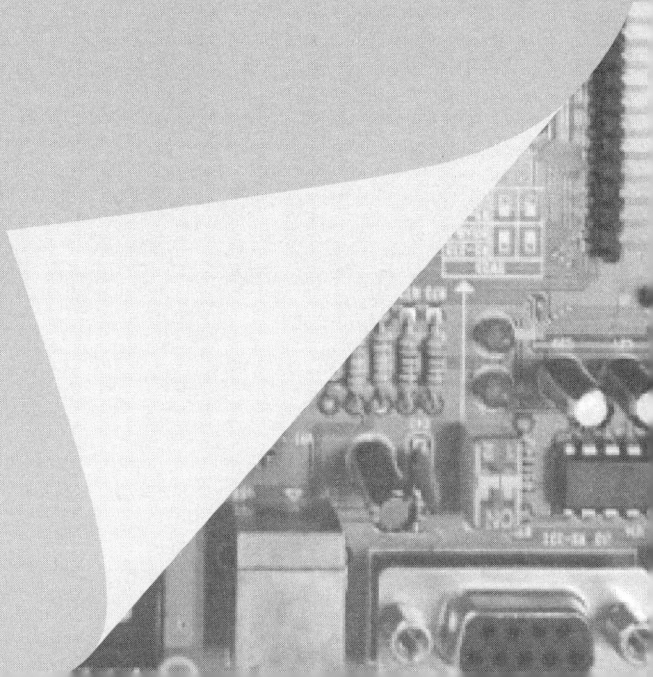

8.1 개요

ADC(Analog to Digital Converter)는 연속되는 아날로그 신호(빛, 온도, 음성, 영상 등의 양으로 표시되는 형태)를 입력 받아 마이크로컨트롤러에서 이를 디지털 신호로 변환하는 장치이다. 그림 8.1은 아날로그 신호를 마이크로컨트롤러(ATmega128)을 통해서 ADC와 DAC하는 과정이다.

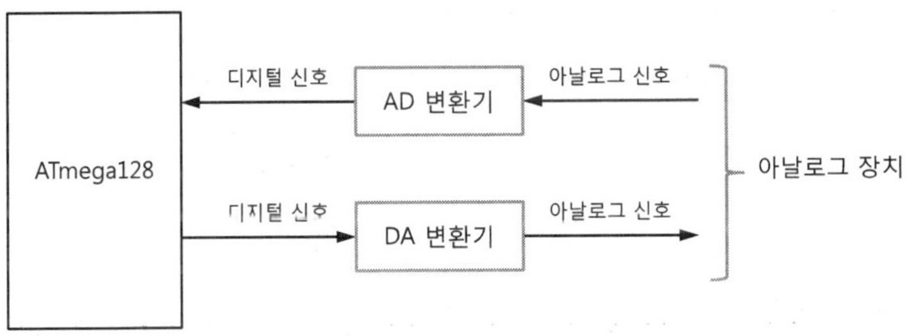

| 그림 8.1 | ADC와 DAC 변환기

8.2 ADC의 구성도

ATmega128은 10비트 분해능을 갖는 축차비교형의 ADC를 8채널을 제공한다. 8채널의 ADC는 포트PF(핀51~핀44)와 공동으로 사용하고 있으며, 내부의 아날로그 멀티플렉서(analog multiplexer)에 의해서 선택된다. ATmega128의 ADC의 사양과 동작은 다음과 같다.

- ATmega128은 10비트 분해능의 축차비교형의 8채널(ADC0~ADC7) ADC를 내장하고 있다. 아날로그 변환기는 PF0(핀61)~PF7(핀54) 단자를 공동으로 사용하고 있다.
- AD변환은 단일변환 모드와 자유동작 모드(free running mode)를 지원한다.
- AD변환 시간은 50kHz~200kHz에서 13~260μs까지 설정할 수 있다.
- 아날로그 입력전압은 0~Vref 이다. 차동입력은 -Vref~+Vref로 되며, 기준전압은 전원전압을 초과할 수 없다. ADC의 기준전압은 외부의 AREF(핀 62) 단자로 입력된 전압을 사용하거나 MCU 내부의 2.56V 기준전압을 사용할 수 있다.
- ADC의 전단에는 샘플앤홀드(sample and hold) 회로를 내장하고 있어서 AD변환 동작 동안에는 아날로그 전압을 일정하게 유지한다.

- 단극성 아날로그 입력(8개)과 차동입력을 선택(7개의 차동입력 채널)으로 할 수 있다. 2개의 차동입력 채널에서 입력된 아날로그 신호를 내부에서 10~200배 까지 증폭하여 AD변환할 수 있다.
- ADC의 안정된 동작을 위하여 MCU의 디지털 전원과 아날로그 전원 단자 AVCC(핀 64)를 가지고 있으며, AD변환에 필요한 기준전압단자 AREF(핀62)가 있다. AVCC의 전압은 VCC에 인가된 전압의 ±0.3V 이내로 유지되어야 한다.

그림 8.2는 ATmega128의 ADC 구성도이다. 그림 8.3은 ADC의 클럭 프리스케일러의 구조이다.

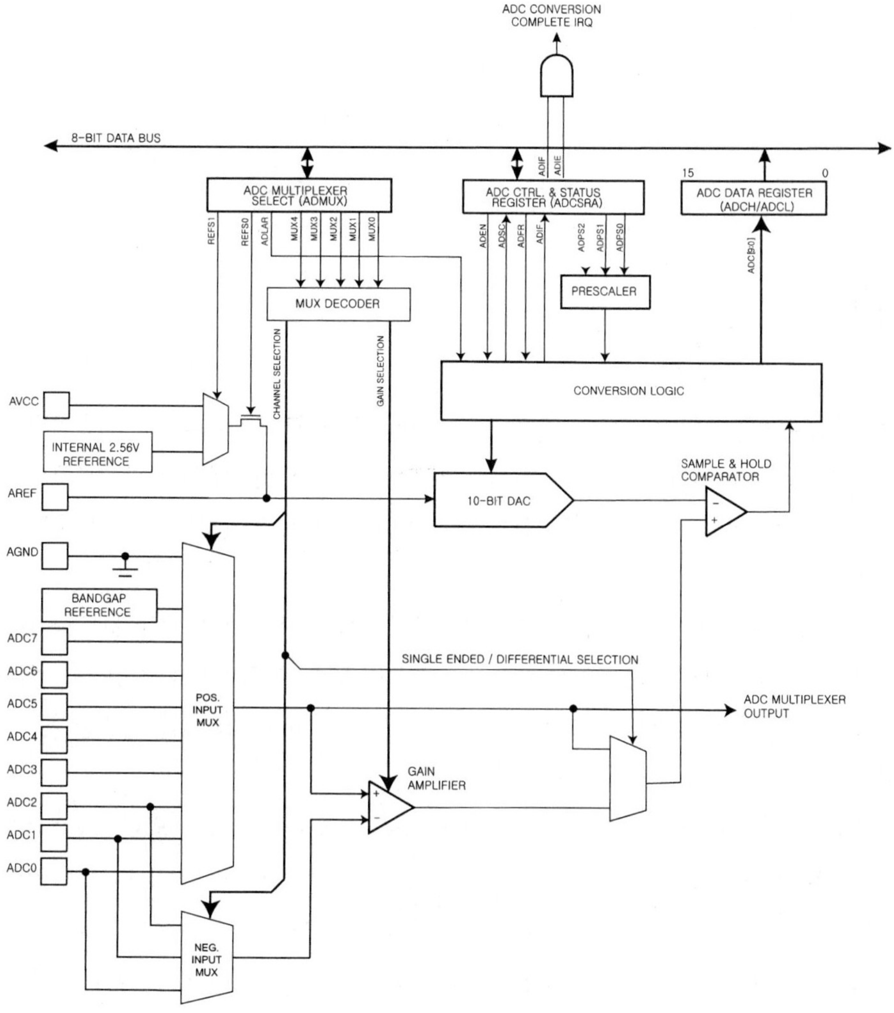

| 그림 8.2 | ATmega128의 ADC 구성도

그림 8.3과 같이 ADC 내에서 클럭 설정은 프리스케일러(ADPS0:2)를 이용한다. ADC가 AD변환을 수행한 결과는 ADCL, ADCH 레지스터에 저장된다. ADC는 ADSR 레지스터의 ADFR 비트를 1로 설정하므로써 AD변환이 시작된다.

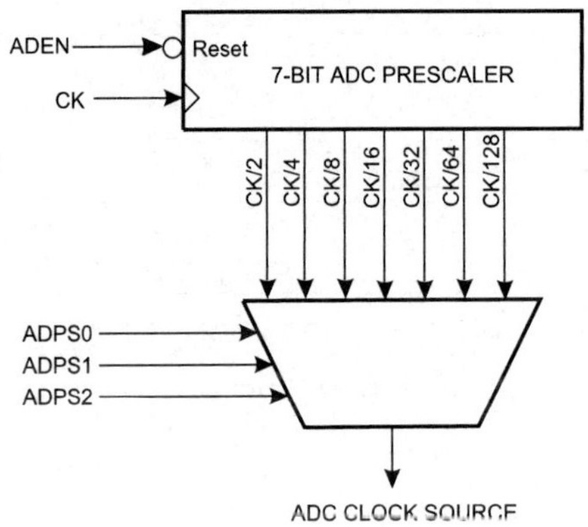

| 그림 8.3 | ADC의 클럭 프리스케일러

그림 8.4는 단극성 변환 모드에서 ADEN=1 이후 최초의 변환 타이밍도이다. ADC의 단극성 변환 모드에서 최초 AD변환은 ADEN=1 이후 ADC 클럭의 첫 번째 상승 에지에서 AD변환이 시작된다. 그 후 AD변환이 완료될 때 까지는 13.5개 클럭의 샘플앤드홀드 시간을 포함하여 총 25개의 클럭이 소요된다. AD변환이 완료되면 ADIF=1이 설정되어 ADC변환 완료 인터럽트가 요구되고 ADS 비트는 자동으로 0이 된다. 이때 AD변환 결과를 읽어 들인 후 다시 AD변환을 하기 위해서는 ADC비트를 1로 설정해야 한다.

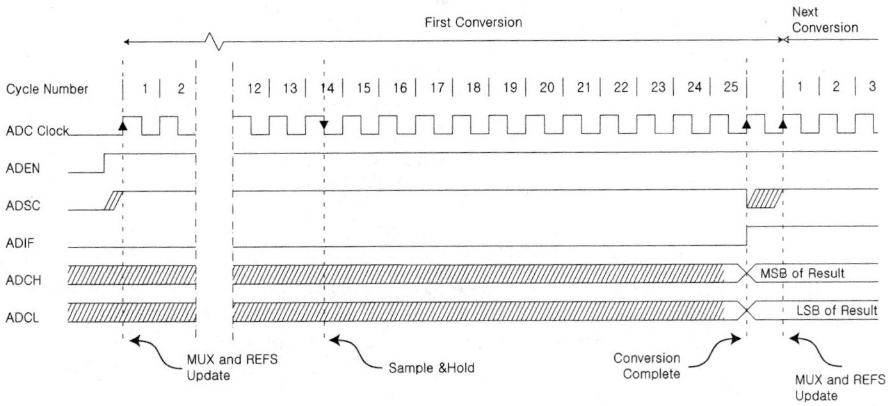

| 그림 8.4 | 단극성 변환 모드에서 ADEN=1 이후 최초의 변환 타이밍도

그림 8.5는 단극성 변환 모드에서 ADEN=1 이후 두 번째의 변환 타이밍도이다. 그림 8.5와 같이 두 번째 변환은 샘플앤드홀드 시간(1.5개 클럭의)을 포함하여 총 13개의 클럭이 소요된다.

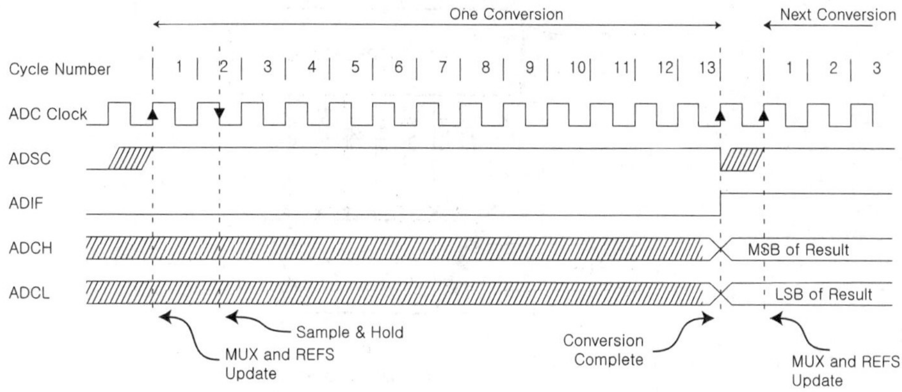

| 그림 8.5 | 단극성 변환 모드에서 ADEN=1 이후 두 번째의 변환 타이밍도

그림 8.6은 자유동작 모드의 동작 타이밍도이다. 단일 변환 모드에서는 ADSC 비트를 1로 설정하면 AD변환이 시작되지만 자유동작 모드는 한번 ADSC 비트를 1로 설정하면 계속해서 AD변환이 수행된다.

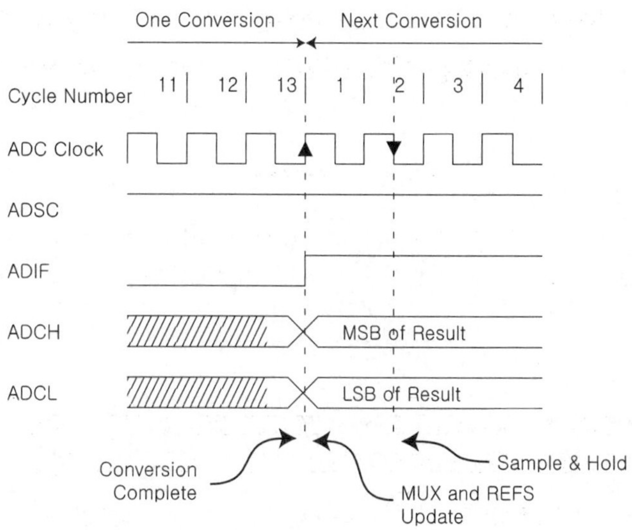

| 그림 8.6 | 자유동작 모드의 동작 타이밍도

표 8.1은 조건에 따른 ADC의 변환시간이다. ADC는 단극성 모드와 자유동작 모드가 있다.

| 표 8.1 | ADC의 조건에 따른 변환시간

조건	샘플 및 홀드 (변환 시작에서 변환까지의 사이클)	변환 시간 (사이클)
첫 번째 변환	13.5	25
단극성(일반 변환)	1.5	13
차동변환(일반 변환)	1.5/2.5	13/14

8.3 ADC 관련 레지스터

❶ ADMUX(ADC Multiplexer Selection Register)

그림 8.7은 ADMUX 레지스터의 비트 구조이다. ADMUX 레지스터는 ADC 안에서 아날로그 입력채널을 선택하는 기능, 기준전압을 선택하는 기능, 변환 결과 레지스터의 데이터 저장형식을 지정하는 기능 등을 수행한다.

Bit	7	6	5	4	3	2	1	0	
	REFS1	REFS0	ADLAR	MUX4	MUX3	MUX2	MUX1	MUX0	ADMUX
Read/Write	R/W	R/W	R/W	R/W	R/W	R/W	R/W	R/W	
Initial Value	0	0	0	0	0	0	0	0	

| 그림 8.7 | ADMUX 레지스터의 비트 구조

ADMUX의 비트별 의미

BIT 7:6 : REFS1:0(Reference Selection Register)

이 비트는 ADC의 변환에 사용되는 기준 전압을 설정한다. REFS1:0 비트 값의 설정에 따라 표 8.2와 같이 기준 전압이 선택된다.

| 표 8.2 | REFS1:0 비트 값의 설정에 따른 기준 전압

REFS1	REFS0	기준 전압(reference voltage)
0	0	외부 AREF(핀 62) 단자로 입력되는 전압을 사용
0	1	외부 AVCC(핀 64) 단자로 입력되는 전압을 사용
1	0	예약된 비트
1	1	내부 2.56V 전압을 사용

BIT 5 : ADLAR(ADC Left Adjust Result)

ADLAR은 AD변환 결과를 16비트 ADC 데이터 레지스터에 저장하는 형식을 지정하는 비트이다.
ADLAR=1: AD변환된 값을 ADCH/L에 저장할 때 데이터를 좌측부터 저장(상위 10비트를 기준으로)한다.
ADLAR=0: AD변환된 값을 ADCH/L에 저장할 때 데이터를 우측부터 저장(하위 10비트를 기준으로)한다.

BIT 4 : MUX4:0(Multiplex)

MUX4:0 비트의 설정 값에 따라 ADC의 아날로그 입력 채널(핀61(ADC0)~핀54(ADC7))을 표 8.3과 같이 설정한다. 만약 AD변환 중에 이 비트들이 변경되면, AD변환이 완료된 후(ADIF=1이 된 후)에 새로 적용된다.

| 표 8.3 | MUX4:0 비트 설정에 의한 ADC 입력 채널 선택

MUX4:0	단극성 입력	양극 차동 입력	음극 차동 입력	수치
00000	ADC0	N/A		
00001	ADC1			
00010	ADC2			
00011	ADC3			
00100	ADC4			
00101	ADC5			
00110	ADC6			
00111	ADC7			
01000		ADC0	ADC0	10x
01001		ADC1	ADC0	10x
01010	N/A	ADC0	ADC0	200x
01011		ADC1	ADC2	200x
01100		ADC2	ADC2	10x
01101		ADC3	ADC2	10x
01110		ADC2	ADC2	200x
01111		ADC3	ADC1	200x
10000		ADC0	ADC1	1x
10001		ADC1	ADC1	1x
10010		ADC2	ADC1	1x
10011		ADC3	ADC1	1x
10100		ADC4	ADC1	1x
10101		ADC5	ADC1	1x
10110		ADC6	ADC1	1x
10111		ADC7	ADC1	1x
11000		ADC0	ADC2	1x
11001		ADC1	ADC2	1x
11010		ADC2	ADC2	1x
11011		ADC3	ADC2	1x
11100		ADC4	ADC2	1x
11101		ADC5	ADC2	1x
11110	1.23V(VBG)	N/A		
11111	0V(GND)			

❷ ADCSRA(ADC Control and Status Register A)

그림 8.8은 ADCSRA 레지스터의 비트 구조이다. ADCSRA 레지스터는 ADC의 여러 가지 동작들을 설정하거나 상태를 표시하는 기능을 수행한다.

Bit	7	6	5	4	3	2	1	0	
	ADEN	ADSC	ADFR	ADIF	ADIE	ADPS2	ADPS1	ADPS0	ADCSRA
Read/Write	R/W	R/W	R/W	R/W	R/W	R/W	R/W	R/W	
Initial Value	0	0	0	0	0	0	0	0	

| 그림 8.8 | ADCSRA 레지스터의 비트 구조

ADCSRA의 비트별 의미

BIT 7 : ADEN(ADC Enable)

ADEN은 ADC의 동작을 켜거나 끄는 기능을 수행하는 비트이다.
ADEN=1: ADC 동작
ADEN=0: ADC 동작 정지

BIT 6 : ADSC(ADC Start Conversion)

ADSC는 AD변환의 동작을 시작하는 비트이다. 단극성 모드일 때는 AD변환을 한번만 한다. 자유동작 모드에서는 AESC=1로 하면 첫 번째 AD변환 후 그 뒤부터는 자동으로 변환된다.
ADSC=1: AD변환이 시작된다. ADSC는 AD변환 중에는 1로 유지되다가 변환이 끝나면 0으로 클리어 된다.
ADSC=0: ADSC=1에서 AD변환이 진행되며 AD변환이 끝나면 0으로 된다.

BIT 5 : ADFR(ADC Free Running Select)

ADFR은 AD변환의 동작 모드를 설정하는 비트이다.
ADFR=1: ADC는 자유동작 모드(계속 동작되는 형태)로 설정한다. 이 모드에서 ADC는 데이터의 샘플링, 변환, 그리고 데이터 레지스터의 갱신(update)이 계속 수행한다.
ADFR=0: 단일 변환 모드(자유동작 모드 해제)로 설정한다.

BIT 4 : ADIF(ADC Interrupt Flag)

ADIF는 AD변환 인터럽트를 표시하는 플래그 비트이다.
ADIF=1: AD변환이 완료되었을 때 1로 설정된다. ADIF=1이고 SREG의 I=1이면 AD변환 완료 인터럽트를 발생한다.
ADIF=0: 인터럽트가 처리되면 ADIF=0이 된다. 만약 이때 ADIF에 1을 써도 클리어 된다.

BIT 3: : ADIE(ADC Interrupt Enable)

ADIE는 AD변환 인터럽트를 허용하거나 허용하지 않는 비트이다.
ADIE=1: AD변환 인터럽트를 허용한다.
ADIE=0: AD변환 인터럽트를 허용하지 않는다.

BIT 1: : ADPS2:0(ADC Prescaler Select Bits)

ADPS2:0는 ADC의 클럭 분주비를 표 8.4와 같이 설정한다.

| 표 8.4 | ADC 클럭의 분주비

ADPS2	ADPS1	ADPS0	분주 값
0	0	0	2
0	0	1	2
0	1	0	4
0	1	1	8
1	0	0	16
1	0	1	32
1	1	0	64
1	1	1	128

❸ ADCH/ADCL(ADC Data Register Higher/Lower)

그림 8.9는 ADCH 및 ADCL 레지스터의 구조이다. ADCH 및 ADCL 레지스터는 AD 변환된 값을 저장하는 레지스터이다. 단극성 입력의 경우는 10비트 양의 정수로 표현되어 0~123까지의 범위를 갖는다. 또한 차동 입력의 경우는 2의 보수로 출력되며, −512~+511의 범위를 갖는다.

Bit	15	14	13	12	11	10	9	8	
	–	–	–	–	–	–	ADC9	ADC8	ADCH
	ADC7	ADC6	ADC5	ADC4	ADC3	ADC2	ADC1	ADC0	ADCL
	7	6	5	4	3	2	1	0	
Read/Write	R	R	R	R	R	R	R	R	
	R	R	R	R	R	R	R	R	
Initial Value	0	0	0	0	0	0	0	0	
	0	0	0	0	0	0	0	0	

Bit	15	14	13	12	11	10	9	8	
	ADC9	ADC8	ADC7	ADC6	ADC5	ADC4	ADC3	ADC2	ADCH
	ADC1	ADC0	–	–	–	–	–	–	ADCL
	7	6	5	4	3	2	1	0	
Read/Write	R	R	R	R	R	R	R	R	
	R	R	R	R	R	R	R	R	
Initial Value	0	0	0	0	0	0	0	0	
	0	0	0	0	0	0	0	0	

| 그림 8.9 | ADCH 및 ADCL 레지스터의 비트 구조

8.4 ADC의 잡음 제거

ATmega128의 ADC는 AD변환 결과는 잡음의 영향을 많이 받기 때문에 잡음을 최소화하기 위해서 다음의 사항들을 고려하여 설계한다.

- 회로 설계에서 ADC의 아날로그 입력 신호 선은 최대한 굵고 짧은 패턴으로 설계한다.
- 회로에서 AVCC(핀64)를 사용해야 하는 경우에는 그림 8.10과 같이 LC 전원 필터 회로를 사용한다.
- 그림 8.10과 같이 아날로그 회로의 모든 접지는 AGND로 연결하고, 디지털 회로의 접지는 DGND로 연결하여 아날로그 신호 접지와 디지털 신호의 접지는 분리한다. 그리고 최종적으로는 AGND와 DGND를 하나로 접지(최종적으로 두 회로의 전압 레벨을 같게 한다.)하여 잡음에 의해 간섭받지 않도록 설계한다.
- 만약 매우 정밀한 AD변환이 요구되는 회로를 설계하는 경우에는 ADC 잡음 제거 모드(ADC noise reduction mode)를 사용한다.
- AD변환 동안에는 병렬 I/O 포트를 사용하지 않는다.
- 회로설계에서 AD변환 결과가 잡음에 영향을 받을 수 있는 상태에 있거나 회로에서 잡음을 제거할 수 없는 경우에는 AD변환된 값을 여러 번 취하여 결과를 평균하거나 AD변환 결과를 소프트웨어적으로 필터링(filtering)하여 잡음을 제거한다.

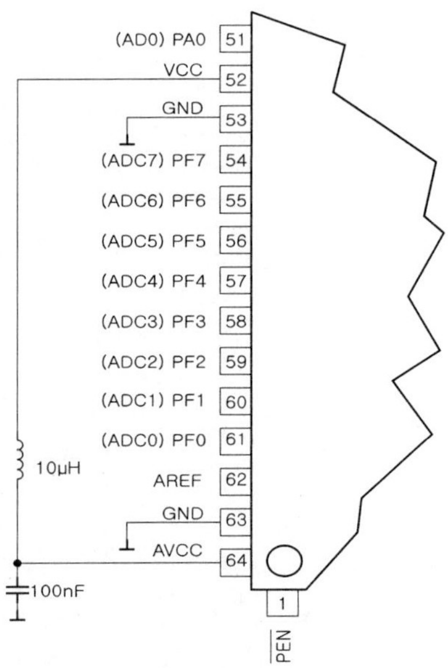

그림 8.10 | ADC의 잡음을 제거하기 위해서 LC를 사용하여 전원을 연결한 회로

연습문제

01. ATmega128의 ADC의 사양을 설명하여라.

02. ATmega128의 ADC의 내부 구조를 간략하게 설명하여라.

03. ATmega128의 ADC의 제어 관련 레지스터를 설명하여라.

04. ATmega128의 ADC에서 단극성 모드와 자유동작 모드의 타이밍도를 설명하여라.

05. ATmega128의 ADC는 어떤 과정으로 변환되는가?

제2부

ATmega128 응용 회로 및 프로그램 설계

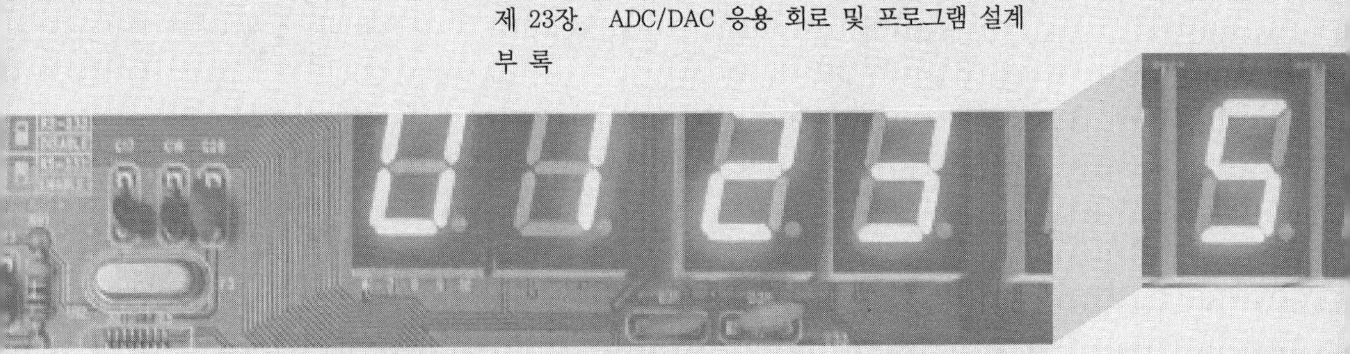

제2편

제 9 장

ATmega128 개발 환경

학습목표

1. AVR ATmega128의 통합 개발환경, 툴 체인, 드라이브 설치에 대해서 이해한다.
2. ATmega128 키트의 하드웨어 구조를 이해한다.
3. 82C55A의 내부 구조, 모드 동작, 인터페이스 방법에 대해서 이해한다.

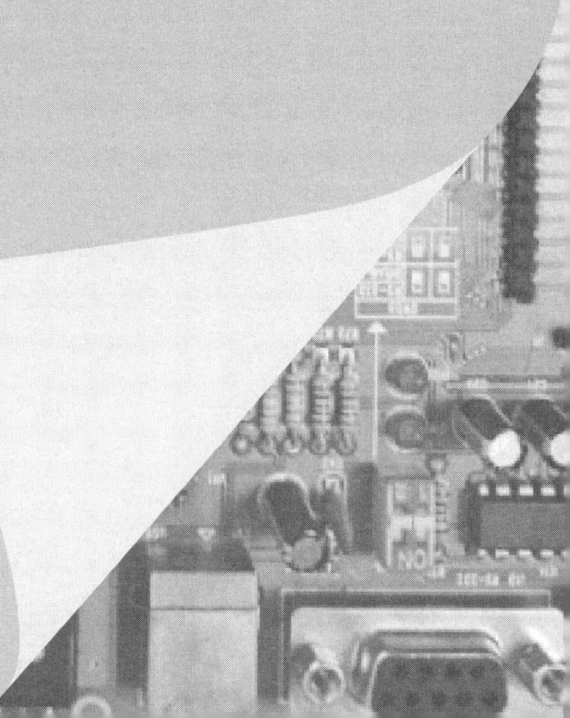

9.1 개요

본 장에서는 실습용 키트의 H/W 사양과 ATmega128을 사용하여 프로그램을 설계하기 위한 개발환경을 소개한다. 그림 9.1은 본 교재에서 사용된 ATmega128 실습용 키트의 H/W이며, 표 9.1은 실습용 키트의 사양이다.

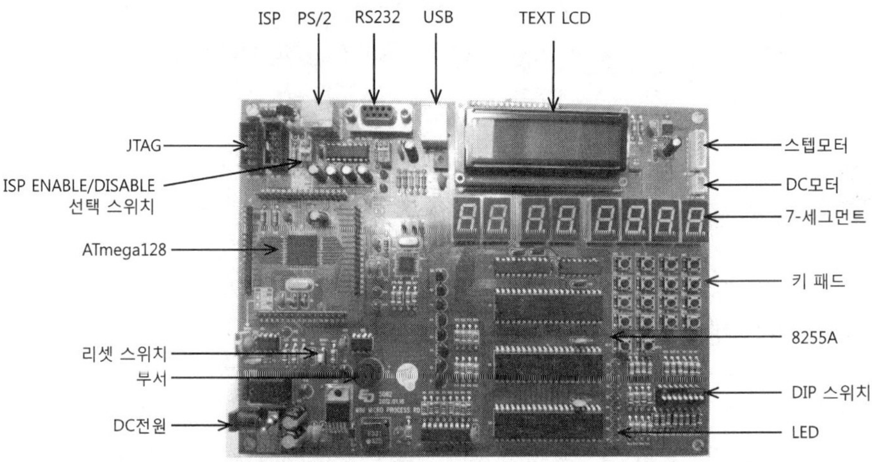

| 그림 9.1 | ATmega128 실습용 키트의 구조

| 표 9.1 | 실습용 키트의 사양

항목	사양
MCU	ATmega128L
사용전원	+5V, +12V
OSC	12.04MHz
LED	3.7V(적색)×8
7-세그먼트	μDUR-105K
텍스트 LCD	LC1621
직렬 인터페이스	JTAG, USB, RS-232C, ISP, TWI 지원
PPI	NEC 82C55AC
DIP 스위치	KSD08H
키패드	4×4 매트릭스
PS/2	6핀 Mini DIN
부저(buzzer)	KPX-1205A

DC모터	DC MICRO MOTOR(MOTOR BANK)
RC서보모터	SG90
스텝모터	NPM PF25-48C1
리모컨	ED 리모컨,
적외선 수신 소자	ROM-N338LM
RTC	DS1302
I^2C	AT24C32
AD변환기	AD7302B
개발환경	툴 체인, ISP, USB 드라이브, AVR Studio 4

9.2 AVR 통합 개발환경

9.2.1 AVR 개발 환경

ATmega128을 사용하여 응용 시스템을 개발하기 위해서는 먼저 AVR 소프트웨어 개발 환경을 구축해야 한다. 본 교재에서는 윈도우 환경에서 AVR 제품군의 마이크로컨트롤러 프로그램을 개발할 수 있는 통합 개발환경 중에서 AVR Studio 4를 사용한다. AVR Studio 4는 AVR 8비트 마이크로컨트롤러를 지원하며, 어셈블러와 시뮬레이터, 그리고 GCC 컴파일러를 지원한다. 현재 AVR 통합 개발환경은 AVR Studio 4 외에 AVR Studio 6.0 버전까지 출시되었다.

AVR Studio 4는 어셈블러(assembler), 시뮬레이터(simulator)와 에뮬레이터(emulator)를 동시에 지원하고 있다. 또한 AVR Studio 4는 에뮬레이터(AVRISP, JTAG ICE, STK500, ICE40, ICE50 등)가 컴퓨터에 연결되어 있으면 에뮬레이터로 동작되고 연결되어 있지 않으면 독립적인(standalone) 시뮬레이터로 동작된다.

AVR 컴파일러는 IAR EWAVR(IAR사), CodeVision AVR(HPinfotech사), ICC AVR(ImageCraft사), AVRGCC(공개용)이 있다. 많은 개발자들은 JTAG ICE를 H/W 에뮬레이션 툴로 사용하고 AVR Studio 4를 시뮬레이션 툴로 사용하여 개발하고 있다. 그 외 STK200/300(Kanda System), PonyProg가 있다.

ATMEL(www.atmel.com) 홈페이지에서 AVR 마이크로컨트롤러 제품군에 관련한 다양한 자료를 구할 수 있다. 표 9.2는 ATmega128 응용 시스템을 개발하기 위해서 사용되는 툴(AVR Studio 4, 툴 체인, ISP 드라이브, USB 드라이브)이다.

| 표 9.2 | 툴 체인과 드라이브

종류	파일 이름	용도
AVR Studio 4	avrstudiosetup	윈도우 환경의 ATmega128 통합 개발환경
툴 체인	avr-toolchain-installwe-3.3.0.710-win32	개발 지원 툴
ISP 드라이브	CP210x_VCP_Win_XP_S2K3_Vista_7	컴퓨터에서 타겟 보드의 플래시 메모리로 HEX 파일을 다운로더하기 위한 ISP 드라이브
USB 드라이브	FTDI-serial_converter_driver	USB 드라이브(컴퓨터에서 타겟 보드와 직렬통신을 하기 위해서 USB를 RS-232C로 변환)

9.2.2 툴 체인, AVR Studio 4 및 ISP 드라이브 설치

AVR Studio 4를 설치하기 위해서는 먼저 Atmel사의 홈페이지에 연결하여 통합개발환경을 위한 툴 체인과 AVR Studi 4를 다운로더 받는다. 다음으로 ISP 드라이브를 다운로더 받는다. 다운로더 과정은 다음과 같다.

단계-1 홈페이지 연결

그림 9.2와 같이 Atmel사의 홈페이지를 연결한다. 홈페이지 상단 메인 메뉴에서 'Products' ⇒ 'Microcontrollers' ⇒ 'Atmel AVR 8-bit and 32-bit' 항목을 선택한다.

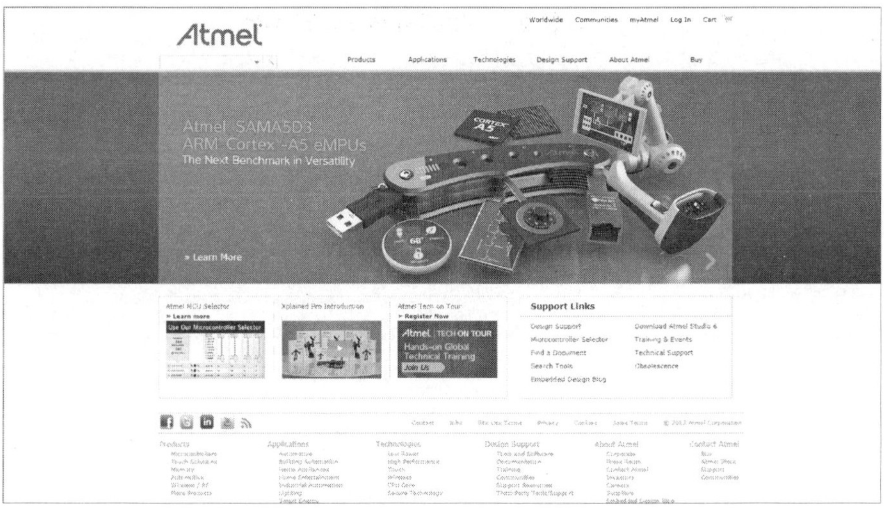

| 그림 9.2 | Atmel사의 홈페이지

단계-2 Tools 화면

그림 9.3과 같이 'Microcontrollers' ⇒ 'Atmel AVR 8-bit and 32-bit' ⇒ 'Tools' 항목을 선택한다. 그림 9.3의 아래 부분에서 그림 9.4와 같이 'Software Tools' 항목에서 'AVR Studio'를 선택한다.

| 그림 9.3 | 'Microcontrollers' ⇒ 'Atmel AVR 8-bit and 32-bit' ⇒ 'Tools' 실행 화면

| 그림 9.4 | 'Software Tools' 화면

단계-3 홈페이지 연결

그림 9.5와 같이 AVR Studio 화면을 클릭한다.

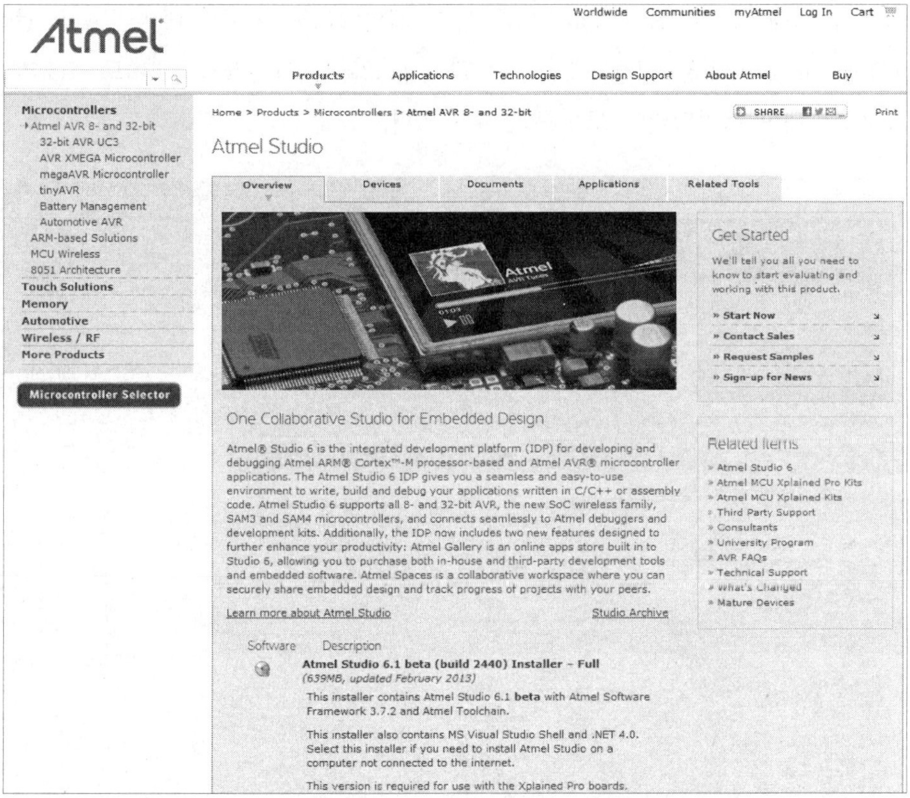

| 그림 9.5 | Atmel Studio 화면

단계-4 통합개발환경과 툴 체인 다운로더

그림 9.6은 다운로더된 파일이다. AVR Studio 4.19(build 730), AVR-Toolchain 3.3.0-Installer3.3.0.710-win32 및 드라이브를 다운로더 한다. 또한 USB 직렬포트를 사용하기 위해서 FTDI 드라이브도 필요하게 된다.

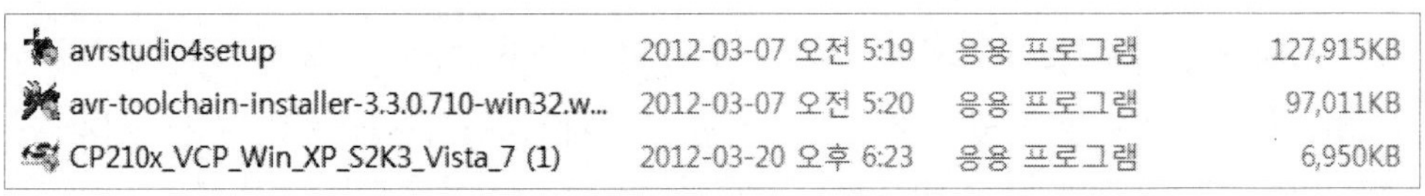

| 그림 9.6 | 다운 로더된 파일

9.2.3 AVR 툴 체인 설치

그림 9.7은 AVR 툴 체인(tool chain)을 설치하는 과정의 화면이다. AVR 개발환경을 구성하기 위해서는 AVR Studio 보다 먼저 컴파일러를 설치해야한다. AVR 툴 체인(AVR-Toolchain 3.3.0-Installer3.3.0.710-win32)은 기본적으로 8비트 AVR과 32비트 AVR에 대한 컴파일러를 모두 포함하고 있다.

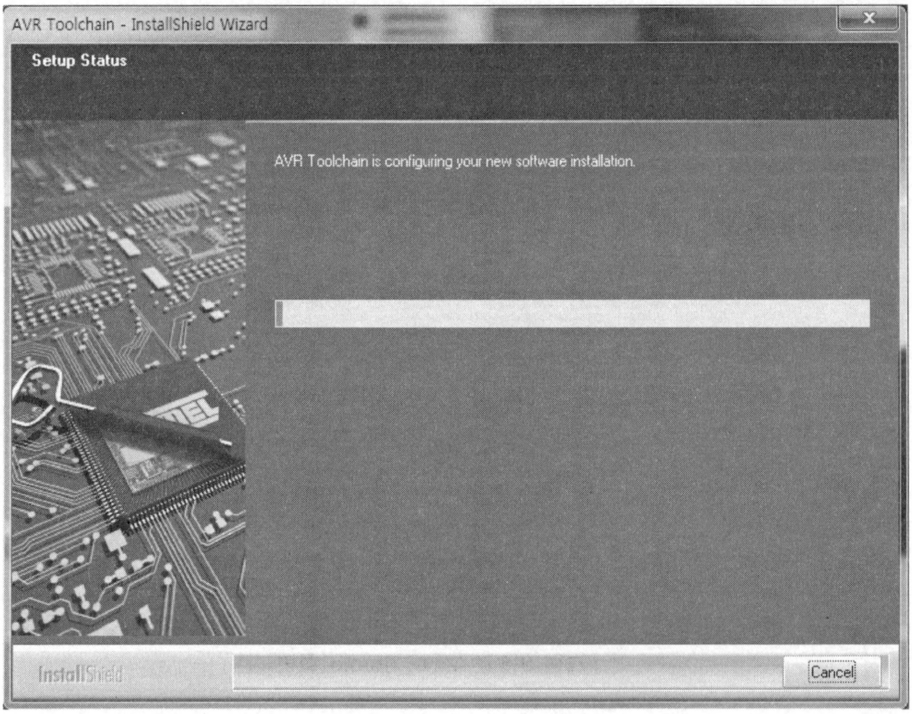

| 그림 9.7 | AVR 툴 체인의 설치 화면

9.2.4 AVR Studio 4 설치

그림 9.8은 AVR Studio 설치가 진행 중인 화면이다. AVR 툴 체인의 설치가 끝나면 'AvrStudio4Setup'파일을 실행한다. AVR Studio의 버전은 4.19이다. 툴 체인과 마찬가지로 설치한다. 설치 프로그램의 기본 설정을 변경하지 않고 설치한다. 툴 체인과 AVR Studio는 각각 컴파일러 및 라이브러리 개발 패키지, 소스코드의 편집, 수정, 컴파일, 생성된 코드의 다운로드 등의 기능을 수행한다.

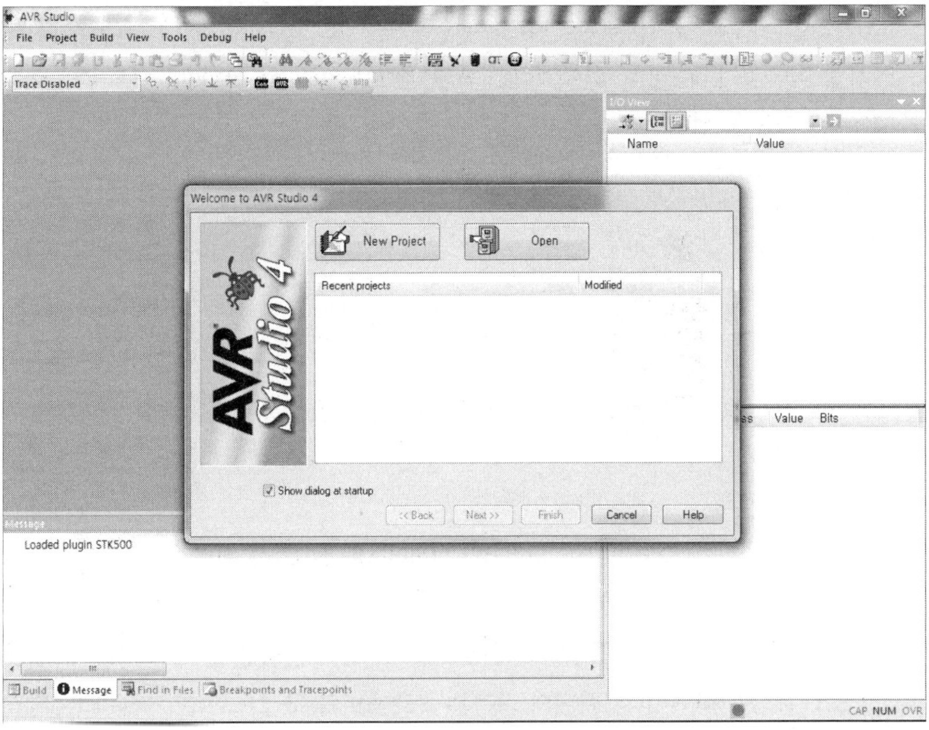

| 그림 9.8 | AVR Studio 설치

메뉴 항목의 'Project' ⇒ 'Project Wizard'를 선택하여 그림 9.9와 같이 'New Project'를 선택한다.

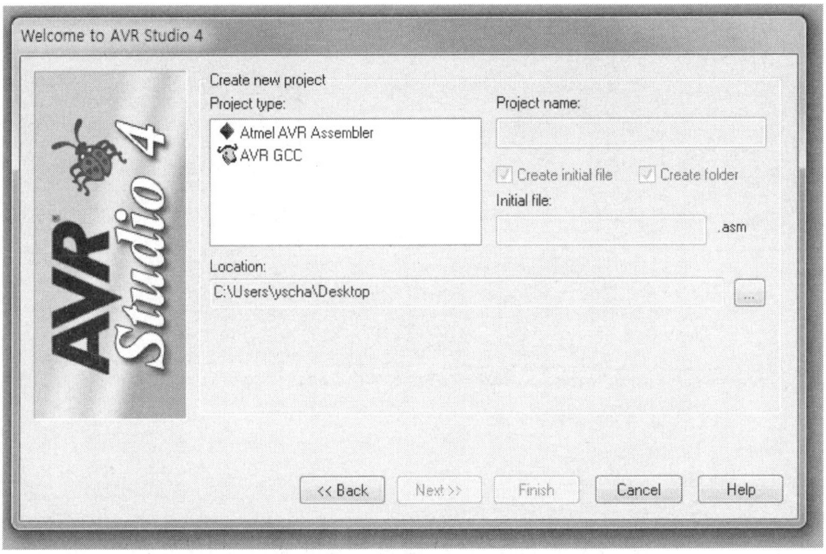

| 그림 9.9 | 'New Project'대화상자

그림 9.10은 디버거 플랫폼(debug platform)과 디바이스(device)를 선택하는 화면이다. 여기서 'Debug Platform' 항목에서는 'AVR Simulator2'를 선택하고 'Device' 항목에서는 'ATmega 128'을 선택한다.

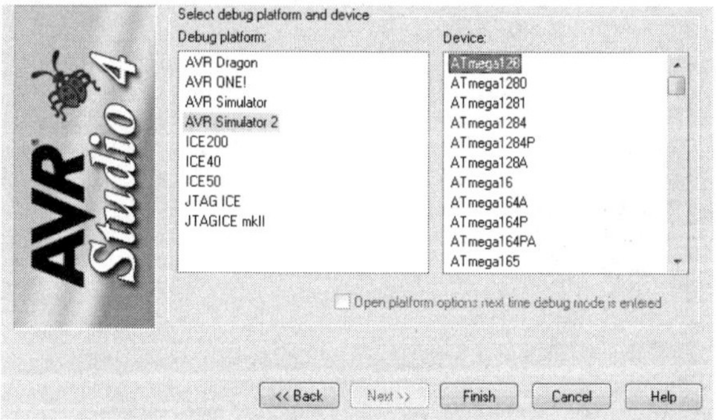

| 그림 9.10 | 디버거와 디바이스를 선택하는 화면

그림 9.11은 Atmega128의 통합 개발환경이 모두 설치된 화면에서 프로젝트를 설정하고 소스 코드를 편집한 화면이다. 화면의 좌측은 프로젝트의 구성요소이며 가운데는 편집창이며 오른쪽은 I/O View 창이다. 여기서 주의할 사항은 'Project Name'의 프로젝트가 저장될 경로와 프로젝트의 이름에는 영문, 숫자 또는 밑줄 문자(_)을 사용하지만 특수문지와 한글은 사용하지 않는다.

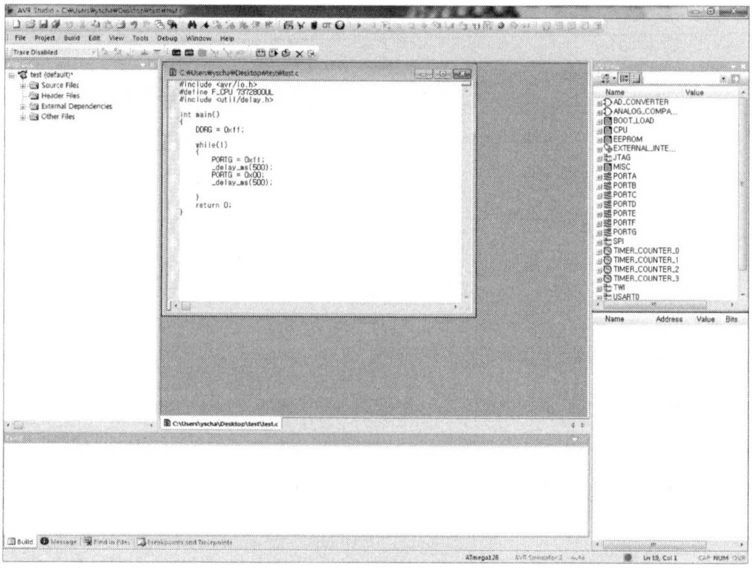

| 그림 9.11 | 프로젝트가 설정 완료된 통합개발환경 화면

그림 9.12는 통합개발환경을 이해하기 위해서 간단하게 작성된 프로젝트를 컴파일하는 과정의 화면이다. 이때 오류 없이 정상적으로 컴파일 된 경우에는 그림 9.12와 같이 컴파일이 성공하였음을 표시하는 메시지가 출력된다.

```
(.text + .data + .bootloader)

Data:           0 bytes (0.0% Full)
(.data + .bss + .noinit)


Build succeeded with 0 Warnings...
```

| 그림 9.12 | 컴파일이 되고 있음을 표시하는 메시지

그림 9.13은 정상적으로 컴파일된 HEX 파일을 타겟보드에 다운로더하기 위한 화면이다. 타겟보드와 PC를 ISP 다운로더 케이블로 연결한 후 그림 9.13과 같이 메뉴의 'Tools' ⇒ 'Program AVR' ⇒ 'Connect'를 수행한다. 타겟보드와 PC가 정상적으로 연결되었는지를 확인한다.

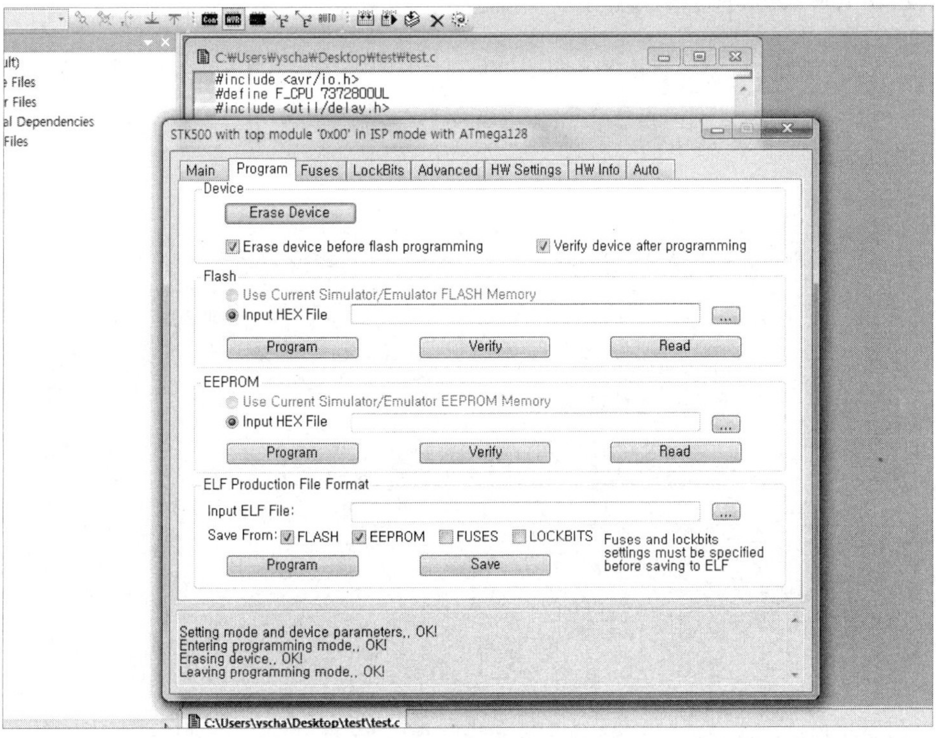

| 그림 9.13 | 타겟보드에 다운로더하기 위한 'Program' 화면

케이블의 연결 상태에 이상이 없으면 그림 9.13과 같이 ISP 모드창이 출력된다. 먼저 'Erase Device' 버튼을 눌러 메모리를 깨끗하게 지운 뒤, 'Flash'그룹의 '...' 버튼을 클릭하여 빌드한 HEX 파일을 선택한다. hex파일은 일반적으로 프로젝트 폴더의 'default'라는 폴더 안에 생성되어 있으며, 빌드에 실패했을 경우 HEX 파일이 존재하지 않는다.

그림 9.14는 타겟보드에 HEX 파일을 다운로더 하고 있음을 표시하는 메시지이다. 'Program'버튼을 누르고 아무 이상이 없으면, 프로그램이 다운로더 되는 과정에서 표시되는 'OK' 메시지들을 확인할 수 있다. 이제 작성한 프로그램이 정상적으로 보드에서 동작하는지 확인하면 된다.

```
Setting mode and device parameters.. OK!
Entering programming mode.. OK!
Erasing device.. OK!
Leaving programming mode.. OK!
```

| 그림 9.14 | 타겟 보드에 다운로더 하고 있음을 표시하는 메시지

9.2.5 ISP 드라이브 설치

그림 9.15는 호스트 컴퓨터에서 타겟보드로 HEX 파일을 다운로더하기 위한 ISP 케이블이다. 이때 ISP 케이블에서 DIP 스위치 1번을 ON하면 컴퓨터의 전원 5V를 사용할 수 있다.

| 그림 9.15 | ISP 케이블

9.3 퓨즈비트 설정

ATmega128 칩을 구입한 다음 최초로 사용하기 위해서는 퓨즈비트를 설정해야 한다. 컴퓨터는 윈도우즈7이 설치된 경우의 화면 기준이다. 퓨즈 비트를 설정하는 단계는 다음과 같다.

단계-1 컴퓨터의 포트 설정

그림 9.16과 같이 탐색기의 '컴퓨터' 폴더에서 오른쪽 마우스 버턴을 클릭한 후 출력되는 대화상자에서 '속성(R)'을 클릭한다.

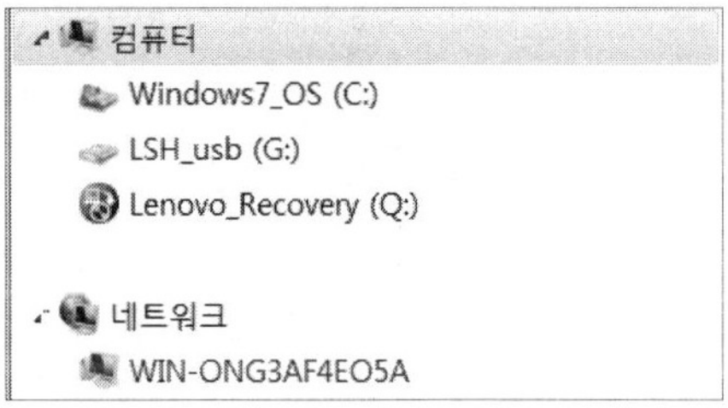

| 그림 9.16 | 탐색기에서 '컴퓨터' 폴더

단계-2 하드웨어 설정

'속성' 창이 출력되고 왼쪽의 '고급시스템 설정'항목을 실행하면 그림 9.17과 같이 '시스템 속성' ⇒ '하드웨어' ⇒ '장치 관리자'를 선택한다.

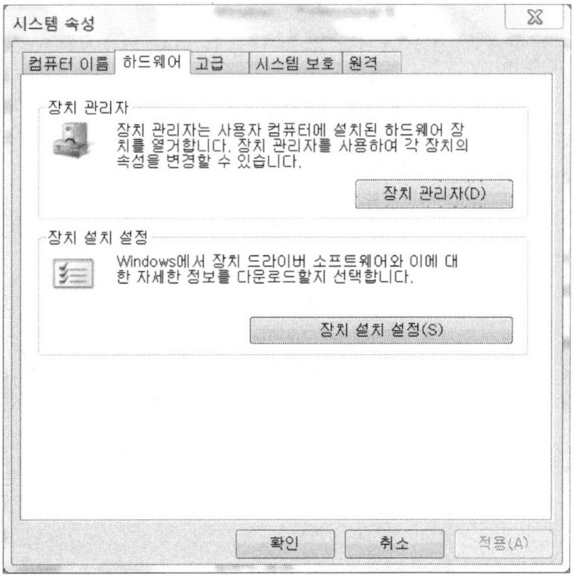

| 그림 9.17 | '시스템 속성' 대화상자

단계-3 하드웨어 설정

'장치 관리자'를 선택하면 그림 9.18과 같이 '장치 관리자' 대화상자가 출력된다. 장치

관리자 대화상자의 포트(COM & LPT)에서 ISP 드라이브(Silicon Labs CP210x USB to USART Bridge(COM5)가 설치된 것을 확인할 수 있다. 이때 USB 포트에 ISP 케이블이 연결되어 있어야 하며 케이블을 제거하면 화면에서 ISP 드라이브 표시가 사라지게 된다.

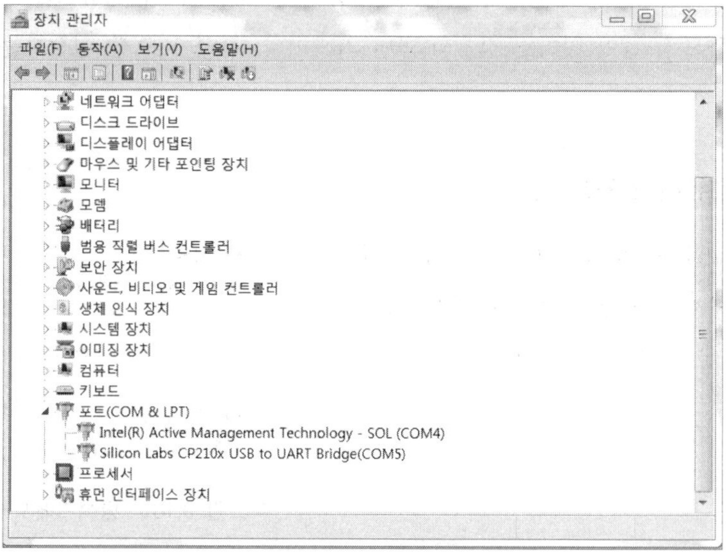

| 그림 9.18 | '하드웨어' ⇒ '장치관리자' 대화상자

단계-4 '장치관리자'에서 ISP 드라이브가 설치된 것을 확인하였으므로 다음은 그림 9.19와 같이 AVR Studio 4를 실행한 후 퓨즈 비트를 설정한다. 그림 9.19의 'Connect' 아이콘을 클릭한다.

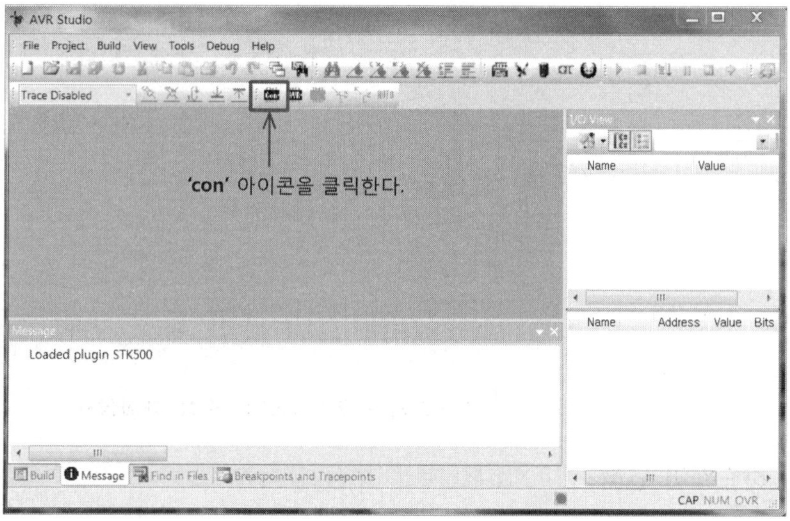

| 그림 9.19 | 아이콘 'con' 실행

단계-5 그림 9.20과 같이 'Select AVR Programmer' 창에서 'STK500(혹은 AVRISP)' ⇒ 'com5' ⇒ 'Connect..' 클릭한다. 이때 선택하는 포트는 설계자의 컴퓨터와 타겟 보드가 연결되는 포트를 선택해야 한다.

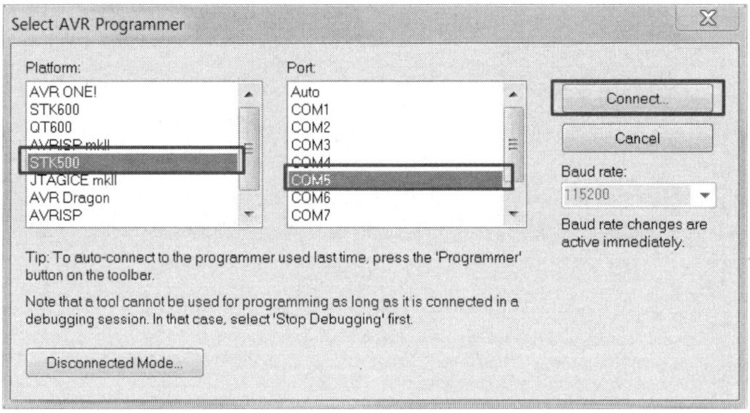

| 그림 9.20 | 'Select AVR Programmer' 대화상자

단계-6 그림 9.21과 같이 5개 항목을 설정한 후 'Program' 버튼을 클릭하여 퓨즈 비트를 설정한다.

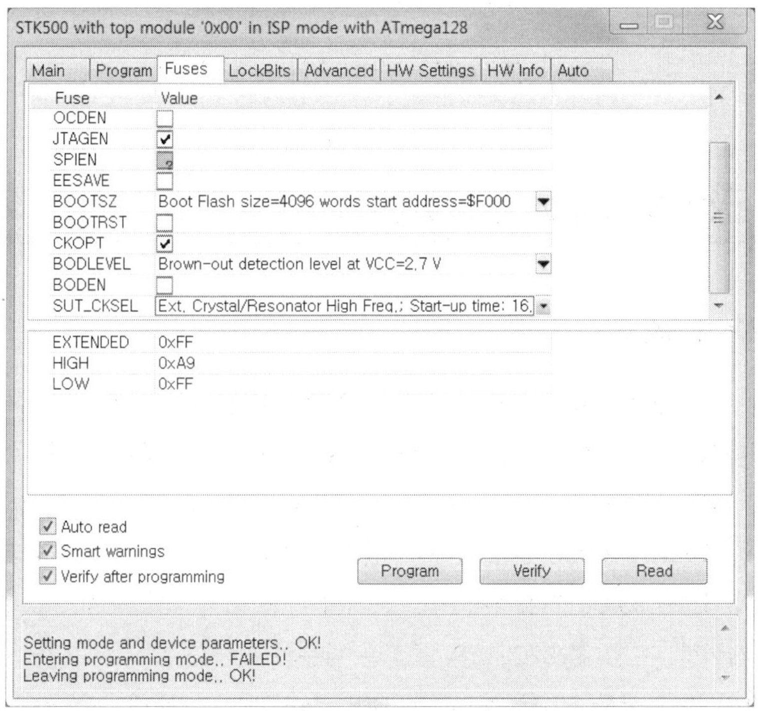

| 그림 9.21 | 퓨즈 비트 설정

단계-7 만약 퓨즈 비트 설정이 되지 않으면 9.22와 같이 'Main' 항목을 확인 후 다시 퓨즈 비트를 설정한다.

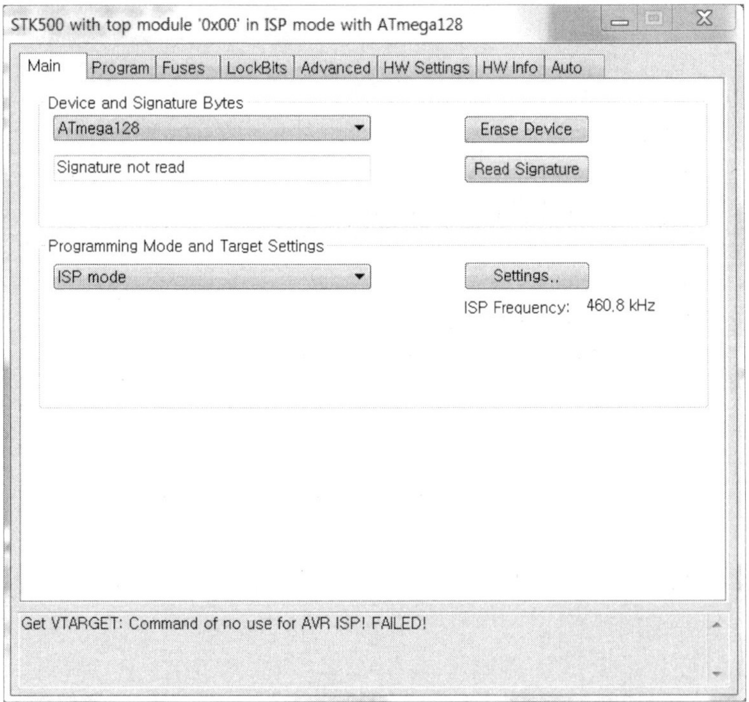

| 그림 9.22 | 'Main' 항목의 대화상자

9.4 82C55A 구조와 인터페이스

9.4.1 82C55A

82C55A는 인텔(Intel)사의 모든 마이크로프로세서와 다른 제조사의 마이크로프로세서와 인터페이스하여 I/O 포트를 확장하기 위한 목적으로 설계된 고성능 CHMOS로 제조된 TTL 호환 범용 PPI(Programmable Peripheral Interface)이다. 82C55A는 24개의 I/O를 제공(포트A, 포트B, 포트C)하고 있으며 3개의 주요 모드(mode)로 동작된다. ATmega128과 82C55A를 사용하여 여러 가지의 주변 소자(ADC, DAC, 스텝모터, DC모터 등)를 제어할 수 있다. 82C55A의 특징은 다음과 같다.

- 5V 단원 전원 사용, 40핀 DIP(40핀 DIP, 44핀 PLCC) 형태
- 모든 인텔 계열의 프로세서와 대부분 다른 제조사의 프로세서와 호환성

- 고속 및 0대기상태(zero wait state) 동작
- 24개 프로그램 가능한 I/O(Input/Output) 핀(포트A, 포트B, 포트C)
- 저전력형 CHMOS 구조
- 완전한 TTL 호환성
- 직접 비트(bit)를 셋/리셋(포트C)
- 모든 I/O 포트 출력에 대한 2.5mA DC 드라이브 전류

9.4.2 82C55의 핀 신호

82C55A의 핀 신호는 그림 9.23과 같이 전체 40핀의 구조로 구성되며 핀 신호는 다음과 같다.

❶ D7~D0 : 8비트 양방향 데이터 버스

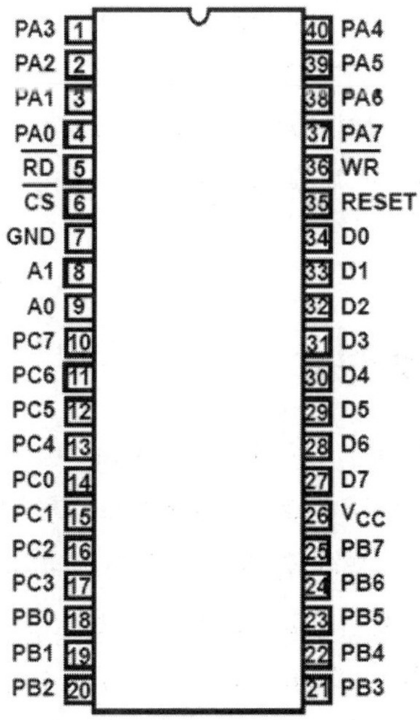

| 그림 9.23 | 82C55A의 핀 구조

❷ $\overline{RD}$(read)

$\overline{RD}$ 신호는 Active Low 입력 신호로써 82C55A에서 데이터를 읽기 위한 신호이며 마이크로컨트롤러의 $\overline{RD}$(read) 신호와 연결된다.

❸ $\overline{\text{WR}}$(write)

$\overline{\text{WR}}$ 신호는 Active Low의 입력 신호로써 82C55A로 데이터 및 명령어를 쓰기 위한 신호이며 마이크로컨트롤러의 $\overline{\text{WR}}$(write) 신호와 연결된다.

❹ A0~A1

$\overline{\text{RD}}$, $\overline{\text{WR}}$ 신호와 조합하여 3개의 포트와 제어(control) 레지스터를 선택한다.

❺ /CS(chip select)

$\overline{\text{CS}}$ 신호는 Active Low 신호의 입력으로써, 82C55A를 Enable 시키는 기능이다. $\overline{\text{RD}}$, $\overline{\text{WR}}$, A1, A0, $\overline{\text{CS}}$가 조합되어 입력 및 출력의 방향을 결정한다.

❻ $\overline{\text{RESET}}$

$\overline{\text{RESET}}$ 신호는 Active High의 입력 신호로써, 82C55A를 리셋하는 신호이다. 리셋 핀(pin 35)에 High 신호가 입력되면 Control Word Register는 9BH 값으로 초기화된다. 즉, 1)제어 레지스터는 모두 클리어(clear)되고, 2)포트A, B, C는 모두 모드0의 입력 모드로 설정되며, 3)82C55A는 Atmega128에서 제어 신호를 받기까지 리셋 상태를 유지한다.

9.4.3 82C55A의 내부 구조

그림 9.24는 82C55A의 내부 구조이며 그룹A(포트A, 포트 C(상위 4비트)) 그룹B(포트B, 포트C(하위 4비트)), 그룹A 컨트롤, 그룹B 컨트롤, 데이터 버스컨트롤, 읽기 쓰기 컨트롤 로직으로 구성된다. 82C55A는 3개의 포트(포트 A, 포트 B, 포트 C)와 3종류의 동작 모드(모드0,1,2)를 지원한다. 82C55A는 마이크로컨트롤러로부터 데이터 버스와 컨트롤 신호로 인터페이스 되며, 데이터 버스, $\overline{\text{RD}}$, $\overline{\text{WR}}$, A1, A0 신호로 구성된다.

❶ 그룹A

- 포트 A(A0~A7) : 8비트 데이터 출력일 경우 래치/버퍼 8비트 입력일 경우 래치
- 포트 C(C7~C4) : 4비트 출력일 경우 래치/버퍼, 4비트 입력일 경우 래치

❷ 그룹B

- 포트 B(B0~B7) : 8비트 데이터 입출력, 래치/버퍼
- 포트 C(C3~C0) : 4비트 출력일 경우 래치/버퍼, 4비트 입력일 경우 래치

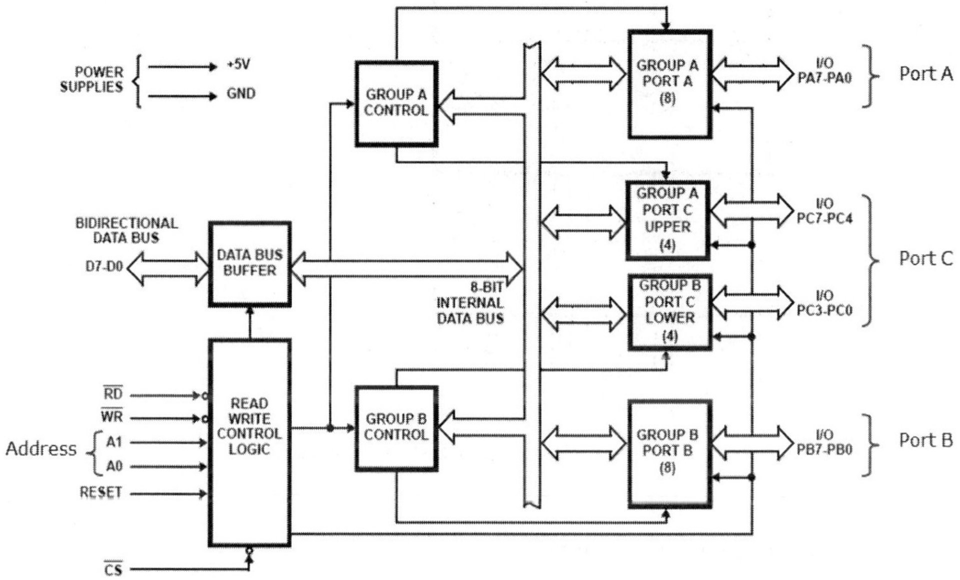

| 그림 9.24 | 82C55A의 내부 구조

❸ 컨트롤 워드

82C55A에서 컨트롤 워드(control word)는 모드를 설정하거나 데이터를 읽기/쓰기하기 위한 기능이다. 82C55A의 제어는 A1, A0 신호를 모두 '1'로 해서 컨트롤 레지스터를 선택한 다음 데이터를 쓰기 한다. 모드 설정은 쓰기 할 데이터(컨트롤 워드)를 MSB(D7)를 1로 한다.

9.4.4 82C55A의 동작 모드

82C55A는 그림 9.25와 같이 3개의 기본 모드를 지원하고 있으며, 이것을 프로그램으로 선택하고 제어할 수 있다. 또한 전체 24비트의 포트는 동작 모드를 독립적으로 설정할 수 있는 2개의 그룹A, B로 나누어진다. 그룹A는 모드0, 모드1, 모드2의 3종류 중 어느 것이나 사용할 수 있지만 그룹B는 모드0, 모드1의 2종류만 사용할 수 있다. 82C55A에서 지원되는 모드의 종류와 기능은 표 9.3과 같다.

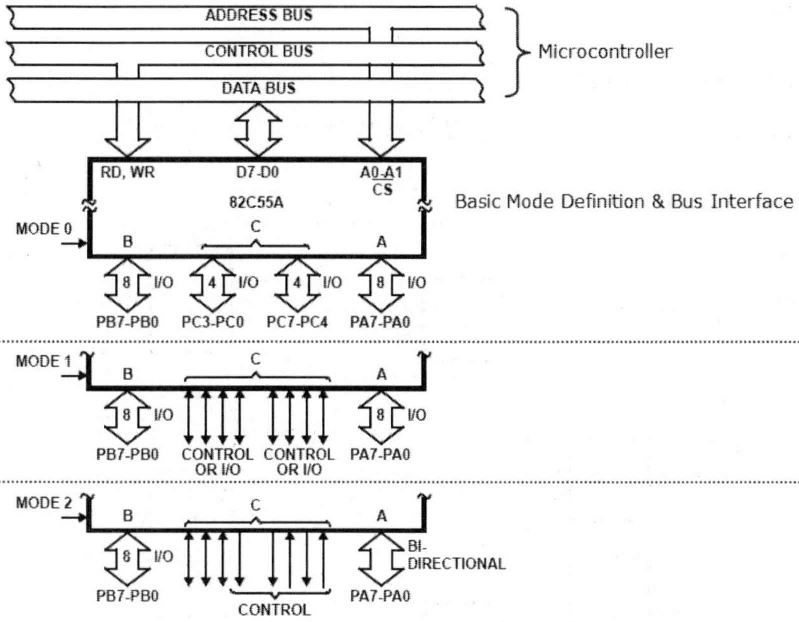

| 그림 9.25 | 82C55A의 동작 모드

| 표 9.3 | 모드0, 모드1, 모드2의 비교

동작 모드	동작	설명
모드0	기본 입출력 모드	• 컨트롤 레지스터에 따른 포트의 입·출력 • 컨트롤 레지스터에 따른 포트의 입·출력
모드1	스트로브 입출력 모드	• 스트로브된 입출력 모드 • $\overline{\text{STRBA(B)}}$의 신호가 Low가 되면 입·출력이 시작됨 (trigger signal)
모드2	양방향 버스 모드	• 스트로브(strobed) 입·출력 모드 • 양방향 버스형태의 입·출력

9.4.5 모드0

82C55A의 모드0는 기본 입·출력 모드로써 단순히 입·출력 포트로 사용되며, 일반적인 응용에서 사용되는 방법은 주로 모드0을 사용한다. 포트 A, 포트 B는 8비트 포트 단위의 입력/출력을 선택해서 사용할 수 있지만, 포트 C는 4비트 단위(상위 4비트, 하위 4비트)로 혹은 독립적으로 선택하여 사용할 수 있다. 만약 이 모드에서 출력 포트로 사용하는 경우 출력 데이터는 래치(latch)된 상태로 출력된다. 모드0의 기본적인 기능 정의는 다음과 같다.

- 2개의 8비트 포트와 2개의 4비트 포트로 구성
- 어떤 포트도 입출력으로 사용가능
- 출력은 래치(latched)
- 입력은 래치가 아님
- 16개의 서로 다른 입출력 구성이 가능

그림 9.26은 82C55A의 컨트롤 워드(control word) 값의 최상위 비트(D7)가 1이면 모드 정의 플래그(mode definition flag)로 동작되고 컨트롤 워드 값의 최상위 비트(D7)가 0이면 Bit Set/Reset 플래그로 동작되는 그림이다. 그림 9.26에서 82C55A의 컨트롤 워드 값이 00000001이면 D7(MSB) 값이 0이므로 비트 셋/리셋 플래그로 동작되어 포트 C의 0번째 비트 위치에 1 값을 기록(최하위 비트가 0이면 0번째 위치에 0을 기록)한다. 표 9.4는 모드0에 대한 포트 정의(port definition)이며 A는 그룹A를 B는 그룹B를 표시하고 그룹A는 D4, D3의 비트 값을 의미하며, 그룹B는 D1, D0의 비트 값을 의미한다. 또한 각각의 비트 값에 따라 0은 출력(output), 1은 입력(input)을 의미한다.

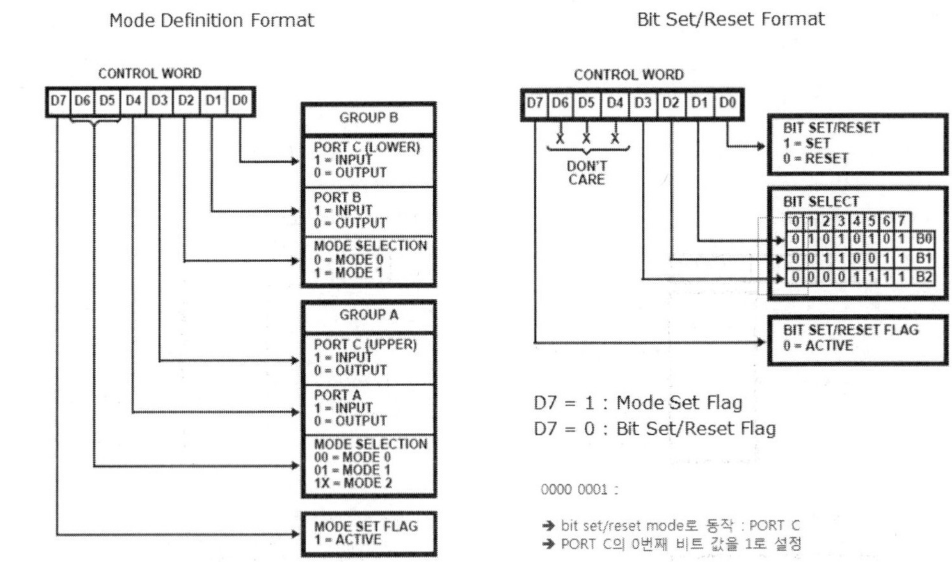

| 그림 9.26 | 82C55A의 모드 정의 플래그(mode definition flag)와 비트 셋/리셋 플래그(bit set/reset flag)

그림 9.27은 표 9.4의 컨트롤 워드 값에 해당되는 모드0의 포트A, B, C의 입력과 출력상태이다.

| 표 9.4 | 모드0의 포트 정의(definition)

컨트롤 워드	A		B		그룹A		그룹B	
	D4	D3	D1	D0	포트A	포트C(상위)	포트B	포트C(하위)
#0	0	0	0	0	출력	출력	출력	출력
#1	0	0	0	1	출력	출력	출력	입력
#2	0	0	1	0	출력	출력	입력	출력
#3	0	0	1	1	출력	출력	입력	입력
#4	0	1	0	0	출력	입력	출력	출력
#5	0	1	0	1	출력	입력	출력	입력
#6	0	1	1	0	출력	입력	입력	출력
#7	0	1	1	1	출력	입력	입력	입력
#8	1	0	0	0	입력	출력	출력	출력
#9	1	0	0	1	입력	출력	출력	입력
#10	1	0	1	0	입력	출력	입력	출력
#11	1	0	1	1	입력	출력	입력	입력
#12	1	1	0	0	입력	입력	출력	출력
#13	1	1	0	1	입력	입력	출력	입력
#14	1	1	1	0	입력	입력	입력	출력
#15	1	1	1	1	입력	입력	입력	입력

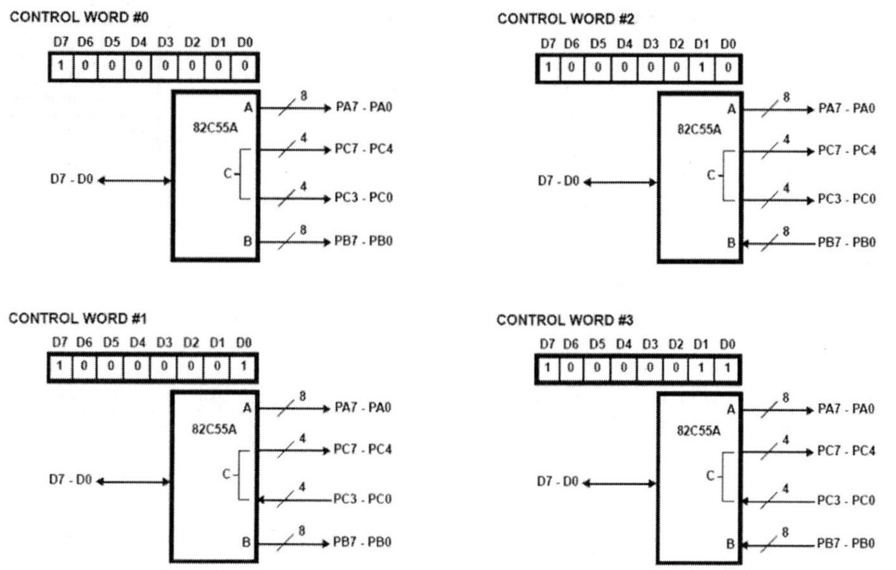

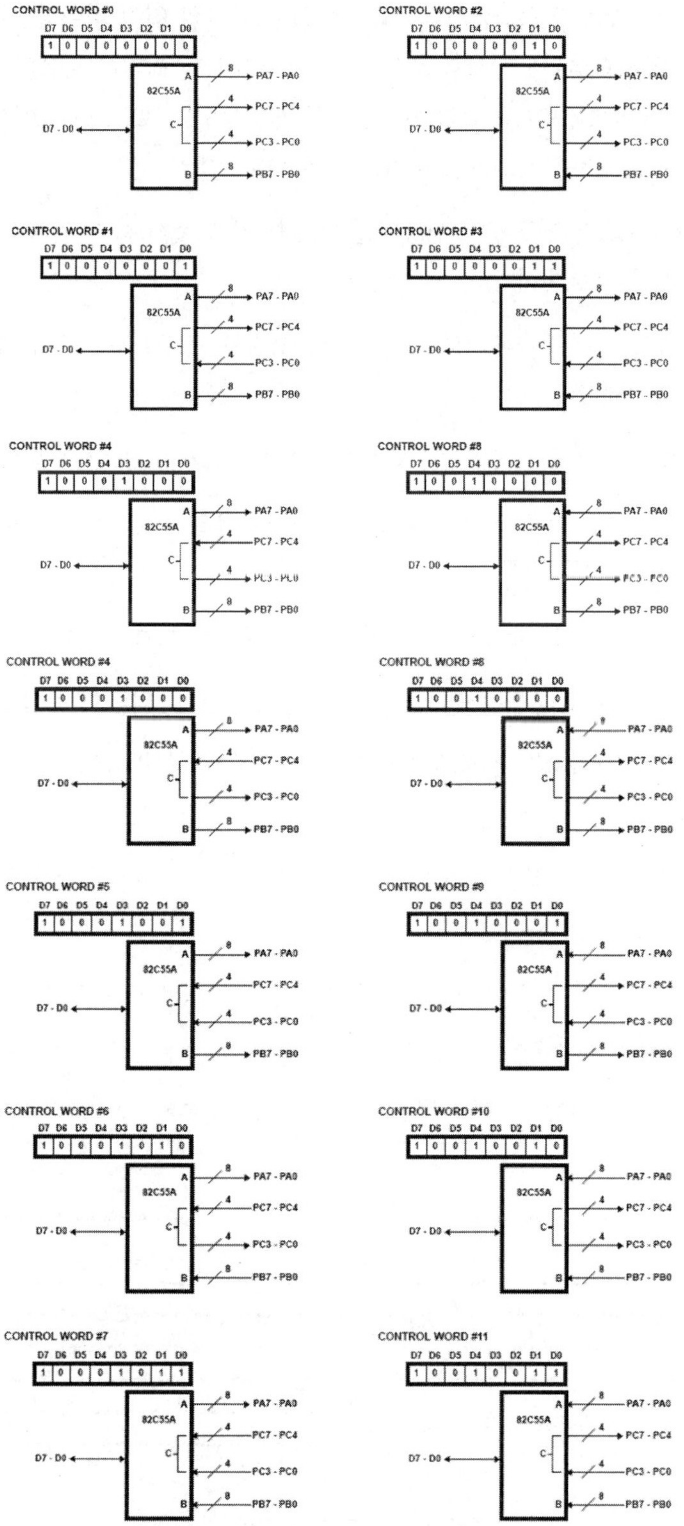

| 그림 9.27 | 모드0의 컨트롤 워드 값에 대한 포트 A, B, C의 입·출력 구성

그림 9.28은 MCU가 82C55A를 모드0로 읽는 동작의 입력 타이밍 신호이다. 타이밍 신호는 MCU가 82C55A에 컨트롤 워드(control word)를 써넣은 다음의 동작이다. 타이밍 신호는 MCU가 82C55A로 출력하는 컨트롤 신호들이며 82C55A 측에서는 82C55A 포트로 입력된 포트 값을 MCU가 읽어가는 동작이다.

① MCU가 82C55A와 연결된 주변장치를 액세스(읽기/쓰기)하기 위해서 출력하는 컨트롤 신호($\overline{CS}$, A1, A0)이다.

② MCU의 $\overline{RD}$ 신호가 하강에지로 되기 전 82C55A의 포트(A, B, C) 값(주변장치의 데이터 값)이 출력되어야 하는 시간이다.

③ MCU가 82C55A를 읽기위한 컨트롤 신호이며 MCU가 82C55A로 출력하는 신호이다.

④ $\overline{RD}$ 신호가 출력된 다음 데이터 버스(D7~D0)에 유효한 데이터 신호를 가져가기 까지 지연 시간이다.

⑤ MCU가 포트 데이터를 버스(D7~D0)로 가져가는 실제 데이터이다.

⑥ MCU의 $\overline{RD}$ 신호가 상승에지로 되는 시간이다. 읽기 동작을 종료하는 신호이다.

⑦ MCU의 $\overline{RD}$ 신호가 상승에지(읽기 동작을 종료하는 표시) 후 포트(A, B, C) 값이 유지되는 시간이다.

⑧ MCU의 $\overline{RD}$ 신호가 상승에지(읽기 동작을 종료하는 표시) 후 컨트롤 신호($\overline{CS}$, A1, A0) 값이 유지되는 시간이다.

⑨ MCU의 $\overline{RD}$ 신호가 상승에지(일기 동작을 종료하는 표시) 후 데이터 버스(D7~D0)에서 데이터 값이 유지되는 시간이다.

⑩ 데이터 버스(D7~D0)가 높은 임피던스(high- impedance)된 상태(버스 차단)이다.

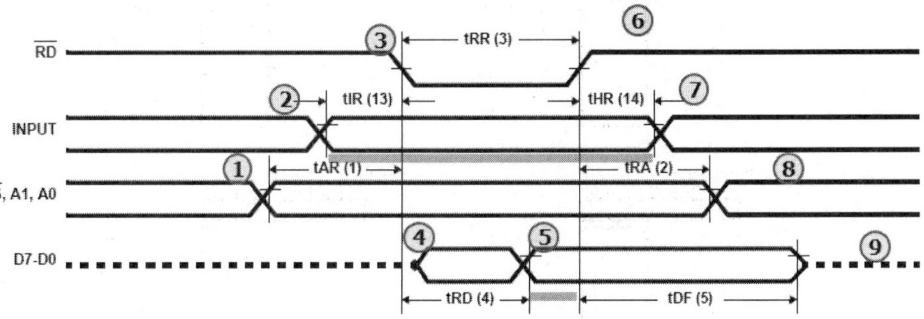

| 그림 9.28 | 모드0의 입력 타이밍도

그림 9.28는 MCU가 82C55A를 모드0로 쓰는 동작의 출력 타이밍 신호이다. 타이밍 신호는 MCU가 82551A에 컨트롤 워드를 써넣은 다음의 동작이다. 타이밍 신호는 MCU가 82C55A로 출력하는 컨트롤 신호들이며 82C55A 측에서는 82C55A의 데이터 버스로 입력된 값을 82C55A의 포트로 출력하는 동작이다. 타이밍 신호에 대한 각 번호의 설명은 다음과 같다.

① MCU가 82C55A와 연결된 주변장치를 액세스(읽기/쓰기)하기 위해서 출력하는 컨트롤 신호($\overline{CS}$, A1, A0)이다.

② MCU가 82C55A에 값을 쓰기 위해서 출력하는 $\overline{WR}$ 컨트롤 신호이며 MCU가 82C55A로 출력하는 신호이다.

③ 데이터 버스(D7~D0)에 존재하는 이전 데이터 값이다.

④ $\overline{WR}$ 신호기 출력된 다음 82C55A에 값을 쓰기 위해서 데이터 버스(D7~D0)에 출력된 데이터 신호(④, ⑥)이다. 이 값이 82C55A에 쓰는 데이터 값이다.

⑤ MCU의 $\overline{WR}$ 신호가 상승에지로 되는 시간이다. 즉 MCU가 쓰기 동작을 종료하는 신호이다.

⑥ MCU의 $\overline{WR}$ 신호가 상승에지(쓰기 동작의 종료를 표시) 후 데이터 버스(D7~D0)에서 데이터 값이 유지되는 시간이다. 여기서 $\overline{WR}$ 신호를 기준으로 신호 ④는 셋업시간(setup time)이며 신호 ⑥은 홀드시간(hold time)이다.

⑦ 데이터 버스에 로드되는 다음 데이터 값이다.

⑧ MCU가 82C55A에 데이터를 쓰기 한 다음 82C55A의 포트로 출력되는 데이터이다.

⑨ MCU의 $\overline{WR}$ 신호가 상승에지(쓰기 동작을 종료하는 신호) 후 컨트롤 신호($\overline{CS}$, A1, A0)가 유지되는 시간이다.

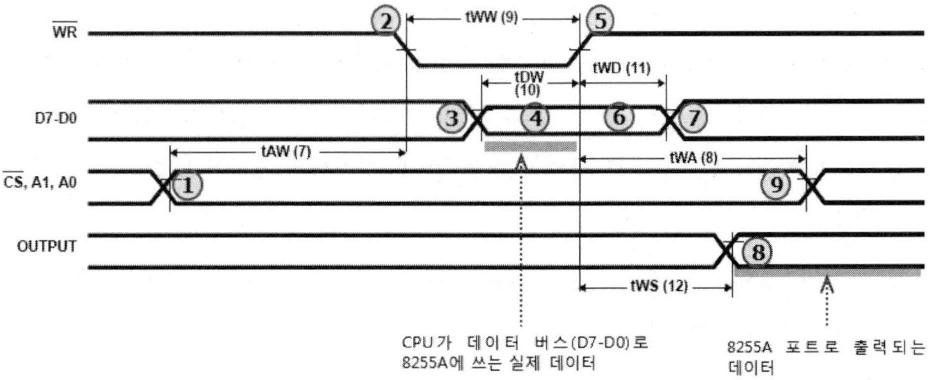

| 그림 9.29 | 모드0의 출력 타이밍도

연습문제

01. AVR 통합개발환경을 구축하기 위해서 필요한 S/W는 무엇이 필요한가?

02. ATmega128의 통합개발환경에 대해서 간략하게 설명하여라.

03. 퓨즈비트는 무엇인가 설명하여라.

04. AVR 통합개발환경에서 퓨즈비트를 설정하는 방법을 설명하여라.

05. AVR 통합개발환경에서 프로젝트를 생성하고 칩에 프로그래밍 하는 과정을 설명하여라.

06. 82C55A는 어떤 기능을 하는 칩인가?

07. 82C55A는 어떤 용도로 사용될 수 있는가?

08. 82C55A의 핀 신호를 설명하여라.

09. 82C55A의 내부 구조에 대해서 설명하여라.

10. 82C55A를 사용하여 외부 장치를 인터페이스 하는 방법을 설명하여라.

제 10 장

LED 응용 회로 및 프로그램 설계

학습목표

1. LED 구동 회로를 이해한다.
2. LED 구동 회로를 동작하는 프로그램을 설계한다.

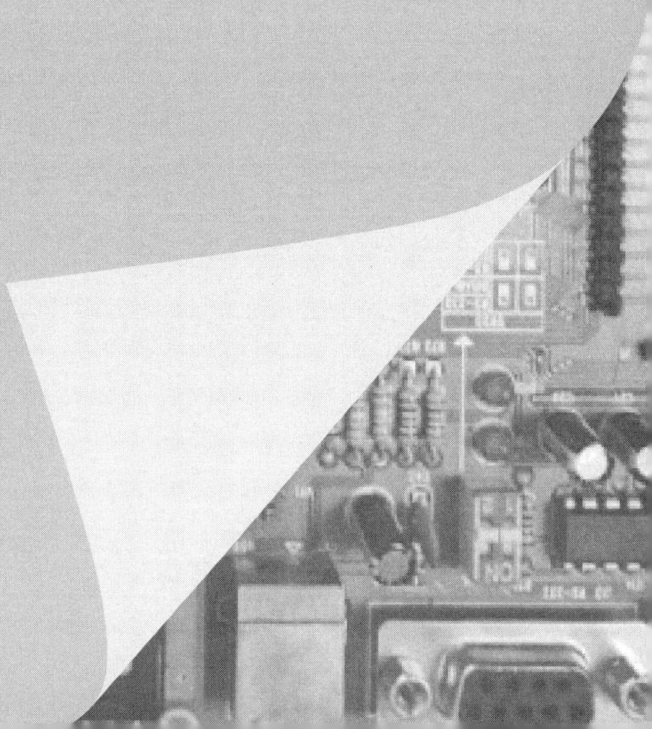

10.1 개요

본 장에서는 ATmega128에 LED와 DIP 스위치 구동 회로와 응용 프로그램을 설계한다. LED를 구동하는 방법은 ATmega128에 직접 인터페이스 하거나 트랜지스터(NPN 혹은 PNP)를 사용하여 인터페이스 할 수 있다.

10.2 LED 구동 회로

ATmega128에서 LED를 인터페이스하고 구동하는 방법은 그림 10.1과 그림 10.4와 같이 ATmega128 I/O 포트에 직접 인터페이스(I/O 핀의 전류로 구동할 수 있는 경우)하거나 포트에 트랜지스터를 사용하여 인터페이스(I/O 핀의 전류로 구동할 수 없는 경우) 하는 2가지 방법으로 할 수 있다.

❶ ATmega128의 I/O 포트에 직접 인터페이스 하는 방법

그림 10.1은 ATmega128의 I/O 핀에 직접 LED를 인터페이스하는 방법이다. 그림 10.1(a)는 I/O 포트 핀의 전류가 충분히 LED를 구동할 수 있는 경우이며, 그림 10.1(b)는 I/O 포트 핀의 전류가 LED를 구동할 수 없는 경우 LED를 반대로 구성하는 방법이다. 그림 10.1(a)에서 저항 R의 값을 구해보자. LED는 3.5V에 동작되고 전류는 20mA가 소모된다고 가정하고, ATmega128의 PA0포트의 전압은 5V, 최대 40mA로 출력(데이터 시트 참조)된다. 포트 PA0의 출력 전압 V_{PA0}는 저항에서 전압 강하(V_R)와 LED에서 전압 강하(V_D)의 합과 같다. 그림 10.1(a)에서 LED의 전류는 $20mA$이므로 저항 값은 다음과 같이 계산된다.

$$20mA = \frac{5.0V - 3.5V}{R}$$

$$\therefore R = \frac{1.5V}{20mA} = 75\Omega$$

그림 10.1(a)의 전체 소비전력 $P_W = P_R + P_D$가 되므로 $P_W = 100mW$가 된다. 1/8W 저항을 사용할 경우 최대 절대 정격($1/8W = 125mW$)을 만족하므로 사용할 수 있다.

$$P_R = V_R \times I_R = 1.5\,V \times 20mA = 30m\,W$$

$$P_D = V_D \times I_D = 3.5\,V \times 20mA = 70m\,W$$

그림 10.1(b)는 I/O 포트 핀의 전류(3.5V/20mA)가 LED를 구동할 수 없는 적은 전류일 때 LED(5.0V/40mA)를 반대 방향으로 연결하여 구동하는 방법이다.

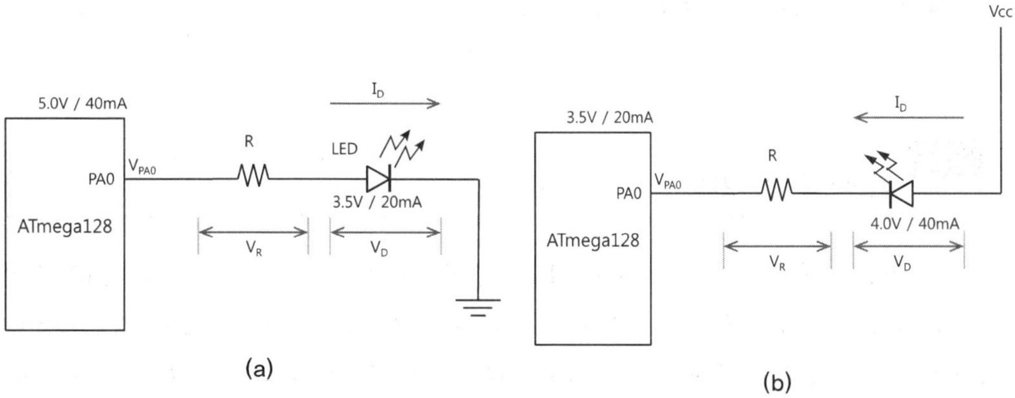

| 그림 10.1 | ATmega128 I/O 핀에 직접 LED를 인터페이스하는 방법((a) I/O 포트 핀의 전류가 충분히 LED를 구동할 수 있는 경우, (b) I/O 포트 핀의 전류가 LED를 구동할 수 없는 경우)

그림 10.2는 I/O 포트(3.5V/20mA로 출력된다고 가정)의 전류가 작아서 LED(4.0V/ 40mA)를 구동할 수 없는 경우 LED를 구동하기 위해서는 풀업(pull-up) 저항을 사용하여 전류를 크게 해 주는 방법이다. 그림 10.2에서 LED를 구동하기 위해서 필요한 전류는 40mA이므로 포트 PA0에서 20mA와 Vcc에서 20mA를 공급해주어야 한다. 여기서 전압은 전압압차를 이며 그림 10.2에서 R_2의 전압차은 1V이다. 그림 10.2에서 R_2, R_1값을 구하면 다음과 같다.

$$\frac{1\,V}{20mA} = R_2$$

$$\therefore R_2 = 50\Omega$$

$$\frac{0.5\,V}{20mA} = R_1$$

$$\therefore R_1 = 25\Omega$$

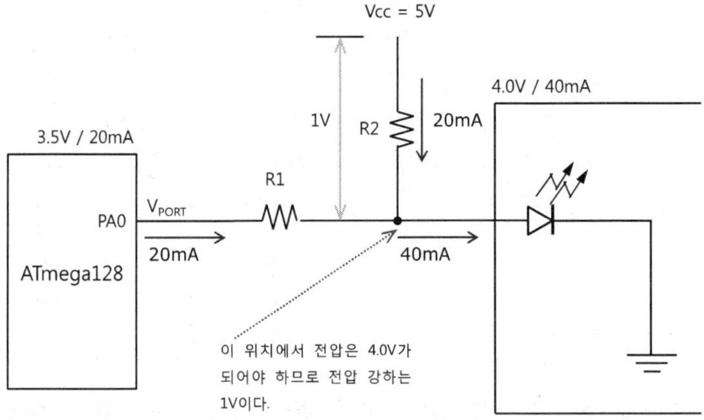

| 그림 10.2 | ATmega128 I/O 핀의 전류가 LED(부하) 구동 전류 보다 적은 경우(풀업)

그림 10.3은 I/O 포트(5.0V/40mA)의 전류가 LED를 구동할 수 있지만 최적으로 LED(3.5V/20mA)를 구동하기 위해서는 풀다운(pull-down) 저항을 사용하여 전류를 작게 하는 방법이다. 그림 10.2에서 옴의 법칙을 적용하여 R_2, R_1를 구하면 다음과 같다. 이때 R_2를 번서 계산한 나음 R_1을 계산해야 힌다.

$$\frac{3.5V}{R_2} = 20mA$$

$$\therefore R_2 = \frac{3.5V}{20mA} = 175\Omega$$

그림 10.3에서 포트 PA0에서는 40mA가 출력되지만 LED에서는 20mA만 필요하게 된다. 그래서 풀다운 저항에서 20mA를 소비해야 한다. 그래서 LED에서 3.5V/20mA가 되기 위해서 R_1은 다음과 같이 계산한다. 즉 좌변은 분압기를 적용한 전압 값이 3.5V가 되어야 하므로 앞에서 계산된 R_2 값을 대입하여 정리하면 R_1 값을 구할 수 있다.

$$V_{PORT} \times \frac{R_2}{R_1 + R_2} = 3.5V$$

$$=5V \times \frac{175\Omega}{R_1 + 175\Omega} = 3.5V$$

$$\therefore R_1 = 75\Omega$$

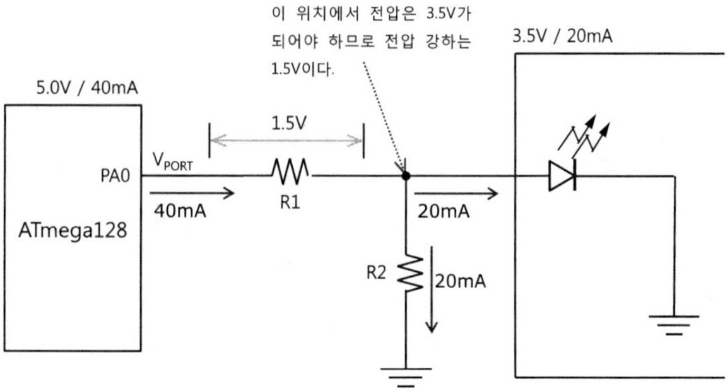

| 그림 10.3 | ATmega128 I/O 핀의 전류가 LED(부하) 구동 전류 보다 큰 경우(풀다운)

❷ NPN 트랜지스터를 이용하여 구동하는 방법

그림 10.4(a)는 2N3904 NPN 트랜지스터를 사용하여 LED를 구동하기 위한 회로이다. 이 방법은 ATmega128 I/O 핀의 전류가 정격을 초과하는 주변 장치를 구동하는 방법으로 NPN 트랜지스터를 사용한다. 그림 10.4(a)에서 ATmega128의 출력 핀(PA0: 51번)이 HIGH(높은 전압 레벨)일 때 트랜지스터 Q1은 ON이 되어 3개의 LED가 켜지게 된다. 만약 PA0 핀에 LOW 전압 값이 출력되면 트랜지스터 Q1은 OFF가 되어 전류가 흐르지 않게 되므로 3개의 LED는 모두 꺼지게 된다. 그림 10.4(b)는 2N3906 PNP 트랜지스터를 사용하여 LED를 구동하기 위한 회로이며, 그림 10.4(a)의 저항 R_1, R_2 값이 같고 방향만 반대가 된다. 그림 10.4(a)에서 $I_{C(sat)}$를 구하면 다음과 같다.

$$V_{cc} = V_{LED} + V_{CE} + R_2 I_C$$

$$5\,V = 3.5\,V + V_{CE} + R_2 I_C$$

$$\therefore I_{C(sat)} = \frac{5\,V - 3.8\,V}{10\Omega} = 120mA$$

1개 LED($3.5\,V/20mA$)에 소비되는 전류는 $20mA$이므로 3개의 LED에 소비되는 전류는 $60mA$가 된다. 따라서 1개의 LED에 소비되는 전력 P_{LED}은 $70[W]$, 전체 소비 전력 P_{TOT}는 $210[W]$가 된다. 여기서 $R_2 = 10\Omega$이며, $\beta_{DC} = 100$, $V_{CC} = 5\,V$이다. LED는 $3.5\,V/20mA$로 구동되는 것으로 계산하였다.

$20mA \times 3 = 60mA$ (3개의 LED를 구동하는데 소요되는 총 전류)

$$P_{LED} = 20mA \times 3.5\,V = 70[W]$$

$$P_{TOT} = 70\,W \times 3 = 210[W]$$

베이스 전류 I_B에 2를 곱해준 이유는 트랜지스터를 안정되게 드라이브하기 위해서 베이스 전류 값을 2배하는 것이다. 여기서 V_B'는 베이스의 전압 강하이며 0.7V는 V_{BE}이다.

$$I_B = 2 \times \frac{I_C}{\beta_{DC}} = 2 \times \frac{120mA}{100} = 2.4mA$$

$$R_1 = \frac{V_B - V_B'}{I_B} = \frac{5\,V - 1.9\,V}{2.4mA} = 1.3K\Omega$$

$$V_B' = I_C R_2 + 0.7\,V = 120mA \times 10\Omega + 0.7\,V = 1.9\,V$$

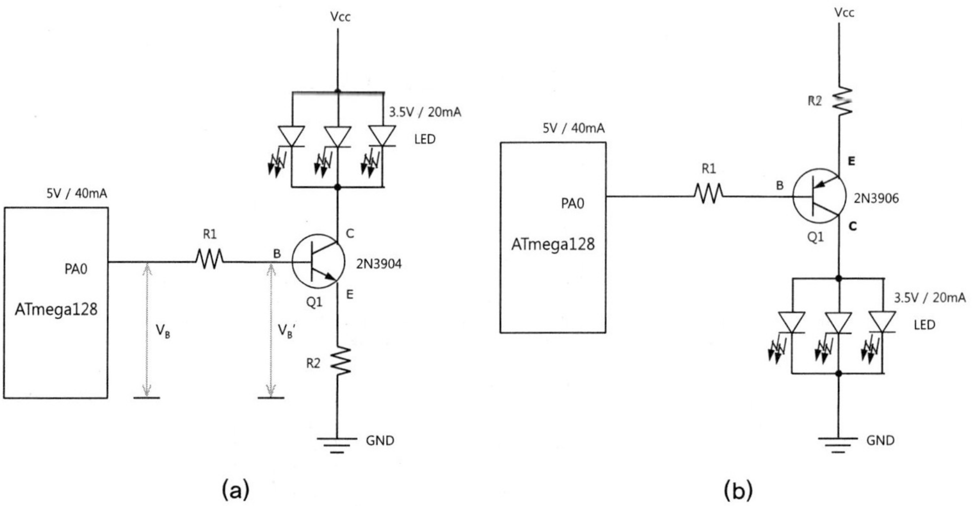

| 그림 10.4 | 트랜지스터를 사용하여 구동하는 방법((a)2N3904 NPN 트랜지스터를 사용, (b)2N3906 PNP 트랜지스터를 사용)

10.3 LED와 DIP 스위치 응용 회로 설계

그림 10.5는 AVR 키트에서 사용되는 LED를 구동회로이며, 그림 10.6은 DIP 스위치 회로이다. LED 회로는 ATmega128의 PA포트에서 8255_2를 통해서 8개의 LED와 DIP 스위치를 컨트롤하도록 설계되었다.

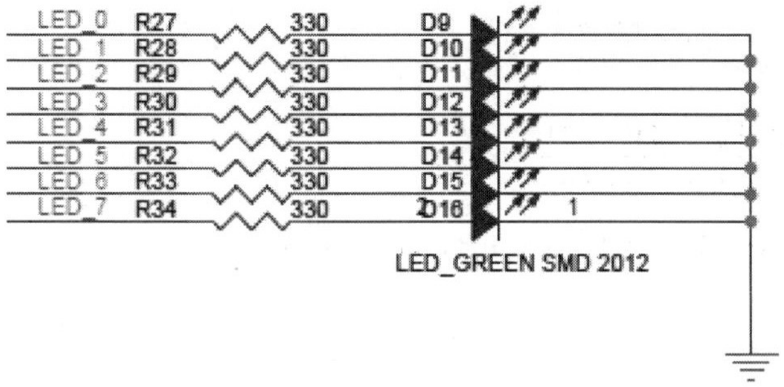

| 그림 10.5 | LED 회로

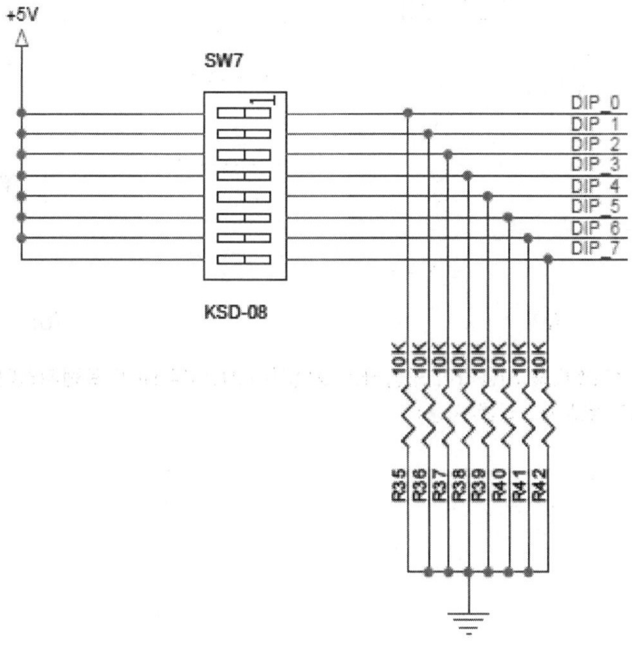

| 그림 10.6 | DIP 스위치 회로

10.4 LED와 DIP 스위치 응용 프로그램 설계

그림 10.7은 실습용 키트에서 LED와 DIP 스위치의 인터페이스 회로이다. 8개의 LED는 ATmega128의 PA포트를 통해서 82C55A의 PA포트로 인터페이스 되고, DIP 스위치는 82C55A의 PB포트에 인터페이스 되었다.

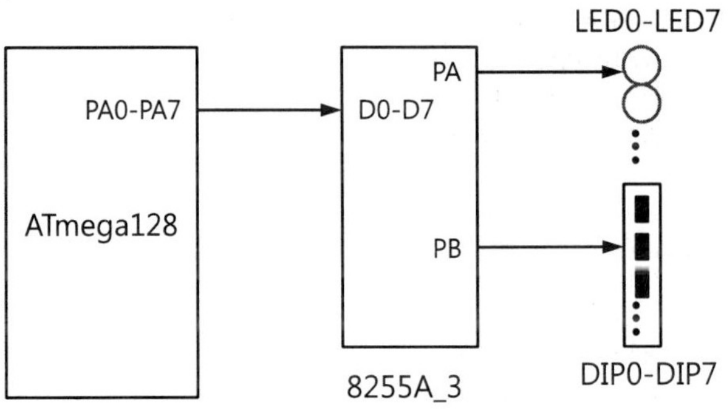

| 그림 10.7 | LED와 DIP 스위치의 인터페이스

예제 : LED가 차례로 켜지는 프로그램

이 예제는 기본적인 LED의 동작을 시험하기 위한 프로그램이다. 프로그램의 실행결과 포트로 출력되는 LED는 1에서 2씩 곱한 결과 즉, 2진수로는 1, 10, 100, 1000와 같이 출력된다. 그래서 출력 결과 LED는 하나씩 차례대로 점등하는 것으로 보인다.

avrKit_LED.c

```
#include <avr/io.h>
#include <util/delay.h>
#include "82c55a.h"

int main()
{
    u9_PortInit(AO_BO_CHO_CLO);
    int displayStep = 0;
    int ledData = 1;
    while(1)
    {
        if (displayStep == 0)
        {
            u9_write(PA,ledData);
            _delay_ms(250);
```

```
16:                 ledData *= 2;
17:                 if (ledData == 128) displayStep++;
18:             }
19:             else if (displayStep == 1)
20:             {
21:                 u9_write(PA,ledData);
22:                 _delay_ms(250);
23:                 ledData /= 2;
24:                 if (ledData == 1) displayStep++;
25:             }
26:             else if (displayStep == 2)
27:             {
28:                 ledData = ~ledData;
29:                 u9_write(PA,ledData);
30:                 _delay_ms(250);
31:                 ledData = ~ledData;
32:                 ledData *= 2;
33:                 if (ledData == 128) displayStep++;
34:             }
35:             else if (displayStep == 3)
36:             {
37:                 ledData = ~ledData;
38:                 u9_write(PA,ledData);
39:                 _delay_ms(250);
40:                 ledData = ~ledData;
41:                 ledData /= 2;
42:                 if (ledData == 1) displayStep = 0;
43:             }
44:         }
45:     }
```

▷ 코드 설명

09행: int ledData = 1;
포트로 출력되는 LED의 초기 값이다. 1일 경우 최하단의 LED가 켜지고 나머지는 꺼진다.

16행: ledData *= 2;
포트로 출력되는 LED의 원래 값 1에서 2씩 곱할 때마다 2진수로는 1, 10, 100, 1000과 같이 출력된다. LED 출력은 하나씩 차례대로 이동하면서 점등되는 것으로 보인다.

예제 : DIP 스위치 구동 프로그램

이 예제는 DIP 스위치에서 설정된 값에 해당하는 DIP 스위치의 상태 값을 읽어 LED로 출력하는 프로그램이다. 프로그램 실행 결과는 스위치 SW22가 ON되어 있는 곳의 번호와 LED가 켜진 위치가 동일하게 된다.

avrKit_DIP_LED.c

```
01:  #include <avr/io.h>
02:  #include <util/delay.h>
03:  #include "82c55a.h"
04:
05:  int main()
06:  {
07:      u9_PortInit(AO_BI_CHO_CLO);
08:      while(1)
09:      {
10:          u9_write(PA,u9_read(PB));
11:      }
12:  }
```

▷ 코드 설명

07행: u9_PortInit(AO_BI_CHO_CLO);
회로도에서 8개의 LED는 82C55A(부품번호 u9)의 포트 A에 연결되어 있고, DIP 스위치는 포트 B에 연결되어 있다. 상수 AO_BI_CHO_CLO는 82c55.h 파일에 미리 정의된 컨트롤 워드로, 문자 그대로 포트A는 출력(Out), 포트B는 입력(Input), 포트 C의 상위 비트(CH)는 출력(Out), 하위 비트(CL)는 출력을 표시하는 매크로정의 값이다.

10행: u9_write(PA,u9_Read(PB));
u9_Read(PB) 함수는 1바이트(8비트)의 결과 값을 반환한다. u9_write 함수에서는 해당 반환 값을 그대로 포트A의 출력으로 넣어주는 역할을 한다. 결과적으로 DIP 스위치 8개의 ON/OFF 상태가 그대로 LED의 점멸로 표시된다.

| 그림 10.8 | 프로그램의 실행결과(DIP 스위치의 설정 값을 LED로 출력)

연습문제

01. LED는 무엇인가?

02. LED의 전기적인 특징을 설명하여라.

03. LED를 구동할 수 있는 방법을 설명하여라.

04. avrKit_LED.c에서 다음 코드를 설명하여라

(1) 12행, 19행, 26행, 35행의 displatStep 변수의 값이 0, 1, 2, 3의 역할은 무엇인가?

(2) 23행, 28행, 37행, 41행의 코드를 설명하여라.

05. avrKit_DIP_LED.c에서 다음 코드를 설명하여라

(1) u9_PortInit(AO_BI_CHO_CLO);

(2) u9_write(PA,u9_Read(PB));

제 11 장

7-세그먼트 응용 회로 및 프로그램 설계

학습목표

1. 7-세그먼트의 내부구조와 동작방법을 이해한다.
2. 7-세그먼트와 MCU를 인터페이스하는 방법을 이해한다.
2. 7-세그먼트의 CA/CC 방법과 정적방식/동적방식을 이해하고 프로그래밍 방법을 이해한다.

11.1 개요

7-세그먼트(7-segment)는 가전기기, 산업용기기, 계측기, 시계 등의 전자제품에 간단하게 숫자와 문자를 표시하는 소자이다. 7-세그먼트는 0에서 9까지의 숫자와 영문자를 표시할 수 있다. 7-세그먼트의 동작원리는 7-세그먼트 내부에 여러 개의 LED를 숫자로 표시할 수 있도록 배열해 놓은 구조이다. 내부구조는 CA(common anode)와 CC(common cathode) 방식이 있으며 구동방식으로는 정적구동방식과 동적구동방식이 있다.

11.2 7-세그먼트의 구조

11.2.1 7-세그먼트의 동작

그림 11.1은 7-세그먼트의 외형과 내부구조이다. 7-세그먼트에 문자를 표시하기 위해서 LED에 전류를 공급하는 방법은 CA와 CC가 있다. 그림 11.2는 CA와 CC 방식의 7-세그먼트의 구조이다. 7-세그먼트는 LED를 사용하며, 원하는 LED에 전류를 흘려서 7-세그먼트에 숫자와 문자 형태로 표현한다. CA 방법은 전류를 애노드(anode)에서 공급받아 각각의 LED의 바이어스를 제어하여 발광을 제어하는 싱크전류방식이다. CC 방법은 각각의 LED에 직접 전류를 공급하여 발광을 제어하는 소스 전류의 방식이다.

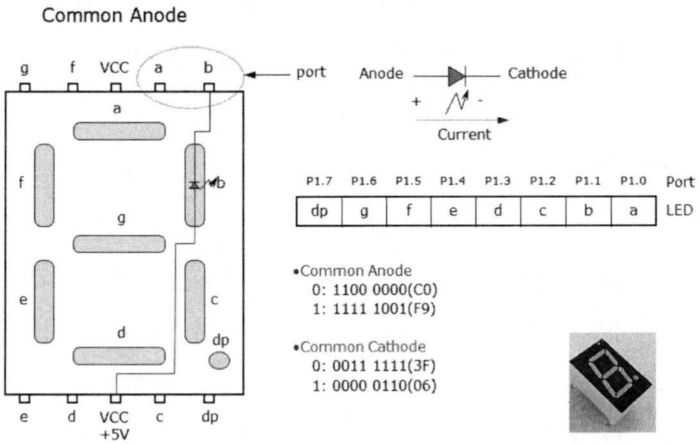

| 그림 11.1 | 7-세그먼트의 외형과 구조

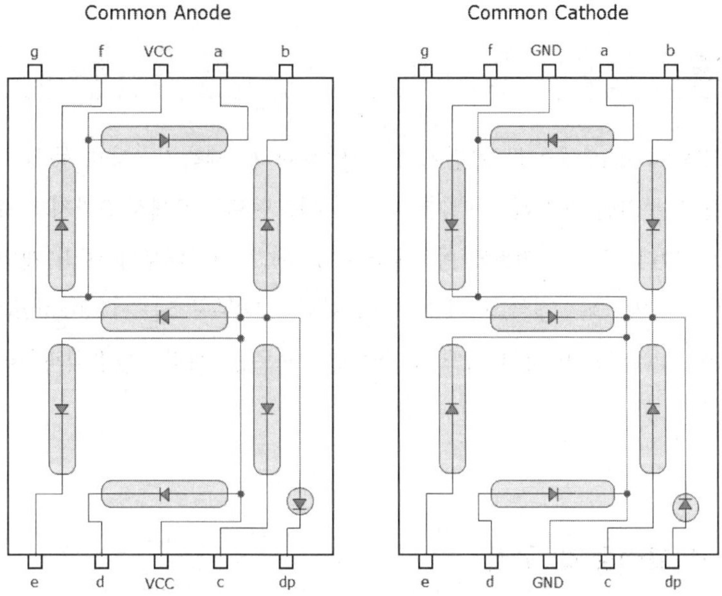

| 그림 9.2 | CA 방식과 CC 방식의 7-세그먼트 구조

11.3 CA 및 CC 구동 방법

11.3.1 CA 구조

그림 11.3은 7-세그먼트의 CC와 CA 구조이다. 7-세그먼트의 CA는 애노드(anode: +) 단자에 순방향 바이어스의 전압을 직접 걸어주고 각 핀의 전압을 조절하여 ON, OFF를 제어한다. 따라서 각 LED의 애노드(anode) 측에서 VCC의 전압이 인가되므로 이러한 방법을 CA라 부르며 CA의 공통단자에는 VCC(+5V)를 연결한다.

11.3.2 CC 구조

CC 방법은 CA와 반대로 각각의 핀에 전류를 직접 공급하는 방식이다. 순방향 바이어스를 주면 ON이 되고 역방향 바이어스를 주면 OFF가 된다. 따라서 신호의 합류점이 각 LED의 캐소드(cathode : -) 극으로 연결된다. 이런 방법을 CC라 하며 CC의 공통단자에는 GND를 연결한다. 프로세서를 사용하여 7-세그먼트를 제어하는 경우 일반 LED와 마찬가지로 각 신호라인에서 공급하는 전류의 크기가 매우 작기 때문에 CC 방식보다는 CA 방식을 주로 사용한다. 표 11.1은 7-세그먼트에 표시할 숫자에 대한 CC와 CA 값이다.

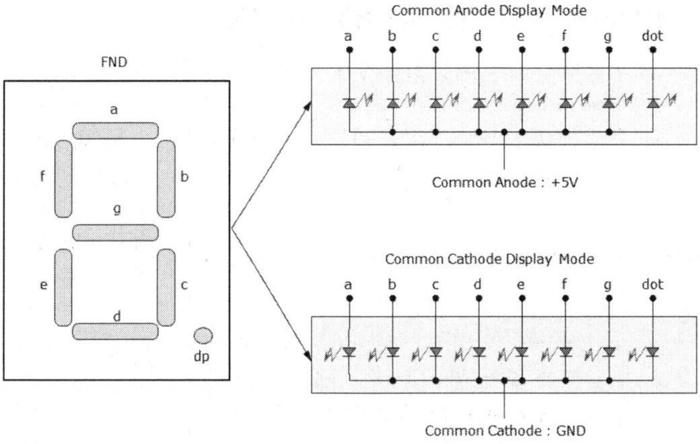

| 그림 11.3 | 7-세그먼트의 CA방법과 CC 방법

| 표 11.1 | 7-세그먼트에 표시할 숫자의 CC와 CA 값

표시 숫자	CC 방식	CA 방식
0	0x3F	0xC0
1	0x06	0xF9
2	0x5B	0xA4
3	0x4F	0xB0
4	0x66	0x99
5	0x6D	0x92
6	0x7D	0x82
7	0x07	0xF8
8	0x7F	0x80
9	0x6F	0x90
A	0x77	0x88
B	0x7C	0x83
C	0x58	0xA7
D	0x5E	0xA1
E	0x79	0x86
F	0x71	0x8E

11.3.3 7-세그먼트의 구동방식

7-세그먼트를 구동하는 방법은 정적(static) 구동방식과 동적(dynamic) 구동방식이 있다. 정적 구동 방식은 7-세그먼트에 일정량의 전류를 계속해서 공급해주는 것이고 동적 구동 방식은 일정한 주기로 전류를 공급하는 것이다. 표 11.2는 7-세그먼트의 정적 구동방식과 동적 구동방식이다.

| 표 11.2 | 7-세그먼트의 정적 구동방식과 동적 구동방식

항목	정적 구동방식	동적 구동방식
① 구동방법	• 7-세그먼트에 일정 전류를 계속해서 ON(공급)하는 방법	• 7-세그먼트에 일정 전류를 주기적으로 ON/OFF하는 방법
② 구동 소비전류	• 전류가 많이 소비	• 정적 구동방식에 비해서 전류가 적게 소비
③ 소요 포트 수	• LED의 개수가 증가될 경우 필요 포트 수가 많이 필요(2개의 LED를 제어하기 위해서 1개의 포트(8비트)가 필요	• LED의 개수 증가에 따라 포트의 수가 증가되지 않는다.
④ 프로그램의 복잡도	• 제어하기 위한 프로그래밍이 간단	• 정적 구동방식에 비해서 복잡

그림 11.4는 실습용 키트의 7-세그먼트 구동 회로의 일부이다. 7-세그먼트 구동 회로는 총 8개의 7-세그먼트에서 3개만 표시하였다.

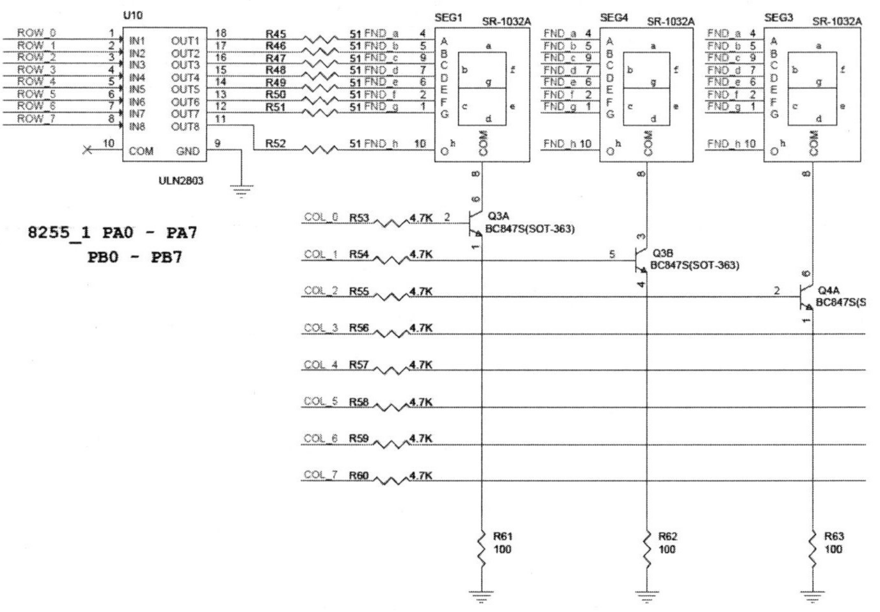

| 그림 11.4 | 7-세그먼트 구동 회로

11.4 7-세그먼트 응용 프로그램 설계

7-세그먼트 응용 프로그램에서는 ATmega128에서 LED, 7-세그먼트와 키패드를 인터페이스 하여 구동하는 프로그램을 설계한다.

예제 : 키패드의 값이 LED로 출력되는 프로그램

이 예제에서는 그림 11.5와 같이 키패드의 1~4 라인(맨 아래 가로줄이 1)의 키패드가 눌러졌는지 검사하여 LED에 표시한다. 예를 들어, 좌측 맨 위에서 세 번째 버튼(3)을 누르면 LED는 이진수로 3에 해당하는 11(0번 LED, 1번 LED)이 표시된다.

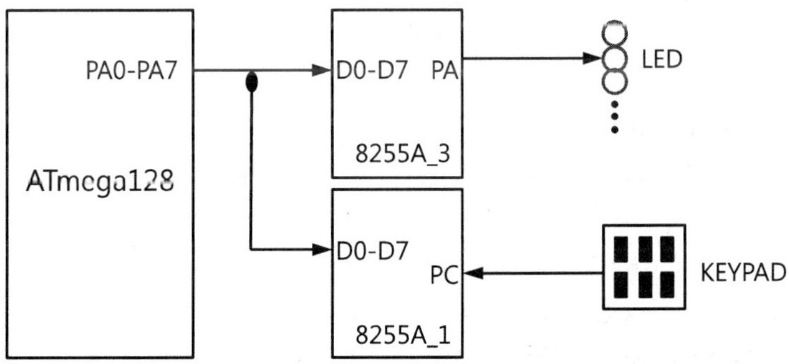

| 그림 11.5 | 7-세그먼트와 키패드의 인터페이스

avrKit_KeyPad_LED.c

```
#include <avr/io.h>
#include <util/delay.h>
#include "82c55a.h"

byte keyScan(byte line)
{
    u2_write(PC,line);
    unsigned char keyBuff = u2_read(PC);
    unsigned char outBuff = 0x00;

    if (keyBuff == ((line) | 0x01))
    {
        if (line == (0x10)) { outBuff = 0xff; }
        if (line == (0x20)) { outBuff = 0xff; }
        if (line == (0x40)) { outBuff = 0xff; }
        if (line == (0x80)) { outBuff = 0xff; }
```

```
17:         }
18:         else if (keyBuff == ((line) | 0x02))
19:         {
20:             if (line == (0x10)) { outBuff = 7; }
21:             if (line == (0x20)) { outBuff = 8; }
22:             if (line == (0x40)) { outBuff = 9; }
23:             if (line == (0x80)) { outBuff = 0xff; }
24:         }
25:         else if (keyBuff == ((line) | 0x04))
26:         {
27:             if (line == (0x10)) { outBuff = 4; }
28:             if (line == (0x20)) { outBuff = 5; }
29:             if (line == (0x40)) { outBuff = 6; }
30:             if (line == (0x80)) { outBuff = 0xff; }
31:         }
32:         else if (keyBuff == ((line) | 0x08))
33:         {
34:             if (line == (0x10)) { outBuff = 1; }
35:             if (line == (0x20)) { outBuff = 2; }
36:             if (line == (0x40)) { outBuff = 3; }
37:             if (line == (0x80)) { outBuff = 0xff; }
38:         }
39:         else { outBuff = 0; }
40:         return outBuff;
41:     }
42:
43:     int main()
44:     {
45:         u2_PortInit(AO_BO_CHO_CLI);
46:         u9_PortInit(AO_BO_CHO_CLO);
47:
48:         while(1)
49:         {
50:             u9_write(PA,keyScan(0x10));
51:             u9_write(PA,keyScan(0x20));
52:             u9_write(PA,keyScan(0x40));
53:             u9_write(PA,keyScan(0x80));
54:         }
55:     }
```

▷ 코드 설명

05행: byte keyScan(byte line);

눌려진 키를 찾기 위한 함수이다. 키패드는 좌측 하단의 두 개를 제외하고 총 16개이다. 눌려진 키에 해당하는 숫자가 함수의 값으로 반환된다. 이 프로그램에서는 1~9 까지 표시할 수 있으며, 0과 문자는 생략하였다.

45행: u2_PortInit(AO_BO_CHO_CLI);

u2의 포트C에 키패드가 연결되어 있다. 포트C의 하위 4비트는 입력으로 이용하고 상위 4비트는 출력으로 이용하여 16개의 키를 제어할 수 있다.

46행: u9_PortInit(AO_BO_CHO_CLO);
u9의 포트A에는 LED가 연결되어 있다. 눌려진 키들의 값은 LED에 2진수로 표시된다. 예를 들어, 3에 해당하는 버튼을 누르면 2진수로는 0000 0011 이며, 그대로 LED에 반영된다.

51~54행: u9_write(PA,KeyScan(0x10); ~ u9_write(PA,KeyScan(0x80);
KeyScan 함수는 byte(unsigned char)형으로 1바이트의 데이터를 반환한다. 따라서 u9의 포트A에 keyScan 함수의 반환 값을 입력으로 넣어주는 형태이다.

| 그림 11.6 | 프로그램의 실행결과

예제 : 키패드 값이 차례로 7-세그먼트에 출력되는 프로그램

이 예제는 버턴의 값을 7-세그먼트로 표시하는 프로그램이다. 그림 11.7과 같이 버튼을 누를 때마다 7-세그먼트에는 차례대로 눌려진 숫자들이 누적되어 표시하는 프로그램이다.

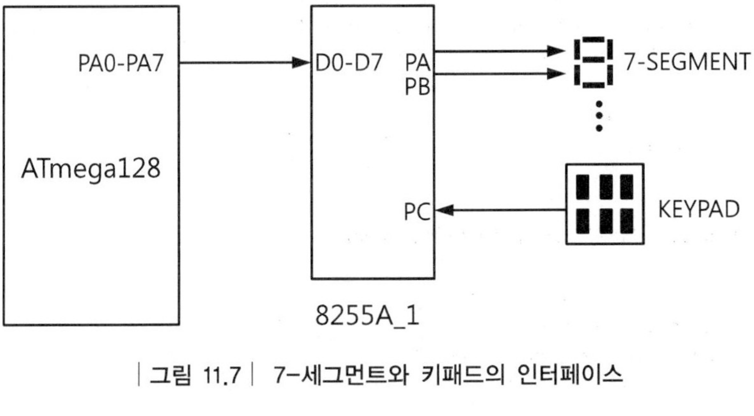

| 그림 11.7 | 7-세그먼트와 키패드의 인터페이스

avrKit_KeyPad_FND.c

```
#include <avr/io.h>
#include <util/delay.h>
#include "82c55a.h"

byte seg[17] = {0x3f,0x06,0x5b,0x4f,0x66,0x6d,0x7d,0x07,0x7f,
            0x6f,0x77,0x7c,0x39,0x5e,0x79,0x71,0x3f};

byte keyScan(byte line)
{
    u2_write(PC,line);
    byte keyBuff = u2_read(PC);
    byte outBuff = 0x00;
    if (keyBuff == ((line) | 0x01))
    {
        if (line == (0x10)) { outBuff = 16; }
        if (line == (0x20)) { outBuff = 15; }
        if (line == (0x40)) { outBuff = 14; }
        if (line == (0x80)) { outBuff = 13; }
    }
    else if (keyBuff == ((line) | 0x02))
    {
        if (line == (0x10)) { outBuff = 7; }
        if (line == (0x20)) { outBuff = 8; }
        if (line == (0x40)) { outBuff = 9; }
        if (line == (0x80)) { outBuff = 12; }
    }
    else if (keyBuff == ((line) | 0x04))
    {
        if (line == (0x10)) { outBuff = 4; }
        if (line == (0x20)) { outBuff = 5; }
        if (line == (0x40)) { outBuff = 6; }
        if (line == (0x80)) { outBuff = 11; }
    }
    else if (keyBuff == ((line) | 0x08))
    {
        if (line == (0x10)) { outBuff = 1; }
        if (line == (0x20)) { outBuff = 2; }
        if (line == (0x40)) { outBuff = 3; }
        if (line == (0x80)) { outBuff = 10; }
    }
    else { outBuff = 0; }
    return outBuff;
}

void fndPrint(byte line, byte fndNumber)
{
    byte t_line = 0x01 << line;
    u2_write(PB,t_line);
    u2_write(PA,seg[fndNumber]);
    _delay_ms(2);
}
```

```
51:
52:  int main()
53:  {
54:      u2_PortInit(AO_BO_CHO_CLI);
55:      byte buff[4] = {0,0,0,0};
56:      byte fnd_data[8];
57:
58:      byte count = 0;
59:      byte isButtonPush = 0;
60:      byte result = 0;
61:
62:      while(1)
63:      {
64:          buff[0] = keyScan(0x10);
65:          buff[1] = keyScan(0x20);
66:          buff[2] = keyScan(0x40);
67:          buff[3] = keyScan(0x80);

68:          for (byte i=0; i<4; i++)
69:          {
70:              if ((buff[i] != 0) && isButtonPush == 0)
71:              {
72:                  result = buff[i];
73:                  count++;
74:                  isButtonPush = 1;
75:              }
76:              else if ((buff[0] == 0) && (buff[1] == 0) && (buff[2] == 0) &&
77:            (buff[3]==0) && (isButtonPush == 1))
78:              {
79:                  isButtonPush = 0;
80:              }
81:          }

82:          fnd_data[count] = result;
83:          for (byte i=0; i<count; i++) { fndPrint(i,fnd_data[i]); }
84:          fndPrint(count,result);
85:
86:          if (count == 8) { count = 0; }
87:      }
88:  }
```

▷ 코드 설명

05행: byte seg[17] = {0x3f,0x06,0x5b,0x4f,0x66,0x6d,0x7d,0x07,0x7f,0x6f,
0x77,0x7c,0x39,0x5e,0x79,0x71,0x3f};

7-세그먼트에 표시될 숫자에 대한 비트 데이터이다. 0x3f부터 0, 1, 2, 3, 4, 5, 6, 7, 8, 9, A, b, C, d, E, F, 0 순서이다.

07행: byte keyScan(unsigned char line);

위의 avrKit_KeyPad_LEd 소스와 동일

44행: void fndPrint(byte line, byte fndNumber)
표시하고자 하는 위치를 함수의 첫 번째 인수로 넣고, 표시할 숫자를 두 번째 인수로 넣으면 7-세그먼트에 그대로 출력된다. 이때 값은 한 번에 하나씩 출력할 수 있다.

68~80행: for (byte i=0; i<4; i++) ~
isButtonPush는 버튼이 처음 눌렸는지 여부를 검사한다. 만약 버튼이 눌려있는 상태라면 7-세그먼트에 숫자를 추가하지 않고 기다리다가, 버튼을 떼었다가 다시 누를 때 추가한다.

81~85행: fnd_data[count] = result; ~ if (count == 8) { count = 0; }
키를 누를 때마다, 8개의 7-세그먼트 중 왼쪽부터 차례대로 숫자가 추가된다. count 변수는 8개의 숫자를 출력한 뒤, 모두 지우고 처음부터 다시 출력하기 위한 용도이다.

| 그림 11.8 | 프로그램의 실행결과

예제 : 키패드로 입력되는 값이 오른쪽으로 표시되는 프로그램

이 예제는 키패드의 입력에 따라 제일 왼쪽의 7-세그먼트에서 오른쪽 순으로 1~8의 숫자가 표시되도록 하는 프로그램이다.

avrKit_FND.c

```
#include <avr/io.h>
#include <util/delay.h>
#include "82c55a.h"

unsigned byte count[8] = {0x01,0x02,0x04,0x08,0x10,0x20,0x40,0x80};
unsigned byte seg[16] = {0x3f,0x06,0x5b,0x4f,0x66,0x6d,0x7d,0x07,0x7f,
            0x6f,0x77,0x7c,0x39,0x5e,0x79,0x71};

int main()
```

```
09:     {
10:         u2_PortInit(AO_BO_CHO_CLI);
11:
12:         int i = 0;
13:         while(1)
14:         {
15:             u2_write(PB,count[i]);
16:             u2_write(PA,seg[i+1]);
17:             _delay_ms(250);
18:
19:             i++;
20:             if (i==8) { i = 0; }
21:         }
22:     }
```

▷ 코드 설명

05행: unsigned byte count[8] = {0x01,0x02,0x04,0x08,0x10,0x20,0x40,0x80};

회로도에서 포트B의 각 핀들은 7-세그먼트의 공통단자에 연결되어 있다. 따라서 7-세그먼트를 제어하기 위해서는 원하는 위치에 어떤 핀이 연결되어 있는지 확인해야한다. 8개 바이트 배열에는 각각의 핀 위치가 비트 단위 데이터로 저장되어있다.

06행: unsigned byte seg[16] =
{0x3f,0x06,0x5b,0x4f,0x66,0x6d,0x7d,0x07,0x7f,0x6f,0x77,
0x7c,0x39,0x5e,0x79,0x71};

7-세그먼트는 8비트의 데이터를 어떻게 입력해주는지에 따라서 표시되는 숫자(문자)가 달라진다. 배열의 값은 처음부터 각각 0,1,2,3,4,5,6,7,8,9,A,b,C,d,E,F 이다.

10행: u2_PortInit(AO_BO_CHO_CLI);

회로도에서 u2에 해당하는 82c55의 포트들은 7-세그먼트의 동적 제어를 위하여 포트A와 포트B를 모두 사용한다. 포트B로는 원하는 위치에 해당하는 공통단자를 제어하고 포트A로는 제어하고자 하는 7-세그먼트에 표시할 숫자(문자)의 데이터 값을 보낸다.

15~16행: u2_write(PB,count[i]); ~ u2_write(PA,seg[i+1]);

공통단자의 위치를 0.25초 마다 순차적으로 바꾸어주는 역할을 한다. 사용자가 프로그램을 실행하면 0부터 8까지 8개의 7-세그먼트에 차례대로 표시해 준다.

20행: if (i==8) { i = 0; }

회로도에서 8번째의 7-세그먼트에 숫자 8까지 출력했으면, 다시 원래의 위치(0)로 돌아가서 0부터 출력하도록 한다.

| 그림 11.9 | 프로그램의 실행결과

연습문제

01. 7-세그먼트는 무엇이며 어디에 사용될 수 있는가?

02. 7-세그먼트의 종류와 내부구조에 대해서 설명하여라.

03. 7-세그먼트의 CA(common anode) 구조에 대해서 설명하여라.

04. 7-세그먼트의 CC(common cathode) 구조에 대해서 설명하여라.

05. 7-세그먼트의 정적 구동 방식에 대해서 설명하여라.

06. 7-세그먼트의 동적 구동 방식에 대해서 설명하여라.

07. 7-세그먼트의 동적 방식과 정적 구동 방식의 차이점과 장단점에 대해서 설명하여라.

제 12 장

키패드 응용 회로 및 프로그램 설계

학습목표

1. 키패드의 기능과 인터페이스 방법에 대해서 이해한다.
2. 키패드를 구동하는 프로그래밍 기법을 이해한다.
3. 키패드의 동작에서 발생될 수 있는 채터링(chattering) 현상과 이를 제거할 수 있는 방법에 대해서 이해한다.

12.1 개요

12.1.1 키패드

본 장에서는 장치와 사용자의 인터페이스 방법으로 가장 많이 사용되는 키패드 인터페이스 방법을 소개한다. 키패드란 컴퓨터 혹은 기기의 입력을 위한 인터페이스로 사용되는 스위치(switch)들의 집합이다. 이들 스위치를 키보드에서 키(key)라고 하며, 키가 몇 개 되지 않은 경우에는 프로세서의 입력 포트에 연결하여 그 기능을 쉽게 구현할 수 있다. 그러나 키의 수가 많을 경우에는 하드웨어의 최소화와 효율성을 위해 스캔(scan) 방식을 사용하여 포트 수를 적게 해야 한다.

12.2 키패드 인터페이스 회로

12.2.1 키패드 인터페이스

키패드 인터페이스는 키의 개수가 적을 경우 간단하게 인터페이스 할 수 있지만 키의 수가 많을 경우에는 회로와 프로그램이 복잡해질 수 있으므로 여러 가지 사항을 고려하여 설계해야 한다. 키패드 인터페이스는 일반 IC를 사용하거나 매트리스 형태로 구성하여 설계할 수 있다. 그림 12.1은 MCU와 인코드(MC14328)를 사용하여 키패드를 인터페이스 하는 방법과 이때 발생되는 채터링(chaterring) 현상을 제거하기 위한 방법이다.

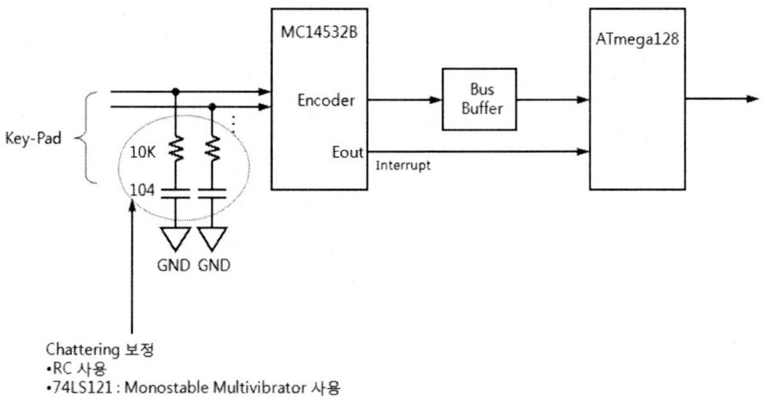

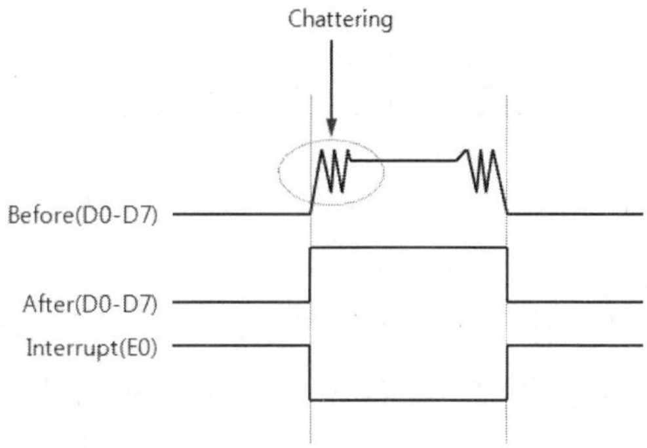

| 그림 12.1 | 키패드 인터페이스와 채터링(chaterring) 현상

12.2.2 키패드 인터페이스 회로 설계

그림 12.2는 키패드(key pad) 인터페이스 회로이다. 키패드 회로는 ATmega128의 포트 1개를 사용하여 16개의 키 값을 스캔(scan)하여 그 값을 확인할 수 있다. 이 방법은 IC 소자를 사용하는 방법보다 경제적이고 간단하게 회로를 구성할 수 있지만 프로그램이 복잡해질 수 있는 단점이 있다.

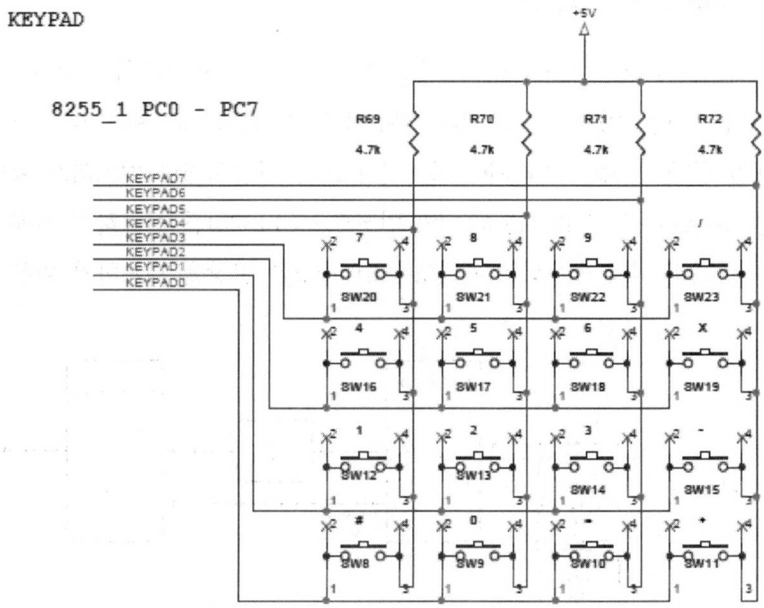

| 그림 12.4 | 키패드 인터페이스 회로

12.3 키패드 응용 프로그램 설계

그림 12.3은 키패드 인터페이스 구성도이다. 키패드로 입력되는 키 값에 따라 7-세그먼트로 값이 출력된다.

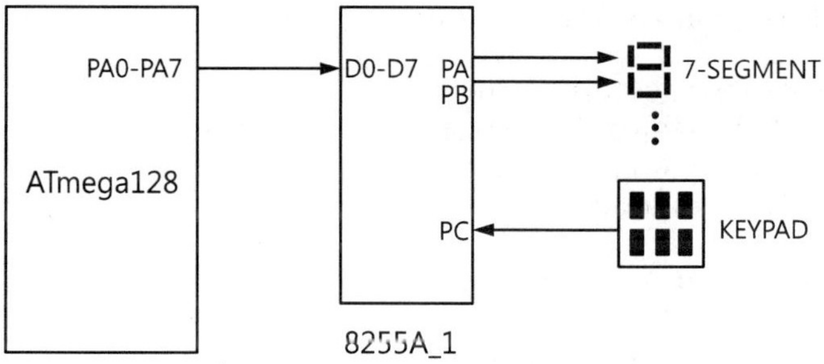

| 그림 12.3 | 키패드 인터페이스 구성도

예제 : 키패드로 입력되는 키 값을 7-세그먼트로 출력하는 프로그램

이 예제는 키패드로 입력되는 키 값을 7-세그먼트로 출력하는 프로그램이다. 이때 7-세그먼트에 표시되는 값을 배열로 정의한 다음 해당하는 값을 7-세그먼트로 출력하면 값에 해당하는 표시가 출력된다.

avrKit_KeyPad_Seg.c

```
#include <avr/io.h>
#include <util/delay.h>
#include "82c55a.h"

byte seg[17] =
        { 0x3f,0x06,0x5b,0x4f,0x66,0x6d,0x7d,0x07,0x7f,0x6f,0x77,
        0x7c,0x39,0x5e,0x79,0x71,0x3f };

byte keyScan(byte line)
{
        u2_write(PC,line);
        byte keyBuff = u2_read(PC);
        byte outBuff = 0x00;

        if (keyBuff == ((line) | 0x01))
        {
              if (line == (0x10)) { outBuff = 16; }
              if (line == (0x20)) { outBuff = 15; }
```

```
            if (line == (0x40)) { outBuff = 14; }
            if (line == (0x80)) { outBuff = 13; }
        }
        else if (keyBuff == ((line) | 0x02))
        {
            if (line == (0x10)) { outBuff = 7; }
            if (line == (0x20)) { outBuff = 8; }
            if (line == (0x40)) { outBuff = 9; }
            if (line == (0x80)) { outBuff = 12; }
        }
        else if (keyBuff == ((line) | 0x04))
        {
            if (line == (0x10)) { outBuff = 4; }
            if (line == (0x20)) { outBuff = 5; }
            if (line == (0x40)) { outBuff = 6; }
            if (line == (0x80)) { outBuff = 11; }
        }
        else if (keyBuff == ((line) | 0x08))
        {
             if (line == (0x10)) { outBuff = 1; }
             if (line == (0x20)) { outBuff = 2; }
             if (line == (0x40)) { outBuff = 3; }
             if (line == (0x80)) { outBuff = 10; }
        }
        else { outBuff = 0; }
        return outBuff;
}

void fndPrint(byte line, byte fndNumber)
{
        byte t_line = 0x01 << line;
        u2_write(PB,t_line);
        u2_write(PA,seg[fndNumber]);
        _delay_ms(2);
}

int main()
{
        u2_PortInit(AO_BO_CHO_CLI);
        byte buff[4] = {0,0,0,0};
        byte fnd_data[8];
        byte count = 0;
        byte isButtonPush = 0;
        byte result = 0;

        while(1)
        {
             buff[0]= keyScan(0x10);
             buff[1] = keyScan(0x20);
             buff[2] = keyScan(0x40);
             buff[3] = keyScan(0x80);
             for (byte i=0; i<4; i++)
             {
```

```
66:                if ((buff[i] != 0) && isButtonPush == 0)
67:                {
68:                    result = buff[i];
69:                    count++;
70:                    isButtonPush = 1;
71:                }
72:                else if ((buff[0] == 0) && (buff[1] == 0) && (buff[2] == 0) &&
73:                        (buff[3] == 0) && (isButtonPush == 1))
74:                {
75:        isButtonPush = 0;
76:        }
77: }
78:        fnd_data[count] = result;
79:        for (byte i=0; i<count; i++) { fndPrint(i,fnd_data[i]); }
80:        fndPrint(count,result);
81:        if (count == 8) { count = 0; }
82: }
83: }
```

소스 분석

04행~06행은 배열 seg에 17개의 7-세그먼트의 값을 정의한다.

그림 12.4는 프로그램의 실행결과이다. 프로그램을 다운로더하면 가장 좌측의 7-세그먼트에 0가 표시되고 SW3(7)을 누르면 두 번째 세그먼트에 1이 켜진다. SW4(8)을 누르면 세 번째 세그먼트에 2가 표시되고 SW5(9)를 누르면 네 번째 3이 표시된다. 또한 SW7, SW8, SW9, SW10, SW11, SW12, SW13 까지 누르면 0~7까지 표시되고, SW14, SW15를 누르면 다시 왼쪽 세그먼트부터 8, 9, ...로 표시된다. 프로그램에서는 0~9까지의 숫자만 표시되도록 설계되었다.

| 그림 12.4 | 실행결과

예제 : 키패드로 입력되는 키 값을 LED로 표시하는 프로그램

이 예제는 키패드로 입력되는 키 값을 LED로 출력하는 프로그램이다. LED에 표시되는 숫자는 입력 값(10진수)에 해당하는 2진수로 LED를 표시한다.

avrKit_KeyPad_LCD.c

```
#include <avr/io.h>
#include <util/delay.h>
#include "82c55a.h"

byte keyScan(byte line)
{
    u2_write(PC,line);
    unsigned char keyBuff = u2_read(PC);
    unsigned char outBuff = 0x00;

    if (keyBuff == ((line) | 0x01))
    {
        if (line == (0x10)) { outBuff = 0xff; }
        if (line == (0x20)) { outBuff = 0xff; }
        if (line == (0x40)) { outBuff = 0xff; }
        if (line == (0x80)) { outBuff = 0xff; }
    }
    else if (keyBuff == ((line) | 0x02))
    {
        if (line == (0x10)) { outBuff = 7; }
        if (line == (0x20)) { outBuff = 8; }
        if (line == (0x40)) { outBuff = 9; }
        if (line == (0x80)) { outBuff = 0xff; }
     }
     else if (keyBuff == ((line) | 0x04))
     {
         if (line == (0x10)) { outBuff = 4; }
         if (line == (0x20)) { outBuff = 5; }
         if (line == (0x40)) { outBuff = 6; }
         if (line == (0x80)) { outBuff = 0xff; }
      }
      else if (keyBuff == ((line) | 0x08))
      {
      if (line == (0x10)) { outBuff = 1; }
      if (line == (0x20)) { outBuff = 2; }
      if (line == (0x40)) { outBuff = 3; }
      if (line == (0x80)) { outBuff = 0xff; }
      }
      else { outBuff = 0; }
     return outBuff;
}

int main()
```

```
41: {
42:         u2_PortInit(AO_BO_CHO_CLI);
43:         u9_PortInit(AO_BO_CHO_CLO);

44:         while(1)
45:         {
46:                 u9_write(PA, keyScan(0x10));
47:                 u9_write(PA, keyScan(0x20));
48:                 u9_write(PA, keyScan(0x40));
49:                 u9_write(PA, keyScan(0x80));
50:         }
51: }
```

소스 분석

04행~39행은 키패드로부터 입력되는 키 값을 읽어 들이는 함수이다. 44행~50행은 읽은 키 값을 PA 포트로 출력하면 해당하는 값의 LED가 켜지게 된다.

그림 12.5는 프로그램의 실행결과이다. 프로그램을 다운로더한 후 SW4(8)을 누르면 1(2진수)에 해당하는 D1 LED가 켜지고 SW5(9)를 누르면 D2(2진수 2)가 켜진다. SW7, SW8, SW9, SW10, SW11, SW12, SW13 까지 누르면 2진수에 해당하는 1~9의 값이 LED에 켜지고 다른 키가 눌려지면 D1~D7까지의 LED가 모두 켜진다.

| 그림 12.5 | 실행결과

연습문제

01. 키패드는 무엇이며 어디에 사용될 수 있는가?

02. 키패드의 동작을 설명하여라.

03. 키패드 엔코드(IC)의 종류는 어떤 것이 있는가?

04. 스위치에서 발생되는 채터링(chattering) 현상이 무엇이며 어떻게 제거할 수 있는가?

제 13 장

텍스트 LCD 응용 회로 및 프로그램 설계

학습목표

1. 텍스트 LCD(LC1621)의 내부구조와 레지스터를 이해한다.
2. LC1621 텍스트 LCD의 명령어와 인터페이스 방법을 이해한다.
2. LC1621 텍스트 LCD의 초기화 방법, 문자 표시 방법 및 프로그래밍 방법을 이해하고 프로그램 할 수 있도록 한다.

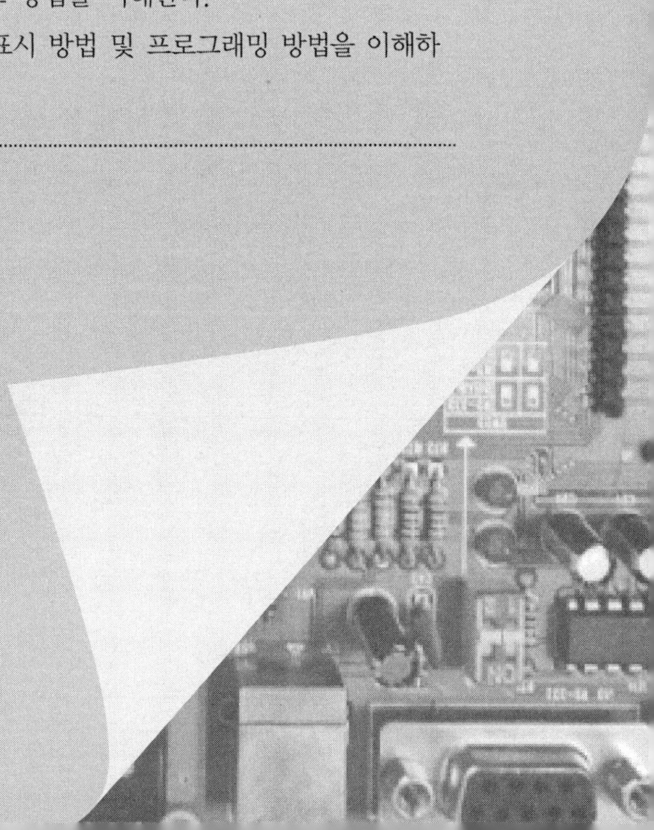

13.1 개요

텍스트 LCD는 각종 전자장치에서 시스템의 정보를 표시하는 장치이다. 실습용 키트에서 사용한 LC1621 텍스트 LCD는 범용적으로 이용되는 모델로 LCD와 컨트롤러가 하나에 통합되어 있고 현재 가장 많이 이용되는 16×2 텍스트 LCD 모듈이다. LCD 모듈은 문자 생성기가 내장되어 있어서 모든 표시 기능을 명령으로 제어한다.

13.2 텍스트 LCD의 구조

13.2.1 LC1621-SMLYH6 텍스트 LCD

그림 13.1은 LC1621-SMLYH6의 텍스트 LCD의 외형이며 그림 13.2는 내부 구조이다. 표 13.1은 LC1621 텍스트 LCD의 주요 사양이다.

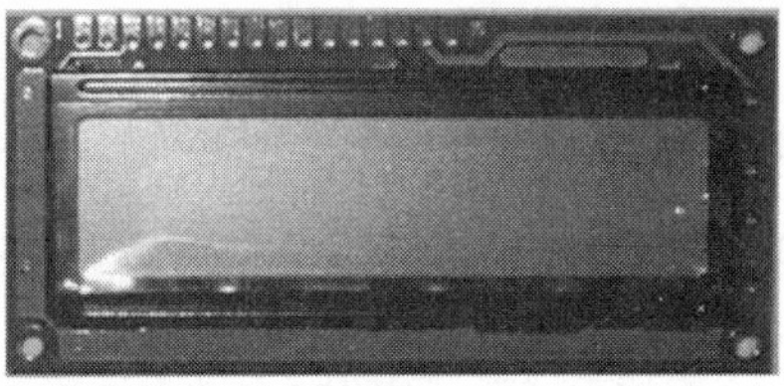

| 그림 13.1 | LC1621-SMLYH6 텍스트 LCD의 외형

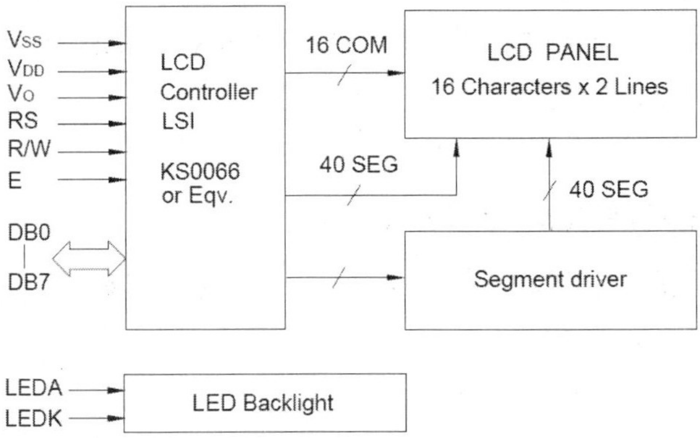

| 그림 13.2 | LC1621-SMLYH6 텍스트 LCD의 내부 구조

| 표 13.1 | LC1621 텍스트 LCD의 주요 사양

항목	사양
표시형식(display format)	16문자×2라인
LCD 모드	STN(Yellow Green−Positive−Transmissive) 모드
드라이빙 모드(driving mode)	1/16 듀티, 1/5 바이어스(bias)
시계 방향(viewing direction)	6:0
백라이트(backlight)	LED(yellow green color)
외형	80.0(W)×36.0(H)×14.0(H) mm
시계 각도(viewing angle)	64.6(W)×16.0(H) mm
문자 크기	2.95×5.55
도트(dot) 크기	0.55×0.65
무게	36g
컨트롤러	S6A0069(KS066U)

표 13.2는 LC1621 텍스트 LCD의 핀 신호와 기능이다. 2번~3번 핀은 전원 핀이며, V0(3번)는 LCD 구동용 전원으로 LCD의 명암(contrast)을 조절하게 되며, +5V 전원에 10KΩ 가변저항으로 조절한다. 4번 핀 RS(register selection)는 내부 레지스터를 선택하는 신호(RS=0: 명령 레지스터(instruction register), RS=1: 데이터 레지스터이며 이 신호는 명령모드(instruction mode)인지 데이터 모드(data mode)인지를 결정하는 데 사용된다.

R/$\overline{W}$ 신호는 읽기/쓰기 컨트롤신호(R/$\overline{W}$=1: 쓰기 모드, R/$\overline{W}$=0: 읽기 모드)이다. E 신호는 칩 인에이블(chip enable)이며, 이 신호는 LCD에 명령이 하나씩 입력될 때마다 이 신호에 펄스를 1개씩 인가해야 한다. 7~14번 신호는 LCD의 데이터 버스(data bus)이다. 15번, 16번 신호는 LCD의 백 라이트(back light) 전원용 신호이며 일반적으로 10 Ω 저항을 +5V 전원에 직렬로 연결하여 사용한다.

| 표 13.2 | LC1621 텍스트 LCD의 핀 신호 및 기능

핀 번호	신호 명칭	레벨	설명
1	Vss	0V	접지
2	V_{DD}	+5V	회로 전원
3	Vo	−	LCD의 명암을 조절하는 동작 전압

4	RS	H/L	레지스터 선택(register selection) 신호 H : 표시 데이터(display data) L : 명령어 코드(instruction code)
5	R/$\overline{W}$	H/L	E 신호의 하강 에지에서 H일 경우 읽기(read)로 동작되고 L일 경우 쓰기(write)로 동작된다.
6	E	H, H → L	하강 에지에서 동작되는 인가(enable) 신호이다.
7	DB0	H/L	8비트 모드에서 하위 양방향 데이터 버스로 사용 4비트 모드에서는 터미널로 개방
8	DB1	H/L	
9	DB2	H/L	
10	DB3	H/L	
11	DB4	H/L	8비트 모드에서 상위 양방향 데이터 버스로 사용 4비트 모드에서는 상위 및 하위 데이터 버스로 사용
12	DB5	H/L	
13	DB6	H/L	
14	DB7	H/L	
15	LEDA	+5V	LED 백라이트용 전원 공급
16	LEDK	0V	LED 백라이트용 전원 공급

그림 13.3은 LC1621 텍스트 LCD의 쓰기 동작 타이밍도이며 그림 13.4는 LC1621 텍스트 LCD의 읽기 동작 타이밍도이다.

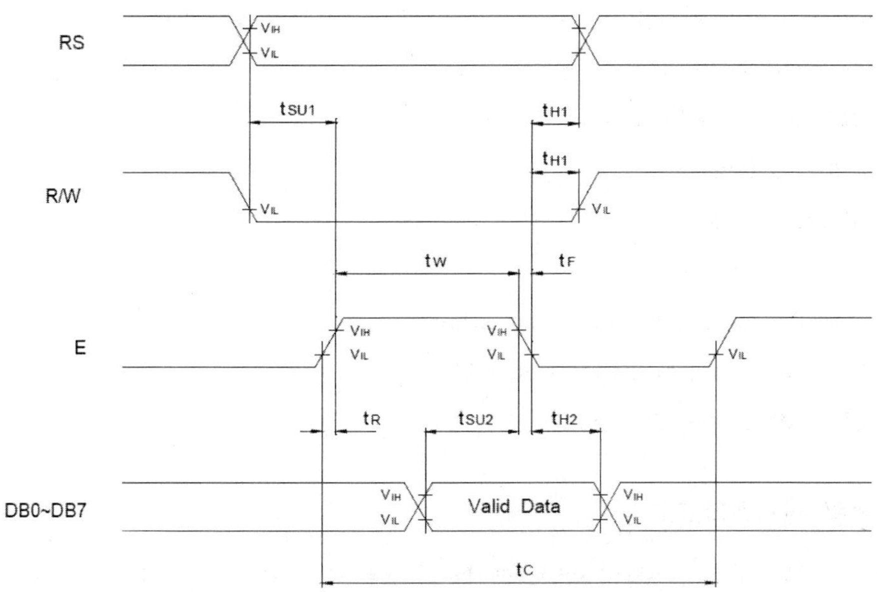

| 그림 13.3 | LC1621의 쓰기 동작 타이밍도

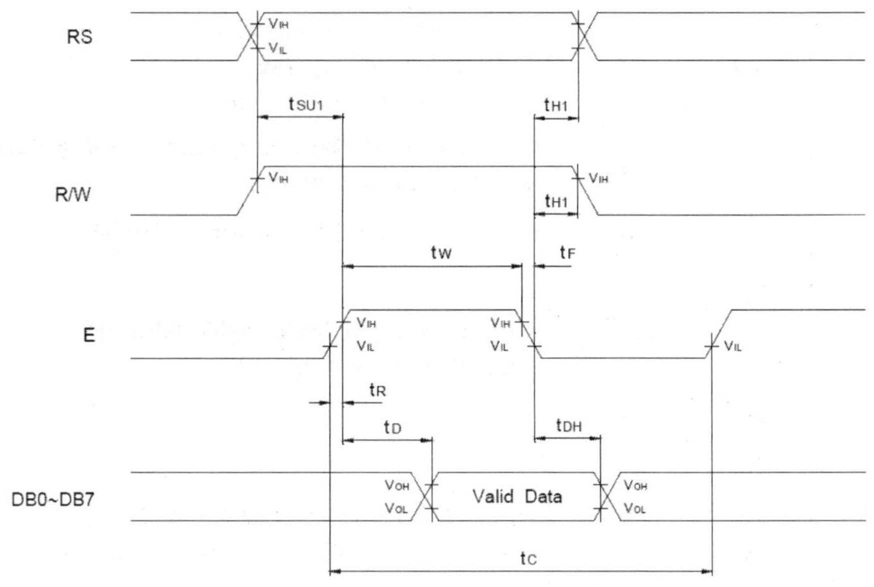

| 그림 13.4 | LC1621의 읽기 동작 타이밍도

13.2.2 LCD 모듈의 내부 구성과 동작

LC1621 텍스트 LCD 모듈은 16×2행에 문자를 표시할 수 있다. 이때 표시하는 정보가 LCD 모듈의 CGROM에 저장된 문자일 경우에는 CGROM의 문자 값에 대응하는 값을 DDRAM에 기록하여 LCD에 표시한다. 만약 CGROM에 없는 문자를 표시할 경우에는 CGRAM에서 문자 패턴을 생성한 후 이 값을 DDRAM에 기록하여 LCD에 원하는 형태의 문자가 표시된다. 이러한 동작을 위한 LCD 모듈의 내부 구성은 다음과 같다.

- IR(Instruction Register)
- DR(Data Register)
- BF(Busy Flag)
- AC(Address Counter)
- CGROM(Character Generation ROM)
- CGRAM(Character Generation RAM)
- DDRAM(Display Data RAM)

❶ 명령 레지스터(IR)

LCD 컨트롤러는 2종류의 8비트 레지스터(명령 레지스터와 데이터 레지스터)가 있다. 이 레지스터는 표 13.3의 RS(Register Select) 신호에 의해서 그 종류가 선택된다. IR은 명령어(표시 클리어, 커서 이동 명령어) 정보와 DDRAM과 CGRAM의 번지 정보를 기억하는 레지스터이다. IR은 마이크로컨트롤러에 의해서 쓰기만 가능하고 읽기는 되지 않는 레지스터이다.

❷ 데이터 레지스터(DR)

DR은 DDRAM과 CGRAM으로 써넣는 데이터와 DDRAM, CGRAM으로 부터 읽은 데이터를 일시적으로 저장하는 레지스터이다. 그림 13.5는 LCD에 문자 L을 표시하는 과정이다. LCD의 문자는 DDRAM에 문자 코드를 쓰는 즉시 LCD에 문자가 출력된다. 계속해서 문자를 쓸 경우에는 DDRAM의 번지는 자동으로 증가하고 다음에 쓰는 위치는 계속 기억된다.

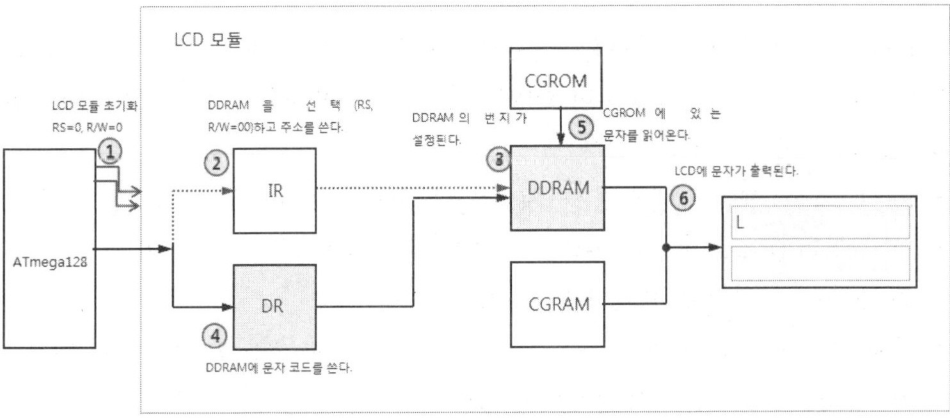

| 그림 13.5 | LCD에 문자 'L'을 표시하는 과정

| 표 13.3 | 외부 핀에 의한 IR과 DR의 선택 및 동작

RS	R/$\overline{W}$	동작
0	0	IR에 쓰기
0	1	비지 플래그(busy flag) 및 번지 카운터 값을 읽음
1	0	CGRAM 및 DDRAM에 데이터를 쓰기(DR → DDRAM, CGRAM)
1	1	CGRAM 및 DDRAM에서 데이터를 읽음(DDRAM, CGRAM → DR)

그림 13.6은 DDRAM에서 문자를 읽어오는 과정이다. 이때 LCD에는 문자 'L'이 기록되어 있는 상태이다.

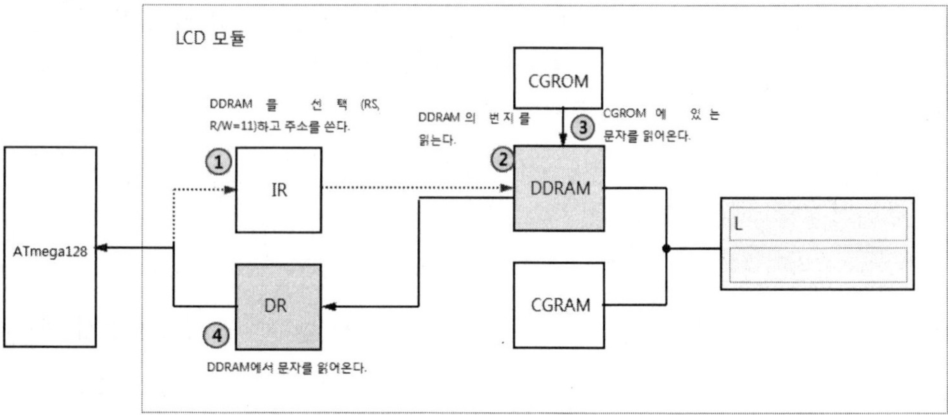

| 그림 13.6 | LCD에 문자 'L'을 읽는 과정

❸ 비지 플래그(BF)

BF는 LCD 모듈이 현재 동작중인지 아닌지를 표시하는 플래그이다. 비지 플래그를 확인하는 방법은 RS=0, R/$\overline{W}$=1이 되었을 때, IR을 읽어 DB7 비트의 값을 확인하면 된다. BF 값의 의미는 다음과 같다.

- BF=1 : LCD 모듈이 내부 동작 중(다음 명령어를 받을 수 없는 상태)
- BF=0 : LCD 모듈이 내부 동작 완료 상태(다음 명령어를 받을 수 있는 상태)
  즉, BF=0인 경우에만 명령어를 써넣을 수 있다.
- 현재 BF상태가 BF=1(내부 동작 중)일 경우 BF=0(사용 가능상태)가 될 때 까지 기다린 뒤, BF=0가 되면 다음 명령어를 입력한다.

❹ 번지 카운터(AC)

표 13.4는 번지 카운터(AC) 읽기/쓰기 동작이다. AC는 DDRAM 혹은 CGRAM의 번지값을 가지고 있는 레지스터이다. 이 레지스터는 DDRAM 혹은 CGRAM에 데이터를 읽기/쓰기 할 경우 번지 정보를 가지고 있다. IR에 번지 설정 명령어(DDRAM 혹은 CGRAM)를 쓰면 IR에서 AC로 전송된다. AC는 DDRAM 혹은 CGRAM에 표시 데이터를 써넣을 때나 읽을 때에는 엔트리 모드(entry mode)의 설정에 따라서 자동적으로 +1(증가) 혹은 -1(감소)된다.

| 표 13.4 | AC의 동작과 설명

동작	설명
DDRAM으로 읽기/쓰기 동작되는 경우	• DDRAM용 AC, IR을 이용하여 번지를 설정한다. • DDRAM으로 읽기/쓰기 한다. • AC 값은 자동적으로 +1(증가) 혹은 −1(감소) 동작 • 이때 한번 명령어를 쓰기하면 DDRAM, CGRAM의 동작은 자동적으로 설정되어 다시 변경하지 않는 한 계속 유효하게 동작한다.
CGRAM으로 읽기/쓰기 동작되는 경우	• CGRAM용 AC IR을 이용하여 번지를 설정한다. • CGRAM으로 읽기/쓰기 한다. • AC 값은 자동적으로 +1(증가) 혹은 −1(감소) 동작한다. • 이때 명령어를 쓰기하면 DDRAM, CGRAM의 동작은 자동적으로 설정되어 다시 변경하지 않는 한 계속 유효하게 동작한다.
AC 값을 읽기하는 경우	• IR 값을 읽기한 다음 최상위 비트 값(DB7=BF)을 제외한 나머지 7개 비트 값이 현재 AC 값이 된다. • 이때 읽기 한 AC 값이 DDRAM 혹은 CGRAM의 번지인가는 직전에 실행한 DDRAM 혹은 CGRAM의 동작에 따라 DDRAM 혹은 CGRAM의 번지가 된다.

❺ CGROM(Character Generator ROM)

CGROM은 8비트 문자코드로부터 208개의 5×7 도트 문자 패턴(dot character pattern) 혹은 32개의 5×0 도트 문자 패턴을 저장하고 있는 ROM 메모리이다. CGROM의 도트 문자 패턴을 LCD에 표시하는 방법은 우선 표시하고자 하는 위치의 번지를 계산한 다음 DDRAM의 번지 카운터(AC)에 DDRAM 번지를 설정하고 DDRAM으로 도트 문자 패턴을 써넣는다. 그림 13.7은 CGROM의 코드와 도트 문자 패턴이다.

❻ CGRAM(Character Generator RAM)

CGRAM은 CGROM에 없는 문자 패턴을 만들어 사용할 수 있는 RAM이다. 그림 13.8은 5×7 도트의 문자 패턴 'A', 'H'를 만들기 위한 CGRAM의 번지와 문자 패턴 값이다. 이때 문자 패턴 값은 8개(7개 5×7 패턴+1개 커서 위치)로 구성되며 8바이트 값을 DDRAM으로 보내면 LCD에 문자가 표시된다.

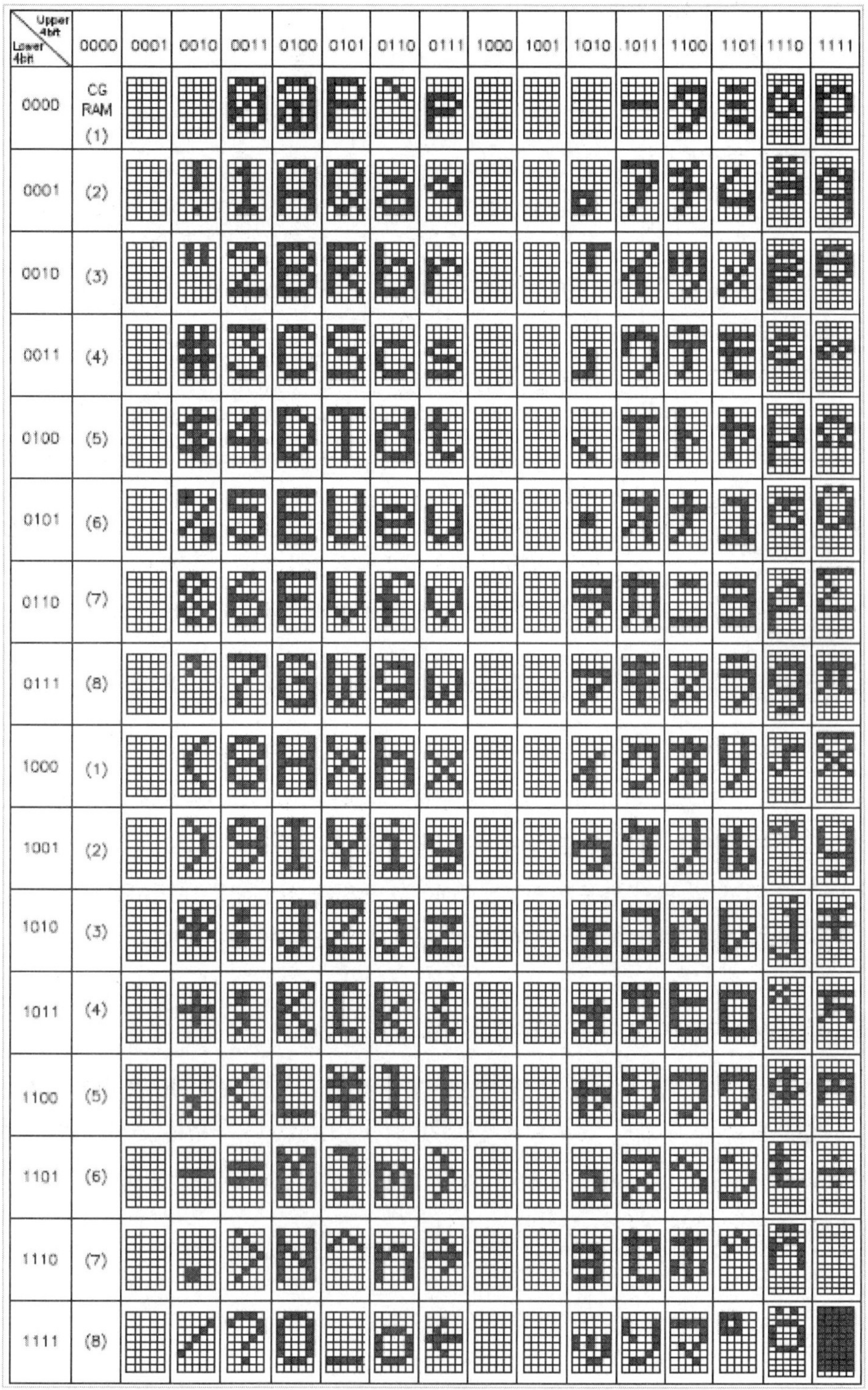

| 그림 13.7 | CGROM의 문자 코드와 문자 패턴

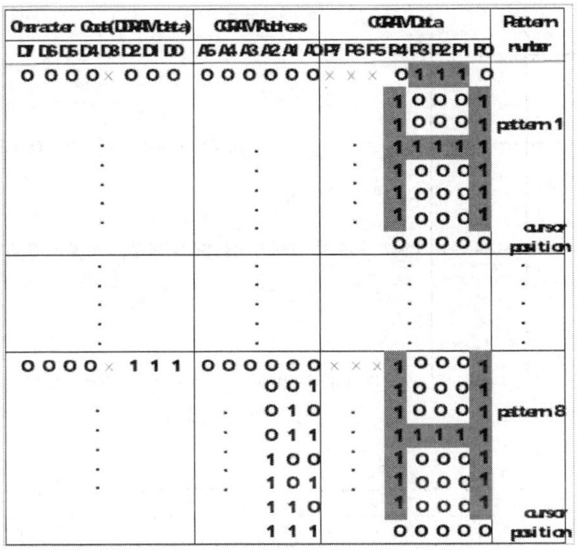

| 그림 13.8 | CGRAM에서 5×7 도트 문자 패턴의 생성

❼ DDRAM(Display Data RAM)

DDRAM은 8비트 문자 코드 값을 저장하는 RAM이다. DDRAM은 80개의 문자(80×8비트)를 저장할 수 있고, DDRAM 내에서 표시에 사용되지 않은 영역은 일반 데이터 영역으로 사용될 수 있다. 또한 DDRAM 번지는 AC(Address Counter)로 설정된다.

그림 13.9는 DDRAM의 번지와 LCD의 문자 위치이며, 그림 13.10은 DDRAM의 번지와 LCD의 문자 위치의 관계이다. 그림 13.9에서 표시된 LCD의 번지는 DDRAM의 시작번지(80H)로 부터의 시작되는 번지이다.

	1	2	3	4	5	6	7	8	9	10	11	12	13	14	15	16	LCD의 문자 표시 위치
LCD 1행	00	01	02	03	04	05	06	07	08	09	0A	0B	0C	0D	0E	0F	DDRAM 번지(80H)의 +시작위치
LCD 2행	40	41	42	43	44	45	46	47	48	49	4A	4B	4C	4D	4E	4F	

(a)정지상태(DDRAM 번지와 LCD 문자의 위치)

	1	2	3	4	5	6	7	8	9	10	11	12	13	14	15	16	LCD의 문자 표시 위치
LCD 1행	27	00	01	02	03	04	05	06	07	08	09	0A	0B	0C	0D	0E	DDRAM 번 지 (80H) 의 시작위치에서 우측으로 1칸 이동한 번지
LCD 2행	67	40	41	42	43	44	45	46	47	48	49	4A	4B	4C	4D	4E	

(b)우측으로 이동상태(DDRAM 번지와 LCD 문자의 위치)

	1	2	3	4	5	6	7	8	9	10	11	12	13	14	15	16	LCD의 문자 표시 위치
LCD 1행	01	02	03	04	05	06	07	08	09	0A	0B	0C	0D	0E	0F	10	DDRAM 번지(80H)의 시작위치에서 좌측으로 1칸 이동한 번지
LCD 2행	41	42	43	44	45	46	47	48	49	4A	4B	4C	4D	4E	4F	50	

(c)좌측으로 이동상태(DDRAM 번지와 LCD 문자의 위치)

| 그림 13.9 | DDRAM의 번지와 LCD 문자의 위치

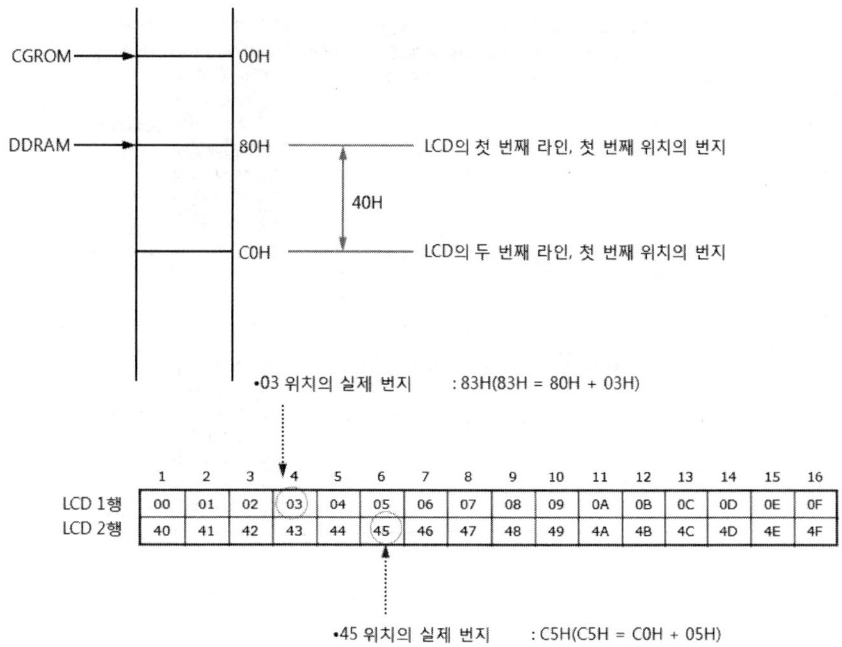

| 그림 13.10 | DDRAM의 번지와 LCD의 문자 위치의 관계

13.3 텍스트 LCD의 명령어

13.3.1 LCD 명령어 종류

표 13.5는 LCD 명령어의 종류를 간략하게 정리한 것이다. 각각의 명령어를 먼저 설명한 이유는 한번에 LCD 명령어를 개략적으로 파악하기 위한 목적이다.

| 표 13.5 | LCD 명령어 및 동작

명령어	컨트롤		코드								실행시간 (foc=270KHz)	설 명
	RS	R//W	D7	D6	D5	D4	D3	D2	D1	D0		
표시 클리어	0	0	0	0	0	0	0	0	0	1	1.53ms	• LCD 화면을 클리어 • 커서를 홈(첫 행의 첫 번째 위치) 위치로 이동 • DDRAM의 번지를 0번지로 설정 • DDRAM의 전체 공간에 20H (공백)를 쓰기
커서 홈	0	0	0	0	0	0	0	0	1	*	1.53ms	• 커서를 홈 위치로 이동 • LCD 화면은 클리어 되지 않음

엔트리 모드	0	0	0	0	0	0	0	0	1/D	S	39μs	• 데이터 읽기/쓰기 시 커서의 이동방향 결정(I/D) • 표시의 이동방향 설정 • S: 시프트
표시 ON/OFF	0	0	0	0	0	0	1	D	C	B	39s	• D: LCD ON/OFF • C: 커서 ON/OFF • B: 깜박임 ON/OFF
커서 표시 이동	0	0	0	0	0	1	S/C	R/L	*	*	39μs	• 화면이나 커서를 오른쪽 혹은 왼쪽으로 이동시킬 것인가를 설정하는 기능 • S/C: 화면표시 혹은 커서이동(1:화면 이동, 0: 커서 이동) • R/L: 좌/우 이동
펑션 세트	0	0	0	0	1	DL	N	F	*	*	39μs	• F: 문자폰트의 정의(1:4×10도트, 0:4×8도트) • N: 라인 개수(1:2라인, 0:라인) • DL: 데이터길이 설정(1:8비트, 0:4비트)
CGRAM 번지 세트	0	0	0	1	CGRAM 번지 세트						39μs	• CGRAM의 번지를 설정하고 다음부터 전송되는 데이터는 CGRAM 데이터로 처리한다.
DD RAM 번지 세트	0	0	1	DD RAM 번지 세트							39μs	• DD RAM의 번지를 설정하고 다음부터 전송되는 데이터는 DD RAM 데이터로 처리한다.
비지 플래그/번지 읽기	0	1	BF	AC(Address Count)							0μs	• AC: AC 내용을 읽기 • BF: 비지 플래그를 읽기, 1:내부명령어 수행 중, 0:명령어 대기)
CG/DD RAM 데이터 쓰기	1	0	쓰기 할 데이터								43μs	• 내부 RAM(DDRAM, CGRAM)으로부터 데이터를 쓰기
CG/DD RAM 데이터 읽기	1	1	읽기 한 데이터								43μs	• 내부 RAM(DDRAM, CGRAM)으로부터 데이터를 읽기

*: 값과 무관

BF: Busy Flag　RS=0: 명령 레지스터　RS=1: 데이터 레지스터　$R/\overline{W}$=1:읽기 $R/\overline{W}$=0:쓰기

B: Blink　C: Cursor D: Display　DL: Data Length　F: Font

I/D: Increment/Decrement　L: Left　R: Right　N: Line Number　DD RAM: LCD의 화면 데이터 RAM

CGRAM: LCD의 문자 생성 RAM　AC: DDRAM과 CGRAM의 번지를 표시하는 번지 카운터

13.3.2 표시 클리어(clear display)

그림 13.11은 표시 클리어 명령어의 구조이다. 표시 클리어 명령어는 LCD에 표시된 내용을 깨끗하게 지우는(clear) 명령어이다. 표시 클리어 명령어는 다음과 같이 동작한다.

- LCD 화면을 지우고(DDRAM의 전체 공간에 20H(blank)를 써넣어 공백으로 표시) 커서를 홈(첫 행의 첫 번째 위치) 위치로 이동한다.
- DDRAM의 번지를 0번지로 설정한다.
- 표시가 이동된 경우에는 원래의 위치로 이동한다.
- 표시 클리어 명령 실행 후에는 엔트리 모드는 증가(increment) 모드로 선택된다.

RS	R/nW	DB7	DB6	DB5	DB4	DB3	DB2	DB1	DB0
0	0	0	0	0	0	0	0	0	1

| 그림 13.11 | 표시 클리어 명령어의 비트 구조

13.3.3 커서 홈(return home)

그림 13.12는 커서 홈 명령어의 비트 구조이다. 커서 홈 명령어는 커서를 홈 위치(좌측 상단의 0번지)에 위치시킨다. 커서 홈 명령어는 다음과 같이 동작한다.

- 커서를 홈 위치(0 번지)로 이동(번지 카운터의 DDRAM 번지는 0번지로 설정)
- 만약 표시가 시프트된 경우 원래 위치로 돌아가며, DDRAM의 내용은 변하지 않는다.
- 만약 LCD 표시에 커서 또는 블랭크가 표시되어 있는 경우에는 표시의 왼쪽으로 돌아간다.

RS	R/nW	DB7	DB6	DB5	DB4	DB3	DB2	DB1	DB0
0	0	0	0	0	0	0	0	1	*

| 그림 13.12 | 커서 홈 명령어의 비트 구조

13.3.4 엔트리 모드 세트(entry mode set)

그림 13.13은 엔트리 모드 세트 명령어의 구조이다. 엔트리 모드 세트 명령어는 LCD에 문자 패턴을 표시할 때 커서의 진행 방향(증가(오른쪽) 혹은 감소(왼쪽) 방향)과 표시를 이동(shift)되도록 할 것인가를 설정한다. 엔트리 모드 명령어 다음과 같이 동작한다.

- I/D(Increment/Decrement) : DDRAM에 쓰기/읽기 할 때 DDRAM의 번지를 +1 또는 -1한다.(CGRAM에서 쓰기/읽기 할 때도 동일하다)
- I/D=1 : 번지를 +1(증가), 커서 또는 블랭크는 우측으로 이동한다,
- I/D=0 : 번지를 −1(감소), 커서 또는 블랭크는 좌측으로 이동한다.
- S(shift) : S=1 일 때, DDRAM으로 써넣은 후에 표시 전체를 좌측 혹은 우측으로 이동시킨다. DDRAM에서 읽을 때에는 표시 시프트는 하지 않는다. CGRAM의 써넣기, 읽기동작에서 시프트 되지 않는다.
- S=0 : 표시가 이동되지 않는다.
- S=1, I/D=1 : 표시 전체가 좌측으로 이동된다.
- S=1, I/D=0 : 표시 전체가 우측으로 이동된다.

RS	R/nW	DB7	DB6	DB5	DB4	DB3	DB2	DB1	DB0
0	0	0	0	0	0	0	1	I/D	S

| 그림 13.13 | 엔트리 모드 세트 명령어의 비트 구조

13.3.5 표시 ON/OFF

그림 13.14는 표시 ON/OFF 명령어 구조이다. 표시 ON/OFF는 LCD의 표시 기능을 ON/OFF, 커서를 ON/OFF, 블랭크 기능을 ON/OFF한다. 표 13.6은 표시 ON/OFF 기능이다. 커서의 ON/OFF 및 점멸은 AC로 지정되어 있으며 DDRAM의 번지가 표시하는 행이 그 대상이 된다.

RS	R/nW	DB7	DB6	DB5	DB4	DB3	DB2	DB1	DB0
0	0	0	0	0	0	1	D	C	B

| 그림 13.14 | 표시 ON/OFF 명령어의 비트 구조

표 13.6은 표시 ON/OFF 명령어의 비트별 의미이다.

| 표 13.6 | 표시 ON/OFF 기능

비트		설명
D(display)	D=0	• 표시 기능을 OFF
	D=1	• 표시 기능을 ON • D=0로 설정하면 표시 기능은 OFF되지만 표시 데이터는 DDRAM에 존재하기 때문에 D=1로 할 경우 다시 LCD에 표시할 수 있다.
C(cursor)	C=0	• 커서 기능을 OFF
	C=1	• 표시 기능을 ON • 5×7 문자 폰트의 경우 8행, 5x10 문자 폰트의 경우에는 11행에서 표시한다.
B(blink)	B=0	• 깜박임 기능을 ON(커서의 위치에 해당하는 문자를 점멸) • 블링크(점멸)는 전 도트를 검정으로 혹은 문자를 번갈아 표시하며 번갈아 표시되는 시간은 약 0.4초(Fosc=250KHz) 이다. • 또한 이 기능은 커서와 점멸기능을 동시에 설정할 수 있다.
	B=1	• 표시 기능을 OFF

13.3.6 커서/표시 시프트(cursor/display shift)

그림 13.15는 커서/표시 시프트 명령어의 비트 구조이다. 커서/표시 시프트 명령어는 LCD에 표시 데이터를 쓰기/읽기 할 경우 커서 위치와 표시를 좌측 혹은 우측으로 이동하는 기능이며 표 13.7은 S/C와 R/L의 동작이다.

RS	R/nW	DB7	DB6	DB5	DB4	DB3	DB2	DB1	DB0
0	0	0	0	0	1	S/C	R/L	*	*

| 그림 13.15 | 커서/표시 시프트 명령어의 비트 구조

| 표 13.7 | S/C와 R/L의 동작

S/C	R/L	설명
0	0	• 커서 위치를 좌측으로 이동한다(번지 카운터(AC)를 −1 한다.)
0	1	• 커서 위치를 우측으로 이동한다(번지 카운터(AC)를 +1 한다.)
1	0	• 표시 전체를 좌측으로 이동한다. • 표시 커서에 따라 움직인다.
1	1	• 표시 전체를 우측으로 이동한다. • 표시 커서에 따라 움직이지 않는다.

13.3.7 펑션 세트(function Set)

그림 13.16은 펑션 세트 명령어의 비트 구조이다. **펑션 세트 명령어는 마이크로컨트롤러와 LCD를 인터페이스하는 인터페이스의 길이(4비트 혹은 8비트 마이크로컨트롤러에 인터페이스 할 것인가를 설정), 표시라인 개수 및 문자폰트의 도트 크기 등을 설정하는 것이다.** 이 명령어는 BF(busy flag)와 번지 읽기 명령어 외의 다른 어떤 명령어 보다 우선적으로 실행되어야 한다. 만약, 다른 어떤 명령이 실행되고 나면 인터페이스 길이를 변경하는 것 외에 이 명령어는 실행되지 않는다.

RS	R/nW	DB7	DB6	DB5	DB4	DB3	DB2	DB1	DB0
0	0	0	0	1	DL	N	F	*	*

| 그림 13.16 | 펑션 세트 명령어의 비트 구조

펑션 세트 명령어의 DL(Data Length), N(Number), F(Font) 비트는 다음과 같이 동작된다.

- DL : 프로세서와 인터페이스 할 DL을 설정한다.
  - DL=1 : 8비트(DB7~DB0 사용)로 설정된다.
  - DL=0 : 4비트(DB7~DB0 사용)로 설정된다. 이 경우에는 2번에 걸쳐서 데이터를 전송(최초 상위 4비트 전송, 다음에 하위 4비트 전송) 한다.
- N : 표시 할 행의 수를 설정한다.
- F : 문자 폰트를 설정한다.

표 13.8은 N과 F의 값에 따라 텍스트 LCD의 표시 행수, 문자폰트 및 듀티 비를 설정한다.

| 표 13.8 | N과 F의 동작

N	F	표시행수	문자폰트	듀티 비
0	0	1	5X7	1/8
0	1	1	5X10	1/11
1	*	2	5X7	1/16

13.3.8 CGRAM 번지 셋(address set)

그림 13.17은 CGRAM 번지 설정 명령어의 비트 구조이다. CGRAM 번지 설정 명령어는 CGRAM의 번지를 설정한다. 이 번지가 설정되면 해당 값이 번지 카운터의 값이 되며, 이후부터 마이크로컨트롤러에서 읽고 쓰는 것은 CGRAM의 번지가 되는 것이다. 2진수 "AAAAAA"로 표시되는 CGRAM의 번지가 번지 카운터(AC)로 설정되며 이후부터 마이크로컨트롤러에서 읽기/쓰기 하는 것은 CGRAM으로 읽고 써넣는 것이다.

RS	R/nW	DB7	DB6	DB5	DB4	DB3	DB2	DB1	DB0
0	0	0	1	A	A	A	A	A	A

| 그림 13.17 | CGRAM 번지 설정 명령어의 비트 구조

CGRAM 번지 설정은 앞에서 설명한 것과 같이 CGROM에 없는 임의의 문자 패턴을

만들어서 사용할 때 필요하며, 생성할 문자 패턴 값을 생성하여 CGRAM의 번지 8바이트 (00H~07H 혹은 08H~0FH) 단위로 저장되는 번지이다. CGRAM에 8바이트로 저장된 1개의 문자 패턴은 DDRAM의 1개의 문자코드가 된다. CGROM의 내용을 LCD에 표시하는 방법은 DDRAM에 00H, 01H(예로써 A, H의 문자코드 값)를 DDRAM에 써넣으면 LCD는 내부에서 자동적으로 만들어진 문자 패턴이 LCD에 표시된다.

13.3.9 DDRAM 번지 세트

그림 13.18은 DDRAM 번지 설정 명령어의 비트 구조이다. DDRAM 번지 셋(address set) 명령어는 DDRAM의 번지를 설정한다. 이때 번지가 한번 설정되어 사용되면 이후부터 이 번지 값이 마이크로컨트롤러에 의해서 읽고 쓰는 것은 DDRAM의 번지가 되는 것이다. 그림 13.18에서 2진수 "AAAAAA"로 표시되는 번지이다.

RS	R/nW	DB7	DB6	DB5	DB4	DB3	DB2	DB1	DB0
0	0	1	A	A	A	A	A	A	A

| 그림 13.18 | DDRAM 번지 설정 명령어의 비트 구조

13.3.10 비지 플래그/번지(Busy Flag/Address) 읽기

그림 13.19는 비지 플래그/번지 명령어의 비트 구조이다. 비지 플래그/번지 명령어는 LCD 모듈의 동작상태(동작 중 혹은 완료)를 확인(busy flag) 하거나 AC(address counter)의 내용은 비지 플래그/번지 읽기 명령어로 읽을 수 있다.

RS	R/nW	DB7	DB6	DB5	DB4	DB3	DB2	DB1	DB0
0	1	BF	A	A	A	A	A	A	A

| 그림 13.19 | 비지 플래그/번지 명령어의 비트 구조

표 13.9는 BF의 동작이다. 명령어의 BF비트가 0일 때, 명령을 받을 수 있으므로 BF=0을 확인하고 난 뒤에 써 넣기를 할 수 있다. 비지 플래그를 읽음과 동시에 AAAAAA의 2진수로 표시되는 번지 카운터의 값을 읽는다. 번지 카운터는 CGRAM, DDRAM의 양쪽에 사용하지만, 어느 쪽을 읽을지는 이 명령 이전에 어느 쪽으로 번지가 세트되었는지에 따라서 결정된다.

| 표 13.9 | BF의 동작

비트	동작
BF=0	• 내부 동작이 완료되었음을 표시 • 다음 명령어를 받을 수 있다.
BF=1	• 내부 동작중임을 표시 • BF=0가 될 때까지 대기하고, BF=0이면 다음 명령어를 사용할 수 있다.

13.3.11 CGRAM, DDRAM으로 데이터 써넣기

그림 13.20은 CGRAM과 DDRAM으로 데이터를 써넣는 명령어의 비트 구조이다. 이때 CGRAM 혹은 DDRAM의 쓰는 위치는 이전에 쓴 명령어가 CGRAM 혹은 DDRAM 번지인가에 따라 결정된다. 예로써 이전 명령이 CGRAM 번지가 설정되었다면 CGRAM으로 데이터가 써넣어진다.

RS	R/nW	DB7	DB6	DB5	DB4	DB3	DB2	DB1	DB0
1	0	D	D	D	D	D	D	D	D

| 그림 13.20 | CGRAM, DDRAM 쓰기 명령어의 비트 구조

CGRAM, DDRAM 쓰기 명령어는 8비트 데이터 "DDDDDDDD"를 CGRAM 또는 DDRAM으로 써넣는다. 써넣기를 한 후 번지 및 표시 시프트는 엔트리 모드에 따라 결정된다.

13.3.12 CGRAM, DDRAM에서 데이터 읽기

그림 13.21은 CGRAM과 DDRAM의 데이터를 읽어오는 명령어의 비트 구조이다.이때 CGRAM 혹은 DDRAM 어느 쪽으로 써넣어지는가는 이전에 기록(write)한 명령어가 CGRAM 혹은 DDRAM 번지인가에 따라 결정된다. 예로써 이전 명령이 CGRAM 번지가 설정되었다면 CGRAM으로 데이터가 써넣어진다.

RS	R/nW	DB7	DB6	DB5	DB4	DB3	DB2	DB1	DB0
1	1	D	D	D	D	D	D	D	D

| 그림 13.21 | CGRAM, DDRAM 읽기 명령어의 비트 구조

동작 명령어는 2진수 8비트 데이터 "DDDDDDDD"를 CGRAM 이나 DDRAM에서 읽는데, 이때 어떤 것을 읽어올 것인지는 이전의 명령에서 CGRAM 번지 셋인지, DDRAM 번지 셋 명령을 하였는지에 따라 결정된다. 써넣기를 한 뒤, 엔트리 모드에 따라 번지 및 표시 시프트가 결정된다. 바로 전에 어떤 명령을 실행하지 않으면 안 되는데, 읽기 명령 전에 번지 셋 명령을 실행하지 않을 경우에는 첫 번째 데이터는 무효가 되고, 계속해서 리드 명령을 실행할 경우에는 두 번째 리드부터 데이터가 정상으로 읽혀진다.

DDRAM 읽기에 있어서, 커서 시프트 명령에 의해 커서를 이동한 경우에는 커서 시프트 명령이 DDRAM 번지 세트 명령과 중복되기 때문에 번지 셋 명령을 실행할 필요는 없다. 읽은 후 번지는 엔트리 모드에 따라 자동적으로 +1 또는 −1이 되지만, 표시 시프트는 엔트리 모드로 결정되지 않는다.

13.4 텍스트 LCD 초기화

그림 13.22(8비트)와 그림 13.23(4비트)은 LCD 초기화 과정이다. 텍스트 LCD에 문자를 표시하기 위해서는 가정 먼저 초기화 해야 한다. 초기화 과정은 LCD 컨트롤러를 사용하기 위한 인터페이스 방식이나 사용하는 행의 수, 번지 등을 설정하는 과정이다. 그림 13.22(8비트)와 같이 LCD를 초기화시키는 과정은 4단계로 이루어진다.

첫 번째, 기능 설정(function set) 과정이다. 이 과정 전에는 비지 플래그(busy flag)는 확인하지 않는다.

두 번째, 표시 ON/OFF 단계이다. LCD의 표시 관련 동작을 설정한다.

세 번째, 표시 클리어(display clear) 단계이다. 이때 LCD의 화면은 깨끗이 지워진 상태이다.

네 번째 단계는 시작모드(entry mode set) 설정이다. 이 모드가 설정된 후 LCD에 문자를 표시할 수 있다.

Power on

↓

Wait for more than 30ms after V_{DD} rises to 4.5V.

↓

Function Set									
RS	R/W	DB7	DB6	DB5	DB4	DB3	DB2	DB1	DB0
0	0	0	0	1	1	1	0	X	X

↓

Wait for more than 39 μs

↓

Display ON/OFF Control									
RS	R/W	DB7	DB6	DB5	DB4	DB3	DB2	DB1	DB0
0	0	0	0	0	0	1	D	C	B

↓

Wait for more than 39 μs

↓

Display Clear									
RS	R/W	DB7	DB6	DB5	DB4	DB3	DB2	DB1	DB0
0	0	0	0	0	0	0	0	0	1

↓

Wait for more than 1.53ms

↓

Entry Mode Set									
RS	R/W	DB7	DB6	DB5	DB4	DB3	DB2	DB1	DB0
0	0	0	0	0	0	0	1	I/D	SH

↓

End of initialization

| 그림 13.22 | 8비트 초기화

Power on

↓

Wait for more than 30ms after V_{DD} rises to 4.5V.

↓

Function Set									
RS	R/W	DB7	DB6	DB5	DB4	DB3	DB2	DB1	DB0
0	0	0	0	1	0	X	X	X	X
0	0	0	0	1	0	X	X	X	X
0	0	1	0	X	X	X	X	X	X

↓

Wait for more than 39 μs

↓

Display ON/OFF Control									
RS	R/W	DB7	DB6	DB5	DB4	DB3	DB2	DB1	DB0
0	0	0	0	0	0	X	X	X	X
0	0	1	D	C	B	X	X	X	X

↓

Wait for more than 39 μs

↓

Display Clear									
RS	R/W	DB7	DB6	DB5	DB4	DB3	DB2	DB1	DB0
0	0	0	0	0	0	X	X	X	X
0	0	0	0	0	1	X	X	X	X

↓

Wait for more than 1.53ms

↓

Entry Mode Set									
RS	R/W	DB7	DB6	DB5	DB4	DB3	DB2	DB1	DB0
0	0	0	0	0	0	X	X	X	X
0	0	0	1	I/D	SH	X	X	X	X

↓

End of initialization

| 그림 13.23 | 4비트 초기화

표 13.10은 텍스트 LCD에 초기화 후 문자 쓰기 과정이다. 이 과정은 텍스트 LCD가 초기화 후 문자를 표시하는 과정을 설명하고 있다.

| 표 13.10 | 텍스트 LCD에 초기화 후 문자 쓰기 과정

단계	명령 셋	LCD 표시	동작
1	전원 ON		• 초기화(그림 13.22, 그림 13.23) • 초기화에 의해서 커서는 1행 첫 번째 위치한다. 이때 DDRAM의 00번지로 설정된다. • 화면의 표시는 없다.
2	기능 설정(function set) RS R/W DB7 DB6 DB5 DB4 DB3 DB2 DB1 DB0 0 0 0 0 1 1 1 0 * *		• 8비트 동작과 2-라인 표시로 설정 • 5x7 도트 매트릭스 사용
3	표시 ON/OFF 컨트롤 RS R/W DB7 DB6 DB5 DB4 DB3 DB2 DB1 DB0 0 0 0 0 0 0 1 1 1 0	_	• 표시와 커서를 ON • 모든 표시는 초기화 동작으로 공백 모드
4	시작 모드 설정(entry mode set) RS R/W DB7 DB6 DB5 DB4 DB3 DB2 DB1 DB0 0 0 0 0 0 0 0 1 1 0	_	• 내부 RAM에 쓰기할 경우번지는 +1씩 증가되고 커서는 우측으로 이동 • 표시는 이동되지 않음
5	데이터를 CGRAM/DDRAM에 쓰기 RS R/W DB7 DB6 DB5 DB4 DB3 DB2 DB1 DB0 1 0 0 1 0 0 0 0 0 1	A_	• 표 13.4에서 A: 0100 0001 • A를 쓰고, 초기화에 의해서 DDRAM이 선택 • 커서는 +1 증가되고 우측으로 이동
6	데이터를 CGRAM/DDRAM에 쓰기(계속) RS R/W DB7 DB6 DB5 DB4 DB3 DB2 DB1 DB0 1 0 0 1 0 0 0 0 1 0	AB_	• 문자 B(0100 0010)를 쓴다. • 커서는 +1 증가되고 우측으로 이동
7	⋮	⋮	⋮

8	DDRAM 번지 설정 RS R/W DB7 DB6 DB5 DB4 DB3 DB2 DB1 DB0 0 0 1 1 0 0 0 0 0 0	ABCDEFGHIJKLMNOP	• P를 쓴다. • 커서는 제거
9	데이터를 CGRAM/DDRAM에 쓰기 RS R/W DB7 DB6 DB5 DB4 DB3 DB2 DB1 DB0 0 0 1 1 0 0 0 0 0 0	ABCDEFGHIJKLMNOP _	• 커서의 위치가 2행 첫 번째에 위치하도록 DDRAM 번지를 설정
10	데이터를 CGRAM/DDRAM에 쓰기(계속) RS R/W DB7 DB6 DB5 DB4 DB3 DB2 DB1 DB0 1 0 0 0 1 1 0 0 0 1	ABCDEFGHIJKLMNOP 1_	• 1을 쓴다.
11	데이터를 CGRAM/DDRAM에 쓰기(계속) RS R/W DB7 DB6 DB5 DB4 DB3 DB2 DB1 DB0 1 0 0 0 1 1 0 0 1 0	ABCDEFGHIJKLMNOP 12_	• 2를 쓴다.
12	⋮	⋮	⋮
13	데이터를 CGRAM/DDRAM에 쓰기(계속) RS R/W DB7 DB6 DB5 DB4 DB3 DB2 DB1 DB0 1 0 0 0 1 1 0 1 1 0	ABCDEFGHIJKLMNOP 1234 567890123456	• 6을 쓴다.
14	데이터를 CGRAM/DDRAM에 쓰기(계속) RS R/W DB7 DB6 DB5 DB4 DB3 DB2 DB1 DB0 0 0 1 0 0 0 0 0 0 0	ABCDEFGHIJKLMNOP 1234 567890123456	• 커서를 첫 행의 첫 번째 위치로 이동 • 1행 첫 번째: 80H번지 • 2행 첫 번째: C0H번지
15	표시 클리어 RS R/W DB7 DB6 DB5 DB4 DB3 DB2 DB1 DB0 0 0 0 0 0 0 0 0 0 1	_	• 표시 클리어 • 커서 홈

13.5 텍스트 LCD 회로 설계

그림 13.24는 텍스트 LCD의 인터페이스 회로이다. ATmega128에서 82C55A의 PC 포트를 통해서 텍스트 LCD에 문자를 출력하도록 설계되었다.

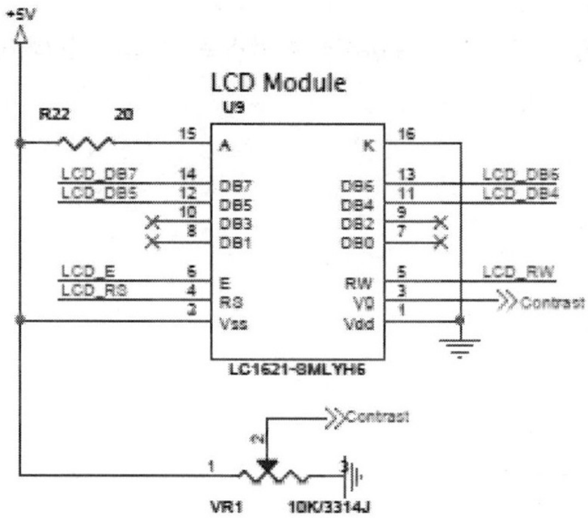

| 그림 13.24 | 텍스트 LCD 인터페이스 회로

13.6 텍스트 LCD 응용 프로그램 설계

텍스트 LCD 응용 프로그램은 ATmega128에서 82C55A 포트를 통해서 텍스트 LCD에 문자를 출력한다. 텍스트 LCD의 인터페이스는 82C55A_2 PC포트와 연결된다.

예제 : 텍스트 LCD 출력 프로그램

그림 13.25는 ATmega128과 텍스트 LCD의 인터페이스 구성도 이다. 그림 13.26과 같이 ATmega128에서 8255 포트를 통해서 텍스 LCD에 문자를 출력한다. 예제에서는 텍스트 LCD의 첫 번째 줄에는 "AVR Training Kit", 두 번째 줄에는 "Text-LCD Test Program." 문자를 출력 하도록 구성되었다.

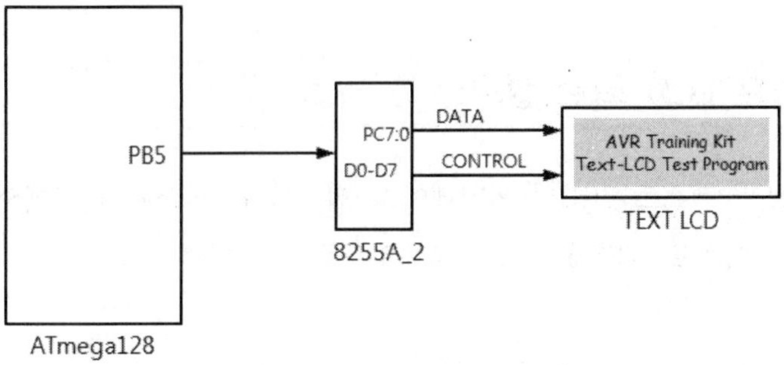

| 그림 13.25 | ATmega128과 텍스트 LCD의 인터페이스 구성

avrKit_LCD.c

```
01:    #include <avr/io.h>
02:    #include <util/delay.h>
03:    #include "82c55a.h"
04:    #include "lcd.h"
05:
06:    int main(void)
07:    {
08:        u5_PortInit(AO_BO_CHO_CLO);
09:        lcd_init();
10:
11:        while(1)
12:        {
13:            lcd_putsf(0, 0, "AVR Training Kit");
14:            lcd_putsf(0, 1, "LCD Test Program");
15:        }
16:    }
```

▷ 코드 설명

04행: #include "lcd.h"
이 헤드 파일에는 텍스트 LCD를 초기화하고 문자를 보내기 위한 함수들이 정의되어 있다.

08행: u5_PortInit(AO_BO_CHO_CLO);
텍스트 LCD는 u5의 포트C에 연결되어 있다. 포트C의 상위 4비트와 하위 4비트를 모두 출력으로 설정해야 한다.

09행: lcd_Init();
이 함수는 텍스트 LCD를 초기화한다. 모든 텍스트 LCD 관련 함수는 반드시 u5 칩의 초기화(07행)가 수행된 후 호출해야한다.

13~14행: lcd_putsf(0,0,"AVR Training Kit"); ~
텍스트 LCD에 문자를 입력하기 위한 함수이다. 첫 번째 인수는 행을, 두 번째 인수는 열을 의미한다. 프로그램 실행결과 그림 13.26과 같이 텍스트 LCD의 1행에 "AVR Training Kit"를 출력하고 2행에 "LCD Test Program"을

출력 한다

| 그림 13.26 | 실행결과

예제 : 텍스트 LCD에서 문자가 이동되는 프로그램

이 예제는 텍스트 LCD에 출력되는 2개의 문자열이 이동되면서 출력되는 프로그램이다. 이때 텍스트 LCD의 깜빡이는 현상이 제거하기 위해서 이동할 때마다 가장 왼쪽에 있는 문자를 하나씩 지우게 된다

avrKit_LCD2.c

```
#include <avr/io.h>
#include <util/delay.h>
#include "82c55a.h"
#include "lcd.h"

int main(void)
{
    u5_PortInit(AO_BO_CHO_CLO);
    lcd_init();
    lcd_clear();
    _delay_ms(200);

    int step = 0;
    char *pCopy_1 = "ATmega 128";
    char *pCopy_2 = "LCD Test Program";

    while(1)
    {
        for (int i=0; i<=16; i++)
        {
            lcd_putsf(i,0,pCopy_1);
            lcd_putsf(i-1, 0, " ");
            _delay_ms(100);
        }
        for (int i=16; i>= 0; i--)
```

```
26:             {
27:                 lcd_putsf(i,1,pCopy_2);
28:                 lcd_putsf(i+12,1," ");
29:                 _delay_ms(100);
30:             }
31:             _delay_ms(1000);
32:             for (int i=0; i<=16; i++)
33:             {
34:                 lcd_putsf(i,1,pCopy_2);
35:                 lcd_putsf(i-1,1," ");
36:                 _delay_ms(100);
37:             }
38:             for (int i=16; i>= 0; i--)
39:             {
40:                 lcd_putsf(i,0,pCopy_1);
41:                 lcd_putsf(i+10,0," ");
42:                 _delay_ms(100);
43:             }
44:             _delay_ms(1000);
45:         }
46:     }
```

코드 설명

22행: lcd_putsf(i−1,0," ");

LCD에 표시되는 글자의 위치를 오른쪽으로 이동시키면 이전에 적힌 글자가 지워지지 않는다. lcd_clear() 함수를 사용하면 깜빡임 현상이 생기는데 이를 해결하기 위하여 이동할 때마다 가장 왼쪽에 있는 문자를 하나씩 지우게 된다.

그림 13.27은 프로그램의 실행결과이다. 프로그램이 실행되면 텍스트 LCD의 첫 번째 행에는 문자열 "ATmega128"이 오른쪽에서 왼쪽으로 표시된 후 지워지고 두 번째 행에는 문자열 "LCD Test Program" 문자가 출력된 다음 지워지는 동작이 반복된다.

| 그림 13.27 | 실행결과

연습문제

01. LCD는 무엇이며 어디에 사용할 수 있는가?

02. LCD의 종류와 내부구조에 대해서 설명하여라.

03. LCD의 초기화 방법을 단계별로 설명하여라.

04. LCD에 문자를 표시하는 경우 CGROM을 사용하는 방법에 대해서 설명하여라.

05. LCD를 사용하여 2개 라인에 문자를 표시하는 방법에 대해서 설명하여라.

06. LCD를 사용하여 표시문자가 이동하는 방법에 대해서 설명하여라.

07. LCD에서 문자열을 점멸하고 이동하는 방법에 대해서 설명하여라.

제 14 장

스텝모터 응용 회로 및 프로그램 설계

학습목표

1. 스텝모터(stepping motor)의 종류와 동작원리를 이해한다.
2. ATmega128과 스텝모터 구동회로의 인터페이스 방법을 이해한다.
3. 스텝모터 구동을 위한 프로그래밍 기법을 이해한다.

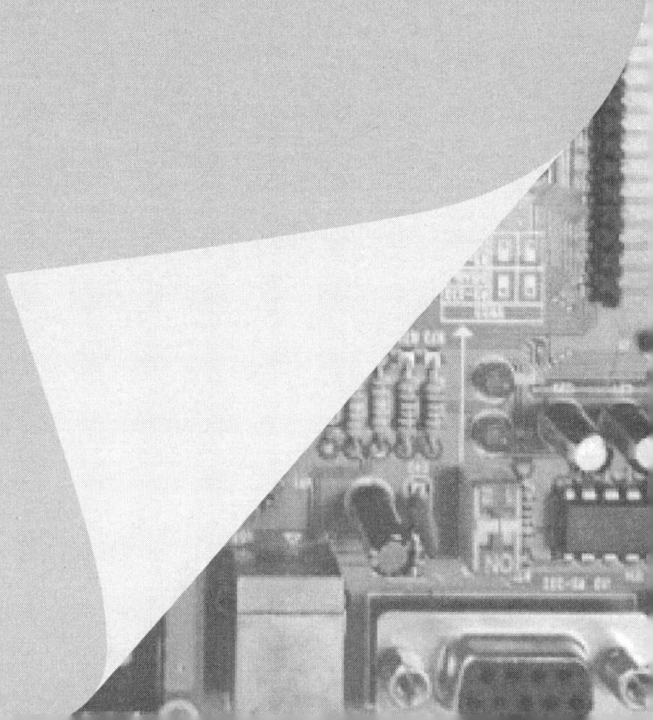

14.1 개요

스텝모터(stepping motor)는 구동 펄스에 의해서 일정한 각도로 회전하는 모터이다. 스텝모터는 개루프제어(open loop control)로 위치와 속도를 제어할 수 있으며 제어가 비교적 쉽고 큰 정지토크를 가지고 있다. 스텝모터는 회전자(영구자석)와 고정자(여러 개의 코일)로 구성된다. 스텝모터는 구성형태에 따라 VR(Variable Reluctance)형, PM(Permanent Magnet)형, HB(Hybrid)형으로 구분된다. 스텝모터는 AC서보모터나 DC서보모터에 비해서 가격이 저렴하면서 정확한 위치를 제어할 수 있기 때문에 공장자동화, 사무자동화 기기(하드디스크, CD 드라이브 등)에 많이 사용된다. 소형 스텝모터는 동작정밀도 중심의 제어용과 기능 중심의 제어용 소형모터가 있다.

14.2 스텝모터

그림 14.1은 스텝모터의 외형과 스텝모터를 제어하기 위한 모션 컨트롤러(motion controller) 보드이다. 일반적으로 산업용기기에서 사용되는 스텝모터를 정밀하게 제어하기 위해서 전용 드라이브 IC를 사용하거나 컨트롤롤러 보드를 사용한다.

| 그림 14.1 | 스텝모터의 외형과 컨트롤러 보드

스텝모터는 표 14.1과 같이 분류할 수 있다. 표 14.2는 스텝모터의 특성이며 표 14.3은 스텝모터의 장점 및 단점이다.

| 표 14.1 | 스텝모터의 분류

회전형	VR(Variable Reluctance)형	• 분포형 • 단권형 • 케스케이드형
	PM(Permanent Magnet)형	• 분포형 • 단권형
	HB(Hybrid)형	• 분포형
	특수형(레스폰싱형)	–
리니어형	VR(Variable Reluctance)형	–
	PM(Permanent Magnet)형	–

| 표 14.2 | 스텝모터의 특성

정특성	• 각도-토크 특성 • 스텝 각도 정밀성 • 여자시 최대 정지토크 • 무여자시 최대 정지토크 • 정지각도 정밀성 • 히스테리시스 각도 정밀도	모터가 무통전이나 연속통전상태로 정지되어 있을 때 또는 펄스가 입력되어 회전하는 경우 운동 상태에서 정지 상태로 될 때 표시되는 특성
동특성	• 속도-토크 특성 • 구동 주파수 • 자기동 영역 • 최대 자기동 주파수 • 슬루 영역 • 최대 응답 주파수 • 인입토크 • 탈출 토크	모터의 펄스(pulse)가 연속적으로 입력되어 모터가 회전하고 있을 때 표시되는 특성
과도응답 특성	• 1-스텝 응답 특성 • 상승 시간 • 정지(settling time)	모터가 1펄스(pulse)의 입력으로 모터가 정지 상태에서 운동 상태로 되어 다시 정지 상태로 되기까지의 사이에 표시되는 모터의 특성

| 표 14.3 | 스텝모터의 장점 및 단점

구분	내용
장점	• 모터의 회전 각도와 입력 펄스의 수가 비례 • 1스텝 당 각도 오차가 적고 누적오차가 없음 • 시작, 정지, 역회전의 응답 특성이 양호 • 극저속의 동기 운전이 가능(모터 축을 부하로 연결한 상태) • 브러시 등을 사용하지 않아도 정지 위치 보유가 가능 • 펄스 신호의 주파수에 비례한 회전 속도를 얻을 수 있음 • 제로(zero) 회전에서 광범위한 변속이 가능 • 모터의 신뢰성이 높고 특별한 보수가 필요 없음
단점	• 전력 소비가 적음 • 고속회전이 어려움 • 토크가 작음 • 과부하에서 탈조 현상이 발생 • 저속으로 회전할 때 진동이 발생 • 모터가 크고 무거움

14.3 스텝모터의 제어

그림 14.2는 스텝모터의 상과 여자방식을 구분하는 방법이다. 스텝모터에서 상(phase)이라 말하는 것은 모터에서 사용되는 코일의 수를 의미한다. 여자방식은 동시에 몇 개의 코일에 전류를 흘려 구동하는지 여부이다. 예를 들어 4상 모터의 2상 여자방식이라면 스텝모터의 내부에 위상(phase) 즉, 코일이 4개인 모터를 의미하며 2상 여자방식은 1회에 2개의 코일에 전류를 흘려서 모터를 구동하는 방법이다.

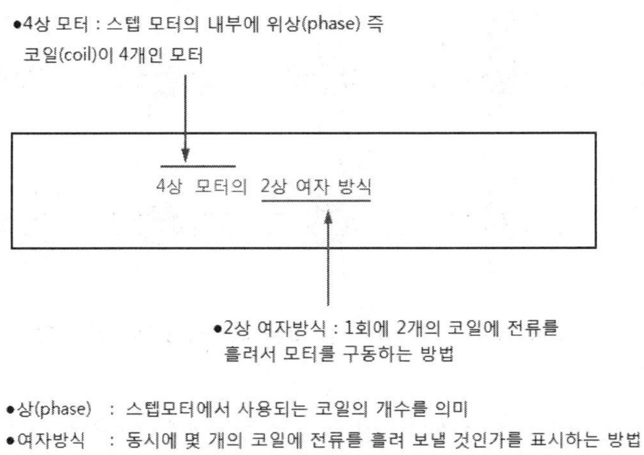

| 그림 14.2 | 스텝모터의 상과 여자방식

그림 14.3은 스텝모터의 1회전 동작의 단계별 회전 동작이다. 그림 14.4는 모터의 1상, 2상, 1-2상의 동작(1회전)이다.

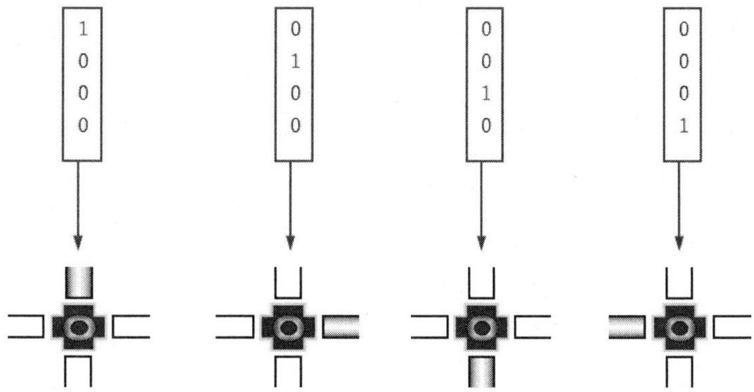

| 그림 14.3 | 스텝모터의 1회전 동작

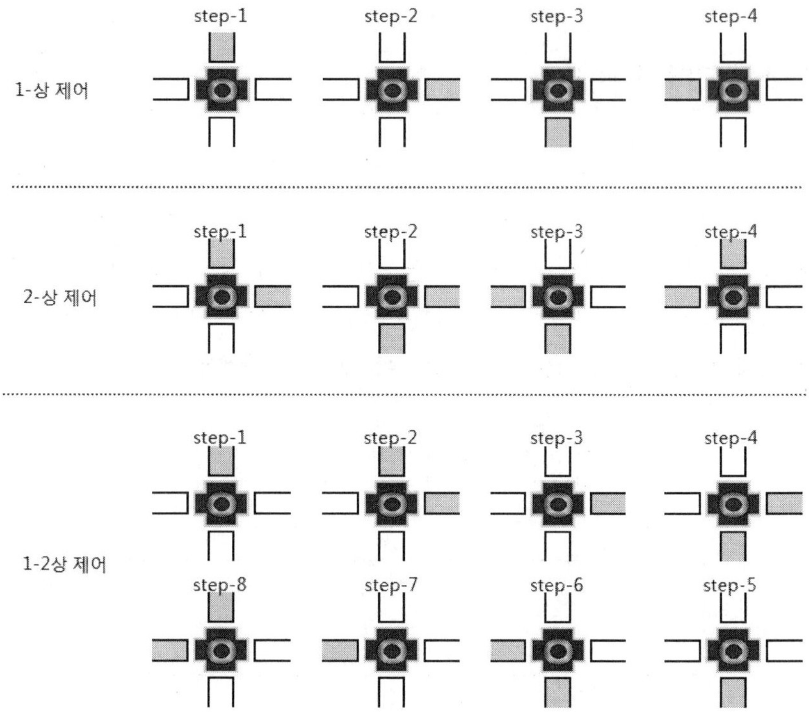

| 그림 14.4 | 모터의 1-상, 2상 및 1-2상 제어의 동작

표 14.4는 스텝모터의 제어회로(코일에 흐르는 전류의 방향에 의한 단극성(bipolar) 방식과 양극성(unipolar) 방식으로 나뉨), 여자방식 및 구동방식이다.

| 표 14.4 | 스텝모터의 전력제어회로, 여자방식 및 구동방식

제어회로	양극성(unipolar)	• 모터의 코일(coil)에 한 방향으로만 전류를 흐르게 하여 구동하는 방법 • 단극성 방식에 비해서 회로가 비교적 간단하며 저가의 비용으로 회로 구현이 가능
	단극성(bipolar)	• 모터의 코일에 두 방향(양방향)으로 전류를 흐르게 하여 구동하는 방법 • 양극성 방식에 비해서 회로가 복잡하고 많은 비용이 소요 • 코일의 이용률이 높아서 모터를 효율적으로 구동할 수 있으며 양극성에 비해서 발생 토크가 높음
여자방식	1상 방식	• 1개의 코일에 전류를 흐르게 하여 모터를 구동
	2상 방식	• 2개의 코일에 전류를 흐르게 하여 모터를 구동
	1-2상 방식	• 첫 번째는 1상으로 두 번째는 2상으로 동작하며 이를 연속적으로 반복하여 구동하는 방식
구동방식	정전류 구동 방식	• 정전류 구동 방식은 모터이 코일에 흐르는 전류를 검출하여 전류 제어용 트랜지스터를 ON/OFF시켜 일정한 전류를 유지하여 구동하는 방식 • 모터의 고속회전이 가능하며 비교적 대용량인 경우에 적합
	정전압 구동 방식	• 정전압 구동방식은 모터의 코일에 저항을 직렬로 연결하여 전력 상승과 감쇄 상수를 작게 하여 모터의 토크특성을 개선하여 구동하는 방법 • 저전류의 경우에 적합하며 직렬저항에서 전력소모가 있음
	2전압 구동 방식	• 2전압 구동 방식은 모터에 인가하는 전압을 구동모드(전류의 상승시에만 고전압을 인가하는 방식, 저속시에는 저전압을 인가하고 고속시에는 고전압을 인가하는 방식)에 의해서 구동하는 방식 • 대용량인 경우에 적합하며 고속회전이 가능함

그림 14.5는 실습용 키트에서 사용된 일본 NPM사의 소형 스텝모터(PF25-48C1)이다. PF25-48C1 스텝모터는 의료용 기기, 인쇄기, 복사기 분석기기 등에 활용된다. 또한 PF25-48C1 스텝모터는 스텝 각이 15°이며 회전 당 스텝 수는 24이다.

| 그림 14.5 | 실습용 키트에서 사용한 소형 스텝모터(일본 NPM사의 PF25-48C1)

14.4 스텝모터 인터페이스 회로 설계

그림 14.6은 실습용 키트의 스텝모터 구동회로이다. 스텝모터 구동회로는 트랜지스터를 사용하거나 상용화된 드라이브 칩을 사용하여 구동할 수 있다. 상용화된 칩은 SLA7024, L207, L298, FA8200 등의 칩이 있다. 실습용 키트에서는 FA8200A 칩을 사용하여 스텝모터 구동 회로를 설계하였다. 스텝모터 구동회로는 DC모터 구동회로와 같이 사용되도록 설계되었으며 SW3의 선택에 따라 DC모터 혹은 스텝모터를 선택할 수 있다.

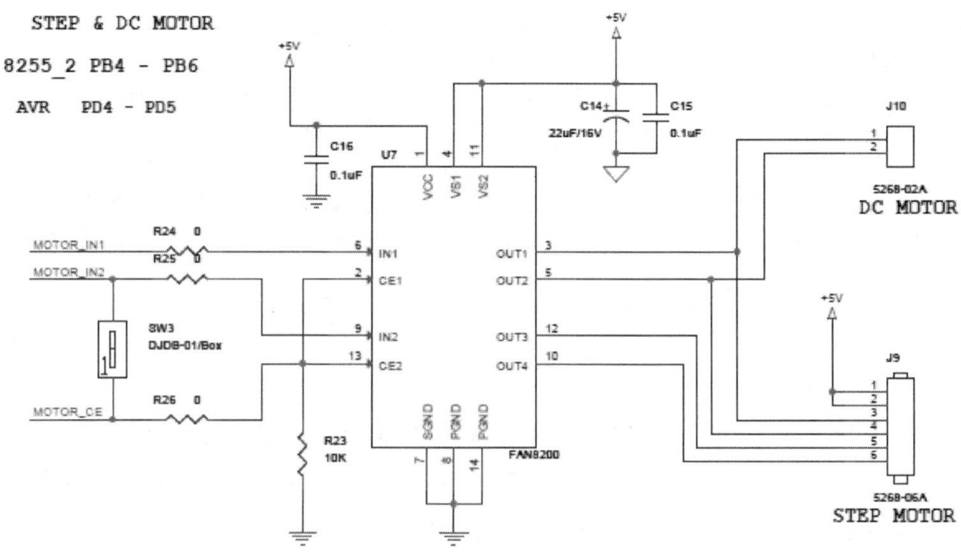

| 그림 14.6 | 스텝모터 구동회로

14.5 스텝모터 제어 프로그램 설계

그림 14.7은 실습용 키트의 스텝모터 인터페이스 구성도이다. 스텝모터 구동회로는 DC모터 구동회로와 같이 사용되도록 설계되었으며 SW3의 선택에 따라 DC모터 혹은 스텝모터를 선택할 수 있다.

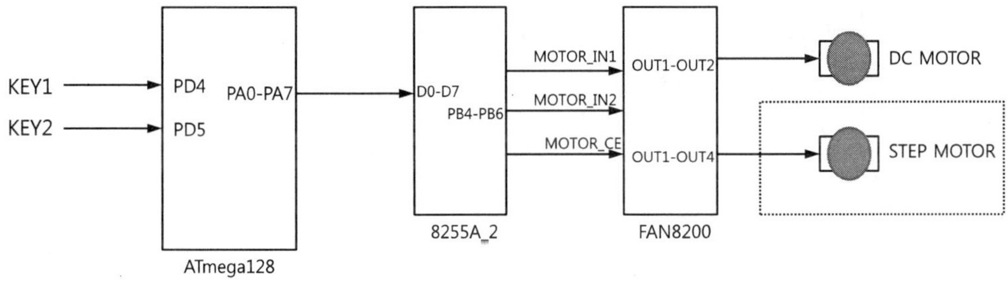

| 그림 14.7 | 스텝모터 회로의 구성도

예제 : 스텝모터의 방향제어 프로그램

이 예제는 KEY1(SW19), KEY2(SW21)를 사용하여 스텝모터의 방향을 제어하는 프로그램이다. 스텝모터의 방향 제어는 IC ENABLE 신호와 함께 2개의 펄스를 사용하여 정회전과 역회전되도록 설계 되었다.

avrKit_StepMotor_LCD.c

```
#include <avr/io.h>
#include "82c55a.h"
#include "lcd.h"

#define LEFT_KEY (PIND & BIT4)
#define RIGHT_KEY (PIND & BIT5)

#define MOTOR_IN1 4
#define MOTOR_IN2 5
#define MOTOR_CE  6
#define SPEED      30

#define LEFT  0
#define RIGHT 1

void StepMotorControl(byte motorDirection)
{
```

```
18:         byte motorPhase_right[4] = {0x60, 0x70, 0x50, 0x40};
19:         byte motorPhase_left[4] = {0x50, 0x70, 0x60, 0x40};
20:         if (motorDirection == LEFT)
21:         {
22:             for (byte i=0; i<12; i++)
23:             {
24:                 u5_write(PB,motorPhase_left[i % 4]);
25:                 _delay_ms(SPEED);
26:             }
27:         }
28:         else
29:         {
30:             for (byte i=0; i<12; i++)
31:             {
32:                 u5_write(PB,motorPhase_right[i % 4]);
33:                 _delay_ms(SPEED);
34:             }
35:         }
36:         byte stopPacket = 0x00;
37:         u5_write(PB,stopPacket);
38:     }
39:
40:     int main(void)
41:     {
42:         u5_PortInit(AO_BO_CHO_CLO);
43:         lcd_init();
44:
45:         while(1)
46:         {
47:             if (!LEFT_KEY)
48:             {
49:                 lcd_putsf(0,1,"LEFT 90 ");
50:                 StepMotorControl(LEFT);
51:             }
52:             else if (!RIGHT_KEY)
53:             {
54:                 lcd_putsf(0,1,"RIGHT 90");
55:                 StepMotorControl(RIGHT);
56:             }
57:             else { lcd_putsf(0,0,"STEPPING MOTOR"); }
58:         }
59:     }
```

▷ 코드 설명

16행: void StepMotorControl(byte motorDirection)

스텝모터의 방향을 제어하는 함수이다. 함수의 인자로 모터의 방향을 받으며, 1일 경우 정방향, 0일 경우 역방향으로 동작한다.

18행: byte motorPhase_right[4] = {0x60, 0x70, 0x50, 0x40};

IN1, IN2에 들어가는 신호를 제어하기 위한 패킷이다. (FAN8200 데이터 시트의 타이밍 차트를 참조한다.) IN1과 IN2에는 차례대로 10, 11, 01, 00의 신호가 입력된다.

24행: u5_write(PB,motorPhase_left[i % 4]);
u5의 포트B에 정의된 패킷을 전송해준다. 입력펄스가 12회 들어갈 경우 약 90도 회전한다. for 문에서 변수 i는 0에서 11까지 증가되며 배열은 0에서 3까지 밖에 쓸 수 없기 때문에 i를 나눈 나머지 값으로 배열을 참조한다.

25행: _delay_ms(SPEED);
스텝모터는 입력 펄스의 순서가 틀리거나 속도가 너무 빠를 경우 탈조 현상이 발생할 수 있기 때문에 이를 방지하기 위해서는 입력 펄스마다 약간의 시간 지연을 두어야 한다. 프로그램에서 사용된 지연 시간은 30ms이다.

| 그림 14.8 | 실행 결과

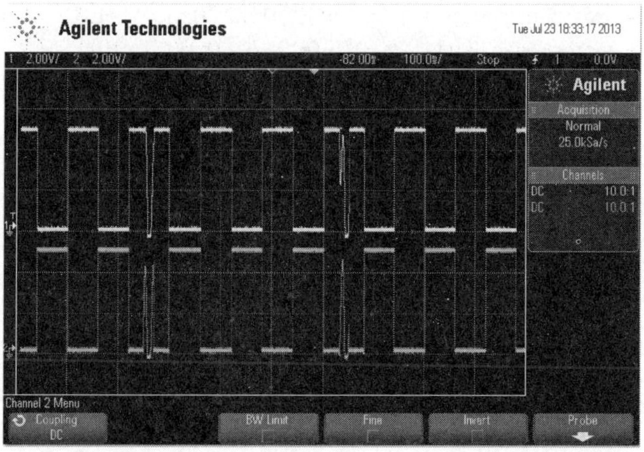

| 그림 14.9 | 모터제어 신호(KEY1을 누른 상태의 J8 커넥터 5번, 6번 파형)

예제 : 스텝모터의 속도 제어 프로그램

이 예제는 KEY1(SW19), KEY2(SW21)를 사용하여 스텝모터의 속도를 제어하는 프로그램이다. KEY1(SW19)을 누르면 속도가 증가하고 KEY2(SW21)를 누르면 속도가 감소한다. 이때 텍스트 LCD에는 "Speed Up", "Speed Down" 메시지가 표시된다.

avrKit_StepMotor_LCD2.c

```
#include <avr/io.h>
#include "82c55a.h"
#include "lcd.h"

#define LEFT_KEY (PIND & BIT4)
#define RIGHT_KEY (PIND & BIT5)

#define MOTOR_IN1 4
#define MOTOR_IN2 5
#define MOTOR_CE  6
#define SPEED     10

#define LEFT  0
#define RIGHT 1

void StepMotorControl(byte speed)
{
    byte motorPhase_right[4] = {0x60, 0x70, 0x50, 0x40};
    byte motorPhase_left[4] = {0x50, 0x70, 0x60, 0x40};

    for (byte i=0; i<4; i++)
    {
        u5_write(PB,motorPhase_left[i]);

        for (int i=0; i<speed; i++)
        {
            _delay_ms(SPEED);
        }
    }
}

int main(void)
{
    u5_PortInit(AO_BO_CHO_CLO);
    lcd_init();
    byte Speed = 20;
    char temp[10];

    while(1)
```

```
40:         {
41:             StepMotorControl(Speed);
42:         lcd_putsf(0,0,"Step Motor Speed Control");
43:             if (!LEFT_KEY)
44:             {
45:                 lcd_clear();
46:                 lcd_putsf(0,0,"Speed Up");
47:                 itoa(Speed,temp,10);
48:                 lcd_putsf(0,1,temp);
49:                 if (Speed > 0)
50:                 {
51:                     Speed--;
52:                 }
53:                 _delay_ms(500);
54:             }
55:             else if (!RIGHT_KEY)
56:             {
57:                 lcd_clear();
58:                 lcd_putsf(0,0,"Speed Down");
59:                 itoa(Speed,temp,10);
60:                 lcd_putsf(0,1,temp);
61:                 if (Speed < 255)
62:                 {
63:                     Speed++;
64:                 }
65:                 _delay_ms(500);
66:             }
67:         }
68:     }
```

코드 설명

43행: ~ if(!LEFT_KEY) ~

왼쪽 버튼(KEY1)을 누를 경우 Speed 변수를 점차적으로 줄인다. Speed 변수는 _delay_ ms 함수를 반복하는 for문의 반복횟수를 결정하는 것으로 이 변수가 적을수록 모터의 회전 속도가 빨라진다. 오른쪽 버튼의 경우 반대로 동작한다.

53행: _delay_ms(500);

입력 키의 바운싱 현상을 소프트웨어적으로 처리한다. 버튼을 손으로 누르고 0.5초 동안은 재입력이 들어오지 못하게 한다.

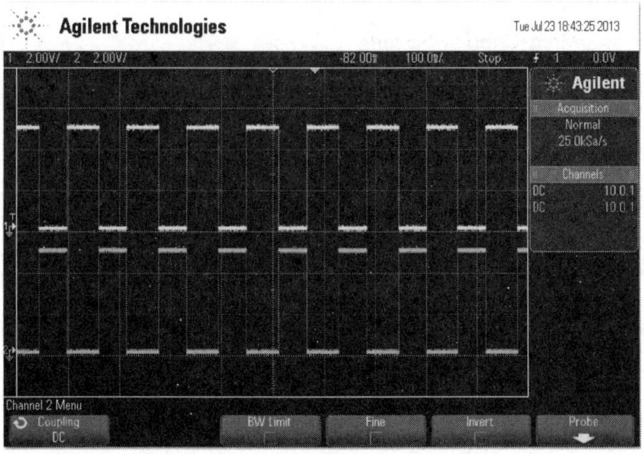

| 그림 14.10 | 스텝모터의 정상 속도(J8 커넥터 5번, 6번 파형)

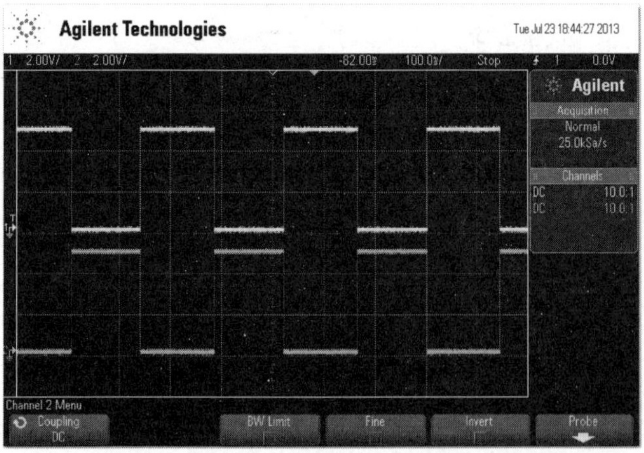

| 그림 14.11 | 스텝모터의 감속(KEY2를 누른 상태의 J8 커넥터 5번, 6번 파형)

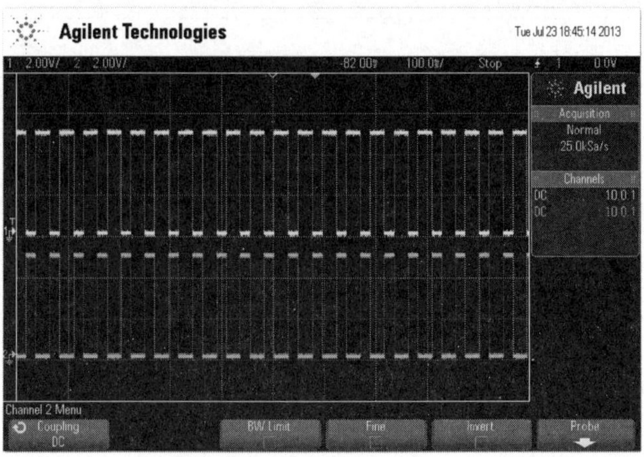

| 그림 14.12 | 스텝모터의 가속((KEY1을 누른 상태의 J8 커넥터 5번, 6번 파형)

연습문제

01. 모터(motor)의 용어를 정의하고 모터를 분류하는 방법과 응용분야에 대해서 설명하여라.

02. 스텝모터의 종류와 특성에 대해서 설명하여라.

03. 스텝모터의 장점과 단점에 대해서 설명하여라.

04. 다음의 여러 가지 스텝모터의 정특성과 동특성, 과도응답특성에 대해서 설명하여라.

05. 스텝모터를 구동하는 방법을 단계별로 설명하여라.

06. 스텝모터의 속도를 제어하는 방법에 대해서 설명하여라.

제 15 장

DC모터 응용 회로 및 프로그램 설계

학습목표

1. DC모터의 방향, 속도 및 토크를 제어하는 방법을 이해한다.
2. DC모터의 회로를 설계하고 ATmega128과 인터페이스 방법을 이해한다.
3. DC모터를 제어하는 프로그래밍 기법을 이해한다.

15.1 개요

DC모터는 전류가 흐르는 방향에 의해서 모터의 회전 방향이 결정된다. DC모터의 정회전과 역회전은 전류의 방향이 서로 반대 방향으로 흐르게 하기 위해서 스위칭 소자(주로 트랜지스터를 사용)를 사용하여 전류의 방향을 컨트롤한다. DC모터는 고정자(영구자석)와 회전자(코일)로 구성된다. 회전자에는 브러쉬와 정류자를 통해서 외부로부터 전류를 공급하고 회전자에 전류를 공급하면 자계 법칙(영구자석과 회전자 사이)에 따라 상호 인력과 척력으로 회전자가 회전하게 된다.

DC모터는 전류의 방향에 따라 구동되며 회전 각도 및 회전 속도를 제어하기 위한 엔코더 회로로 구성된다. DC모터는 CNC 선반제어, 로봇 제어 등의 분야에 광범위하게 사용된다. 그림 15.1은 여러 가지 형태의 소형 DC모터의 종류이다.

(a) 마이크로 DC모터 (b) 브러쉬형 DC모터 (c) 브러쉬 없는 DC모터

| 그림 15.1 | DC모터의 종류

15.2 DC모터 제어

15.2.1 DC모터의 방향 제어

DC모터의 방향제어(정회전, 역회전)는 트랜지스터를 사용한 H-브리지 회로를 사용한다. 그림 15.2는 H-브리지를 회로로 구성된 DC모터의 정방향 및 역방향 제어 회로이다. 여기서 PA0~PA3은 ATmega128의 I/O 포트이며 트랜지스터의 베이스 저항은 470 Ω을 사용하였다. 또한 트랜지스터는 2N3904(NPN)과 2N3906(PNP)를 사용하였다. DC 모터의 방향은 PA0와 PA3 포트가 HIGH 값이면 Q_A와 Q_D가 ON되어 정회전하고, PA2와 PA1 포트가 LOW 값이면 Q_C와 Q_B가 ON되어 역회전된다.

그림 15.2는 트랜지스터를 사용한 H-브리지형의 DC모터의 방향 제어 회로이다. 그림 15.2에서 저항 470Ω에 연결된 베이스 저항 I_B와 콜렉터 전류 I_C를 구하면 다음과 같다. 이때 $V_{BB}=5V$, $V_{BE}=0.7V$, $h_{FE}(\beta_{DC})=100$ 이다. V_{BB}는 PA포트의 전압 값이다.

$$I_B=\frac{V_{BB}-V_{BE}}{R_B}=\frac{5V-0.7V}{470\Omega}=9.1mA$$

$$I_C=\beta_{DC}I_B=(100)(9.1mA)=90mA$$

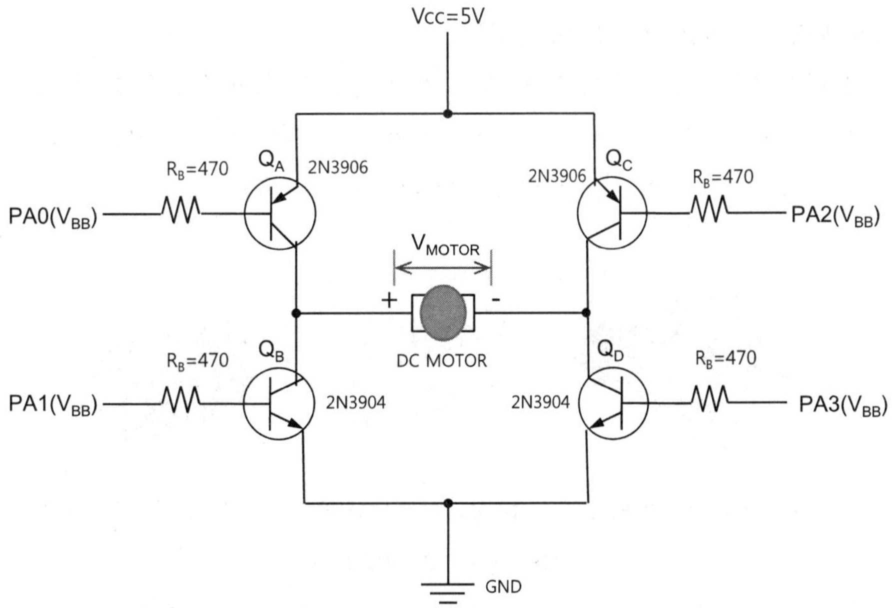

| 그림 15.2 | H-브리지를 사용한 DC모터의 회전 방향 제어 회로

15.2.2 DC모터의 속도 제어

DC모터의 속도는 PWM(Pulse Width Modulation)와 PLL(Phase Lock Loop)을 사용하여 속도를 제어할 수 있다. PWM 구동방식은 단극성 PWM과 양극성 PWM의 두 가지 방식이 있다. PWM 구동방식은 1KHz~10KHz 주파수 범위의 펄스 신호를 사용하며 듀티 비(duty rate)를 가변하여 속도를 제어하는 방법이며 에너지 손실이 거의 없고 저속에서도 강한 토크를 발생할 수 있다.

그림 15.3은 PWM을 사용한 DC모터의 속도제어 방법이다. PWM을 사용하는 경우 타이머/카운터의 고속 PWM 모드와 위상정정 PWM 모드를 사용하여 DC모터의 속도를 제어할 수 있다. DC모터를 제어할 수 있는 IC 칩은 LB1630, L298, BA6208 등이 있다.

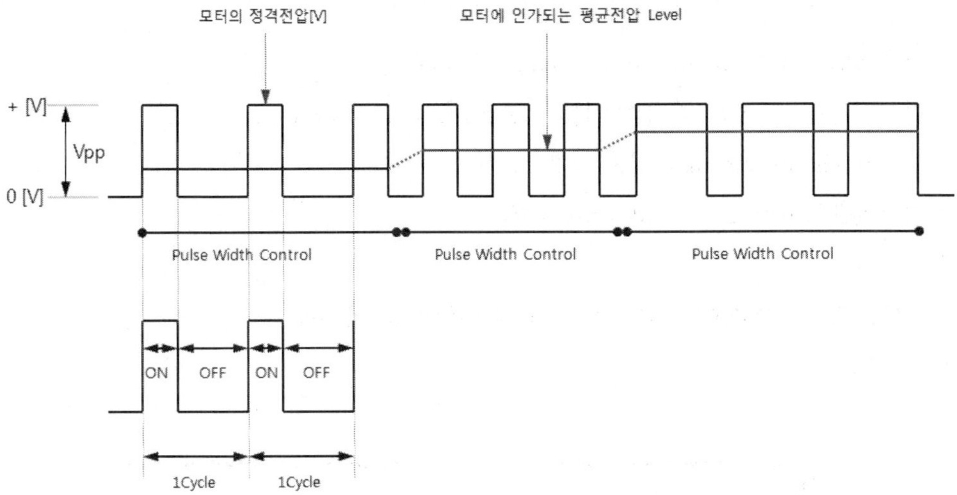

| 그림 15.3 | PWM을 사용한 DC모터의 속도 제어

15.2.3 DC모터의 토크 제어

DC모터는 선형증폭기(linear power amplifier)를 사용하여 토크(torque)를 제어할 수 있다. 이때 선형증폭기는 모터에 인가되는 전압을 조절하여 토크를 제어한다. 이 방법은 모터의 토크를 경제적으로 제어할 수 있지만 큰 전류를 소모하고 열이 많이 발생되는 단점이 있다.

15.3 DC모터 제어 회로 설계

15.3.1 FAN8200MTC 모터 드라이브

FAN8200MTC 모터 드라이브는 페어차일드(FAIRCHILD)사의 저전압, 저포화(saturation) 스텝 모터 드라이브이다. FAN8200MTC는 범용 저전압 스텝 모터 드라이브, 플로피 디스크 드라이브, 카메라 스텝 모터 드라이브, PC 카메라 혹은 보안용 장비 모션 컨트롤러, 디지털 정지영상 카메라용 2-채널 DC모터 드라이브에 응용할 수 있다. FAN8200MTC의 주요 특징은 다음과 같다.

- 3.3V, 5V MCU 인터페이스
- 양극성 스텝 모터 드라이브용 2중 H-브리지(bridge) 드라이브
- 내장된 수직(vertical)-PNP 전력 트랜지스터

- 넓은 범위의 공급 전압 범위 : VCC=2.5V~7.0V
- 낮은 포화 전압(saturation voltage) : 0.4V@0.4A
- 각 브리지용 내장된 칩 인에이블 기능(chip enable function)
- 내장된 shoot-through 전류 보호
- 내장된 TSD(thermal shutdown) 기능

그림 15.4는 FAN8200MTC의 내부 구조이며 표 15.1은 핀 신호이다. 그림 15.5는 컨트롤 신호이다.

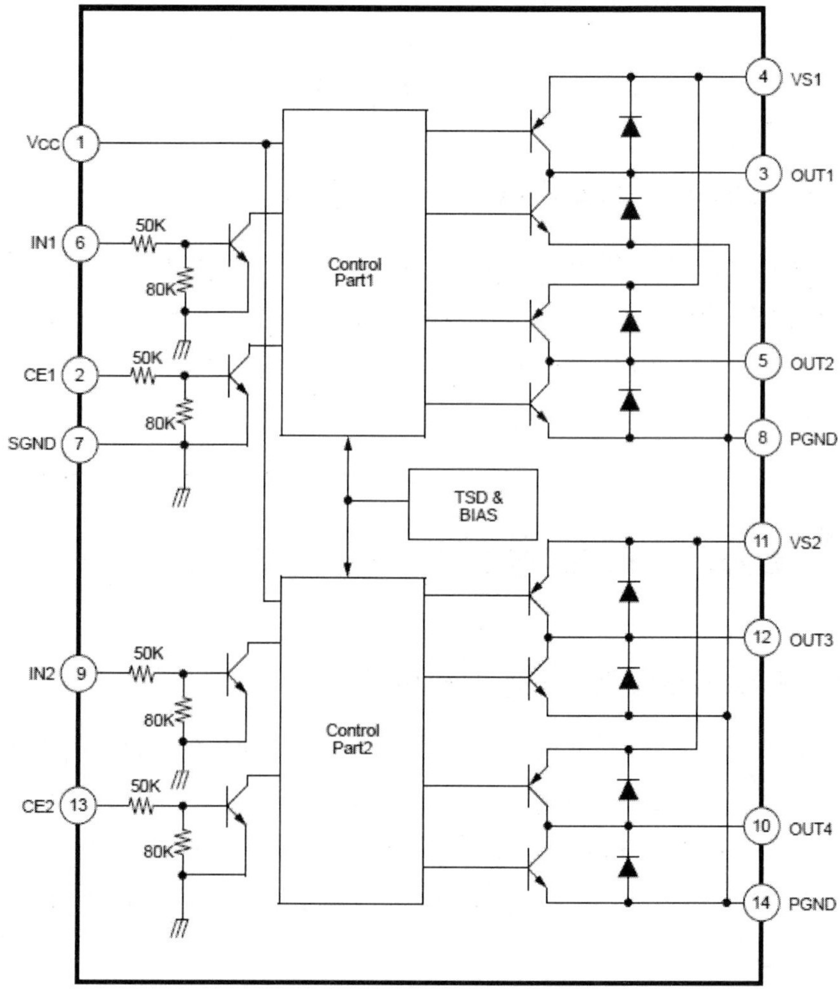

| 그림 15.4 | FAN8200MTC의 내부 구조

| 표 15.1 | 핀 신호

핀 번호	핀 이름	I/O	설명
1	VCC	–	로직 부분 전원 공급
2	CE1	I	칩 인에이블1(Chip enable 1)
3	OUT1	O	출력1
4	VS1	–	전원공급2
5	OUT2	O	출력2
6	IN1	I	입력2
7	SGND	–	신호접지
8	PGND	–	전원 접지
9	IN2	I	입력2
10	OUT4	O	출력4
11	VS2	–	전원공급2
12	OUT3	O	출력3
13	CE2	I	칩 인에이블2(Chip enable 2)
14	PGND	–	전원 접지

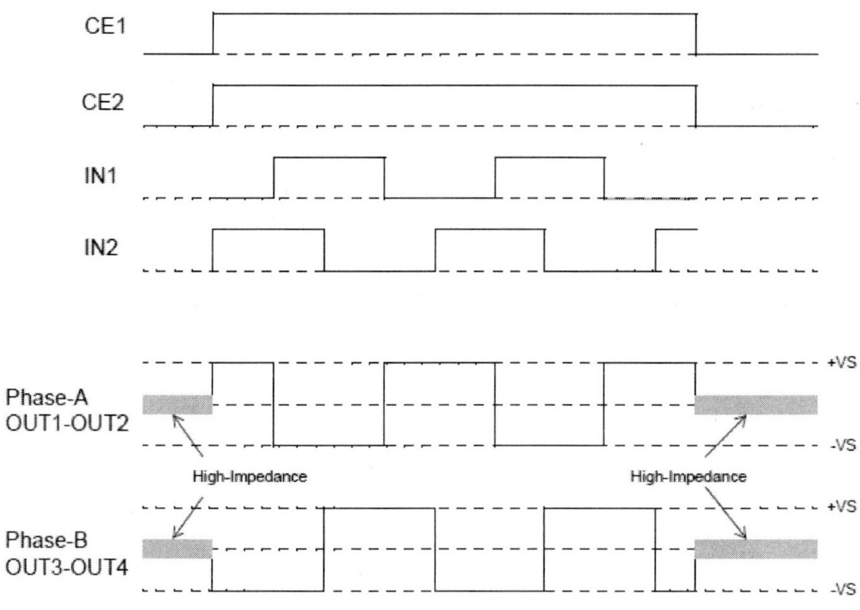

| 그림 15.5 | FAN8200MTC의 컨트롤 신호

15.3.2 MB-2418M DC모터

그림 15.6은 실습용 키트에서 사용한 소형 DC모터(Motorbank사의 MB-2418M)이다.

| 그림 15.6 | 실습용 키트에서 사용한 소형 DC모터(Motorbank사의 MB-2418M)

15.3.3 DC모터 회로 설계

그림 15.7은 실습용 키트의 DC모터 구동 회로이다. 회로에서 스위치 SW3은 FAN8200 칩을 사용하여 DC모터를 구동하거나 스텝모터를 구동할 수 있도록 선택한다.

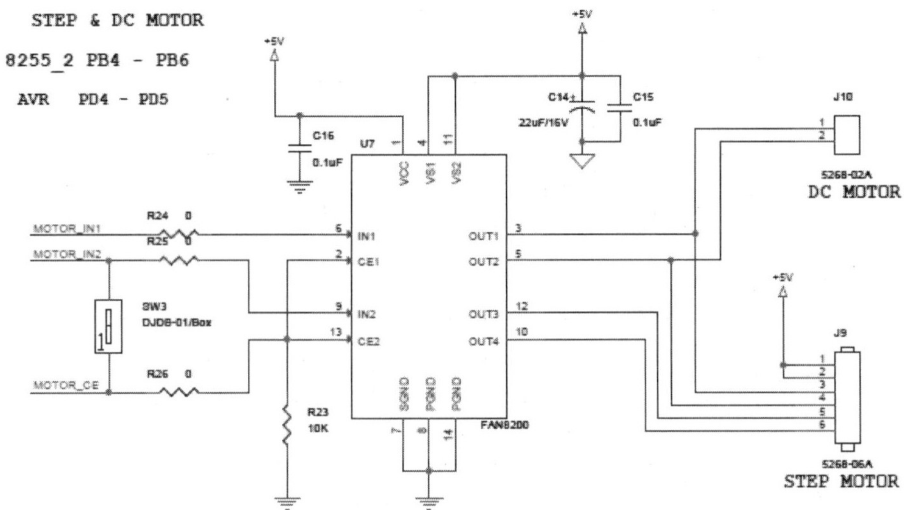

| 그림 15.7 | DC모터 구동 회로

15.4 DC모터 제어 프로그램 설계

DC모터 제어회로는 그림 15.8과 같이 ATmega128의 PA포트를 통해서 데이터 값을 82C55A로 전달하면 82C55A는 FAN8200MTC로 DC모터를 컨트롤한다. 이때 ATmega128에 연결된 KEY1, KEY2는 모터 속도를 조절하는 버턴이다. DC모터 제어는 FAN8200 모터 드라이브 칩을 이용하였고 IC ENABLE 신호는 H로 고정하였다. KEY1(SW19)를 누르면 모터의 속도가 점점 느려지고 KEY2(SW21)를 누르면 모터의 속도가 점점 빨라진다.

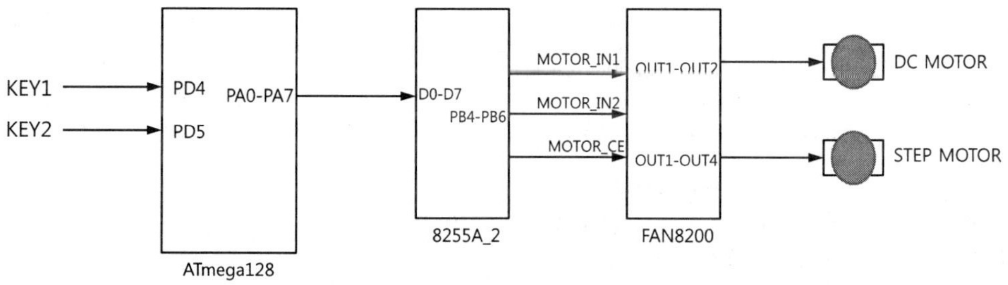

| 그림 15.8 | DC모터 구동 회로의 구성도

예제 : 버턴에 의한 DC모터의 속도 제어 프로그램

이 예제는 2개의 키를 사용하여 DC모터의 속도를 제어하는 프로그램이다. KEY1을 누르면 DC모터의 속도가 감소하고 KEY2를 누르면 속도가 증가한다.

avrKit_DCMotor_LCD.c

```
#include <avr/io.h>
#include "82c55a.h"
#include "lcd.h"

#define LEFT_KEY (PIND & BIT4)
#define RIGHT_KEY (PIND & BIT5)

int main(void)
{
    u5_PortInit(AO_BO_CHO_CLO);
    _delay_ms(20);
    lcd_init();
    _delay_ms(20);
```

```
14:
15:         char string_temp[10];
16:         int SpeedLevel = 0;
17:
18:         while(1)
19:         {
20:             lcd_putsf(0,0," DC Motor Test");
21:             if (!LEFT_KEY)
22:             {
23:                 SpeedLevel--;
24:                 if (SpeedLevel < 0) { SpeedLevel = 0; }
25:                 _delay_ms(250);
26:             }
27:             if (!RIGHT_KEY)
28:             {
29:                 SpeedLevel++;
30:                 if (SpeedLevel > 9) { SpeedLevel = 9; }
31:                 _delay_ms(250);
32:             }
33:             itoa(SpeedLevel,string_temp,10);
34:             lcd_putsf(0,1,"Speed : ");
35:             lcd_putsf(8,1,string_temp);
36:
37:             u5_write(PB,0x40);
38:             delay_ms(SpeedLevel * 5);
39:             u5_write(PB,0x00);
40:             delay_ms(10 - SpeedLevel);
41:         }
42:     }
```

▷ 코드 설명

16행: int SpeedLevel = 0;

DC모터의 속도를 결정하는 변수로 0에서 9까지 변속할 수 있다.

21행: if (!LEFT_KEY)

기판에서 좌측 하단의 버튼 두 개중 왼쪽 버튼을 누를 경우 본 구문으로 들어가게 되며, SpeedLevel 변수의 값을 하나씩 감소시킨다. 그러나 변수의 값이 0일 경우는 더 이상 작아지지 않도록 한다.

37~38행: u5_write(PB,0x40); ~ delay_ms(SpeedLevel * 5);

버튼으로 조절된 SpeedLevel 변수를 지연 함수로 활용한다. u5_write(PB,0x40)일 경우 모터가 회전하고 u5_write(PB,0x00)일 경우 모터가 정지하는데 그 비율을 SpeedLevel 변수로 조절한다.

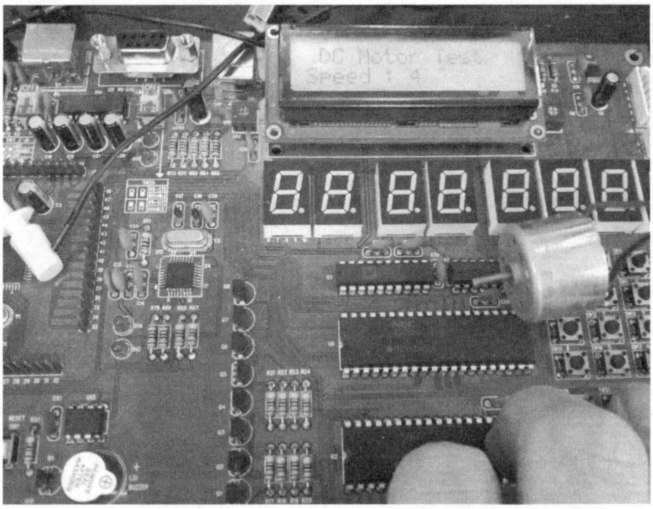

| 그림 15.9 | PWM과 DC모터의 컨트롤 방법

연습문제

01. DC모터는 무엇이며 어디에 사용될 수 있는가?

02. DC모터의 특성과 종류에 대해서 설명하여라.

03. DC모터의 방향, 속도 및 토크를 제어하는 방법을 설명하여라.

04. DC모터 제어 칩은 어떤 것이 있는가?

05. DC모터 회로에 사용된 FA8200 칩의 특징을 설명하여라.

06. 실습용 키트에서 DC모터의 속도는 어떻게 제어하는가?

제 16 장

RC서보모터 응용 회로 및 프로그램 설계

학습목표

1. 서보모터의 동작을 이해한다.
2. RC서보모터의 제어방법과 인터페이스 방법을 이해한다.
3. 소형 RC서보모터를 제어하는 프로그래밍 기법을 이해한다.

16.1 개요

서보모터(servo motor)는 제어 시스템에 의해서 위치와 속도를 제어하는 모터이다. 서보모터는 모터와 제어 시스템까지 포함하며, 빠른 응답과 넓은 속도제어의 특성을 가진다. 서보모터는 사용 전원에 따라 DC서보모터와 AC서보모터로 분류된다.(AC서보모터의 대부분은 3상 서보모터이다.) AC서보모터는 DC서보모터에 비해서 제어시스템이 복잡하지만 토크가 좋고, 방열특성이 우수하며 브러시와 정류자가 없어서 모터의 수명이 길다는 장점이 있다. 실습용 키트에서는 서보모터를 이해하고 프로그래밍하기 위한 목적으로 소형 RC서보모터(Radio Control servo motor)를 사용하였다.

16.2 서보모터

서보모터는 전술한 바와 같이 여러 가지 방법으로 분류할 수 있다. 서보모터를 사용 전원에 따라 분류하면 DC서보모터와 AC서보모터가 있다. 표 16.1은 서보모터의 특징을 요약한 것이다.

| 표 16.1 | 서보모터의 특징

종류	장점	단점
DC서보모터	• 속도의 제어범위가 넓다. • 기동토크가 크며, 크기에 비해서 큰 토크를 발생할 수 있다. • 효율이 높고 제어하기가 쉽다. • 비교적 가격이 저렴하다.	• 브러시 마찰로 기계적인 마모가 크다.(브러시의 유지보수가 필요) • 사용 환경에 제한이 있을 수 있다. • 모터의 방열 특성이 나쁘다.
동기형 AC서보모터	• 고속, 큰 토크를 낼 수 있다. • 신뢰성이 높다. • 브러시가 없어서 보수가 용이하다. • 내환경성이 좋다. • 모터의 방열특성이 좋다.	• 2~3kW가 출력 한계이다. • 제어 시스템이 복잡하고 비교적 고가이다. • 전기적 시정수가 크다. • 회전 검출기가 필요하다.
유도형 AC서보모터	• 고속, 큰 토크를 낼 수 있다. • 브러시가 없기 때문에 브러시에 대한 마모와 보수가 용이하다. • 내환경성이 좋다. • 회전 검출기가 필요 없다. • 모터의 방열특성이 좋다.	• 시스템이 구조가 복잡하고 비교적 고가이다. • 전기적 시정수가 크다. • 2~3kW 이하의 출력은 거의 없다

16.3 SG90 소형 RC서보모터 구동회로 설계

그림 16.1은 소형 RC서보모터의 외형이다. 소형 RC서보모터는 소형 무선 모형(자동차, 배, 비행기)에서 주로 사용되는 모터이며 오픈루프제어 시스템(open-loop control system)을 사용한다. 또한 소형 RC서보모터는 큰 출력을 낼 수 있어 소형로봇 제어에도 많이 사용되고 있다.

| 그림 16.1 | 소형 RC서보모터의 종류와 외형

그림 16.2는 개략적인 소형 RC서보모터의 내부 구조이다. 소형 RC서보모터는 그림 16.2와 같이 제어회로, 기어박스 및 DC모터로 구성된다. 소형 RC서보모터의 동작은 최초 전원이 인가될 때, 가변저항이나 엔코더로부터 초기 위치(원점)를 설정하고, PWM 신호나 아날로그 전압을 입력으로 일정 각도 혹은 지정된 거리 범위를 움직이게 된다. 소형 RC서보모터가 동작하여 허용된 오차 범위에서 목표 값이 되면 모터는 정지하게 된다.

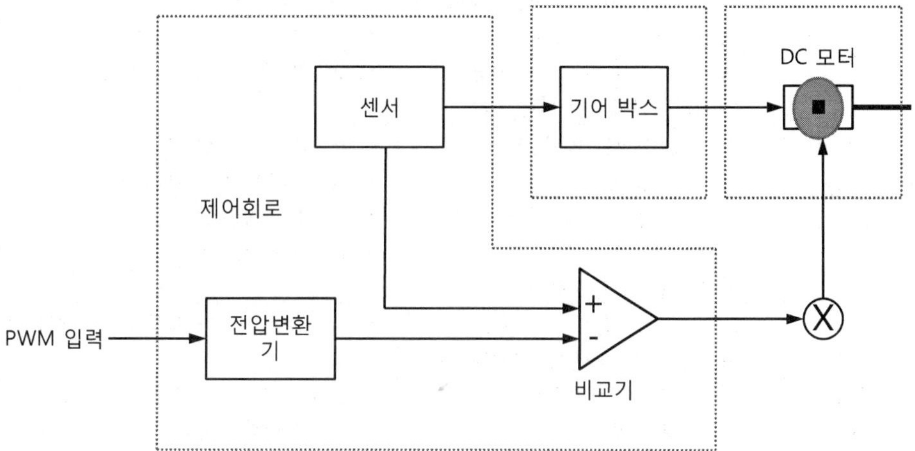

| 그림 16.2 | 소형 RC서보모터의 내부 구조

그림 16.3은 소형 RC서보모터의 제어 방법이다. 그림과 같이 펄스 값이 0.7ms인 경우 +90도(모터의 전면을 기준으로 시계방향(오른쪽))으로 회전하고, 펄스 값이 1.5ms인 경우 중간 위치로 이동하고 펄스 값이 2.3ms인 경우에는 왼쪽(모터의 전면을 기준으로 반시계방향(왼쪽))으로 회전한다.

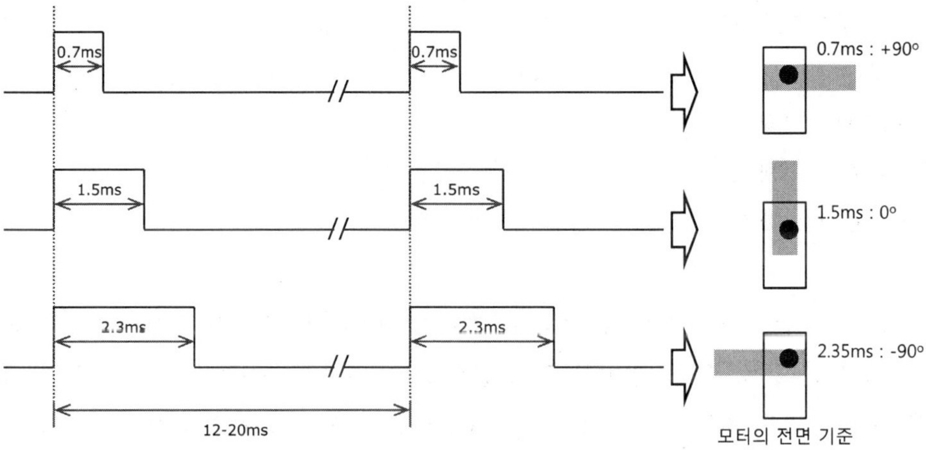

| 그림 16.3 | 펄스폭에 따른 소형 RC서보모터의 회선 동삭

실습용 키트에서 사용된 소형 RC서보모터는 SG90으로 일반적인 메카트로닉스 제어에 사용되는 소형, 저가의 서보모터이다. SG90 소형 DC서보모터는 3핀(전원, 접지, 신호선)의 신호선과 마운팅 하드웨어로 구성된다. 그림 16.4는 실습용키트에서 사용한 소형 RC서보모터(SG90)이다.

| 그림 16.4 | 실습용키트에서 사용한 소형 RC서보모터(TowerPro 회사의 SG90)

SG90 소형 DC서보모터는 3극 페라이트, 나일론 기어와 탑 볼 베어링으로 구성되었으며 주요 사양은 다음과 같다.

- 동작 전압 : 4.8V~6.0V
- 동작 속도 : 0.12sec/60 degree
- 출력 토크 : 1.6kg/cm 4.8V
- 크기 : 21.5×11.8×22.7mm
- 무게 : 9g
- GND : 흑색
- VCC : 적색
- 신호선 : 주황색

그림 16.5는 소형 RC서보모터의 인터페이스 회로이다. 그림 16.5와 같이 RC서보모터는 3개의 신호 선으로 구성된다. 신호 선은 PWM(주황색, PB5:핀15), Vcc(적색), GND(흑색)며, PWM 제어신호는 ATmega128의 PB5로 PWM 신호를 출력하여 DC모터를 구동한다.

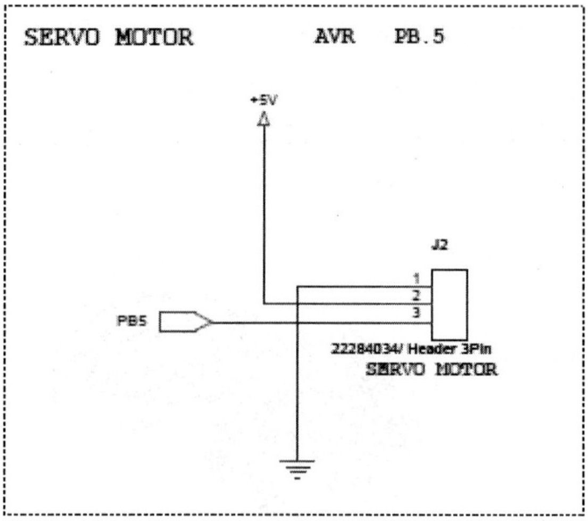

| 그림 16.5 | 소형 RC서보모터의 인터페이스 회로

16.4 SG90 소형 RC서보모터 제어 프로그램 설계

그림 16.6은 RC서보모터의 인터페이스 구성도이다. 프로그램에서 RC서보모터의 동작을 제어하기 위해서 KEY1, KEY2를 누르면 서보모터가 동작되도록 설계하였다. 프로그램은 어떤 버튼이 눌려졌는지 검사하면서, 눌려진 버튼에 대한 이벤트 처리를 하였다. PWM 파형의 주기는 10ms로 설정하였으며, 사용된 RC서보모터의 조정 각은 0~45도이다. 양(positive)의 펄스폭을 1.310ms~2.310ms 사이로 조정하면 원하는 각을 계산할 수 있다. 파일은 avrKit_Servo_LCD.c(main부분), 82c55.h, lcd.h로 구성된다.

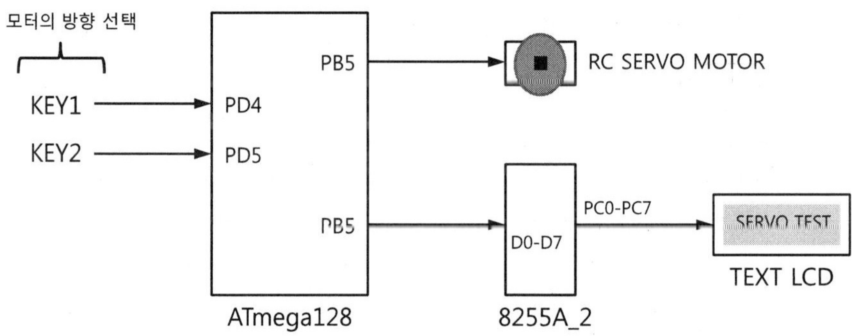

| 그림 16.6 | RC서보모터의 인터페이스

예제 : RC서보모터 제어 프로그램

이 예제는 RC서보모터를 제어하고 결과를 텍스트 LCD에 출력하는 프로그램이다.

avrKit_Servo.c

```
#include <avr/io.h>
#include "82c55a.h"
#include "lcd.h"

#define KEY1 (PIND & BIT4)
#define KEY2 (PIND & BIT5)

void servoInit()
{
    byte data = 150;
    DDRB = 0x20; // 데이터방향 레지스터: PB5를 설정
    TCCR1A = 0x82;         // 고속PWM, 1,024분주
    TCCR1B = 0x1B;
```

```
14:         TCCR1C = 0x00;
15:         ICR1H = (1151 >> 8);
16:     ICR1L = (1151 & 0xFF);
17:         OCR1AH = (data >> 8);
18:         OCR1AL = data & 0xFF;
19:     }
20:
21:     void servoAngle(unsigned int angle)
22:     {
23:         byte data = 0;
24:         data = (((((angle*100)/45)*115)/100)+150);
25:         OCR1AH = (data >> 8);
26:         OCR1AL = data & 0xFF;
27:     }
28:
29:     int main(void)
30:     {
31:         u5_PortInit(AO_BO_CHO_CLO);
32:         lcd_init();
33:         lcd_clear();
34:         servoInit();
35:         lcd_putsf(0,0,"Servo Motor Test");
36:         while(1)
37:         {
38:             servoAngle(0);
39:             _delay_ms(1000);

40:             servoAngle(40);
41:             _delay_ms(1000);

40:             servoAngle(80);
41:             _delay_ms(1000);
42:         }
43:     }
```

▷ 코드 설명

08행: void servoInit()

RC서보모터는 신호 선에 입력되는 펄스 중 H(High) 부분의 폭에 따라 정방향/역방향이 바뀌는데 다음과 같이 제어한다.

0.7ms 이하이면 0도(좌측으로 90도)
1.5ms에서는 90도(중심 유지)
2.3ms 이상에서는 180도(우측으로 90도)

프로그램에서 RC서보모터의 제어는 ATmega128에서 제공하는 고속PWM을 이용한다.(이론 부분의 TCCR1A, TCCR1B, TCCR1C 레지스터에 대한 설명을 참조한다.)

21행: void servoAngle(unsigned int angle)

RC서보모터의 각도를 조절하는 함수로 코드에서는 우측 끝을 기준으로 0도에서 45도로 각도가 제한되어 있다. 함수의 인자 값 angle을 통하여 서보모터의 각도를 입력받는데, 매초마다 0도에서 40도를 반복하여 움직이도록 한다.

| 그림 16.7 | 실행결과(텍스트 LCD 출력)

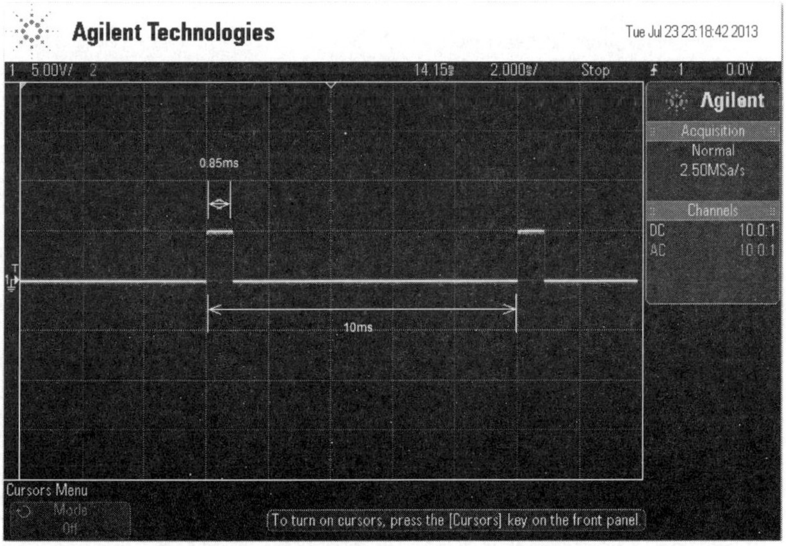

| 그림 16.8 | 예제 실행결과 PB5의 신호(펄스 폭 0.8ms)

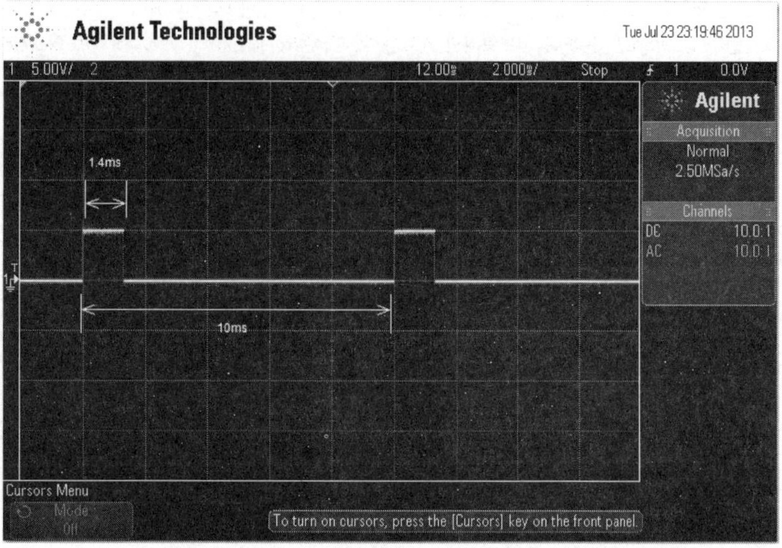

| 그림 16.9 | 예제 실행결과 PB5의 신호(펄스 폭 1.4ms)

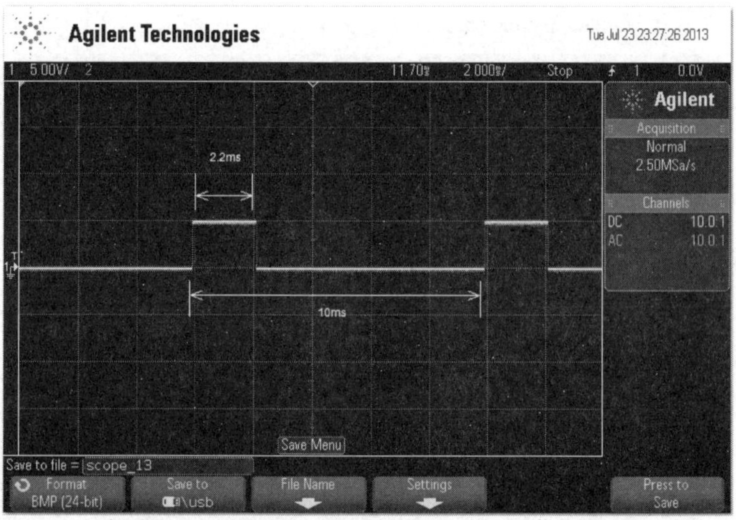

| 그림 16.10 | 예제 실행결과 PB5의 신호(펄스 폭 2.2ms)

연습문제

01. 서보모터란 무엇인가?

02. 서보모터의 종류와 특징을 설명하여라.

03. 서보모터의 제어에서 토크 제어 방법을 블록도로 설명하여라.

04. 서보모터의 제어에서 속도 제어 방법을 블록도로 설명하여라.

05. 서보모터의 제어에서 위치 제어 방법을 블록도로 설명하여라.

06. 소형 RC서보모터의 내부 구조를 설명하여라.

07. 소형 RC서보모터의 동작을 설명하여라.

08. 예제 프로그램에서 사용된 다음의 코드를 설명하여라.

```
DDRB = 0x20;                    // 데이터방향 레지스터: PB5를 설정
TCCR1A = 0x82;
TCCR1B = 0x1B;
TCCR1C = 0x00;
ICR1H = (1151 >> 8);
ICR1L = (1151 & 0xFF);
OCR1AH = (data >> 8);
OCR1AL = data & 0xFF;
```

제 17 장

I^2C 응용 회로 및 프로그램 설계

학습목표

1. AT24C32 EEPROM의 특징을 이해한다.
2. I^2C 디바이스의 신호 핀 기능, 인터페이스 방법 및 프로그래밍 방법을 이해하고 응용할 수 있도록 이해한다.
3. ATmega128 마이크로컨트롤러 키트에서 I^2C의 인터페이스 방법과 초기화 방법을 이해하고 프로그래밍 방법을 이해한다.

17.1 개요

I^2C(Inter-IC) 버스는 1980년대 초 필립스 세미컨턱터(Philips Semiconductor)사에서 MCU와 주변 칩과 통신을 쉽게 하기 위하여 개발되었으며 주변 칩(IC)들 간의 데이터 송수신을 2개의 신호 선으로 양방향 송수신 할 수 있는 직렬 버스이다. I^2C 버스에는 표준, 고속 및 초고속 데이터 전송 모드가 있다. 표준 모드는 100Kbps, 고속 모드는 400Kbps, 그리고 초고속 모드는 최고 3.4Mbps의 데이터 전송속도를 지원할 수 있다.

I^2C의 통신은 클럭(SCL 단자)에 동기화를 맞추어 데이터(SDA)를 직렬 전송하는 기술이다. AVR 계열에서 사용되는 TWI(Two-Wire serial Interface)는 필립스사에서 개발된 I^2C 버스를 Atmel에서는 TWI라 한다. TWI는 근거리용 직렬 통신 방식의 표준으로 I^2C와 인텔의 SMBus(System Management Bus)와 호환되는 직렬 통신 방식이다. SMBus는 1995년 인텔에 의해서 개발된 시스템 관리 버스(system management bus)이며 현재 사용되고 있는 사양(specification)은 V2.0(2000년)이다.

17.2 AT24C32를 사용한 I^2C 인터페이스

17.2.1 AT24C32의 사양

실습용 키트에서 사용된 AT24C32 I^2C 칩은 ATmel사의 32K(4,096×8비트)의 직렬로 읽기/쓰기용 EEPROM이다. AT24C32는 2개의 신호 선으로 8개 까지 디바이스를 연결하여 사용할 수 있다. AT24C32의 주요 특징은 다음과 같다.

- 저전압 및 표준전압으로 동작: 5.0V, 2.7V, 2.5V, 1.8V
- 4,096×8비트의 용량
- 2개 선(wire)의 직렬 인터페이스
- 양방향의 데이터 송수신 프로토콜 지원
- 100KHz(1.8V, 2.5V, 2.7V)와 200KHz(5V) 호환
- 32바이트 페이지 기록 모드
- 높은 신뢰성(백만 번 기록 가능, 100년 데이터 기억, ESD 보호: >3,000V)

17.2.2 AT23C32 핀 신호

그림 17.1은 AT24C32 I²C 칩의 신호 핀 구성이며 표 17.1은 AT24C32의 핀 신호 명과 신호에 대한 설명이다.

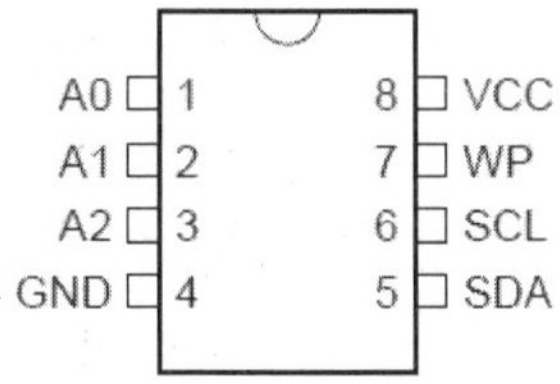

| 그림 17.1 | AT24C32 칩의 핀 신호

| 표 17.1 | AT24C32의 핀 신호

신호명	핀 번호	설명
A0~A2	1, 2, 3	디바이스의 번지 입력 단자
SDA	5	양방향의 직렬 데이터 송수신 단자
SCL	6	직렬 클럭 입력
WP	7	쓰기 보호(write protect)
VCC	8	전원 단자
GND	4	접지

17.2.3 AT23C32의 동작

I²C는 SCL(Serial Clock Line)과 SDA(Serial Data Line) 2개 신호를 사용하여 여러 개의 I²C 장치를 제어할 수 있다. 그림 17.2는 I²C의 데이터 유효성(data validity)이다. 그림 17.2에서와 같이 SCL 신호가 Low → High로 변하는 경우에 데이터가 구분(변경)된다. 즉, SCL 신호가 Low → High로 변하는 순간마다 데이터의 입출력이 이루어진다. 또한 SDA 상의 데이터는 SCL 핀이 Low인 상태에서만 변할 수 있으며, SCL이 High 상태에서는 스타트(시작)와 스톱(정지) 상태이다. 그림 17.3은 2비트 데이터 1, 0을 읽거나 쓰는 과정이다.

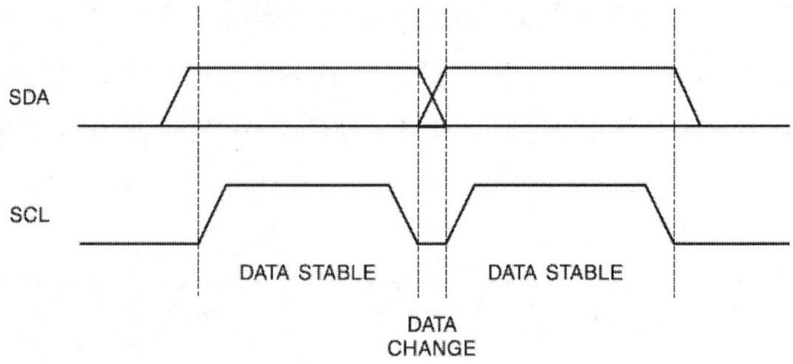

| 그림 17.2 | I^2C의 데이터 유효성(data validity)

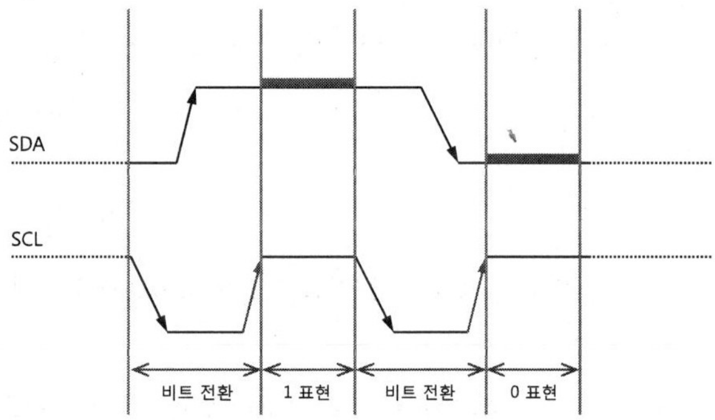

| 그림 17.3 | I^2C의 데이터 1, 0의 표현

그림 17.4는 I^2C 프로토콜의 시작과 정지 신호의 정의이다. 시작상태는 SCL이 High 상태에서 SDA 가 High-to-Low 상태로 정의한다. 시작상태는 다른 명령에 선행하여야 한다. 정지상태는 SCL이 High 상태에서 SDA가 Low-to-High 상태로 정의한다.

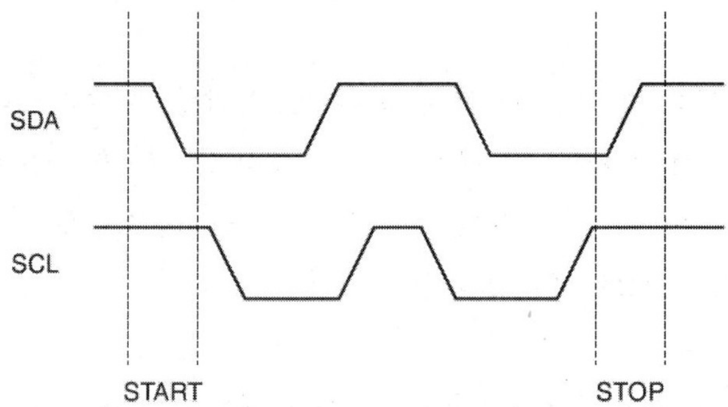

| 그림 17.4 | I^2C의 시작 및 정지 신호의 정의

그림 17.5는 I²C의 인정신호(acknowledge)의 정의이다. I²C에서 모든 번지와 데이터는 8비트(워드 단위) 직렬로 송수신한다. 그림 17.5와 같이 EEPROM은 SCL의 9번째 클럭 사이클에서 8비트(1워드)를 정확하게 수신했다는 인정신호로 0(Low)을 출력한다.

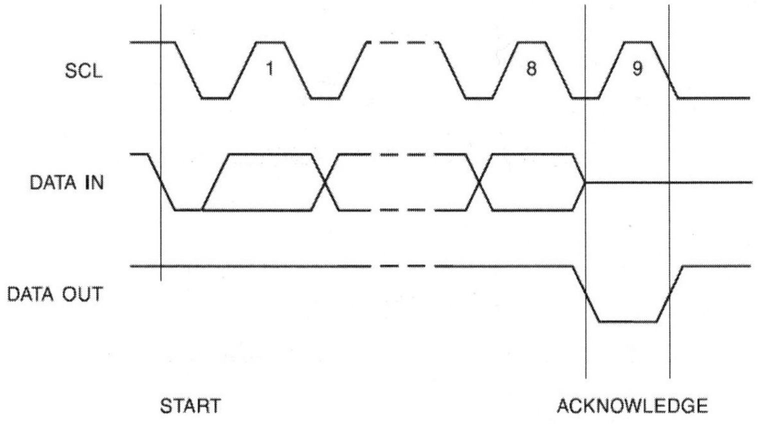

| 그림 17.5 | I²C의 인정신호(Acknowledge)의 정의

그림 17.6은 I²C의 디바이스 번지(devide address)는 총 8비트로 정의하고 있다. 디바이스 번지는 먼저 시작비트 다음에 이어진다. 그림 17.6과 같이 디바이스 번지는 먼저 MSB에서 1010+$A_2A_1A_0$로 구성되며 MSB는 R/W 비트로 구성된다.

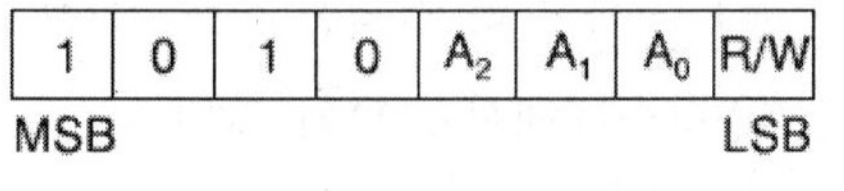

| 그림 17.6 | I²C의 디바이스 번지

그림 17.7은 I²C의 바이트 단위의 기록 순서와 프레임 구조이다. 바이트 단위로 기록하기 위한 순서는 시작(1비트) → 디바이스 번지(8비트) → R/W(1비트) → 첫 번째 번지(8비트) → Ack(1비트) → 두 번째 번지(8비트) → Ack(1비트) → 데이터(8비트) → Ack(1비트) → 정지(1비트) 순서로 된다.

그림 17.8은 EEPROM에 여러 바이트를 쓰는 페이지 단위의 기록 순서와 프레임 구조이다. 페이지 단위의 프레임 구조는 기록 순서와 프레임의 구조는 바이트 단위와 동일하다.

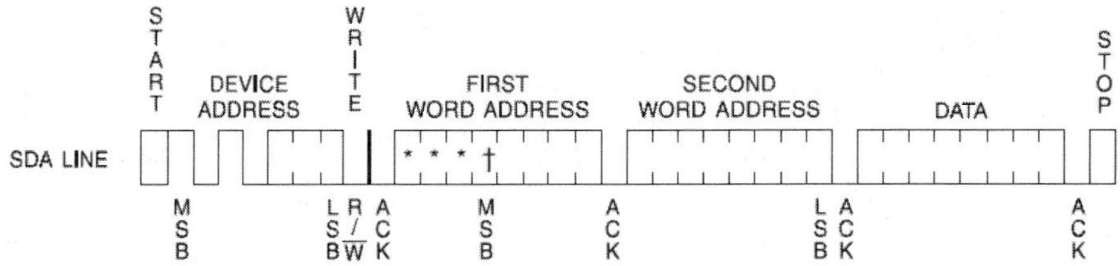

| 그림 17.7 | I²C의 바이트 단위의 기록 순서와 프레임 구조

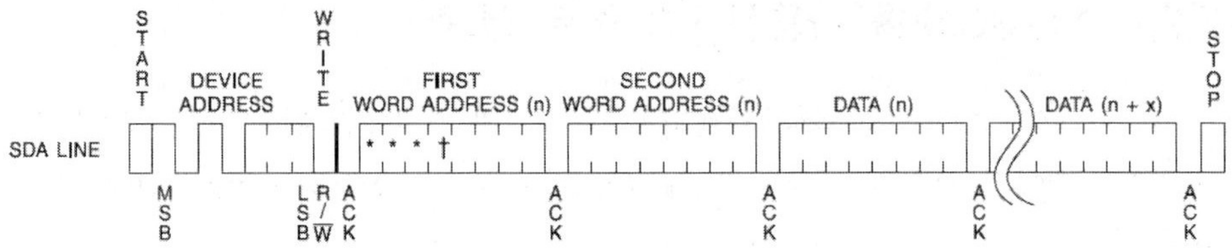

| 그림 17.8 | I²C의 페이지 단위의 기록 순서와 프레임 구조

그림 17.9는 EEPROM의 현재 번지 읽기의 프레임 구조, 그림 17.10은 임의의 번지 읽기의 프레임 구조, 그리고 그림 17.11은 순차 읽기의 프레임 구조이다.

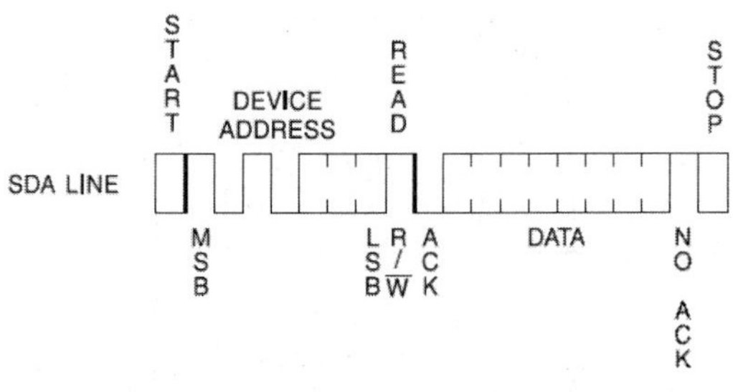

| 그림 17.9 | 현재 번지 읽기의 프레임 구조

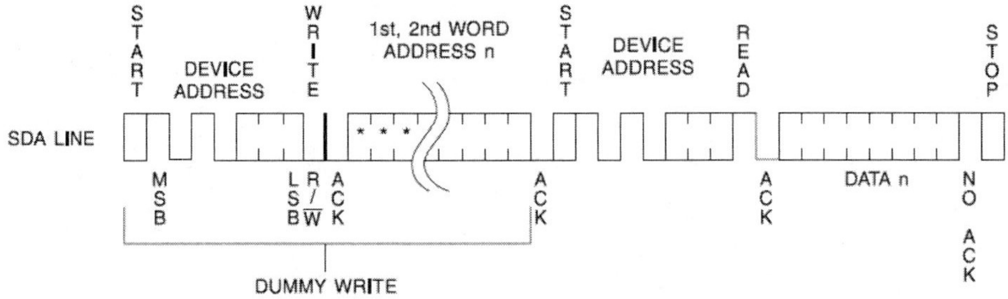

| 그림 17.10 | 임의의 번지 읽기의 프레임 구조

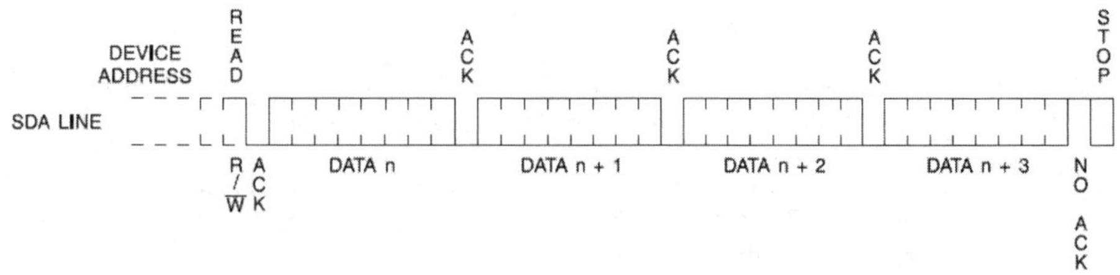

| 그림 17.11 | 순차 읽기의 프레임 구조

17.2.4 AT23C32를 사용한 I²C 회로 설계

그림 17.12는 AT24C32 EEPROM을 I²C로 인터페이스하는 회로이다. AT24C32의 클럭(SCL)과 데이터 신호(SDA)는 ATmega128의 포트 PD0(SCL), PD1(SDA)에 직접 연결되었다.

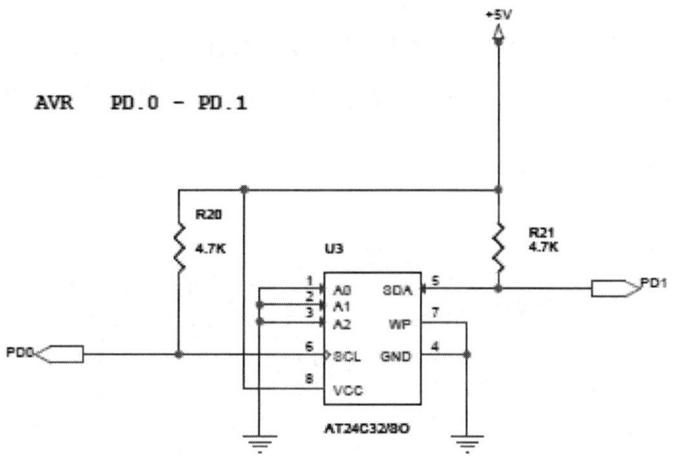

| 그림 17.12 | AT24C32 EEPROM을 I²C로 인터페이스하는 회로

17.3 AT24C32를 사용한 I^2C 프로그램 설계

그림 17.13의 구성도는 ATmega128과 AT24C32 EEPROM을 인터페이스하고 EEPROM에 쓰거나 기록된 결과를 컴퓨터의 윈도우 창에서 확인할 수 있다.

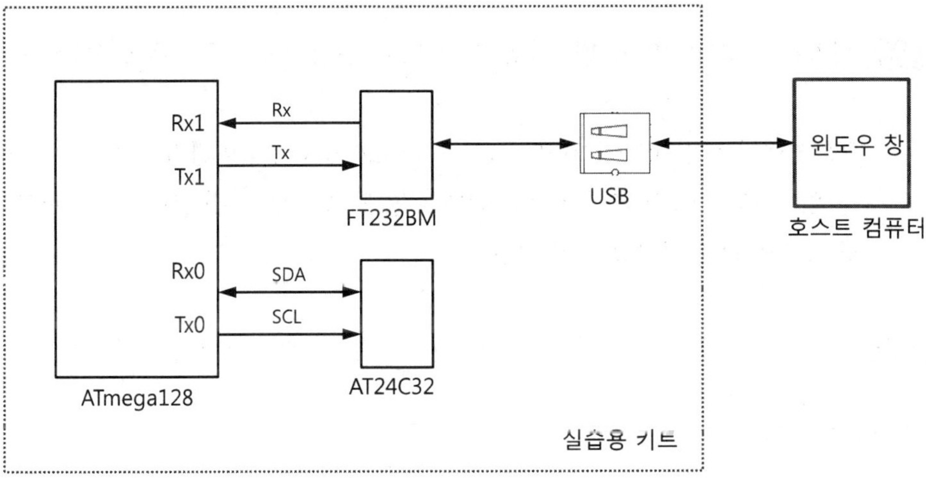

| 그림 17.13 | ATmega128과 AT24C32 EEPROM의 인터페이스 구성

예제 : USB를 통한 EEPROM의 데이터 읽기/쓰기 프로그램

이 예제에서는 I2C 통신으로 AT24C32로 데이터들을 입/출력 하며 해당 데이터를 RS-232와 텍스트 LCD로 출력한다. 동작을 위한 설정은 다음과 같다.

단계-1 프로그램을 다운로더한 후 SW2를 모두 OFF하고 SW25를 모두 ON으로 설정한다.

단계-2 현재 설정된 통신 속도는 9,600bps이므로, 'Settings' ⇒ 'Terminal'을 클릭한 다음 설정한다.

단계-3 포트는 설정된 포트(추가사항 참조.), BAUD RATE: 9600, DATA BITS : 8, STOP BITS: 1, PARITY: NONE, EMULATION TTY ECHO TRANSMITTED CHARACTERS 항목에 체크한다.

단계-4 'ERMINAL' 창이 보이지 않을 경우, 'TOOLS' ⇒ 'TERMINAL'을 클릭하면 창이 새로 표시된다.

단계-5 'TERMINAL' 창의 'Clear' 버튼을 클릭한 다음 타겟보드의 'Reset' 버튼을 누른다.

단계-6 출력된 문자열 들을 읽으면서 해당 번호 들과 데이터 값들을 입력하면, 터미널창과 텍스트 LCD에 출력된다.

단계-7 예제는 AT24C32의 00번지에만 쓰고 읽을 수 있도록 프로그래밍 되었다.

프로그램이 실행되면 컴퓨터의 출력 창에 160-166행의 메시지가 출력되고 이때 1을 입력하면 EEPROM에 저장된 문자를 읽을 수 있고 2를 입력하고 문자열을 쓰면 EEPROM에 문자열이 기록된다.

I^2C.c

```
001: #include <avr/io.h>
002: #include "lcd.h"
003:
004: #define BIT(x)              (1 << (x))
005: #define SETBIT(x, y)        (x |= y)
006: #define CLEARBIT(x, y)      (x &= ~y)
007: #define CHECKBIT(x, y)      (x & y)
008: #define hi(x)               (*(&x+1))
009:
010: #define SDA         BIT1
011: #define SCL         BIT0
012:
013: #define I2C_PORT    PORTD
014: #define I2C_DIR     DDRD
015: #define I2C_IN      PIND
016:
017: byte Title[16] = "RW DATA    READ ";
018: byte UART_TX_DATA[50];
019: byte UART_RX_DATA[50];
020:
021: void USART_INIT(void)
022: {
023:         UCSR1A = 0x00;
024:         UCSR1B = 0x18;
025:         UBRR1H = 0x00;
026:         UBRR1L = 0x2F;
027: }
028:
029: void PUTCHAR(byte data)
030: {
```

```
        while((UCSR1A & 0x20) == 0);
        UDR1 = data;
        UCSR1A |= 0x20;
}

byte GETCHAR(void)
{
        byte data;
        while((UCSR1A & 0x80) == 0);
        data = UDR1;
        UCSR1A |= 0x80;
        return data;
}

void INIT_I2C(void)
{
        SETBIT(I2C_DIR,SCL);
        SETBIT(I2C_DIR,SDA );

        SETBIT(I2C_PORT,SCL);
        SETBIT(I2C_PORT,SDA );
}

void I2C_START (void)
{
        SETBIT(I2C_PORT,SCL);
        SETBIT(I2C_PORT,SDA);

        SETBIT(I2C_DIR,SDA);
        CLEARBIT(I2C_PORT,SDA);
}

void I2C_STOP (void)
{
        SETBIT(I2C_DIR,SDA);
        CLEARBIT(I2C_PORT,SDA);
        CLEARBIT(I2C_PORT,SCL);
        SETBIT(I2C_PORT,SCL);
        SETBIT(I2C_PORT,SDA);
}

void I2C_CLOCK(void)
{
        SETBIT(I2C_PORT,SCL);
        CLEARBIT(I2C_PORT,SCL);
}

byte I2C_ACKN(void)
{
        byte Ackn = 0;
        CLEARBIT(I2C_PORT,SCL);
        CLEARBIT(I2C_DIR,SDA);
        SETBIT(I2C_PORT,SCL);
```

```
        if ( CHECKBIT( I2C_IN,SDA ) ) Ackn = 1;
        CLEARBIT(I2C_PORT,SCL);
        return Ackn;
}

void WRITE_I2C_BYTE(byte byte)
{
        SETBIT(I2C_DIR,SDA);
        CLEARBIT(I2C_PORT,SCL);

        for (int i=0; i<8; i++)
            if((byte & 0x80) == 0x80) SETBIT(I2C_PORT, SDA);
            else CLEARBIT(I2C_PORT,SDA);
            SETBIT(I2C_PORT,SCL);
            byte = byte << 1;
            CLEARBIT(I2C_PORT,SCL);
        }
        while(I2C_ACKN() );
}

byte READ_I2C_BYTE(void)
{
       byte i,buff = 0;
       PORTD = PORTD & ~BIT1;
       for (i = 0; i < 8; i++){
       buff = buff << 1;
       CLEARBIT(I2C_DIR,SDA);
       DDRD = 0X01;
       SETBIT(I2C_PORT,SCL);
       _delay_us(10);
       if ( CHECKBIT( I2C_IN,SDA ) ) buff = buff | 0x01;
       CLEARBIT(I2C_PORT,SCL);
       _delay_us(10);
   }
   I2C_CLOCK();
   return buff;
}

void WRITE_EXT_EEPROM(long int address, byte data)
{
       NIT_I2C();
       I2C_START();
       WRITE_I2C_BYTE(0xA0);
       WRITE_I2C_BYTE(hi(address));
       WRITE_I2C_BYTE(address);
       WRITE_I2C_BYTE(data);
       I2C_STOP();
}

byte READ_EXT_EEPROM(long int address)
{
       byte data;
       INIT_I2C();
```

```
        I2C_START();
        WRITE_I2C_BYTE(0xA0);
        WRITE_I2C_BYTE(hi(address));
        WRITE_I2C_BYTE(address);
        I2C_START();
        WRITE_I2C_BYTE(0xA1);
        data=READ_I2C_BYTE();
        I2C_STOP();
        return(data);
}

void PUTSTRING(byte *DATA, byte NUM)
{
        byte i;
        for(i=0;i<=NUM-1;i++)
        {
            PUTCHAR(DATA[i]);
        }
}

int main(void)
{
    byte text1[50]="************************************************\r\n";
    byte text2[50]="**                                            \r\n";
    byte text3[50]="**                  I2C TEST                  \r\n";
    byte text4[50]="**                                            \r\n";
    byte text5[50]="************************************************ \r\n";
    byte text6[50]=" 1) READ DATA                                 \r\n";
    byte text7[50]=" 2) WRITE DATA                                \r\n";
    byte text8[50]="                                              \r\n";
    byte text9[50]="     TOUCH YOU'R CHOICE!!                     \r\n";
    byte text10[50]="  You'r choice is READ DATA                  \r\n";
    byte text11[50]="  You'r choice is WRITE DATA                 \r\n";
    byte text12[23]="  EEPROM READ DATA :                         \r\n";
    byte text13[24]="  EEPROM WRITE DATA :                        \r\n";
    byte text14[17]="\r\n    SUCCESS !!                               \r\n";

    byte choice = 0;

    byte rs_data1 = 0;
    byte rs_data2 = 0;

    DDRE = 0xFE;
    USART_INIT();

    u5_PortInit(AO_BO_CHO_CLO);
    lcd_init();
    INIT_I2C();

    lcd_clear();
    lcd_putsf(0,0,Title);

    UART_TX_DATA[0] = 0X02;
```

```
UART_TX_DATA[2] = 0X03;

while (1)
{
   PUTSTRING(text1,50);
   PUTSTRING(text2,50);
   PUTSTRING(text3,50);
   PUTSTRING(text4,50);
   PUTSTRING(text5,50);
   PUTSTRING(text6,50);
   PUTSTRING(text7,50);
   PUTSTRING(text8,50);
   PUTSTRING(text9,50);
   choice = GETCHAR();

   switch(choice)
   {
       case '1' :
           char_out(choice);
           PUTSTRING(text10,50);
           PUTSTRING(text12,22);
           UART_TX_DATA[1] = READ_EXT_EEPROM(0x00);
           rs_data1 = (UART_TX_DATA[1] & 0x0f);
           rs_data2 = (UART_TX_DATA[1] & 0xf0)>>4;
           if(rs_data2>9) { UART_RX_DATA[1] = rs_data2+55; }
           else { UART_RX_DATA[1] = rs_data2+48; }
           if(rs_data1>9) { UART_RX_DATA[0] = rs_data1+55; }
           else { UART_RX_DATA[0] = rs_data1+48; }

           lcd_gotoxy(11,1);
           char_out(UART_RX_DATA[1]);
           char_out(UART_RX_DATA[0]);

           PUTCHAR(UART_RX_DATA[1]);
           PUTCHAR(UART_RX_DATA[0]);
           PUTSTRING(text14, 17);
           break;

       case '2' :
           char_out(choice);
           PUTSTRING(text11,50);
           PUTSTRING(text13,24);

           rs_data1 = GETCHAR();
           lcd_gotoxy(11,1);
           char_out(rs_data1);
           rs_data1 -= 0x30;
           if(rs_data1 > 9) { rs_data1 -= 7; }
           rs_data2 = (rs_data1 & 0x0f)<<4;

           rs_data1 = GETCHAR();
           char_out(rs_data1);
           rs_data1 -= 0x30;
```

```
244:                  if(rs_data1 > 9) { rs_data1 -= 7; }
245:                  rs_data2 |= (rs_data1 & 0x0f);
246:                  WRITE_EXT_EEPROM(0x00, rs_data2);
247:                  PUTSTRING(text14,17);
248:                  break;
249:          }
250:      }
251: }
```

▷ 코드 설명

21행: void USART_INIT(void)

I^2C를 통해 전송된 데이터들을 비동기 방식 RS-232C로 전송하기 위하여 관련 레지스터들을 초기화해주는 함수이다.

29행: void PUTCHAR(byte data)

UDR0 레지스터를 통해 한 문자를 출력하는 함수이다.

45행: void INIT_I2C(void)

SETBIT는 전처리기에 SETBIT(x, y) (x |= y)의 형태로 x에 y값을 or 연산하여 대입시킨다. dl 함수에서는 SCL, SDA를 출력으로 설정하고 각각 H(High) 신호 상태로 만든다.

105행: byte READ_I2C_BYTE(void)

SDA를 입력 상태로 만들고 SCL을 H(High)로 만든다. I2c 비트를 검사하여 buff 변수에 I2C로부터 저장된 데이터를 입력받은 뒤, buff 변수를 반환한다

| 그림 17.14 | 실행결과

연습문제

01. I²C, TWI, SMBus를 간략하게 설명하여라.

02. I²C의 읽기/쓰기 동작을 설명하여라.

03. AT24C32 EEPROM의 핀 신호 및 기능을 설명하여라.

04. AT24C32의 읽기/쓰기 동작을 설명하여라.

05. 예제 프로그램에서 다음의 코드를 설명하여라.

```
void USART_INIT(void)
{
 UCSR1A = 0x00;
            UCSR1B = 0x18;
            UBRR1H = 0x00;
            UBRR1L = 0x2F;
}
```

제 18 장

PS/2 응용 회로 및 프로그램 설계

학습목표

1. PS/2의 신호와 커넥터 구조를 이해한다.
2. PS/2의 인터페이스와 제어 방법을 이해한다.
3. PS/2 응용 프로그램을 설계하는 방법을 이해한다.

18.1 개요

PS/2는 PC의 마우스와 키보드를 연결하여 사용하기 위한 인터페이스 표준이다. PS/2는 1987년 IBM이 개인용 컴퓨터의 시장을 선점하기 위해서 야심적으로 개발한 개인용 컴퓨터(PC)의 이름이 IBM PS/2(PS는 Personal System의 약칭)에서 유래 되었다. 그 후 PS/2는 개인용 컴퓨터의 마우스와 키보드를 연결하는 인터페이스 표준으로 인식되었다. 현재는 키보드를 연결하기 위한 방법은 USB를 사용하지만 예전에는 PS/2를 사용하여 키보드를 인터페이스 하였다.

18.2 PS/2의 신호 및 동작

그림 18.1은 PS/2 커넥터의 핀 신호 구조이다. 키보드로부터 입력되는 키 스캔 코드(key scan code) 값을 7-세그먼트에 표시한다. 그림 18.1과 같이 PS/2는 5핀, 6핀의 종류가 있다.

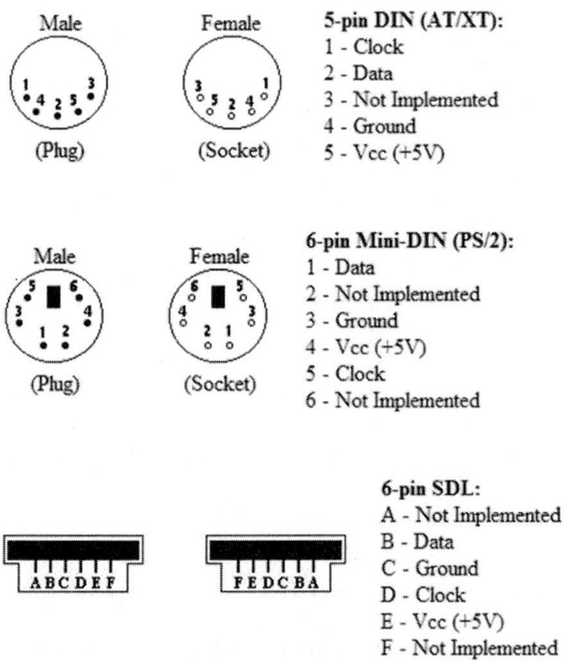

| 그림 18.1 | PS/2 커넥터의 핀 신호

그림 18.2는 키보드의 키 스캔 코드 값(16진수 값)이다. 키 스캔 코드는 3종류가 있지만 일반적으로 Scan Code Set2를 사용한다.

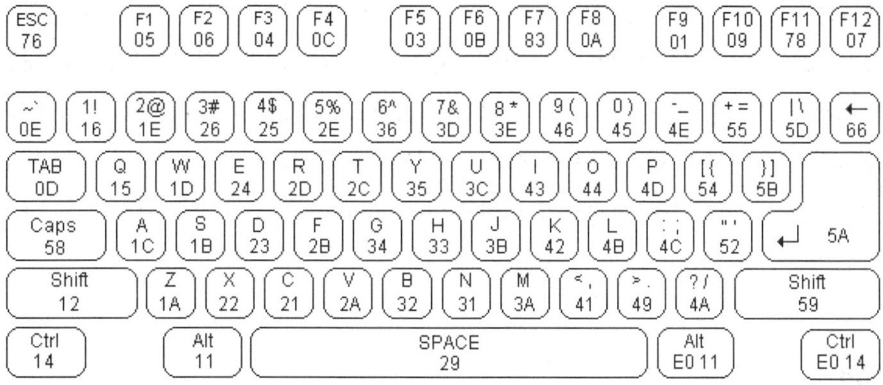

| 그림 18.2 | 키보드의 키 스캔 코드 값(16진수 값)

그림 18.3은 타겟 보드와 연결된 키보드에서 1을 입력한 경우 클럭과 데이터 값이 어떻게 처리되는가를 보인 것이다. 클럭은 하강 에지(falling edge)에서 동기되며 첫 번째 클럭에서는 시작 비트 값이 입력되고 다음은 데이터의 첫 번째 비트가 입력된다.

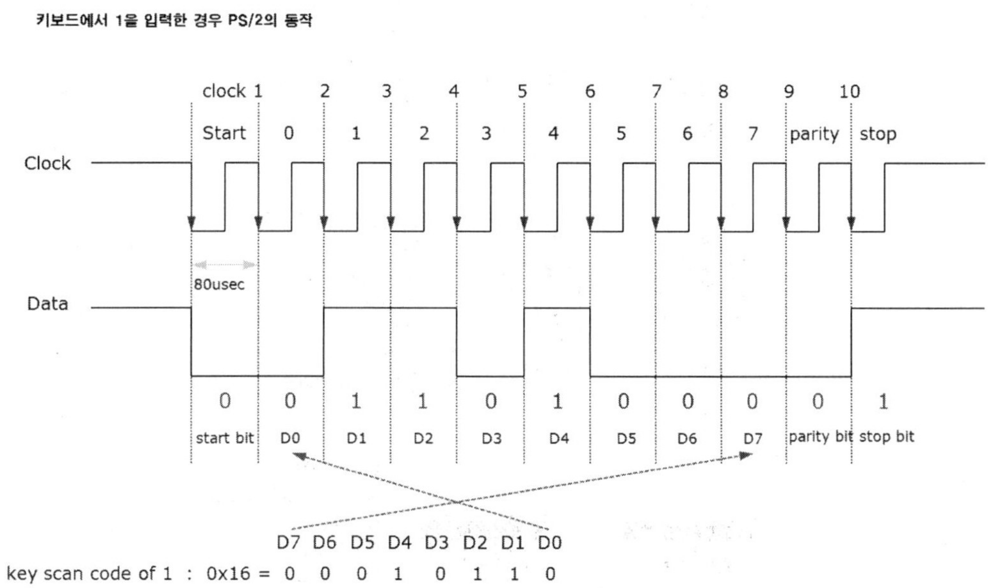

| 그림 18.3 | 키보드에서 1을 입력한 경우 동작

18.3 PS/2 구동 회로 설계

그림 18.4는 실습용 키트의 PS/2의 회로도이다. ATmega128과 PS/2의 인터페이스는 PE5(핀7)와 INT1(핀6) 단자에 연결된다.

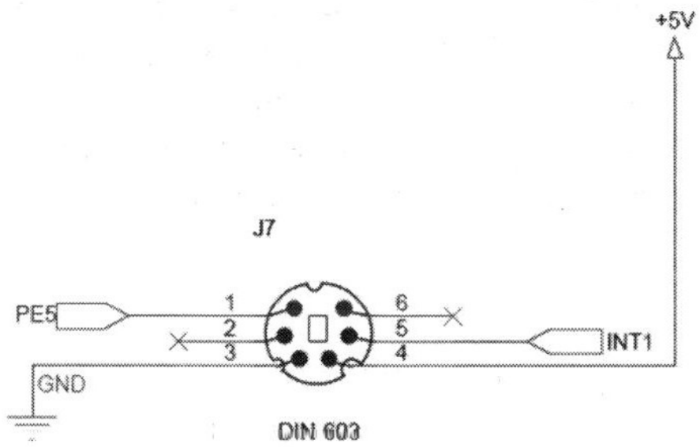

| 그림 18.4 | PS/2 회로도

18.4 PS/2 응용 프로그램 설계

그림 18.5는 ATmega128과 PS/2의 인터페이스이다. 예제에서는 프로그램을 다운 받으면, 키보드의 입력이 텍스트 LCD에 출력된다.

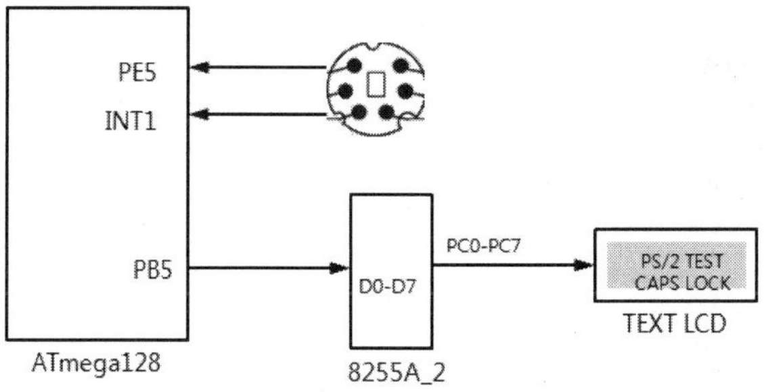

| 그림 18.5 | ATmega128과 PS/2의 인터페이스

예제 : 키보드에 입력된 값을 텍스트 LCD에 출력하는 프로그램

이 예제는 키보드로 입력되는 값을 텍스트 LCD로 출력하는 프로그램이다. 키보드는 PE5(핀7)와 INT1(핀6)에 연결되어 있다.

avrKit_PS2_LCD.c

```
#include <avr/io.h>
#include "82c55a.h"
#include "lcd.h"
#include "RegSet_PS2.h"

unsigned int count = 0;

byte keyCode[69] =
 {0x76, 0x05, 0x06, 0x04, 0x0c, 0x03, 0x0b, 0x83, 0x0a, 0x01, 0x09, 0x78, 0x07,
  0x0e, 0x16, 0x1e, 0x26, 0x25, 0x2e, 0x36, 0x3d, 0x3e, 0x46, 0x45, 0x4e, 0x55,
  0x5d, 0x66, 0x0d, 0x15, 0x1d, 0x24, 0x2d, 0x2c, 0x35, 0x3c, 0x43, 0x44, 0x4d,
  0x54, 0x5b, 0x58, 0x1c, 0x1b, 0x23, 0x2b, 0x34, 0x33, 0x3b, 0x42, 0x4b, 0x4c,
  0x52, 0x5a, 0x12, 0x1a, 0x22, 0x21, 0x2a, 0x32, 0x31, 0x3a, 0x41, 0x49, 0x4a,
  0x59, 0x14, 0x11, 0x29 };

char keyName[69][25] =
   {"ESC", "F1", "F2", "F3", "F4", "F5", "F6", "F7", "F8", "F9", "F10", "F11", "F12",
   "~", "1", "2", "3", "4", "5", "6", "7", "8", "9", "0", "-", "=", "Back Slash", "Break",
   "TAB", "Q", "W", "E", "R", "T", "Y", "U", "I", "O", "P", "[", "]",
  "Caps", "A", "S", "D", "F", "G", "H", "J", "K", "L", ";", "'", "Enter",
  "Shift", "Z", "X", "C", "V", "B", "N", "M", ",", ".", "/", "Shift",
  "Ctrl", "Alt", "Space" };

ISR(INT4_vect)
{
    count++;
}

int main(void)
{
    u5_PortInit(AO_BO_CHO_CLO);
    ext_PortInit();
    ExtInit();
    _delay_ms(20);
    lcd_init();
    lcd_clear();
    _delay_ms(200);
    sei();

    byte time = 0;
    byte data = 0;

    while(1)
    {
        if (count == 1)
        {
            if((PINE & 0x20) == 0x20)
            {
                      sbi(data,0);
             }
             else
```

```
            {
                cbi(data,0);
            }
        } /* if (count == 1) */

        else if (count == 2)
        {
            if((PINE & 0x20) == 0x20)
            {
                sbi(data,1);
            }
            else
            {
                cbi(data,1);
            }
        }

        else if (count == 3)
        {
            if ((PINE & 0x20) == 0x20)
            {
                sbi(data,2);
            }
            else
            {
                cbi(data,2);
            }
        }

        else if (count == 4)
        {
    if ((PINE & 0x20) == 0x20)
    {
      sbi(data,3);
    }
    else
    {
       cbi(data,3);
    }
  }

  else if (count == 5)
  {
      if ((PINE & 0x20) == 0x20)
      {
        sbi(data,4);
      }
      else
      {
          cbi(data,4);
      }
   }
   else if (count == 6)
```

```
        {
            if ((PINE & 0x20) == 0x20)
            {
                sbi(data,5);
            }
            else
            {
                cbi(data,5);
            }
        }

        else if (count == 7)
        {
            if ((PINE & 0x20) == 0x20)
            {
                sbi(data,6);
            }
            else
            {
                cbi(data,6);
            }
        }

      else if (count == 8)
      {
          if ((PINE & 0x20) == 0x20)
          {
              sbi(data,7);
          }
          else
          {
              cbi(data,7);
          }
      }

      else if (count == 11)
      {
          if (time == 3)
          {
              for (int i=0; i<69; i++)
              {
                  if (keyCode[i] == data)
                  {
                      lcd_clear();
                      lcd_putsf(0,0,keyName[i]);
                  }
              }
              time = 0;
          }
        data = 0;
        count = 0;
        time++;
        }/* else if() */
```

```
149:        }
150: }
```

▷ 코드 설명

08행: byte keyCode[69]

키보드에 있는 키들 중 특수키 몇 종류를 제외한 모든 데이터를 미리 정의해둔 배열 변수이다. 키보드를 통하여 들어오는 데이터와 일치한다.

15행: char keyName[69][25]

keyCode 배열과 일치시켜 LCD에 출력하기 위한 문자열을 저장해둔 배열이다. 2차 배열로 정의된 이유는 순서대로 여러 개의 문자열들을 저장해야하기 때문이다.

22행: ISR(INT4_vect)

PS/2 키보드에서는 두 종류의 신호가 나오는데, 하나는 클럭 신호이고 하나는 데이터 신호이다. 클럭 신호의 하강에지에 동기 시키면 올바른 데이터를 얻을 수 있다. 외부 서비스 인터럽트는 클럭 신호의 하강에지에 맞춰 count 변수를 증가시킨다.

42행: if (count == 1) ~ else if (count == 11)

클럭 신호가 하강 에지일 때마다 데이터 신호를 검사하여 저장한다. 시작 비트와 정지 비트를 제외한 8비트이며, 마지막 패리티 비트 순서에서 LCD로 문자열을 출력한다.

133행: if (time == 3)

프로그램의 동작은 키보드를 눌렀다 뗄 때, 몇 종류의 특수키를 제외하고는 2바이트가 송신된다. 따라서 마지막 세 번째의 데이터를 수신하였을 때, 데이터를 검사하여 LCD에 해당 키를 출력시켜 주는 기능을 넣는다.

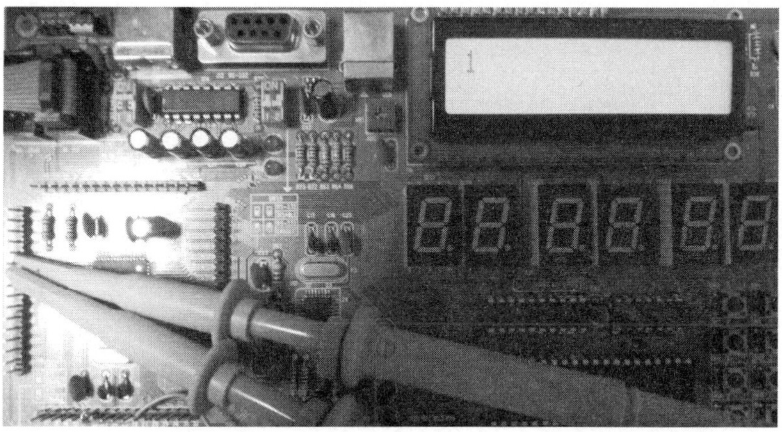

| 그림 18.6 | 실행결과(키보드에서 1을 누른 결과)

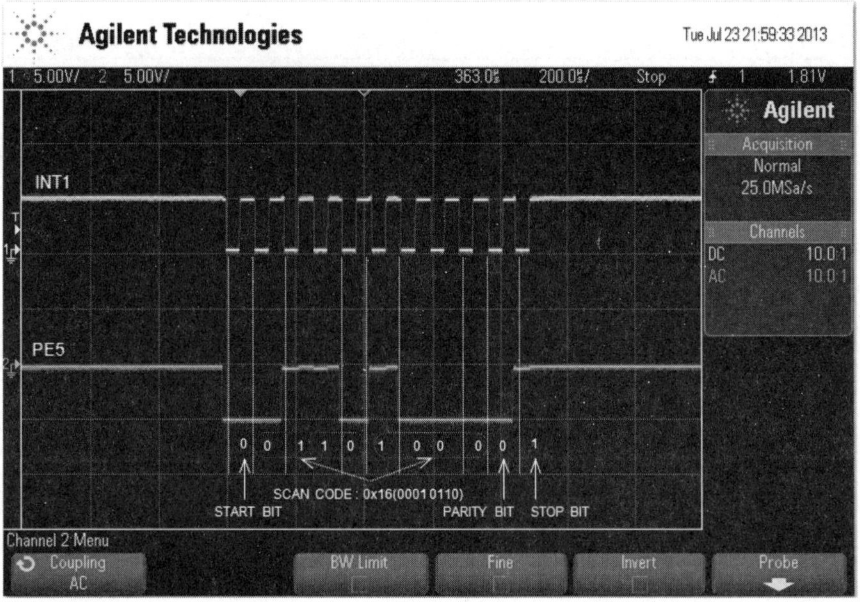

| 그림 18.7 | INT1과 PE5 단자의 출력 신호(키보드에서 1을 누른 결과)

연습문제

01. PS/2란 무엇인가?

02. PS/2의 종류는 몇 가지가 있는가?

03. PS/2의 신호를 설명하여라.

04. PS/2로부터 숫자 '1'이 입력될 경우 클럭과 데이터 신호를 설명하여라.

05. avrKit_PS2_LCD.c의 04행~149행의 코드를 설명하여라.

제 19 장

USB와 RS-232C 응용 회로 및 프로그램 설계

학습목표

1. RS-232C의 핀 신호, 동작, 인터페이스 방법을 이해한다.
2. USB의 핀 신호, 동작, 인터페이스 방법을 이해한다.
3. ATmega128 실습용 키트에서 USB와 RS-232C를 제어하는 프로그래밍 기법을 이해한다.

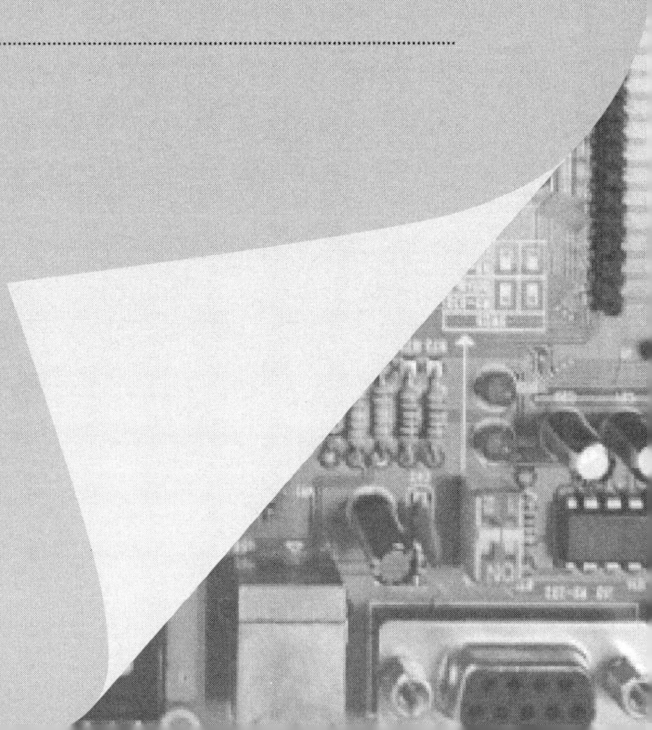

19.1 개요

ATmega128 실습용 키트에서 사용되는 직렬 통신은 USB와 RS-232C를 사용한다. USB는 호스트 컴퓨터와 타겟 시스템과 통신하기 위해서 사용되며 USB 형식을 RS-232C로 변환하기 위해서 FT232BL을 사용한다.

USB(Universal Serial Bus) 기술은 1995년 초에 처음으로 USB 1.0을 발표하였고 그 USB 1.1을 거쳐 현재는 USB 2.0 표준이 확정 발표되어 여러 응용분야에서 사용되고 있다. USB 2.0 표준 사양(specification)은 2005년 5월에 확정되었으며 여기에 참여한 기업은 7개회사(인텔, 마이크로소프트, 컴팩, 휴렛패커드, 루슨트, NEC, 필립스)이다.

19.1.1 USB 규격 및 사양

USB는 'OTG(On-The-Go)' 프로토콜과 'WirelessUSB'의 사양을 발표하였으며 현재는 USB 3.0 사양을 컨소시엄으로 준비 중에 있다. 표 19.1은 USB의 표준과 속도 및 용도이다. 그림 19.1은 USB 케이블(cable)의 신호이다.

| 표 19.1 | USB의 표준과 속도 및 용도

USB 표준	속도	용도
USB V1.1	• LS(Low-Speed) • 10-100Kb/s	• 양방향 디바이스(interactive devices)
USB V2.0	• FS(Full-Speed) • 500Kb/s-10Mb/s	• 멀티미디어 단말기, A/V(Audio/Video 장치, 컴퓨터 주변장치
	• HS(High-Speed) • 25~400Mb/s	• 고속 오디오/비디오(Audio/Video) 장치, 고성능 멀티미디어 단말기, 컴퓨터 주변장치, 고속 저장 장치(storage)
USB V3.0	• SS(Super-Speed) • 5Gbps(표준속도)	• 표준화 진행 중에 있음

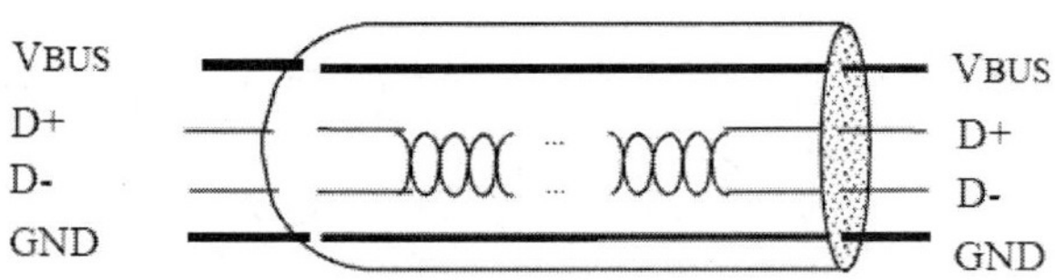

| 그림 19.1 | USB 케이블

12.1.2 RS-232C 규격 및 사양

RS-232C(Recommend Standard number 232 C)는 직렬 표준 통신 규격이다. 여기서 C는 표준 규격의 최신 번호를 표시한다. RS-232C는 장치의 시험 혹은 데이터의 송수신용으로 사용된다. 또한 RS-232C는 개인용 컴퓨터, 임베디드 시스템, 가전 및 A/V 기기 들은 RS232-C의 9핀 커넥터가 있을 정도로 광범위하게 사용되고 있다. 최근에는 RS-232C 대신 USB로 대체되고 있다. 표 19.2는 RS-232C, RS-422A, RS-485 인터페이스 규격이다.

| 표 19.2 | RS-232C, RS-422A, RS-485 인터페이스 규격

항목		RS-232C	RS-422	RS-485
동작모드		Single Ended	Differential	Differential
최대 드라이버/리시버 수		1드라이버:1리시버	1드라이버:10리시버	32드라이버:32리시버
최대 전송길이		50피트(15m)	400피트(1,200m)	400피트(1,200m)
최대 전송속도	12m	20Kbps	10Mbps	10Mbps
	120m		1Mbps	1Mbps
	1,200m		100 Kbps	100Kbps
전송방식		전 이중통신 방식 (Full Duplex)	전 이중통신 방식 (Full Duplex)	반 이중통신 방식 (Half Duplex)
최대 드라이버 출력 전압		±5V~±15V	±2V~±6V	±1.5V~±6V
최대 리시버 입력 전압		±3V~±25V	±3V~±25V	-7V~+12V
사용 IC		MAX232	MAX481, MAX483	MAX489, MAX491

19.2 FT232BL

FT232BL은 직렬 데이터를 USB 데이터 형태로 변환하는 칩이다. FT232BL는 단일 칩의 USB로 비동기 직렬데이터를 전송할 수 있다. 그림 19.2 FT232BL의 핀 구조이며, 그림 19.3은 FT232BL의 블록도이다.

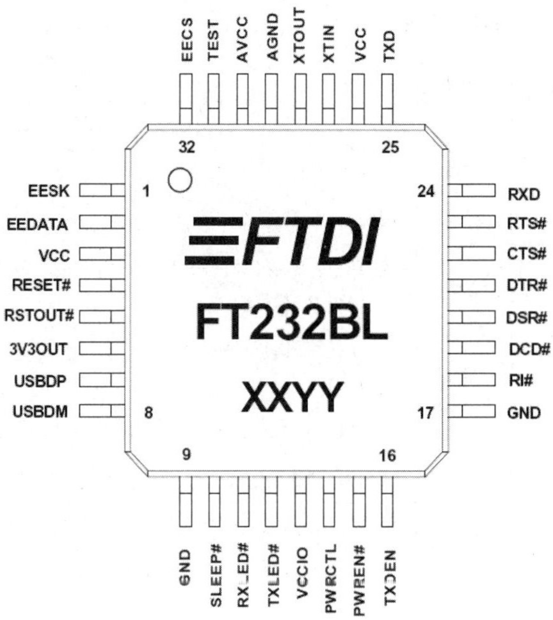

| 그림 19.2 | FT232BL의 핀 구성도

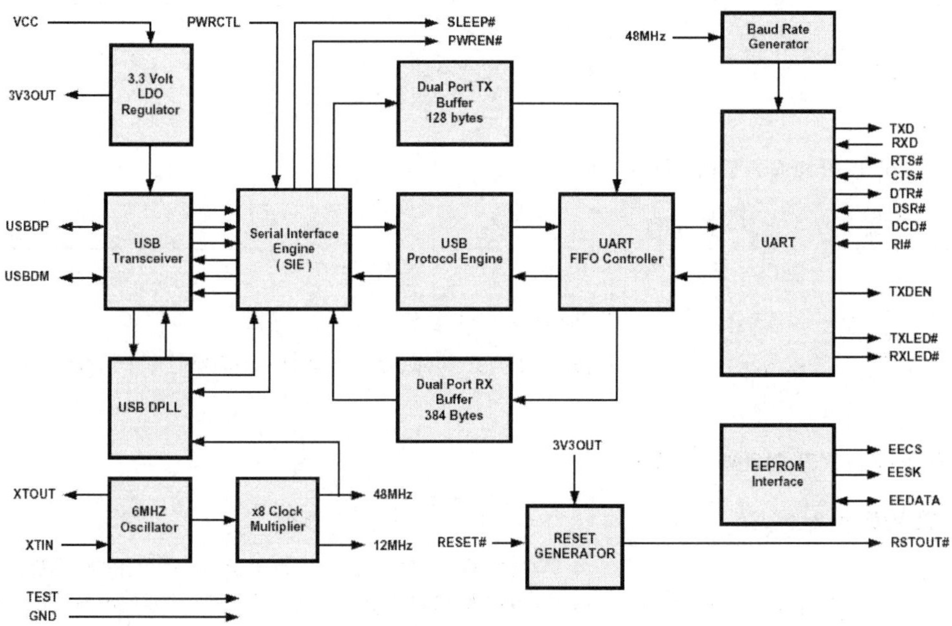

| 그림 19.3 | FT232BL의 블록도

표 19.3~표 19.8는 FT232BL 칩의 신호 핀의 기능을 그룹(group)별로 분류하여 설명한 것이다.

| 표 19.3 | UART 인터페이스 그룹

핀 번호	신호명칭	형태	설명
25	TXD	출력	비동기 방식으로 데이터를 전송하는 출력 단자
24	RXD	입력	비동기 데이터 입력(수신)
23	RTS#	출력	데이터 전송을 요구하는 컨트롤 출력 신호(핸드 쉐이크 신호)
22	CTS#	입력	데이터를 전송하기 위한 클리어(rlear)하는 컨트롤 입력 신호(핸드 쉐이크 신호)
21	DTR#	출력	데이터 터미널 준비(data terminal ready) 컨트롤 입력(핸드 쉐이크 신호)
20	DSR#	입력	데이터 셋 준비(data set ready) 컨트롤 입력(핸드 쉐이크 신호)
19	DCD#	입력	데이터 캐리어(data carrier) 검출 컨트롤 입력 신호
18	RI#	입력	링 표시기(ring indicator) 컨트롤 입력신호
16	TXDEN	출력	RS-485로 데이터를 전송하기 위한 인에이블(enable) 신호

| 표 19.4 | USB 인터페이스 그룹

핀 번호	신호명칭	형태	설명
7	USBDP	입출력	USB 데이터 +신호
8	USBDM	입출력	USB 데이터 -신호

| 표 19.5 | EEPROM 인터페이스 그룹

핀 번호	신호명칭	형태	설명
32	EECS	입출력	EEPROM 칩을 선택하는 신호
1	EESK	출력	EEPROM의 클럭 신호
2	EEDATA	입출력	EEPROM으로 데이터를 입출력할 수 있도록 직접 연결하는 단자

| 표 19.6 | 전원 인터페이스 그룹

핀 번호	신호명칭	형태	설명
10	SLEEP#	출력	이 단자는 USB로 연결된 모드 동안에는 LOW가 된다. 일반적으로 외부의 TTL에서 RS232 신호 레벨 변환기로 power-down하기 위해서 사용된다.
15	PWREN#	출력	이 단자는 USB가 연결되어 있는 동안에는 1(high)로 되고 USB를 통해서 칩이 구성(configured)된 후에는 0(low)으로 된다.
14	PWRCTL	입력	전원 단자로 연결(bus powered)하여 사용하는 경우에는 접지와 연결하고 자체 전원을 사용하는 경우에는 5V(VCCIO)로 연결한다.

| 표 19.7 | 다른 여러 가지 신호 그룹

핀 번호	신호명칭	형태	설명
4	RESET#	입력	외부 디바이스에서 FT232BL을 리셋하기 위해서 사용되며 외부에서 리셋이 필요 없을 경우에는 VCC로 연결한다.
5	RSTOUT#	출력	내부 리셋 발생기의 출력 단자이다. 이 단자는 VCC가 3.5V 이상된 후 5ms 동안 높은 임피던스 상태로 유지되며, 그때 출력은 내부 레귤레이터의 3.3V 출력을 clamp 되도록 한다. RESET# 신호를 0으로 하면 RSTOUT# 신호가 0으로 된다. RSTOUT# 신호는 USB 버스 리셋에 영향을 주지 않는다.
12	TXLED#	O.C.	USB를 통해서 데이터가 수신될 때 펄스의 1(high) 값에서 LED를 동작한다.
11	RXLED#	O.C.	USB를 통해서 데이터가 수신될 때 펄스의 0(low) 값에서 LED를 동작한다.
27	XTIN	입력	6MHz 수정발진기 입력단자이며 이 핀은 필요시 외부의 6MHz 클럭으로 동작(drive)될 수 있다.
28	XTOUT	출력	6MHz 수정발진기 출력단자이며 USB에 연결되는 동안에는 발진기가 정지된다.
31	TEST	입력	칩의 시험을 위한 단자이며 칩 사용(normal operation)시에는 접지로 묶어야 한다.

| 표 19.8 | 전원과 접지 그룹

핀 번호	신호명칭	형태	설명
6	3V3OUT	출력	3.3V 출력
3,26	VCC	전원	전원(+4.35V ~ +5.25V)
13	VCCIO	전원	전원(+3.0V ~ +5.25V)
9,17	GND	접지	접지 단자
30	AVCC	전원	아날로그 접DNJS
29	AGND	접지	아날로그 접지 단자

19.3 USB/RS-232C 구동 회로 설계

19.3.1 USB 구동 회로

USB는 ATmega128의 RxD1, TxD1 포트에 연결되고 RS-232C는 ATmega128의 RxD0, TxD0 포트에 연결된다. USB/RS-232C의 통신은 컴퓨터의 USB 단자와 RS-232C 단자에 연결하고 직접 데이터를 송수신한다. 그림 19.4는 USB 인터페이스 회로도이다.

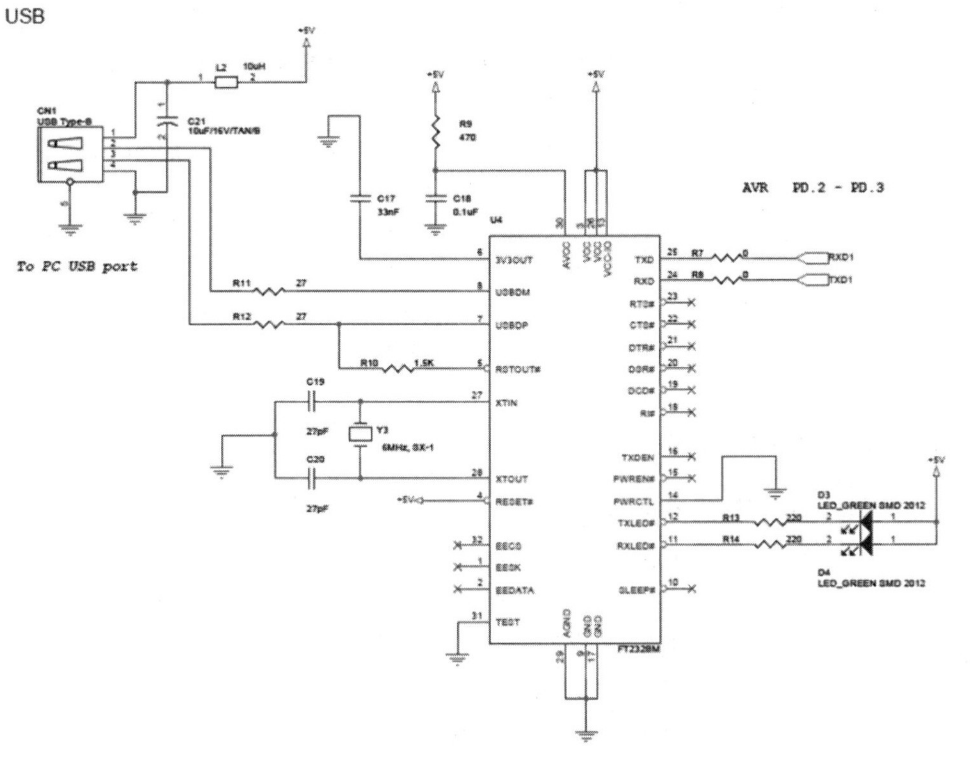

| 그림 19.4 | USB 인터페이스 회로도

19.3.2 USB/RS-232C 통신 설정

PC의 USB 포트와 타겟보드의 USB를 연결하여 통신하기 위해서는 반드시 드라이브 (FTDI-serial_converter_driver) 설치해야 한다. 드라이브는 http://www.ftdichip.com 사이트에서 찾을 수 있다. 호스트 컴퓨터에서 타겟 보드의 USB(CN1)로 통신하는 경우와 호스트 컴퓨터에서 타겟 보드의 RS-232C(J13)로 통신하는 방법은 SW2, SW25로 설정한다. 호스트 컴퓨터에서 타겟 보드의 USB(CN1)와 통신하는 과정은 다음과 같다.

① SW25를 OFF로 한다. 만약 RS-232C를 사용하는 경우에는 W25를 ON으로 한다.

② 타겟 보드의 USB(CN1) 포트와 PC의 USB 포트를 연결한다.

③ 호스트 컴퓨터와 타겟보드의 USB로 통신하기 위해서 포트를 설정해야 한다. 그림 19.5와 같이 '컴퓨터' ⇒ '속성' ⇒ '고급 시스템 설정' ⇒ '하드웨어' ⇒ 장치 관리자 '를 설정한다.

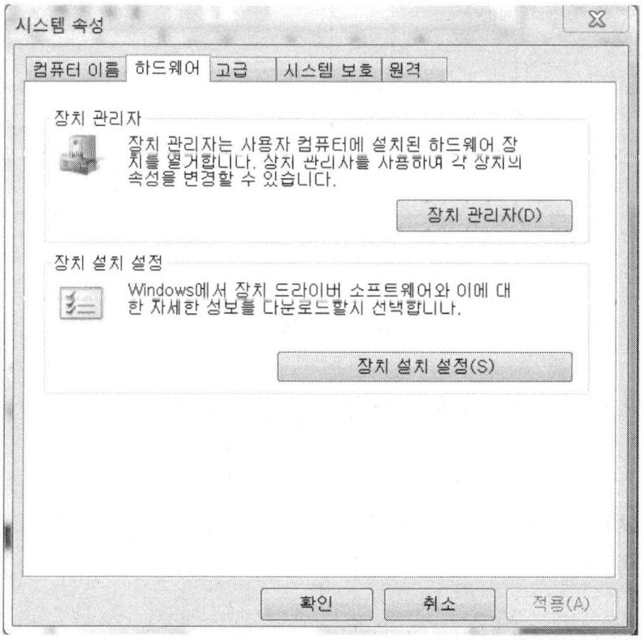

| 그림 19.5 | '시스템 속성' 화면

④ 그림 19.5와 같이 '하드웨어' ⇒ '장치관리자'에서 USB로 연결된 포트를 확인한다.

⑤ 윈도우즈7에서는 직렬통신을 위한 별도의 출력 창은 없다. 기존의 하이퍼터미널은 윈도우즈7에서 제공되지 않는다. 그래서 윈도우즈7에서 사용할 수 있는 적절한 윈도우창(예로써, 윈도우즈XP에서 사용하던 하이터 터미널 파일을 다운 받아 사용하거나 MTTY 등을 사용)을 사용한다. 이때 속도는 9,600bps로 설정한다.

⑥ 프로그램의 동작은 타겟 보드의 키패드에서 3을 입력하면 PC의 하이퍼터미널에서 3이 출력된다.

19.4 USB와 RS-232C 응용 프로그램 설계

그림 19.6은 예제 프로그램에서 사용되는 ATmega128과 USB/RS-232C의 인터페이스 구성도이다. 그림 19.6과 같이 컴퓨터의 USB 단자에서 송신되는 데이터는 FT232BM 칩에서 직렬로 변환되어 ATmega128을 통해서 수신된다. 또한 RS-232C로 통신하는 경우에는 MAX232 칩을 통해서 송수신된다.

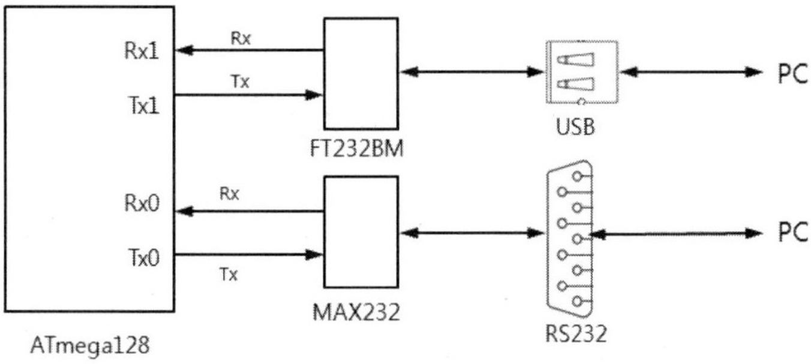

| 그림 19.6 | USB/RS-232C 인터페이스 구성

예제 : RS-232C 통신에 의한 문자열 출력 프로그램

이 예제는 호스트 컴퓨터에서 타겟보드의 J13(RS-232C) 커넥터로 통신하는 프로그램이다. 프로그램이 실행되면 컴퓨터의 윈도우 창에 문자열을 지속적으로 출력하게 된다. RS-232C 통신을 위한 윈도우 창의 설정 과정은 다음과 같다.

① 프로그램을 다운받은 다음 SW2를 모두 OFF하고 SW25를 모두 ON으로 설정한다.

② 그림 19.7은 하이퍼터미널을 실행한 후 하이퍼터미널의 '파일' ⇒ '속성(R)' ⇒ '구성'을 실행한 화면이다.

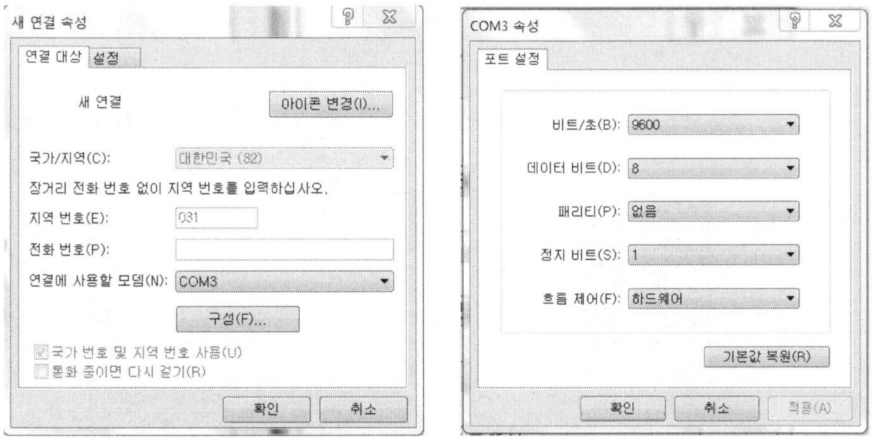

(a) '속성(R)'항목을 실행한 화면 (b) 속성(R)' ⇒ '구성'을 선택한 화면

| 그림 19.7 | 하이퍼터미널의 '파일' ⇒ '속성(R)' ⇒ '구성'을 실행한 화면

③ 프로그램의 실행결과는 윈도우 창에서 "Hello, AVR"이 출력된다. 현재 포트를 확인하는 방법은 '컴퓨터' ⇒ '속성' ⇒ '하드웨어' ⇒ '장치관리자'의 포트 항목에서 설정된 포트번호를 확인할 수 있다.

avrKit_RS232.c

```
01:    #include <avr/io.h>
02:    #include <util/delay.h>
03:    #include "SerialSet.h"
04:
05:    int main(void)
06:    {
07:        SerialOpen();
08:        while(1)
09:        {
10:            SendLine("Hello, AVR ");
11:            _delay_ms(1000);
12:        }
13:    }
```

▷ 코드 설명

03행: #include "SerialSet.h"
SerialOpen() 함수를 비롯하여 RS-232C 통신을 위한 함수들이 정의되어 있다.

07행: SerialOpen();
이 함수는 통신을 연결하는 함수이다. 본 코드에서는 9600bps로 그 속도가 결정되어 있다. 레지스터의 변경을 통하여, 14400, 56700 등의 통신 속도(baudrate)를 변경할 수 있다.

10행: SendLine("Hello, AVR ");
이 함수는 문자열을 송신하는 함수이다. 문자 배열 변수를 함수의 인자를 사용하거나 예제와 같이 직접 문자를 넣을 수 있다.

| 그림 19.8 | 실행결과

예제 : USB를 사용한 문자열 출력 프로그램

이 예제는 호스트 컴퓨터에서 타겟보드의 CN1(USB)을 커넥터로 통신하는 프로그램이다. 프로그램이 실행되면 컴퓨터의 윈도우 창에 "Hello, AVR"가 출력된다. USB로 통신하는 경우 윈도우 창과 속성을 설정하는 방법은 RS-232C 통신과 동일하다. 이때 SW2는 모두 ON, SW25는 모두 OFF한다.

avrKit_USB.c

```
01:   #include <avr/io.h>
02:   #include <util/delay.h>
03:   #include "SerialSet.h"
04:
05:   int main(void)
06:   {
07:       SerialOpen();
08:       while(1)
09:       {
10:           SendLine("Hello, AVR ");
11:           _delay_ms(1000);
12:       }
13:   }
```

▷ 코드 설명

03행: #include "SerialSet.h"
이 헤드파일에는 SerialOpen() 함수를 비롯하여 RS-232C 통신을 위한 함수들이 정의되어 있다. 본 코드에서는 함수의 활용을 중심으로 설명한다.

07행: SerialOpen();
통신을 연결하는 함수이다. 본 코드에서는 9,600bps로 그 속도가 결정되어 있다. 레지스터의 변경을 통하여, 14,400, 56,700 등의 속도를 변경할 수 있다.

10행: SendLine("Hello, AVR ");
문자열을 송신하는 함수이다. 문자 배열 변수를 함수의 인자를 사용하거나 예제와 같이 직접 문자를 넣을 수 있다.

| 그림 19.9 | 실행결과

연습문제

01. USB와 직렬 통신 방법을 설명하여라.

02. FT232BL 칩의 기능을 설명하여라.

03. FT232BL의 핀 신호를 설명하여라.

04. FT232BL의 내부 구조를 설명하여라.

05. AVR 키트의 USB 구동 회로의 동작을 설명하여라.

06. AVR 키트의 USB 구동 회로의 C 코드를 설명하여라.

제 20 장

리모컨 응용 회로 및 프로그램 설계

학습목표

1. 적외선 센서의 소자와 동작을 이해한다.
2. 적외선 센서의 핀 신호, 동작, 인터페이스 방법을 이해한다.
3. 실습용 키트에서 적외선 센서와 리모컨을 제어할 수 있는 프로그래밍 기법을 이해한다.

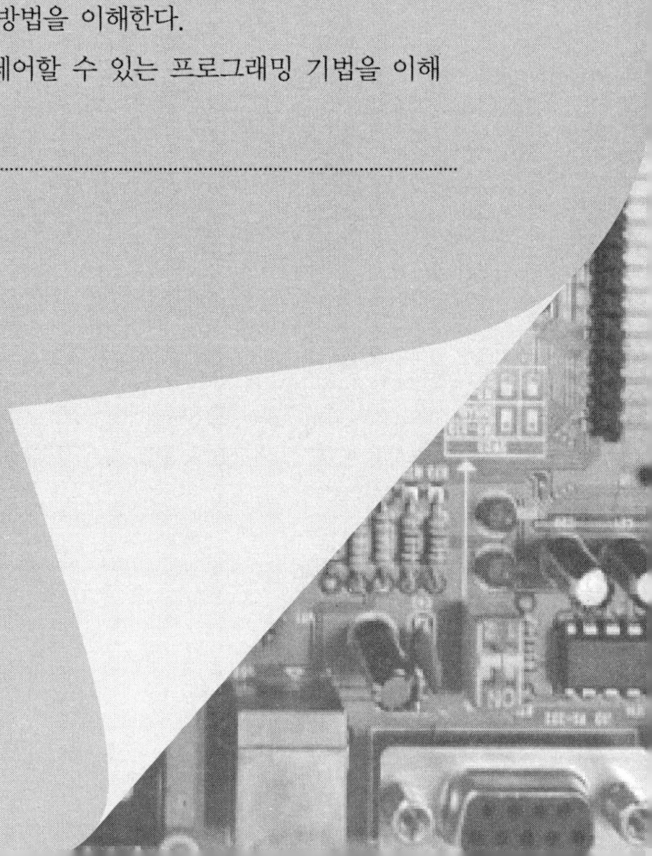

20.1 개요

적외선(IR : Infrared)은 가시광선 중에서 파장이 가장 긴 적색 영역 보다 더 큰 영역의 광선이다. 적외선(적색 다음의 비가시광선 영역이라는 의미)은 적색(750nm) 다음의 900nm의 파장을 사용한다. 적외선 통신은 900nm 영역의 적외선 LED에 5V 전압을 사용하여 펄스 신호를 30kHz~40kHz로 변조하여 송수신하는 방법이다. 적외선 통신은 빛을 사용하기 때문에 비교적 가격이 저렴하지만 직사광선이 많은 옥외에서 빛의 간섭으로 사용할 수 없으며 주로 가정이나 사무실에서 TV, 에어컨, A/V(Audio/Video) 기기 등을 원격 제어하는데 주로 사용된다. 유사한 방법의 RF(Radio Frequency) 통신은 옥외에서 무선주파수를 사용하여 자동차의 원격 시동이나 무선조종 자동차 등의 원거리의 장치를 제어하는데 사용된다.

본 장에서는 적외선 센서(ROM-N338LM)와 리모컨을 사용하여 리모컨에서 송신되는 키 값을 실습용 키트에서 읽고 이를 표시하는 프로그램을 설계한다. 적외선 응용 프로그램은 외부에서 리모컨의 버턴을 누르면 버턴에 대한 결과를 텍스트 LCD에 출력하도록 한다.

20.2 적외선 센서 구동 회로 설계

20.2.1 적외선 통신

적외선 통신에 사용되는 적외선 센서는 ROM-N338LM(레이트론 제품, 2.7~5.5V), KSM-603LM(KODENSHI 제품, 5V 사용, 18M 수신 거리)이 있으며 신호형식은 NEC, 도시바(Toshiba), 소니, 필립스 등이 있다. 이와 같이 신호형식은 리모컨의 제조사별로 다양한 형식이 있다. 또한 대표적인 송신용 칩은 TC9012가 있다.

20.2.2 리모컨 신호

❶ NEC 포맷의 코드 구조

그림 20.1은 NEC 포맷(format)의 구조이다. 그림 20.1과 같이 신호의 최초에는 리더

펄스(leader pulse가 출력된다. 리더 펄스는 리모컨의 종류에 따라 리더 펄스의 길이가 13.5msec 혹은 9msec로 출력되는 것이 있다. 이어서 2바이트는 커스텀 코드(custom code)이다. 커스텀 코드의 두 번째 바이트는 첫 번째 바이트의 반전된 값(1의 보수)이다. 이어지는 2바이트는 데이터 코드(data code)이다. 데이터 코드의 두 번째 바이트는 첫 번째 바이트의 반전된 값(1의 보수)이다.

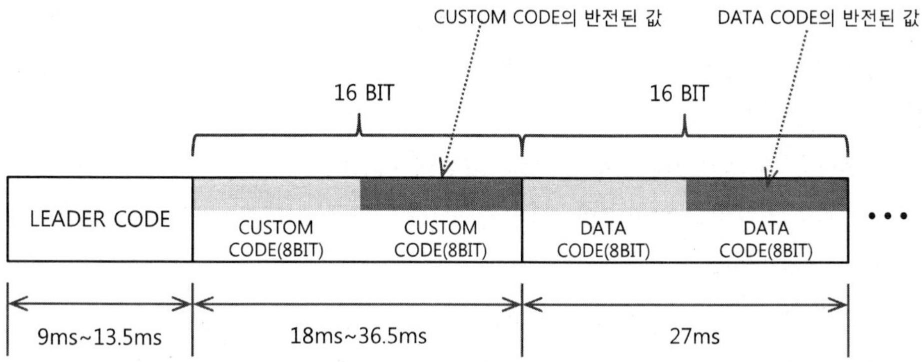

| 그림 20.1 | NEC 포맷의 코드 구조(시작 코드, 커스텀 코드, 데이터 코드)

❷ 리더 코드(leader code)

적외선 센서를 사용하는 리모컨의 종류는 매우 많으며 제조사에 따라 서로 다른 포맷을 사용한다. 그러나 대부분의 리모컨은 NEC 포맷을 사용하고 있으며 호환성을 가지고 있다. NEC 포맷은 기존의 NEC 포맷과 개선된 NEC 포맷이 있다. 그림 20.2는 2가지 종류의 NEC 포맷의 리터 코드이다. 만약 리모컨을 한번 누르고 계속해서 누르고 있으면 반복 코드(repeat code)가 출력된다. 이때 반복 코드는 리모컨의 종류에 따라 동일한 키 값을 계속 보내는 경우와 반복 키 값을 보내는 리모컨이 있다. 기존의 NEC 포맷의 반복 코드는 11.25ms(H:9ms, L:2.25ms)와 개선된 NEC 포맷의 반복 코드는 6.75ms(H:4.5ms, L:2.25ms)가 있다.

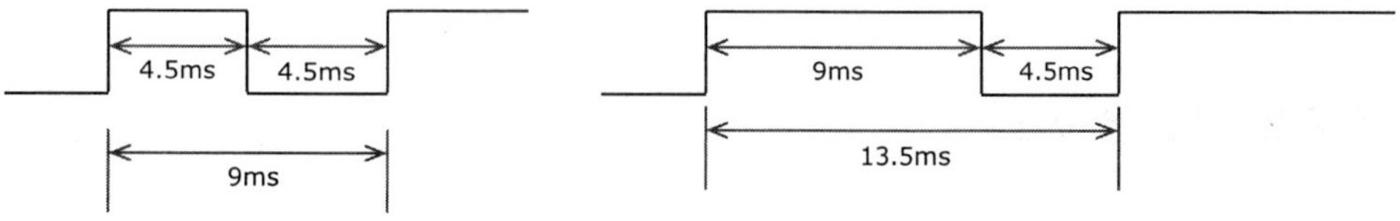

(a) (b)

| 그림 20.2 | NEC 포맷의 리더 신호(2가지)

❸ 데이터 펄스

그림 20.3은 0, 1의 데이터를 표현하는 펄스 형태이다. 0는 1.125ms이며, 1은 2.25ms이다.

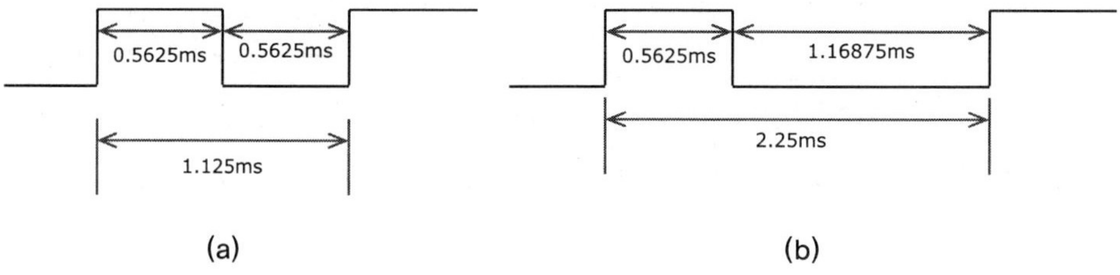

| 그림 20.3 | 0, 1 데이터의 표현((a): 0, (b): 1)

4 데이터의 송수신

리모컨에서 송신되는 데이터는 리더 코드, 커스텀 코드, 데이터 코드 순서로 전송된다. 이때 전송되는 코드는 반송파 주파수로 변조되어 전송되며 수신모듈(ROM-N338LM)에서는 대역통과 필터(32.7kHz, 36.7kHz, 40.0kHz, 56.7kHz)를 거쳐 송신된 신호의 반전된 신호를 받게 된다. 현재 사용되고 있는 여러 종류의 리모컨의 코드 표는 각각 다르기 때문에 제조사에서 제공하는 코드 표를 참조해야 한다.

20.2.3 적외선 구동 회로 설계

그림 20.4는 ATmega128과 적외선 센서(리모컨 수신부)의 인터페이스 및 텍스트 LCD의 출력이며 적외선 신호는 ATmega128의 INT2 단자로 입력되어 입력되는 펄스 값을 수신하여 눌려진 리모컨의 버턴을 인식하게 된다. 적외선 센서는 특정 주파수 대역의 적외선을 발광하는 발광 LED와 이를 수신(특정한 파장에서)하는 수광센서로 구성된다. 수광센서는 트랜지스터와 비슷한 구조를 가지지만 베이스(base)가 없고 빛을 받아들인 양에 비례하여 저항 값이 변하게 된다. 이것은 소자의 컬렉터와 에미터 사이에 흐르는 전류의 양이 변하게 된다.

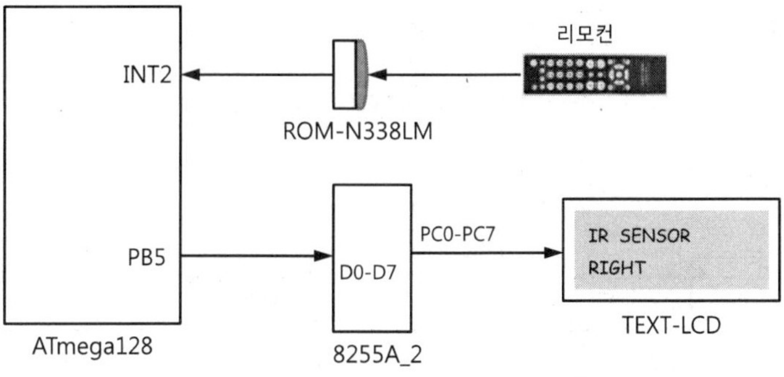

| 그림 20.4 | ATmega128과 적외선 센서(리모컨 수신부)의 인터페이스 및 텍스트 LCD의 출력

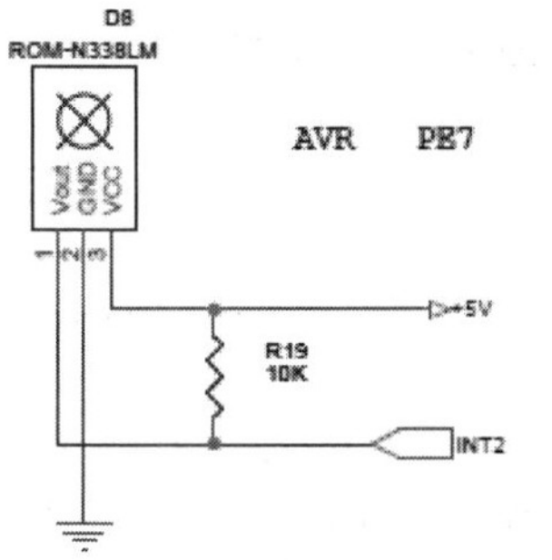

| 그림 20.5 | 적외선 센서(ROM-N338LM) 수신 회로

적외선 센서(ROM-N338LM)는 적외선 리모컨의 수신기에 사용하기 위해서 소형화된 것이다. 응용분야는 가전기기(DVD, TV, 오디오(audio), CD 플레이어 등), 가정용 기기(에어컨, 컴퓨터, 카메라 등), 무선기기의 원격제어, 적외선 무선 제어용 장난감 등에서 사용된다. 주요 특징은 다음과 같다.

- 소형의 패키지
- 2.7V~5.5V의 넓은 동작 전압
- 광학 및 전자적 간섭으로부터 안전성
- 다양한 밴드 패스 주파수(band pass frequency)

그림 20.6은 적외선 센서(ROM-N338LM)의 내부 구조이다. ROM-N338LM는 핀 포토다이오드(photodiode)와 전치증폭기(preamplifier)는 리드 프레임(lead frame)으로 조립되었다. 에폭시 패키지(epoxy package)는 IR 필터로 설계되어 있다. 또한 이 모듈은 교란되는 광 응용에서 우수한 성능을 보이며 제어되지 않는 출력 펄스에 대한 보호기능을 제공한다.

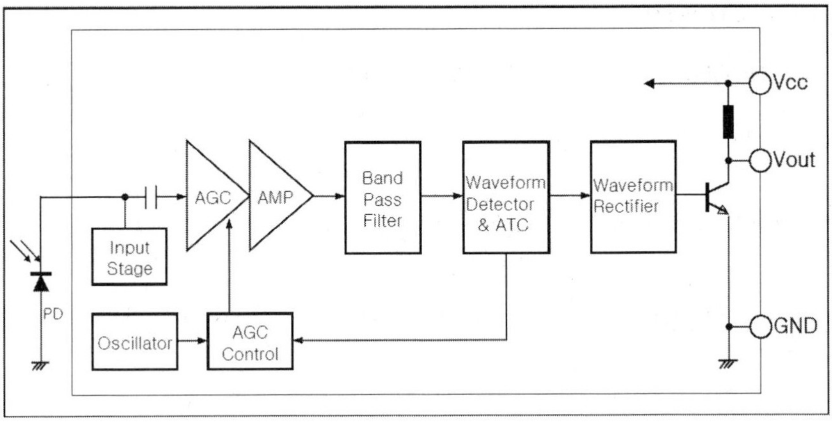

| 그림 20.6 | 적외선 센서(ROM-N338LM)의 내부 구조

20.3 리모컨 응용 프로그램 설계

이 예제에서는 리모컨의 해당 버튼을 입력하면 텍스트 LCD로 해당 버튼의 이름을 출력한다. 타이머는 100㎲로 설정하여 인터럽트가 설릴 때 마다 뷘 상태를 검사하고 조건에 맞게 수행되도록 구성하였다. 시작 코드(lead code)는 적외선 리모컨의 시작을 알리는 신호로 9ms(low) 4.5ms(high)를 출력한다.

제품 코드(custom code)와 데이터 코드(data code)의 주기는 낮은 전압 레벨(low level) 구간은 모두 약 640㎲ 정도이며, 높은 전압 레벨(high level)의 경우 데이터 비트 '1'은 약 1.68ms 정도이고, 데이터 비트 '0'은 약 480㎲ 정도이다. 이 주기 시간은 약 ±20% 정도의 변화가 있을 수 있다. 파일은 avrKit_IR_LCD.c(main부분), lcd.h, RegSet.h(외부 인터럽트 레지스터 설정을 위한 파일)로 구성된다.

예제 : 리모컨 시험 프로그램

avrKit_IR_LCD.c

```
#include <avr/io.h>
#include "82c55a.h"
#include "lcd.h"
#include "RegSet.h"

unsigned int tick, endPulse, packet, bitCount = 0;
```

```
void necSampler()
{
    if ((endPulse > 200) && (endPulse < 300))
    {
        bitCount = 0;
        packet = 0;
    }
    else if ((endPulse > 20) && (endPulse < 30))
    {
        bitCount++;
        if (bitCount > 16) { packet = packet | (0 << (bitCount - 17));
     }
    }

    else if ((endPulse > 80) && (endPulse < 90))
    {
        bitCount++;
        if (bitCount > 16) { packet = packet | (1 << (bitCount - 17));
    }
   }
}

ISR (TIMER0_COMP_vect)
{
            tick++;
}

ISR(INT7_vect)
{
            if (EICRB == 0b11000000)
            {
  tick = 0;
  EICRB = 0b10000000;
             }
             else
             {
  endPulse = tick;
  EICRB = 0b11000000;
  necSampler();
              }
}

int main(void)
{
    u5_PortInit(AO_BO_CHO_CLO);
    IR_Init();
    lcd_init();
    lcd_clear();
    sei();
    lcd_putsf(0,0,"IR Sensor Test");

    while(1)
    {
```

```
        if (packet == 0xff00)
        {
                lcd_putsf(0, 1, "POWER");
        }

        else if (packet == 0xfe01)
        {
                lcd_putsf(0, 1, "ENTER");
        }

        else if (packet == 0xfd02)
        {
                lcd_putsf(0, 1, "CANCEL");
        }

        else if (packet == 0xfc03)
        {
                lcd_putsf(0, 1, "SPEED UP");
        }

        else if (packet == 0xfa05)
        {
                lcd_putsf(0, 1, "SPEED DOWN");
        }

        else if (packet == 0xfb04)
        {
                lcd_putsf(0, 1, "UP");
        }

        else if (packet == 0xf50a)
        {
                lcd_putsf(0, 1, "DOWN");
        }

        else if (packet == 0xf906)
        {
                lcd_putsf(0, 1, "LEFT");
        }

        else if (packet == 0xf708)
        {
                lcd_putsf(0, 1, "RIGHT");
        }

        else if (packet == 0xf807)
        {
                        lcd_putsf(0, 1, "STOP");
        }

        else if (packet == 0xf30c)
        {
                        lcd_putsf(0, 1, "F1");
```

```
098:           }

099:          else if (packet == 0xf20d)
100:          {
101:                          lcd_putsf(0, 1, "F2");
102:           }

103:           else if (packet == 0xf10e)
104:          {
105:                          lcd_putsf(0, 1, "F3");
106:           }

107:          else if (packet == 0xf00f)
108:          {
109:                          lcd_putsf(0, 1 ,"F4");
110:           }

111:          else if (packet == 0xef10)
112:          {
113:                          lcd_putsf(0, 1, "F5");
114:          }

115:          else if (packet == 0xee11)
116:          {
117:                          lcd_putsf(0, 1, "F6");
118:           }
119:     }
120: }
```

▷ 코드 설명

07행: void necSampler()

이 함수는 리모컨을 통해 들어오는 전기신호를 데이터로 바꾸기 위한 함수이다. 타이머를 통하여 입력 신호의 길이를 측정하고 해당 신호가 High(5V)인지 Low(0V)인지를 판단하여 데이터화한다. 데이터화된 패킷은 packet이라는 이름의 2바이트의 변수에 저장된다.

27행: ISR (TIMER0_COMP_vect) { tick++; }

타이머 인터럽트 서비스 루틴에서는 20us(1 cycle) 간격으로 tick 변수를 증가시킨다. 해당 변수는 외부 인터럽트 발생시 활용된다.

31행: ISR(INT7_vect)

외부 인터럽트 서비스 루틴이다. 기본적으로 7번 핀이 하강 에지일 때 인터럽트가 발생하며, tick 변수를 0으로 초기화한 뒤, 상승 에지시 인터럽트 발생으로 레지스터를 변경한다. 다음 인터럽트 발생시까지 tick 변수는 증가되며 상승 에지가 발생했을 때의 tick값을 endPulse 변수에 저장하고 necSampler 함수를 호출한다.

53행~120행: while(1) ~

packet 변수에 저장되는 2바이트의 데이터를 검사하여 어떤 메시지를 LCD에 띄울 지를 결정한다. 리모컨 버튼에 따른 데이터 코드는 다음과 같다.

0xff00	0xfe01	0xfd02	0xfb04	0xf906	0xf807	0xf708	0xf50a
Power	Enter	Cancel	Up	Left	Stop	Right	Down
0xf30c	0xf20d	0xf10e	0xf00f	0xef10	0xee11	0xfc03	0xfa05
F1	F2	F3	F4	F5	F6	Speed up	Speed down

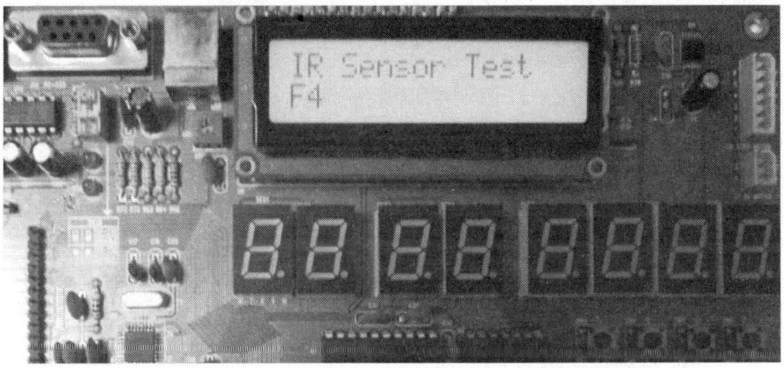

| 그림 20.7 | 실행결과(리모컨의 F4 키를 누른 상태)

그림 20.8는 리모컨의 F4 키를 누른 상태의 수신되는 신호이다. 이때 신호는 핀 9(INT2)에서 측정한 것이다. 그림 20.8과 같이 사용된 리모컨의 커스텀 코드(custom code)는 003F이며 데이터 코드는 F00F이다.

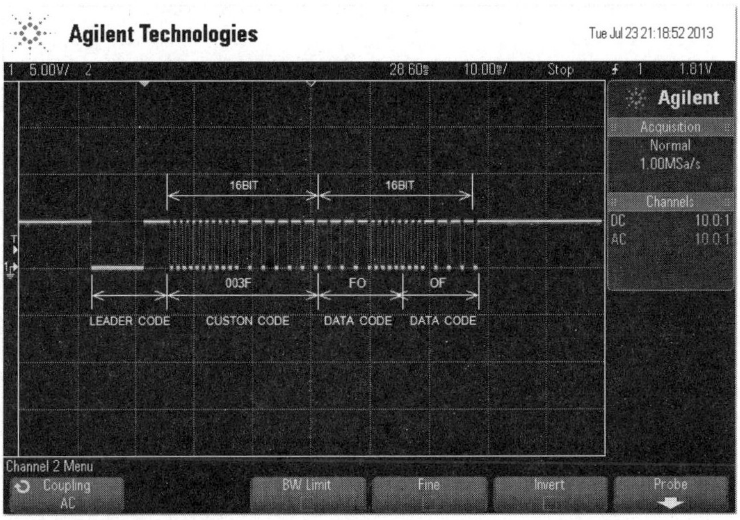

| 그림 20.8 | 리모컨의 F4 키를 누른 상태의 수신 신호(핀 9(INT2))

예제 : 리모컨을 이용한 스텝모터의 원격제어

이 예제는 리모컨으로 스텝모터를 원격으로 제어하여 제어상태를 텍스트 LCD로 출력하는 프로그램이다.

avrKit_IR_StepMotor_LCD.c

```
#include <avr/io.h>
#include "82c55a.h"
#include "lcd.h"
#include "RegSet.h"

unsigned int tick, endPulse, packet, bitCount = 0;
void necSampler()
{
    if ((endPulse > 200) && (endPulse < 300))
    {
        bitCount = 0;
        packet = 0;
    }
    else if ((endPulse > 20) && (endPulse < 30))
    {
        bitCount++;
        if (bitCount > 16) packet = packet | (0 << (bitCount - 17));
    }
    else if ((endPulse > 80) && (endPulse < 90))
    {
        bitCount++;
        if (bitCount > 16) packet = packet | (1 << (bitCount - 17));
    }
}

ISR (TIMER0_COMP_vect) { tick++; }
ISR(INT7_vect)
{
    if (EICRB == 0b11000000)
    {
        tick = 0;
        EICRB = 0b10000000;
    }
    else
    {
        endPulse = tick;
        EICRB = 0b11000000;
        necSampler();
    }
}

void StepMotorControl(byte speed)
{
```

```
    byte motorPhase_right[4] = {0x60, 0x70, 0x50, 0x40};
    byte motorPhase_left[4] = {0x50, 0x70, 0x60, 0x40};

    for (byte i=0; i<4; i++)
    {
        u5_write(PB,motorPhase_left[i]);

        for (int i=0; i<speed; i++)
        {
            _delay_ms(10);
        }
    }
}

int main(void)
{
    u5_PortInit(AO_BO_CHO_CLO);
    IR_Init();
    lcd_init();
    lcd_clear();
    sei();
    lcd_putsf(0,0,"Remote StepMotor");
    byte Speed = 20;
    char temp[10];

    while(1)
    {
        if (packet == 0xff00)
        {
            lcd_putsf(0,1,"STOP        ");
            Speed = 0;
        }
        else if (packet == 0xfc03)
        {
            lcd_putsf(0,1,"SPEED UP    ");
            if (Speed > 0)
            {
                Speed--;
            }
            _delay_ms(500);
        }
        else if (packet == 0xfa05)
        {
            lcd_putsf(0,1,"SPEED DOWN ");
            if (Speed < 255)
            {
                Speed++;
            }
            _delay_ms(500);
        }
        StepMotorControl(Speed);
    }
}
```

▷ 코드 설명

71행~94행: if (packet == 0xff00) ~

리모컨에서 필요한 패킷을 3개로 제한하였다. 모터의 정회전 신호, 역회전 신호, 정지 신호이다. 기본 구동 소스는 avrKit_IR_LCD.c와 동일하다. 스텝모터는 기본적으로 94행의 StepMotorControl(Speed) 함수에 의해서 회전한다. 리모컨의 감소(▼) 키를 누르면 속도가 감소하고 증가(▲) 키를 누르면 속도가 증가하고 전원 키를 누르면 모터가 정지한다.

그림 20.9는 스텝모터의 속도를 증가시키기 위해서 증가키를 누른 상태의 텍스트 LCD의 출력과 모터가 회전하는 것을 보인 것이다.

| 그림 20.9 | 실행결과

연습문제

01. 적외선이란 무엇인가?

02. 적외선 센서를 응용하는 분야는 어떤 것이 있는가?

03. AVR 키트의 적외선 센서 구동 회로의 동작을 설명하여라.

04. AVR 키트의 적외선 센서 회로의 C 코드를 설명하여라.

05. 그림 20.1 그림 20.2, 그림 20.3을 설명하여라.

제 21 장

RTC 응용 회로 및 프로그램 설계

학습목표

1. RTC의 핀 신호, 동작, 인터페이스 방법을 이해한다.
2. 실습용 키트에서 RTC의 회로 구조와 인터페이스 방법을 이해하고 프로그래밍 방법을 이해한다.

21.1 개요

본 장에서는 AVR 실습용 키트에서 실시간으로 시간 데이터를 제공할 수 있는 RTC(Real Time Clock) 회로를 설계한다. 설계하는 RTC 회로와 프로그램은 DS1302를 사용하여 텍스트 LCD에 실시간으로 년, 월, 일, 시간, 분, 초를 출력하도록 설계한다. 또한 설계되는 RTC 프로그램은 날짜 정보를 설정할 수 있도록 한다.

21.2 DS1302를 사용한 RTC 인터페이스 회로

21.2.1 DS1302의 특징

설계하는 RTC 프로그램은 DS1302 칩을 사용하고 텍스트 LCD에서 날짜정보를 출력하도록 한다. DS1302의 주요 특징은 다음과 같다.

- 윤년(leap year)을 보상하고 실시간으로 시간(시,분,초)과 달력(년, 월, 일, 요일, 시간, 분, 초)을 표시할 수 있다.
- 시간 표시는 AM/PM 을 표시하는 12시간 방식과 24시간 방식을 제공한다.
- 달력 표시는 2100년 까지의 윤년 보상과 31일 보다 적은 달을 자동으로 맞춰준다.
- 직렬 입출력으로 3핀(CE, I/O, SCLK)만 사용한다.
- 31바이트(31×8비트)의 데이터 저장 램이 있다.

  2.0V~5.5V 전체 범위에서 동작된다.

  2.0V에서 300nA 이하의 전류를 사용한다.

21.2.2 DS1302의 핀 신호

그림 21.1은 DS1302 칩의 신호 핀 구성이며 표 21.1은 DS1302의 핀 신호 명칭과 설명이다.

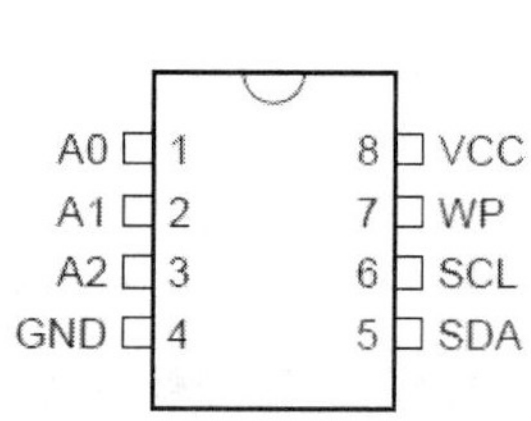

| 그림 21.1 | DS1302 칩의 핀 신호

| 표 21.1 | DS1302의 핀 신호

신호명	핀 번호	설명
SCLK	7	• SCLK(Serial Clock Input)는 직렬클럭 신호 입력단자 • 클럭 신호이며 직렬로 데이터를 송수신할 경우 이 신호(SCLK)에 동기시켜 데이터를 송수신한다. • 내부에 40KΩ 의 풀다운 저항이 연결되어 있다.
X1, X2	2, 3	• X1, X2 핀은 32.768kHz 수정발진자(크리스탈)에 연결되어 클럭을 공급한다. • 만약 32.768kHz 수정발진기(오실레이터)를 사용하는 경우에는 X1 만 연결하고 X2는 사용하지 않는다.
I/O	6	• 데이터 입출력 • 양방향 데이터 핀이다. 내부에 40KΩ 의 풀다운 저항에 연결되어 있다
CE	5	• CE(chip enable) 입력 핀이다. • 이 신호는 칩 선택을 하여 칩의 기능을 읽거나 쓸 수 있도록 하며 1(High) 상태에서 동작된다. • 내부에 40KΩ 의 풀다운 저항에 연결되어 있다.
Vcc2	1	• 주 전원 핀이다.(DS1302는 2중 전원으로 구성되어 있다.) • Vcc1은 백업 전원에 연결되고, Vcc2는 Vcc1 + 0.2 V 보다 크면 Vcc2가 전원을 공급하게 된다. • 만약 Vcc2가 Vcc1 보다 작으면 Vcc1이 전원을 공급한다. • Vcc1, Vcc2는 모두 2.0V~5.5V에서 동작된다.
Vcc1	8	• 2차 전원 핀으로 재충전 전원을 연결하여 사용할 경우에 사용된다.
GND	4	• 접지

21.2.3 DS1302의 번지와 명령어 동작

❶ DS1302 명령어 구조

그림 21.2는 번지/명령(address/command) 바이트이며 명령 바이트는 데이터 전달을 초기화 한다. RTC 회로는 ATmega128의 PB0, PB1, PB2에 직접 인터페이스 되었다.

7	6	5	4	3	2	1	0
1	RAM / $\overline{CK}$	A4	A3	A2	A1	A0	RD / $\overline{W}$

| 그림 21.2 | 번지/명령 바이트의 구조

② 레지스터 번지 및 명령어 정의

표 21.2는 클럭/달력, 클럭 버스트, 램 버스트의 레지스터 형식이다. 시간과 달력 레지스터의 내용은 BCD(Binary Coded Decimal) 형식으로 사용된다. 클럭/달력 형식에서 시간과 달력 정보는 해당되는 각각의 레지스터를 읽고 쓸 수 있다. 표 21.2는 레지스터에 사용되는 시간, 요일을 설정하고 사용하는 방법이다.

- 초(SEC) 레지스터(81H, 80H)의 CH비트는 클럭 정지 플래그(clock halt flag)이다. 이 비트가 '1' 이면 수정발진기는 정지되고 DS1302는 소비 전류를 100nA로 유지하면서 저전력 대기 모드로 전환된다. 만약 이 비트가 '0'이면 클럭이 동작된다. 초, 분 레지스터는 비트6~비트4 까지는 10단위가 되고 비트3~비트0 까지는 한 단위의 값이 된다.
- 시간(HR) 레지스터(85H, 84H)의 비트7은 12시 또는 24시 모드로 설정하고 사용할 수 있다. 사용형식에서 시간(HR) 만약 비트7이 1이면 12시 모드가 된다. 이 때 비트 5는 AM/PM 비트이고 비트 5가 1이면 PM 모드이다. 24시 형식에서 비트 5는 10단위 시간 비트(20~23시)가 된다. 만약 12/24시간 비트를 변경할 경우에는 시간 설정을 다시 해야 한다.
- 일(DATE) 레지스터(87H, 86H)는 1~28, 0~29, 1~30, 1~31이 범위가 된다. 이것은 윤년을 표시하기 위한 것이다. 요일(DAY)의 형식은 사용자가 임의로 설정할 수 있지만 사용되는 형식은 순차적으로 시작하도록 설정해야 한다. 예로써 1은 일요일, 2는 월요일 등의 형식으로 해야 한다.
- 컨트롤 레지스터(8FH, 8EH)의 WP(Write-Protect)는 쓰기 보호 비트이다. 나머지 7개 하위 비트는 모두 0으로 설정되어 있다. 시간 또는 RAM에 쓰기 동작을 하기 전에 이 비트는 반드시 0이 되어야 한다. 만약 이 비트가 1이면 쓸 수 없게 된다.
- 세류충전(trickle charge) 레지스터(91H, 90H)는 2차 전원을 충전하는데 사용하는 레지스터이다. 세류충전 관련 레지스터는 DS(Diode Select)와 RS(Register Select)이다.
- 시간/달력 명령 바이트(CLOCK/BURST) 레지스터의 RAM은 C1H,C0H~FDH,FCH까지 사용된다. RAM 번지 공간에 31바이트의 정적(static) RAM이 연속적으로 할당되어 데이터를 저장할 수 있다.
- RAM 버스트(RAM Burst) 레지스터(FFH, FEH)는 RAM 명령 바이트를 버스트 모드로 지정한다. 이 모드에서 RAM 레지스터는 0번지 0비트부터 연속해서 읽고 쓰게 된다.

| 표 21.1 | RTC, 클럭 버스트, RAM 버스트의 레지스터 형식

<table>
<tr><td colspan="11">CLOCK/CALENDAR</td></tr>
<tr><td>READ</td><td>WRITE</td><td>BIT7</td><td>BIT6</td><td>BIT5</td><td>BIT4</td><td>BIT3</td><td>BIT2</td><td>BIT1</td><td>BIT0</td><td>범위</td></tr>
<tr><td>81H</td><td>80H</td><td>CH</td><td colspan="3">10 SEC</td><td colspan="4">SEC</td><td>00~59</td></tr>
<tr><td>83H</td><td>82H</td><td></td><td colspan="3">10 MIN</td><td colspan="4">MIN</td><td>00~59</td></tr>
<tr><td>85H</td><td>84H</td><td>12/$\overline{24}$</td><td>0</td><td>10
$\overline{AM}$/PM</td><td>HR</td><td colspan="4">HR</td><td>01~12/00~23</td></tr>
<tr><td>87H</td><td>86H</td><td>0</td><td>0</td><td colspan="2">10 DATE</td><td colspan="4">DATE</td><td>01~31</td></tr>
<tr><td>89H</td><td>88H</td><td>0</td><td>0</td><td>0</td><td>10 MONTH</td><td colspan="4">MONTH</td><td>01~12</td></tr>
<tr><td>8BH</td><td>8AH</td><td>0</td><td>0</td><td>0</td><td>0</td><td>0</td><td colspan="3">DAY</td><td>1~7</td></tr>
<tr><td>8DH</td><td>8CH</td><td colspan="4">10 YEAR</td><td colspan="4">YEAR</td><td>00~99</td></tr>
<tr><td>8FH</td><td>8EH</td><td>WP</td><td>0</td><td>0</td><td>0</td><td>0</td><td>0</td><td>0</td><td>0</td><td>–</td></tr>
<tr><td>91H</td><td>90H</td><td>TCS</td><td>TCS</td><td>TCS</td><td>DS</td><td>DS</td><td>DS</td><td>RS</td><td>RS</td><td>–</td></tr>
<tr><td colspan="11">CLOCK 버스트</td></tr>
<tr><td>BFH</td><td>BEH</td><td colspan="9"></td></tr>
<tr><td colspan="11">RAM</td></tr>
<tr><td>C1H</td><td>C0H</td><td colspan="8"></td><td>00~FFH</td></tr>
<tr><td>C3H</td><td>C2H</td><td colspan="8"></td><td>00~FFH</td></tr>
<tr><td>C5H</td><td>C4H</td><td colspan="8"></td><td>00~FFH</td></tr>
<tr><td colspan="11">…</td></tr>
<tr><td>FDH</td><td>FCH</td><td colspan="8"></td><td>00~FFH</td></tr>
<tr><td colspan="11">RAM 버스트</td></tr>
<tr><td>FFH</td><td>FEH</td><td colspan="9"></td></tr>
</table>

③ 읽기/쓰기 동작

그림 21.3은 1바이트를 읽는 동작 과정이며, 그림 21.4는 1바이트를 쓰는 동작 과정이다. 그림 21.3의 읽기 과정은 명령 바이트의 8개 SCLK 클럭 후에 데이터 바이트는 다음 8개의 SCLK 클럭의 하강 에지에서 출력된다. 추가적인 SCLK 클럭은 CE가 High인 상태에서 데이터 바이트를 재전송한다. 이것은 읽기 모드에서 연속적인 버스트(burst) 모드로 동작할 수 있다. 이때 데이터는 비트 0부터 출력된다. 버스트 모드(burst mode)는 번지 31(10진수)에 의해서 시간/달력 또는 RAM을 지정한다. (31번지에 보내는 명령 바이트의 비트1~비트5를 논리 1로 만든다.). 버스트 모드로 들어가기 전에 명령 바이트의 비트 6으로 시간 또는 RAM을 선택하고 비트 0으로 읽기 또는 쓰기를 선택한다. 버스트 모드에서 읽기 또는 쓰기는 번지0, 비트0부터 시작한다.

그림 21.4의 쓰기 과정은 명령 바이트의 8개의 SCLK 클럭 후에 데이터 바이트는 다

음 8개 SCLK 클럭의 상승 에지에서 입력된다. 추가적인 SCLK 사이클은 무시된다. 이때 데이터의 입력은 비트0 부터 시작된다.

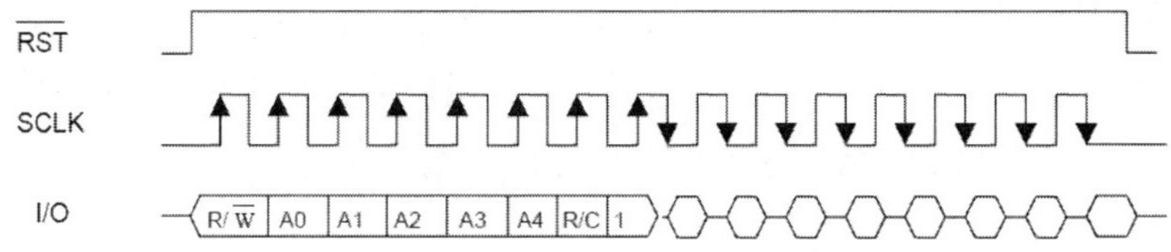

| 그림 21.3 | 1바이트를 읽는 동작 과정

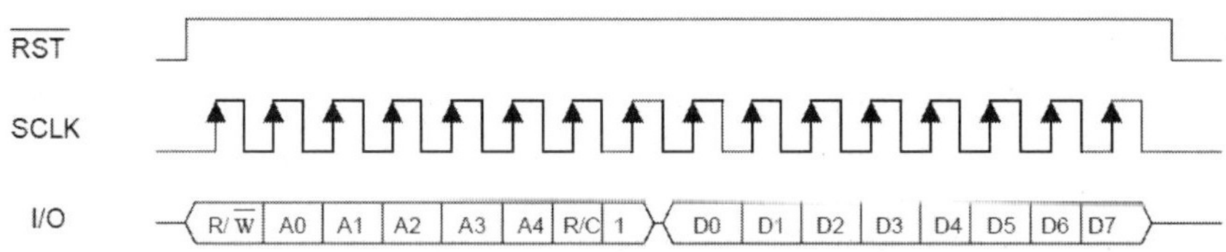

| 그림 21.4 | 1바이트를 쓰는 동작 과정

21.2.4 DS1302를 사용한 RTC 인터페이스 회로 설계

그림 21.5는 DS1302를 사용하여 RTC를 구현한 회로이다. 그림 21.5와 같이 클럭은 외부에서 32.760kHz를 DS1302의 X1, X2 단자로 공급하고 I/O(DS1302의 핌 6) 단자는 AT128의 PB0 단자와 직접 연결한다.

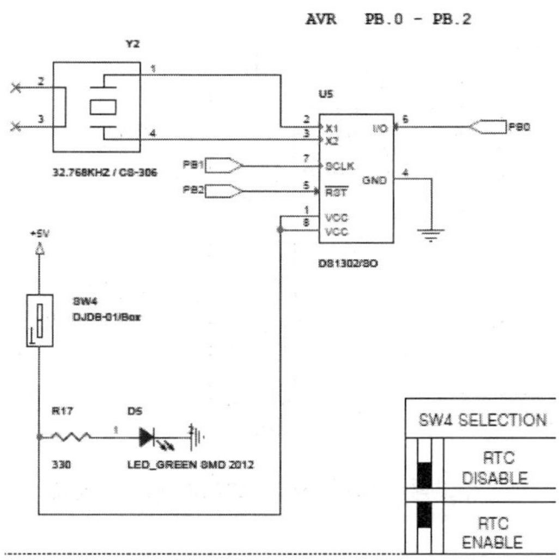

| 그림 21.5 | RTC 구동 회로

21.3 RTC 프로그램 설계

이 예제에서는 DS1302의 초기 값(년, 월, 일, 요일, 시, 분, 초)이 텍스트 LCD로 출력하는 예제이다. DS1302를 사용할 경우 **다음의 주의사항을 꼭 숙지하여 사용한다.(사용자의 부주의로 인한 DS1302의 발열로 고장의 원인이 됨)**

1. RTC관련 스위치(SW24)가 OFF 상태인 경우 : 파일을 다운로드한 다음 전원스위치(SW23)를 OFF한다. RTC관련 스위치(SW24)를 ON한 상태에서 전원스위치(SW23)를 ON한다.
2. RTC관련 스위치(SW24)가 ON 상태인 경우 : 파일을 다운로드한 다음 리셋버튼을 누르면 된다.
3. 프로그램 구동 중에는 절대 RTC 관련 스위치(SW24)를 ON/OFF하면 심각한 문제를 일으킬 수 있기 때문에 사용하지 않는다. 파일은 avrKit_RTC_LCD.c(main부분), 82c55.h, lcd.h로 구성된다.

그림 21.6은 ATmega128과의 인터페이스이다. ATmega128과 DS1302 RTC 칩은 I/O, SCLK, RST 신호로 인터페이스 되고 결과 값을 텍스트 LCD로 출력된다.

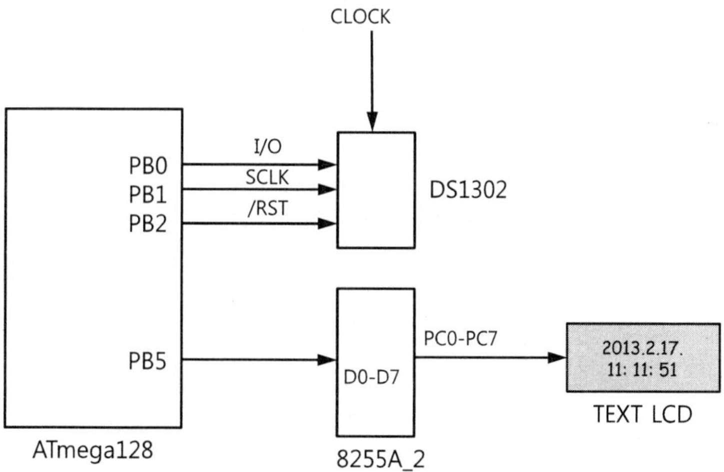

| 그림 21.6 | RTC 인터페이스 구성도

예제 : RTC 프로그램

rtc.c

```
#include <avr/io.h>
#include "82c55a.h"
#include "lcd.h"

#define  OUT_H        PORTB = PORTB |  BIT0
#define  OUT_L        PORTB = PORTB & ~BIT0
#define  SCK_H        PORTB = PORTB |  BIT1
#define  SCK_L        PORTB = PORTB & ~BIT1
#define  RST_H        PORTB = PORTB |  BIT2
#define  RST_L        PORTB = PORTB & ~BIT2

byte Year,Month,Date,Day,Hr,Min,Sec;
byte Key_data[8];

byte READ(byte ADDRESS)
{
    byte buff1,i,tem;
    RST_H;
    for(i=0;i<8;i++)
    {
        SCK_L;
        if(ADDRESS & 0X01) OUT_H;
        else OUT_L;
        _delay_us(10);
        SCK_H;
        _delay_us(10);
        ADDRESS >>= 1;
   }
    DDRB  = 0xFE;
    asm volatile("NOP");
    asm volatile("NOP");
    asm volatile("NOP");
    OUT_L;

    _delay_us(900);
    buff1 = 0X00;
    for(i=0;i<8;i++)
    {
        SCK_L;
        buff1 >>= 1;
        asm volatile("NOP");
        asm volatile("NOP");
        tem = PINB;
        Key_data[i] = tem & 0x01;
        SCK_H;
        asm volatile("NOP");
```

```
            asm volatile("NOP");
    }
    SCK_L;
    RST_L;
    DDRB  = 0xFF;
    buff1 |= Key_data[0];
    for(i=1;i<8;i++)
    {
        buff1 |= (Key_data[i] << i);
    }
    OUT_H;
    return(buff1);
}

void READ_CAL(void)
{
    Date = READ(0X87);
    _delay_ms(5);
    Date &= 0X3F;
    Month = READ(0X89);
    _delay_ms(5);
    Month &= 0X1F;
    Day = READ(0X8B);
    _delay_ms(5);
    Day &= 0X07;
    Year = READ(0X8D);
}

void READ_CLOCK(void)
{
    Sec = READ(0X81);
    Sec &= 0X7F;
    Min = READ(0X83);
    Min &= 0X7F;
    Hr = READ(0X85);
    Hr &= 0X3F;
}

void WRITE(byte ADDRESS, byte DATA)
{
    byte i;
    RST_H;
    for(i=0;i<8;i++)
    {
        SCK_L;
        if(ADDRESS & 0X01) OUT_H;
        else OUT_L;
        _delay_us(10);
        SCK_H;
        _delay_us(10);
        ADDRESS >>= 1;
    }
    _delay_ms(1);
```

```

    for(i=0;i<8;i++)
    {
        SCK_L;
        if(DATA & 0X01) OUT_H;
        else OUT_L;
        _delay_us(10);
        SCK_H;
        _delay_us(10);
        DATA >>= 1;
    }
    SCK_L;
    RST_L;
}

void WRITE_CLOCK(void)
{
    WRITE(0X80 , Sec);
    _delay_ms(5);
    WRITE(0X82 , Min);
    _delay_ms(5);
    WRITE(0X84 , Hr);
    _delay_ms(5);
    WRITE(0X86 , Date);
    _delay_ms(5);
    WRITE(0X88 , Month);
    _delay_ms(5);
    WRITE(0X8A , Day);
    _delay_ms(5);
    WRITE(0X8C , Year);
}

void DISP_CAL(void)
{
    char temp[10];
    itoa(Year,temp,16);
    lcd_putsf(0,0,"20");
    lcd_putsf(2,0,temp);
    lcd_putsf(4,0,".");

    itoa(Month,temp,16);
    lcd_putsf(5,0,temp);
    lcd_putsf(6,0,".");

    itoa(Date,temp,16);
    lcd_putsf(7,0,temp);
    lcd_putsf(9,0,".");

    itoa(Hr,temp,16);
    lcd_putsf(0,1,temp);
    lcd_putsf(2,1,":");

    itoa(Min,temp,16);
```

```
    lcd_putsf(3,1,temp);
    lcd_putsf(5,1,":");

    itoa(Sec,temp,16);
    lcd_putsf(6,1,temp);

    if (Sec == 0x00) lcd_clear();
}

int main(void)
{
    DDRB = 0xff;
    _delay_ms(20);
    u5_PortInit(AO_BO_CHO_CLO);
    _delay_ms(20);
    lcd_init();
    lcd_clear();
    _delay_ms(20);
    RST_L;
    SCK_L;
    OUT_H;

    WRITE(0X8E,0);
    WRITE(0X80,0);
    Year = 0x13;    // 초기 값 설정 : 년
    Month = 0x2;    // 초기 값 설정 : 원
    Date = 0x17;    // 초기 값 설정 : 일
    Hr = 0x11;      // 초기 값 설정 : 시간
    Min = 0x10;     // 초기 값 설정 : 분
    Sec = 0x55;     // 초기 값 설정 : 초

    WRITE_CLOCK();
    _delay_ms(10);
    WRITE_CLOCK();
    _delay_ms(10);
    READ_CAL();
    _delay_ms(10);
    READ_CAL();
    _delay_ms(10);

    while(1)
    {
        READ_CLOCK();
        DISP_CAL();
    }
}
```

▷ 코드 설명

015행: byte READ(byte ADDRESS)
RTC 모듈 DS1302로부터 데이터를 읽어오기 위한 함수이다. 함수의 인자로 Uint_8형의 변수를 입력받는데, RTC가 갖고 있는 데이터 중 시, 분, 초 등 필요한 정보만을 가져오기 위해서 사용한다. ADDRESS는 최하위 비트부터 최상위 비트 순으로 보내며 데이터 값은 역순으로 저장하여 리턴된다.

075행: void READ_CLOCK(void)
년, 월, 일, 요일 등의 날짜 정보를 읽어오는 함수와 시, 분, 초 등 시간 정보를 읽어오는 함수들이다. 각각 Year, Month, Date, Day 변수와 Hr, Min, Sec 변수에 값이 저장된다.

115행: void WRITE_CLOCK(void)
RTC에 년, 월, 요일, 시, 분, 초 등에 대한 값을 쓰기 위한 함수이다. 처음 구동할 때, 초기화 용도로도 이용할 수 있다.

132행: void DISP_CAL(void)
날짜와 시간 정보를 10진수로 변환한 뒤, STRING_OUT 함수를 통해 텍스트 LCD에 출력한다. 단, Day 변수의 경우 요일 정보이므로, switch문을 이용하여 각 요일에 해당하는 문자를 출력한다.

| 그림 21.7 | RTC 프로그램의 실행결과

연습문제

01. RTC 회로는 무엇이며 어떤 목적으로 사용하는가?

02. AVR 키트의 RTC 회로의 동작을 설명하여라.

03. DS1302의 주요 특징을 설명하여라.

04. DS1302의 읽기/쓰기 타이밍도를 설명하여라.

05. DS1302 명령어 구조를 설명하여라.

06. AVR 키트 RTC 구동 프로그램에서 다음의 코드를 설명하여라.

```
#define  OUT_H          PORTB = PORTB |  BIT0
#define  OUT_L          PORTB = PORTB & ~BIT0
#define  SCK_H          PORTB = PORTB |  BIT1
#define  SCK_L          PORTB = PORTB & ~BIT1
#define  RST_H          PORTB = PORTB |  BIT2
#define  RST_L          PORTB = PORTB & ~BIT2
```

제22장

부저 응용 회로 및 프로그램 설계

학습목표

1. 부저 회로의 기능, 종류, 구조, 동작 및 제어 방법을 이해한다.
2. 실습용 키트에서 부저 회로의 인터페이스 방법을 이해한다.
3. 부저 회로를 설계하고 프로그래밍 방법을 이해한다.

22.1 개요

본 장에서는 AVR 실습용 키트에서 부저 회로(buzzer circuit)의 동작을 이해하고 프로그래밍 하여 결과 값을 출력한다. 부저는 내부에 발진회로를 가지고 있어 전원만 인가하면 소리가 발생되는 부품이다. 부저는 간단하게 제어가 가능하며 경보용으로 사용되는 부품이다.

22.2 부저 구동 회로

그림 22.1은 실습용 키트에서 사용한 KPX-1205A 부저의 외부 구조이다. 실습용 키트에 사용된 부저(KPX-1205A)의 사양은 표 22.1과 같다.

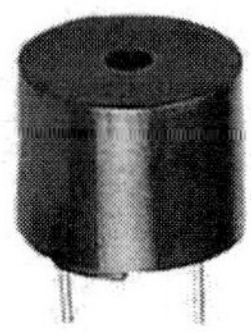

| 그림 22.1 | 실습용 키트에 사용된 부저(KPX-1205A)의 외형

| 표 22.1 | 부저(KPX-1205A)의 사양

항목	사양
정격 전압	5V(DC)
동작 전압	4~8VDC
최대 정격 전류	30mA/5V(DC)
최소 음압 레벨	85dB/10cm
공진 주파수	2300±300Hz
응답시간	50ms
케이스 재질	PBT
Store Temperature	−30° ~ +180°C
Weight	2g

그림 22.2는 부저 회로이다. 부저 구동 회로는 ATmega128의 포트 PB7에 연결하여 출력 값에 따라 소리가 발생된다.

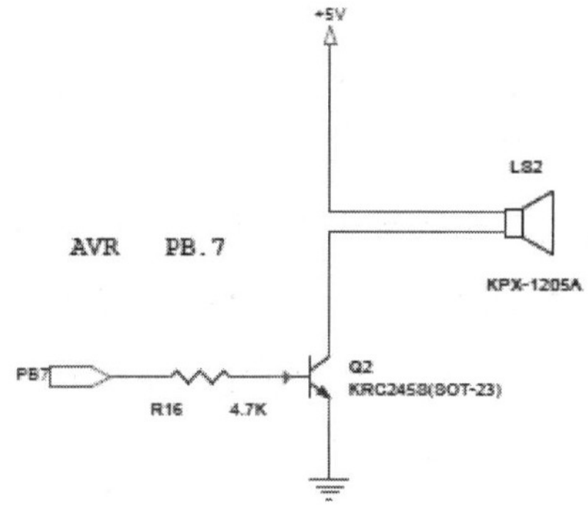

| 그림 22.2 | 부저 회로

22.3 부저 응용 프로그램 설계

부저 응용 프로그램은 ATmega128의 I/O를 제어하여 부저를 ON/OFF 하여 소리를 발생한다. 피조 스피커(piezo speaker)는 전극에 들어가는 H(High) 신호를 PWM으로 입력하면 주파수에 따라 음의 높낮이가 다르게 출력된다. 반면, 부저는 신호가 들어갈 때 단음만 낼 수 있다. 실습용 키트에서에서는 ATmega128 포트G의 3번 핀에 부저가 직접 연결되어 있다. 따라서 82C55를 통하지 않고 바로 포트 제어를 통해 소리를 낼 수 있다.

예제 : 1초 마다 부저가 ON/OFF하는 프로그램

프로그램의 동작은 1초 마다 부저가 ON/OFF 되도록 설계 되었다. 그림 22.3은 ATmega128과 부저 회로의 인터페이스 구성도이다.

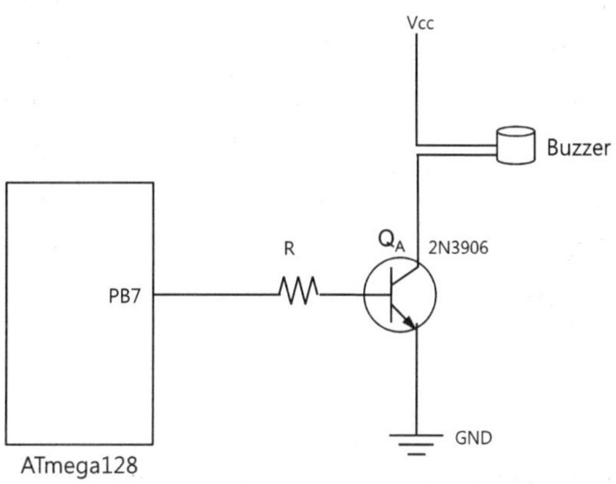

| 그림 22.3 | 부저 구동 회로 인터페이스 구성도

buzzer.c

```
01:   #include <avr/io.h>
02:   #include <util/delay.h>
03:
04:   #define BUZZER PORTG.3          // AVR PORTG3핀 정의
05:
06:   void main(void)
07:   {
08:       DDRG = 0x1f;                // AVR PORTG I/O 설정.
09:       PORTG = 0x00;               // AVR PORTG 초기값 핀상태 L로 설정.
10:
11:       while(1){
12:               PORTG = 0X08;       // BUZZER 신호 Enable.
13:               delay_ms(1000);
14:               PORTG = 0X00;       // BUZZER 신호 Disable.
15:               delay_ms(1000);
16:       };
17:   }
```

▷ 코드 설명

12행: PORTG = 0X08;

부저신호를 인에이블 한다.

14행: PORTG = 0X00;

부저신호를 디스에이블 한다.

예제 : 1초 마다 부저가 ON/OFF하는 프로그램(어셈블러로 설계)

이 예제는 어셈블러의 설계 기법을 이해하기 위한 목적으로 C-코드(위 예제와 동일한 기능)로 설계된 프로그램을 어셈블리어로 작성한 것이다. C-코드와 비교해서 어셈블러의 동작을 이해하도록 한다.

▷ buzzer.asm

```
.include "m128def.inc"
#define F_MCU 7372800UL
.device ATmeg128

.cseg
    .org 0x0000
    ldi r17,high(RAMEND)
    ldi r16,low(RAMEND)
    out sph, r17
    out spl, r16

```

```
        ldi r16,0xff
        sts DDRG, r16
loop:
        ldi r16,0xff
        sts PORTG, r16
        call d500ms
        ldi r16,0x00
        sts PORTG,r16
        call d500ms
        jmp loop
d500ms:
        rcall d100ms
        rcall d200ms
        rcall d200ms
        ret
d100ms:
        ldi r18,100
        rjmp base1ms
d200ms:
        ldi r18,200
base1ms:
        rcall d200us
        rcall d200us
        rcall d200us
        rcall d200us
        rcall d200us
        dec r18
        brne base1ms
        ret
d200us:
        ldi r19,200
base1us:
        nop
        push r19
        pop r19
        dec r19
        brne base1us
        ret
```

▷ 코드 설명

위의 C 코드와 동일한 작동을 하는 어셈블리어의 프로그램 코드이다.

01행: .include "m128def.inc"
C 코드에서 avr/io.h처럼 AVR 내부에 필요한 레지스터의 번지들이 상수로서 정의되어 있다.

02행: #define F_MCU 7372800UL
이 행은 실습용 키트에서 사용된 수정발진기의 클럭 값을 입력하는 코드이다. 클럭 값은 02행과 같이 코드로 기술하거나 그림 22.4와 같이 프로젝트의 이름에서 오른쪽 마우스 버턴을 클릭하고 출력되는 대화상자에서 'Edit Configuration Options...'항을 선택하여 입력할 수 있다. C 코드에서 avr/io.h처럼 AVR 내부에 필요한 레지스터의 번지들이 상수로서 정의되어 있다.

05행: .cseg
서브루틴이나 인터럽트를 사용하는 프로그램에서는 스택이 사용되므로 프로그램이 시작될 때 항상 스택 포인터를 지정해 주어야 한다. 프로그램의 시작 부분에서, 레지스터 r16, r17에 m128def.inc에 0x10ff 값으로 정의되어 있는 상수 RAMEND를 부여하였다.

15행: loop:
C언어에서 while 문과 같은 반복 용도로 이용되었다. 프로그램 코드의 반복은 jmp loop로 반복하여 구문을 호출하게 된다. 프로그램에서 호출되는 _delay_ms(500) 함수는 0.5초를 지연시키는 작업을 한다.

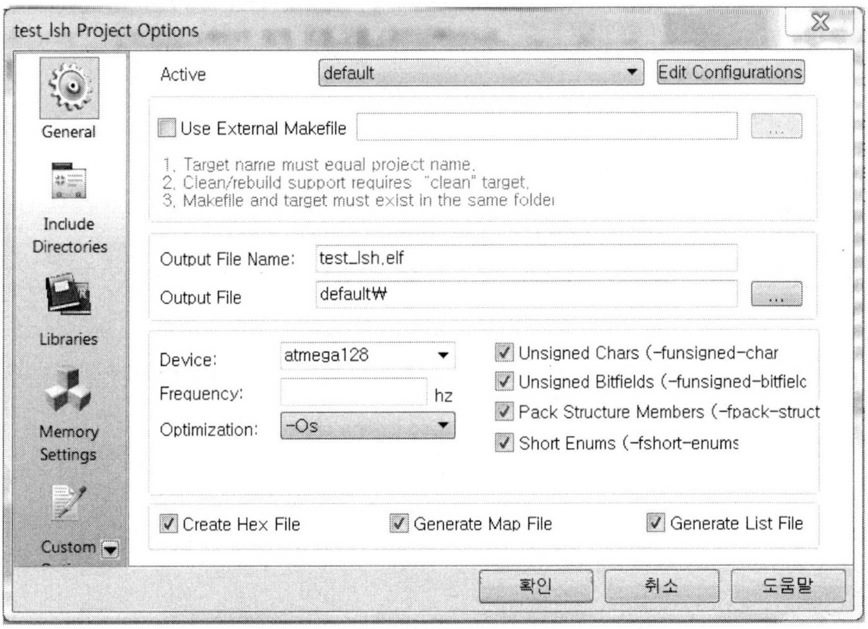

| 그림 22.4 | 클럭 설정

예제 : 1초 마다 부저가 ON/OFF하는 프로그램(C와 어셈블러로 설계)

이 예제는 1초 마다 부저가 ON/OFF하는 프로그램을 C와 어셈블러로 설계한 프로그램이다.

buzzer_asm.c

```
#include <avr/io.h>
#define F_MCU 7372800UL
#include <util/delay.h>

int main()
{
    DDRG = 0xff;

    while(1)
    {
        asm volatile("ldi r16,0xff");
        asm volatile("sts 0x0065,r16");
        _delay_ms(500);
        asm volatile("ldi r16,0x00");
        asm volatile("sts 0x0065,r16");
        _delay_ms(500);

    }
    return 0;
}
```

▷ 코드 설명

C코드와 어셈블리어 코드를 참조한다.

연습문제

01. 부저란 무엇인가?

02. AVR 키트의 부저 구동 회로의 동작을 설명하여라.

03. AVR 키트의 부저 구동 C 코드를 설명하여라.

04. AVR 키트의 부저 구동 어셈블리 코드를 설명하여라.

제 23 장

ADC/DAC 응용 회로 및 프로그램 설계

학습목표

1. AD7302의 주요특징, 내부 구조를 이해한다.
2. 실습용 키트에서 ADC의 인터페이스 방법을 이해한다.
4. ADC와 DAC 회로를 설계하고 프로그래밍 방법을 이해한다.

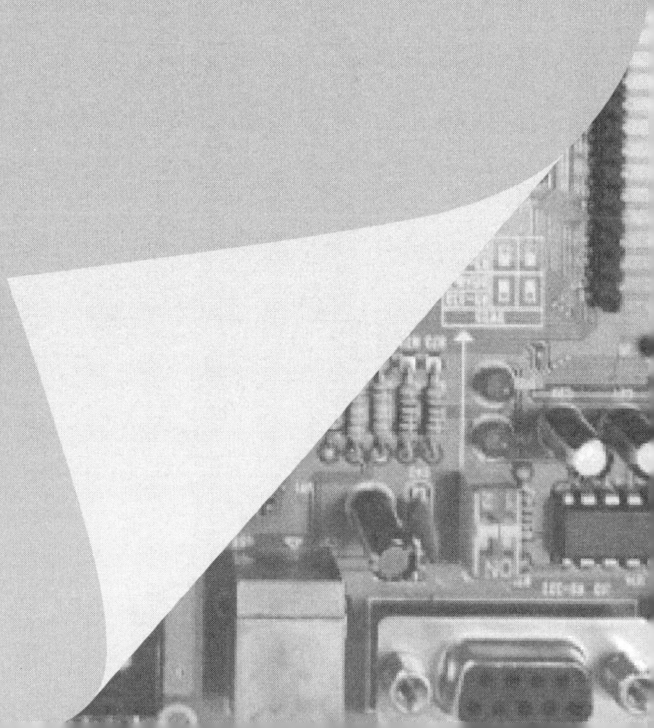

23.1 개요

본 장에서는 AVR 실습용 키트에서 ADC(Analog to Digital Converter)와 DAC (Digital to Analog Converter) 회로의 동작과 프로그래밍 기법을 이해한다. ADC는 외부로부터 입력되는 아날로그 값을 디지털 전압 값으로 변환하여 이를 텍스트 LCD로 출력한다. 또한 DAC는 MCU에서 디지털 값을 아날로그 값으로 출력한다. 본 장에서 사용되는 ADC 칩은 AD7302를 사용한다.

23.2 AD7302

23.2.1 AD7302의 주요 특징

AD7302는 아날로그 디바이스(Analog Device)사의 2.7V~5.5V 병렬 입력 2중 전압 출력을 갖는 8비트 DAC이다. AD7302는 휴대형 배터리를 전원으로 사용하는 기기, 디지털 이득 및 오프셋 조정용, 프로그램 가능한 전압 및 전류원 응용, 프로그램 가능한 감쇄기(attenuator)용으로 사용될 수 있으며 주요 특징은 다음과 같다.

- 1개의 패키지에 2개의 8비트 DAC를 지원
- 20핀 DIP, SOIC, TSSOP 패키지 형태를 지원
- +2.7V~+5.5V 범위에서 동작
- 내부 및 외부 기준전압 가능 출력(reference capability)
- DAC 전원 강하(power-down) 기능
- 병렬 인터페이스
- 온칩(on-chip) 출력 버퍼
- 저전력에서 동작(3.3V에서 최대 3mA)
- 25°C에서 최대 1mA 까지 Power-Down

23.2.2 AD7302의 동작

그림 23.1은 AD7302의 핀 구성도이다. AD7302는 내부에 2개의 8비트 ADC를 내장하고 있으며 내부와 외부에서 기준 전압을 출력할 수 있는 20핀 패키지이다. 표 12.1은 핀의 기능이다.

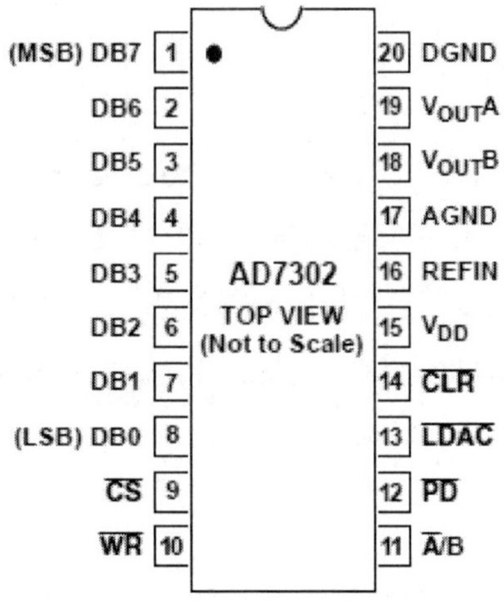

| 그림 23.1 | AD7302의 핀과 신호 구성도

| 표 23.1 | AD7302의 신호선과 기능

핀번호	신호선	설명
1~8	D7-D0	병렬 입력 데이터 신호선이다. $\overline{CS}$와 $\overline{WR}$ 신호가 0이면 AD7302의 입력 레지스터로 8비트 데이터가 입력된다.
9	$\overline{CS}$	칩 선택 컨트롤 신호이다. 이 신호는 0으로 동작되는 입력이다.
10	$\overline{WR}$	쓰기 입력 신호이다. $\overline{WR}$ 신호는 선택된 DAC 레지스터로 데이터를 쓰기 위해서 $\overline{CS}$와 $\overline{A}$/B 신호선과 사용되는 Active low logic 입력이다.
11	$\overline{A}$/B	2개의 DAC를 선택하는 신호선이다. 번지 선은 DAC A 혹은 DAC B 중에서 하나에 쓰기를 선택하기 위한 것이다.
12	$\overline{PD}$	전류 소모를 1μA 이하로 줄이는 저전력 모드로 하기 위한 0으로 동작(active low)되는 입력 신호이다.
13	$\overline{LDAC}$	DAC 논리 입력 신호이다. 이 입력 신호가 0이면 2개의 DAC 출력은 DAC 레지스터의 내용을 동시에 갱신한다. 만약 $\overline{LDAC}$ 신호가 0으로 묶여 있으면 $\overline{WR}$ 신호의 상승 에지에서 DAC의 내용이 갱신된다.
14	$\overline{CLR}$	비동기 클리어 입력신호(Active Low)이다. 이 신호가 0이면 DAC 모든 레지스터는 0가 되고 DAC 출력은 0V로 된다.
12	V_{DD}	2.7V~5.5V 범위의 입력 전원이며 AGND와 분리되어야 한다.
16	REFIN	외부 기준입력으로 이 신호는 DAC의 기준전압으로 사용된다. 기준전압의 입력 범위는 1V~VDD/2이다. 만약 REFIN이 직접 VDD에 연결되면 내부의 VDD/2 기준전압으로 선택된다.
17	AGND	아날로그 접지(모든 아날로그 전류의 0 기준점)
18	$V_{OUT}B$	DAC B의 아날로그 출력 전압

19	$V_{OUT}A$	DAC A의 아날로그 출력 전압
20	DGND	디지털 접지(모든 디지털 전류의 0 기준점)

그림 23.2은 AD7302의 내부 블록도이다. 데이터(A7~A0)는 $\overline{CS}$와 $\overline{WR}$ 신호의 상승 에지에서 레지스터로 입력된다. 이때 데이터 신호는 MCU로부터 직접 인터페이스할 수 있다. $\overline{A}$/B 신호는 컨트롤 로직에 이해서 2개의 DAC A와 DAC B 중에서 1개를 선택한다. 또한 AD7302의 기준전압은 VDD로부터 내부 기준전압을 선택하거나 REFIN 핀에서 외부 기준전압을 사용할 수 있다. 2개의 DAC는 비동기적으로 LDAC 입력신호를 사용하여 갱신하거나 동기적으로 CLR 입력을 사용하여 지울 수 있다.

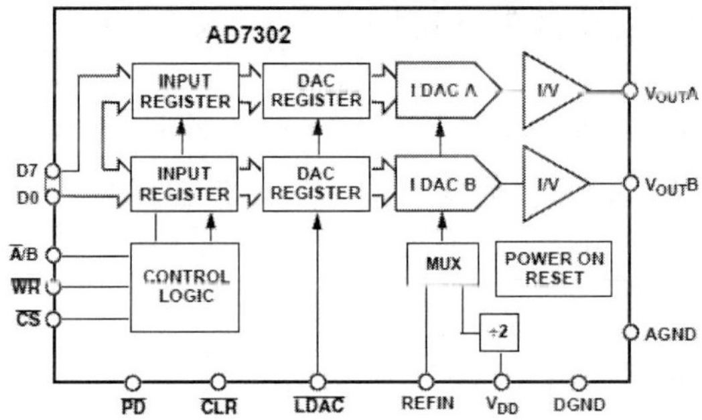

| 그림 23.2 | AD7302의 내부 블록도

23.2.3 ADC 및 DAC 인터페이스 회로 설계

그림 23.3은 ADC 인터페이스 회로이다. ADC 회로는 가변 저항을 통해서 출력되는 전압 값을 ATmega128이 읽어서 텍스트 LCD로 출력한다. 이때 사용되는 ADC 입력 단자는 ADC0이다. 그림 23.4는 DAC 구동 회로이다.

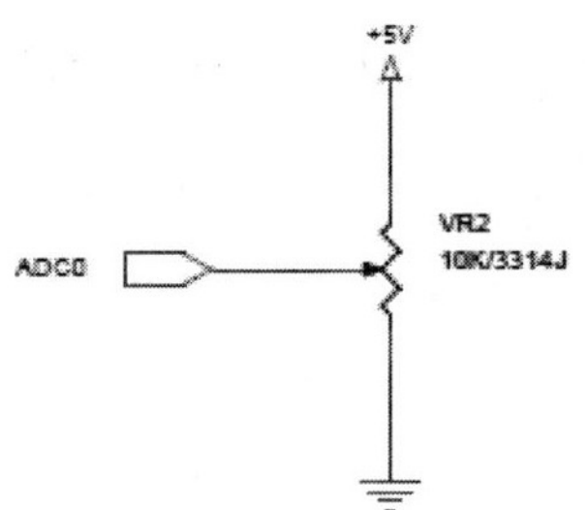

| 그림 23.3 | ADC 구동 회로

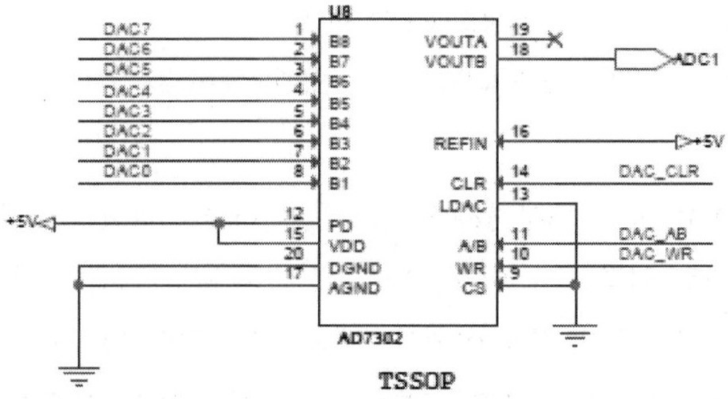

| 그림 23.4 | DAC 구동 회로

23.3 ADC 응용 프로그램 설계

그림 23.5는 ADC 인터페이스 구성도이다. ADC 프로그램에서는 ADC 인터럽트를 활성화 시킨 뒤 ADC 값을 받아, 10비트의 값을 8비트로 변환한 다음 텍스트 LCD에 출력하도록 설계한다.

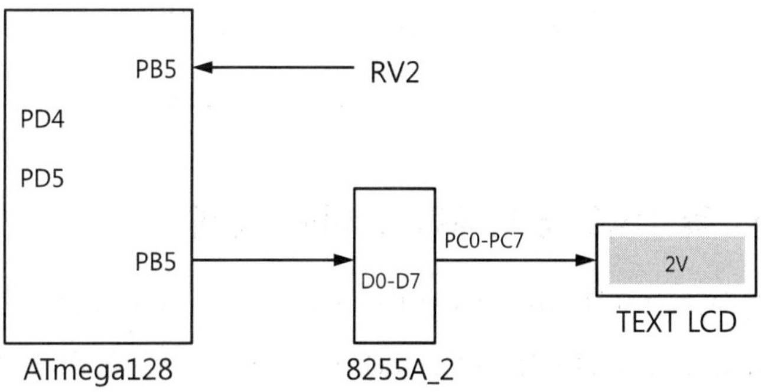

| 그림 23.5 | ADC 인터페이스 구성

예제 : 가변 저항 값의 출력을 텍스트 LCD로 출력하는 프로그램

이 예제의 동작은 프로그램을 다운로더한 후 가변저항(VR1)을 드라이버로 조정하면 데이터 값이 전압으로 변환된 값을 텍스트 LCD에 출력하는 프로그램이다. 코드에서 인터럽트의 변수는 컴파일러에서 마음대로 무시하면 되기 않기 때문에 volatile로 변수선언을 하였다.

avrKit_ADC_LCD.c

```
01.  #include <avr/io.h>
02.  #include "82c55a.h"
03.  #include "lcd.h"
04.
05.  int adc_process(unsigned char channel)
06.  {
07.      ADMUX = channel;
08.      _delay_us(10);
09.
10.      ADCSRA = 0xc7;
11.      while((ADCSRA & 0x10) != 0x10);
12.
13.      int data = 0;
14.      data += ADCL + ADCH * 256;
15.      return data;
16.  }
17.
18.  int main(void)
19.  {
20.      u5_PortInit(AO_BO_CHO_CLO);
21.      ADMUX = 0x00;
22.      ADCSRA = 0x87;
23.      _delay_us(10);
24.
25.      lcd_init();
26.      lcd_clear();
27.
28.      char stringTemp[10];
29.      int data = 0;
30.
31.      while(1)
32.      {
33.          data = (int)(adc_process(0) / 204);
34.          itoa(data,stringTemp,10);
35.          lcd_putsf(0,0,stringTemp);
36.          lcd_putsf(1,0,"V");
37.      }
38.  }
```

▷ 코드 설명

05 int adc_process(unsigned char channel)

AD 변환된 값을 int 형의 변수로 반환하는 함수이다. 함수의 인자로 채널을 받는데, 본 회로에서는 0번 핀에 가변저항이 결선되어 있다.

33 data = (int)(adc_process(0) / 204);

data 변수는 AD변환하여 계산된 값이 들어가는 변수이다. 본 프로그램에서는 0~5V의 전압 값을 출력하므로 0~1023의 숫자를 204로 나누어 0~5로 비례 축소한다.

| 그림 23.6 | ADC 프로그램의 실행결과를 출력하는 텍스트 LCD 값

23.4 DAC 응용 프로그램 설계

그림 23.7은 DAC 인터페이스 구성도이다. AD7302 ADC는 82C55A_2의 PA, PB 포트와 연결된다.

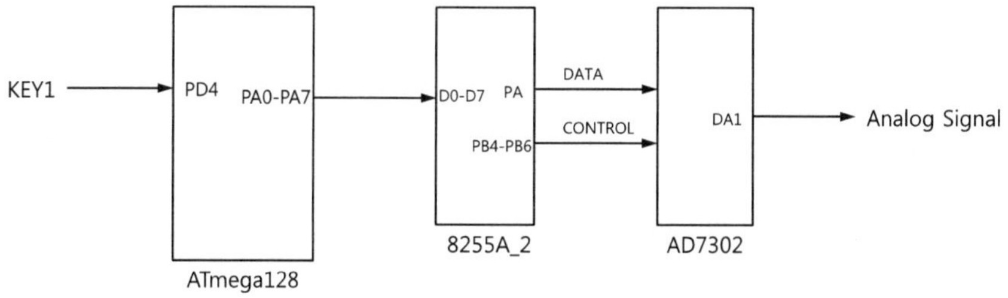

| 그림 23.7 | DAC 인터페이스 구성도

예제 : DAC를 사용한 정현파, 구형파 및 삼각파 출력 프로그램

이 예제는 AD7302에 눌려진 버튼에 따라 데이터를 보내며 정현파를 만들어 출력하며, 프로그램의 실행결과는 그림 23.9와 같이 KEY1(왼쪽 키)를 누를 때마다 삼각파, 구형파, 그리고 다시 정현파가 반복적으로 출력된다. 출력 신호는 U7(AD7302)의 핀 18로 출력된다. 또한 텍스트 LCD에는 현재 출력되고 있는 파형의 이름이 표시된다. 오실로스코프의 출력신호는 2V/DIV, 5ms/DIV이다.

avrKit_DAC_LCD.c

```c
#include <avr/io.h>
#include <math.h>

#include "82c55a.h"
#include "lcd.h"

#define PIE 3.1415
#define LEFT_KEY (PIND & BIT4)

void dac_process(byte data)
{
    u5_write(PB,0x06);                  // PB0=/WR, PB1=/A&B, PB2:CLR
    u5_write(PA,data);
    u5_write(PB,0x07);
}

void FunctionGenerator(byte type)
{
    double data = 0;
    switch(type)
    {
        case 0:                         // Sine Wave
            for (double i=0; i<PIE * 2; i+=0.2)
            {
                data = (sin(i) * 127.5) + 127.5;
                dac_process(data);
            }
            break;
        case 1:                         // Triangular Wave
            for (int i=0; i<255; i+=4) { dac_process(i); }
            for (int i=255; i>=0; i-=4) { dac_process(i); }
            break;
        case 2:                         // Square Wave
            dac_process(255);
            _delay_ms(5);
            dac_process(0);
            _delay_ms(5);
            break;
    }
}

int main(void)
{
    double data = 0;
    byte type = 0;

    u5_PortInit(AO_BO_CHO_CLO);
    lcd_init();
    lcd_clear();
    lcd_putsf(0,0,"Wave Gen. (DAC)");
    lcd_putsf(0,1,"Sine Wave       ");
```

```
52:
53:         while(1)
54:         {
55:             if (!LEFT_KEY)
56:             {
57:                 type++;
58:                 if (type > 2) { type = 0;}
59:                 if (type == 0) { lcd_putsf(0,1,"Sine Wave       "); }
60:                 else if (type == 1) { lcd_putsf(0,1,"Triangular Wave"); }
61:                 else if (type == 2) { lcd_putsf(0,1,"Square Wave     "); }
62:                 _delay_ms(250);
63:             }
64:             FunctionGenerator(type);
65:         }
66:
}
```

▷ 코드 설명

10행: void dac_process(byte data)

ATmega128에는 DAC 기능이 내장되어 있지 않기 때문에, 이를 수행하는 회로를 필요로 한다. 실습용 키트의 AD7302는 DA 출력 회로를 내장하고 있어서 8비트의 데이터만 송신하면 원하는 아날로그 출력 신호를 얻을 수 있게 하였다.

17행: void FunctionGenerator(byte type)

이 함수는 간단한 파형을 생성한다. 함수의 인자로 들어오는 값에 따라서 정현파, 삼각파, 구형파를 출력할 수 있다. 정현파를 구현하기 위하여 math.h의 수학 함수들과 원주율의 근사 값을 미리 정의해놓고 이용했다.

53행~65행: whie(1) ~

이 코드는 버튼을 누를 때마다 type 변수에 숫자가 1씩 증가되며, 2보다 커질 경우 0으로 초기화된다. type 변수가 0일 때 정현파, 1일 때 삼각파, 2일 때 구형파를 출력한다. 버튼의 디바운싱(debouncing) 효과를 위하여 시간 지연을 250ms 정도 주었다.

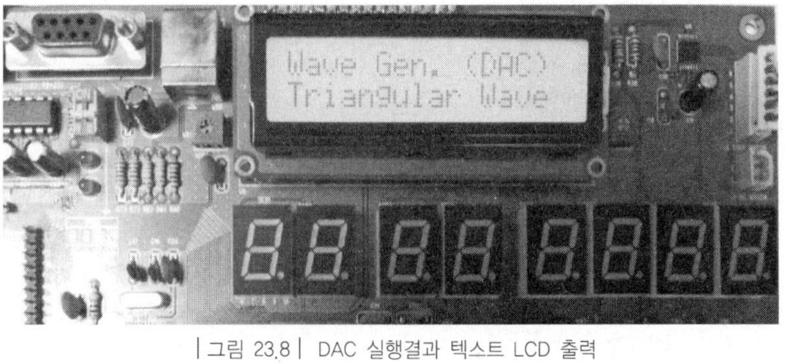

| 그림 23.8 | DAC 실행결과 텍스트 LCD 출력

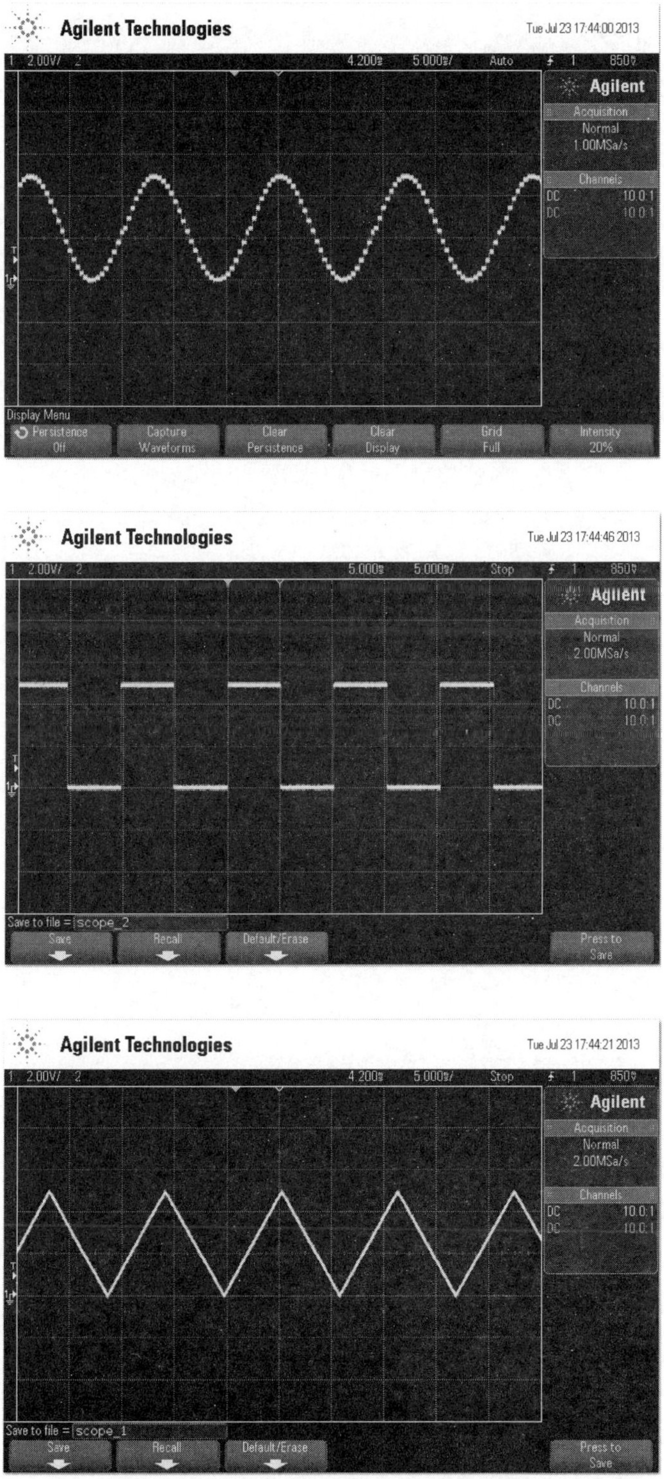

| 그림 23.9 | DAC 실행결과(정현파, 구형파, 삼각파의 출력)

연습문제

01. AD7302의 주요 특징을 설명하여라.

02. AD7302의 내부 구조를 설명하여라.

03. AD7302의 신호 핀을 설명하여라.

04. AVR 키트의 ADC 구동 회로의 동작을 설명하여라.

05. AVR 키트의 ADC 코드를 설명하여라.

06. AVR 키트의 DAC 구동 회로의 동작을 설명하여라.

07. AVR 키트의 DAC 코드를 설명하여라.

부 록

A-1. 헤드 파일

82C55A.H

```
#ifndef __82C55A_COTNROL_SET__
#define __82C55A_COTNROL_SET__

#include <avr/io.h>
#include <util/delay.h>

#define BIT0 0x01
#define BIT1 0x02
#define BIT2 0x04
#define BIT3 0x08
#define BIT4 0x10
#define BIT5 0x20
#define BIT6 0x40
#define BIT7 0x80

typedef unsigned char byte;

/*** Atmega 128 Bit 단위 제어를 위한 연산 상수 정의  ***/
#define cbi(sfr, bit) (_SFR_BYTE(sfr) &= ~_BV(bit))
#define sbi(sfr, bit) (_SFR_BYTE(sfr) |=  _BV(bit))

/*** 82C55의 제어라인(AVR PORTC)을 비트별로 제어하기 위한 정의 ***/
#define _A0  0
#define _A1  1
#define _RD  2
#define _WR   3
#define _CS1 4
#define _CS2 5
#define _CS3 6

/*** 82C55 컨트롤 워드 정의 ***/
#define AO_BO_CHO_CLO 0x80      // #00
#define AO_BO_CHO_CLI 0x81      // #01
#define AO_BI_CHO_CLO 0x82      // #02
#define AO_BI_CHO_CLI 0x83      // #03
#define AO_BO_CHI_CLO 0x88      // #04
#define AO_BO_CHI_CLI 0x89      // #05
#define AO_BI_CHI_CLO 0x8A      // #06
#define AO_BI_CHI_CLI 0x8B      // #07
#define AI_BO_CHO_CLO 0x90      // #08
#define AI_BO_CHO_CLI 0x91      // #09
#define AI_BI_CHO_CLO 0x92      // #10
#define AI_BI_CHO_CLI 0x93      // #11
#define AI_BO_CHI_CLO 0x98      // #12
#define AI_BO_CHI_CLI 0x99      // #13
#define AI_BI_CHI_CLO 0x9A      // #14
```

```
#define AI_BI_CHI_CLI 0x9B          // #15

/*** 82C55 포트 선택 ***/
#define PA  0x00
#define PB  0x01
#define PC  0x02

/*** 82C55의 포트를 선택 ***/
void SELECT_PORT(byte SET_DATA)
{
        switch(SET_DATA)
        {
                case PA :
                cbi(PORTC,_A0);
                cbi(PORTC,_A1);
                break;
                case PB :
                sbi(PORTC,_A0);
                cbi(PORTC,_A1);
                break;
                case PC :
                cbi(PORTC,_A0);
                sbi(PORTC,_A1);
                break;
        }
}

/*** 회로도 상 U2에 해당하는 82C55  관련 함수 모음 ***/
void u2_PortInit(byte ControlWord)
{
        DDRA = 0xff;                // 컨트롤 워드를 출력할 포트
        DDRC = 0xff;                // 컨트롤 라인 제어를 위한 포트
        _delay_ms(20);              // 리셋 및 시스템 안정화를 위한 지연

        PORTA = ControlWord;        // 컨트롤 워드 할당

        cbi(PORTC,_CS1);            // U2 칩 선택
        sbi(PORTC,_CS2);
        sbi(PORTC,_CS3);

        sbi(PORTC,_A0);             // 컨트롤 워드를 쓰기 위하여 A0, A1를 High로 설정
        sbi(PORTC,_A1);
        sbi(PORTC,_RD);             // 쓰기(WR) 모드로 설정하여 컨트롤 워드를 입력
        cbi(PORTC,_WR);
        _delay_us(100);

        sbi(PORTC,_WR);             // 시스템을 원래대로 복원하고 대기
        cbi(PORTC,_CS1);
        cbi(PORTC,_A1);
        cbi(PORTC,_A0);
}
byte u2_read(byte SEL_PORT)
{
```

```
    byte buff = 0;                  // 읽어온 데이터를 저장하기 위한 Byte 변수

    DDRA = 0x00;                    // Atmega 128을 입력 모드로 설정
       PORTA = 0xff;                // 내부 풀업
       _delay_us(20);               // 시스템 안정화를 위한 지연

    SELECT_PORT(SEL_PORT);          // U2 칩에서 읽어올 포트(PA,PB,PC)를 선택
    cbi(PORTC,_CS1);                // U2 칩 선택
    cbi(PORTC,_RD);                 // 데이터를 읽기위한 /RD 비트 설정
    _delay_us(1);                   // RD신호 출력을 위한 지연

    buff = PINA;                    // 현재 포트의 값을 Byte 변수에 저장
    sbi(PORTC,_RD);                 // 초기상태 복원
    sbi(PORTC,_CS1);                // U2 칩 선택 해제

    return  buff;                   // 최종 Byte 변수를 반환
}
void u2_write(byte SEL_PORT, byte W_DATA)
{
    DDRA = 0xff;                    // Atmega 128을 입력 모드로 설정
       _delay_us(20);

    SELECT_PORT(SEL_PORT);          // U2 칩에서 쓰고자 하는 포트(PA,PB,PC)를 선택
    PORTA = W_DATA;                 // 데이터를 입력
    _delay_us(1);                   // 데이터 출력을 위한 지연

    cbi(PORTC,_CS1);                // U2 칩 선택
    cbi(PORTC,_WR);                 // 데이터를 보내기위한 /WR 비트 설정
    _delay_us(1);                   // WR 신호 출력을 위한 지연
    sbi(PORTC,_WR);                 // 초기상태 복원.
    sbi(PORTC,_CS1);                // U2 칩 선택 해제
}
void u2_write2(byte SEL_PORT, byte W_DATA)
{
    DDRA = 0xf0;                    // 상위의 4비트만 입력으로 설정
       _delay_us(20);

    SELECT_PORT(SEL_PORT);
    PORTA = W_DATA;
    _delay_us(1);

    cbi(PORTC,_CS1);
    cbi(PORTC,_WR);
    _delay_us(1);
    sbi(PORTC,_WR);
    sbi(PORTC,_CS1);
}

/*** 회로도 상 U5에 해당하는 82C55  관련 함수 모음 ***/
void u5_PortInit(byte ControlWord)
{
       DDRA = 0xff;                 // 컨트롤 워드를 출력할 포트
       DDRC = 0xff;                 // 컨트롤 라인 제어를 위한 포트
```

```
        _delay_ms(20);              // 리셋 및 시스템 안정화를 위한 지연

        PORTA = ControlWord;        // 컨트롤 워드 할당
        sbi(PORTC,_CS1);            // U5 칩 선택
        cbi(PORTC,_CS2);
        sbi(PORTC,_CS3);

        sbi(PORTC,_A0);             // 컨트롤 워드를 쓰기 위하여 A0, A1를 High로 설정
        sbi(PORTC,_A1);
        sbi(PORTC,_RD);             // 쓰기(WR) 모드로 설정하여 컨트롤 워드를 입력
        cbi(PORTC,_WR);
        _delay_us(100);

        sbi(PORTC,_WR);             // 시스템을 원래대로 복원하고 대기
        cbi(PORTC,_CS2);
        cbi(PORTC,_A1);
        cbi(PORTC,_A0);
}
byte u5_read(byte SEL_PORT)
{
        byte buff = 0;              // 읽어온 데이터를 저장하기 위한 Byte 변수

        DDRA = 0x00;                // Atmega 128을 입력 모드로 설정
        PORTA = 0xff;               // 내부 풀업
        _delay_us(20);              // 시스템 안정화를 위한 지연

        SELECT_PORT(SEL_PORT); // U2 칩에서 읽어올 포트(PA,PB,PC)를 선택
        cbi(PORTC,_CS2);            // U2 칩 선택
        cbi(PORTC,_RD);             // 데이터를 읽기위한 RD 비트 설정
        _delay_us(1);               // RD신호 출력을 위한 지연

        buff = PINA;                // 현재 포트의 값을 Byte 변수에 저장
        sbi(PORTC,_RD);             // 초기상태 복원
        sbi(PORTC,_CS2);            // U2 칩 선택 해제

        return  buff;               // 최종 Byte 변수를 반환
}
void u5_write(byte SEL_PORT, byte W_DATA)
{
        DDRA = 0xff;                // Atmega 128을 입력 모드로 설정
        _delay_us(20);

        SELECT_PORT(SEL_PORT); // U2 칩에서 쓰고자 하는 포트(PA,PB,PC)를 선택
        PORTA = W_DATA;             // 데이터를 입력
        _delay_us(1);               // 데이터 출력을 위한 지연

        cbi(PORTC,_CS2);            // U2 칩 선택
        cbi(PORTC,_WR);             // 데이터를 보내기위한 WR 비트 설정
        _delay_us(1);               // WR 신호 출력을 위한 지연
        sbi(PORTC,_WR);             // 초기상태 복원.
        sbi(PORTC,_CS2);            // U2 칩 선택 해제
}
```

```
/*** 회로도 상 U9에 해당하는 82C55  관련 함수 모음 ***/
void u9_PortInit(byte ControlWord)
{
        DDRA = 0xff;
        DDRC = 0xff;
        _delay_us(20);

        PORTA = ControlWord;

        sbi(PORTC,_CS1);
        sbi(PORTC,_CS2);
        cbi(PORTC,_CS3);

        sbi(PORTC,_A0);
        sbi(PORTC,_A1);
        sbi(PORTC,_RD);
        cbi(PORTC,_WR);
        _delay_us(100);

        sbi(PORTC,_WR);
        sbi(PORTC,_CS3);
        cbi(PORTC,_A1);
        cbi(PORTC,_A0);
}
byte u9_read(byte SEL_PORT)
{
    byte buff = 0;

    DDRA = 0x00;
        PORTA = 0xff;
        _delay_us(20);

    SELECT_PORT(SEL_PORT);
    cbi(PORTC,_CS3);
    cbi(PORTC,_RD);
    _delay_us(1);

    buff = PINA;
    sbi(PORTC,_RD);
    sbi(PORTC,_CS3);

    return  buff;
}
void u9_write(byte SEL_PORT, byte W_DATA)
{
    DDRA = 0xff;
        _delay_us(20);

    SELECT_PORT(SEL_PORT);
    PORTA = W_DATA;
    _delay_us(1);

    cbi(PORTC,_CS3);
```

```
    cbi(PORTC,_WR);
    _delay_us(1);
    sbi(PORTC,_WR);
    sbi(PORTC,_CS3);
}

#endif
```

LCD.H

```
#ifndef __LCD_H__
#define __LCD_H__
#include <util/delay.h>
#include "82c55a.h"

#define LCDP PORTA
#define DISABLE PORTA & ~BIT1 // LCD Disable
#define ENABLE PORTA | BIT1    // LCD Enable

void instrction_out(byte data)
{
   byte lcd_data = 0;               //PPI82C55에 DATA를 쓰기위한 버퍼용 변수.

   LCDP = data & 0xf0;              // 상위 4BIT 출력값 설정.
   u5_write(PC,LCDP);               // PPI82C55에 출력.

   lcd_data = ENABLE;               // LCD Enable값 버퍼에 저장.
   u5_write(PC,lcd_data);           // 버퍼 값을 PPI82C55에 출력.

   lcd_data = DISABLE;              // LCD Disable값 버퍼에 저장.
   u5_write(PC,lcd_data);           // 버퍼 값을 PPI82C55에 출력.

   LCDP = (data & 0x0f) << 4;       // 하위 4BIT 출력값 설정.
   u5_write(PC,LCDP);               // PPI82C55에 출력.

   lcd_data = ENABLE;               // LCD Enable값 버퍼에 저장.
   u5_write(PC,lcd_data);           // 버퍼값 PPI82C55에 출력.

   lcd_data = DISABLE;              // LCD Disable값 버퍼에 저장.
   u5_write(PC,lcd_data);           // 버퍼값 PPI82C55에 출력.
   _delay_ms(2);
}

void lcd_init()
{
   byte lcd_data = 0;               // PPI82C55에 DATA를 쓰기위한 버퍼용 변수.

   _delay_ms(100);                  // 리셋에 의한 대기시간.
   lcd_data = DISABLE;              // LCD Disable값 버퍼에 저장.
```

```
    u5_write(PC,lcd_data);              // 버퍼 값을 PPI82C55에 출력.
    _delay_ms(30);                      // 전원 인가 후 지연시간연장.

    instrction_out(0x28);               // LCD FUNCTION SET(16*2LINE, 4BIT, 5*8DOT)
    _delay_us(50);                      // LCD FUNCTION SET 에 대한 참조 지연시간.
    instrction_out(0x0c);               // LCD DISPLAY ON,CURSOR OFF,BLINK OFF
    _delay_us(50);                      // LCD DISPLAY 에 대한 참조 지연시간.
    instrction_out(0x01);               // LCD CLEAR
    _delay_ms(2);                       // LCD CLEAR 에 대한 참조 지연시간.
    instrction_out(0x06);               // LCD ENTRY MODE SET
    _delay_us(50);                      // LCD ENTRY MODE 에 대한 참조 지연시간.
    instrction_out(0x02);               // RETURN HOME
    _delay_ms(2);                       // LCD RETURN HOME 에 대한 참조 지연시간.
}

void char_out(byte data)
{
        byte lcd_data = 0;              //PPI82C55에 DATA를 쓰기위한 버퍼용 변수.

        LCDP = (data & 0xf0) | 0x04;            // 상위 4BIT 와 RS신호 출력 값 설정.
        u5_write(PC,LCDP);              // PPI82C55에 출력.

        lcd_data = ENABLE;              // LCD Enable값 버퍼에 저장.
        u5_write(PC,lcd_data);          // 버퍼값 PPI82C55에 출력.

        lcd_data = DISABLE;             // LCD Disable값 버퍼에 저장.
        u5_write(PC,lcd_data);          // 버퍼 값을 PPI82C55에 출력.

        LCDP=((data & 0x0f) << 4) | 0x04;  // 하위 4BIT 와 RS신호 출력값 설정.
        u5_write(PC,LCDP);              // PPI82C55에 출력.

        lcd_data = ENABLE;              // LCD Enable값 버퍼에 저장.
        u5_write(PC,lcd_data);          // 버퍼 값을 PPI82C55에 출력.

        lcd_data = DISABLE;             // LCD Disable값 버퍼에 저장.
        u5_write(PC,lcd_data);          // 버퍼 값을 PPI82C55에 출력.
        _delay_ms(2);
}

void lcd_clear(void)
{
        instrction_out(0x01);
        _delay_ms(10);
}

void lcd_gotoxy(unsigned char x, unsigned char y)
{
        switch(y)
        {
                case 0 : instrction_out(0x80+x); break;
                case 1 : instrction_out(0xC0+x); break;
        }
}
```

```
void lcd_putsf(unsigned char x, unsigned char y, unsigned char *str)
{
        unsigned int i=0;
        lcd_gotoxy(x,y);
        do
        {
                char_out(str[i]);
        }
        while(str[++i]!='\0');
}

#endif
```

SerialSet.h

```
#ifndef _SERIAL_COMMUNICATION_SET_
#define _SERIAL_COMMUNICATION_SET_

#include <avr/io.h>

/*** Serial Port Setting ***/
void SerialOpen()
{
        UBRR1H = 0;
        UBRR1L = 47;

        UCSR1A = 0x00;
        UCSR1B = 0x18;
        UCSR1C = 0x06;  // 8 bit
}

/*** Function for sending 1 byte ***/
void SendByte(unsigned char data)
{
        while((UCSR1A & 0x20) == 0x00);
        UDR1 = data;
}

/*** Function for sending line ***/
void SendLine(char *string)
{
        while(*string != '\0')
        {
                SendByte(*string);
                string++;
        }
}

#endif
```

RegSet_PS2.h

```
#ifndef _REGISTER_SET_PS2_
#define _REGISTER_SET_PS2_

#include <avr/io.h>
#include <avr/interrupt.h>
#include <util/delay.h>

void ext_PortInit()
{
	DDRE = 0x00;			// PE7;
	PORTE = 0xff;
}

void ExtInit()
{
	EICRA = 0x00;
	EICRB = 0x03;			// INT4 -> Falling Edge Default
	EIMSK = 0x10;			// INT4
	EIFR = 0xff;
}

#endif

/***

※ Reference 1 : External Interrupt Control Register (EICR) A, B

BIT   : [   7   |   6   |   5   |   4   |   3   |   2   |   1   |   0   ]
EICRA : [ ISC31 | ISC30 | ISC21 | ISC20 | ISC11 | ISC10 | ISC01 | ISC00 ]

BIT   : [   7   |   6   |   5   |   4   |   3   |   2   |   1   |   0   ]
EICRB : [ ISC71 | ISC70 | ISC61 | ISC60 | ISC51 | ISC50 | ISC41 | ISC40 ]


※ Reference 2 : Interrupt Sense Control (A)

[ISCn1| ISCn0 | Description]
0   |   0   | INTn의 Low Level 값은 인터럽트 요구를 생성한다.
0   |   1   | 예약비트
1   |   0   | INTn의 하강 에지는 인터럽트 요구를 비동기적으로 생성한다.
1   |   1   | INTn의 상승 에지는 인터럽트 요구를 비동기적으로 생성한다.

※ Reference 3 : Interrupt Sense Control (B)

[ISCn1 | ISCn0 | Description ]
0   |   0   | INTn의 Low Level 값은 인터럽트 요구를 생성한다.
0   |   1   | INTn에서 논리적 변화는 인터럽트 요구를 생성한다.
1   |   0   | INTn의 하강 에지는 인터럽트 요구를 비동기적으로 생성한다.
1   |   1   | INTn의 상승 에지는 인터럽트 요구를 비동기적으로 생성한다.

***/
```

A-2. ATmega128 레지스터

Address	Name	Bit 7	Bit 6	Bit 5	Bit 4	Bit 3	Bit 2	Bit 1	Bit 0
($FF)	Reserved	–	–	–	–	–	–	–	–
..	Reserved	–	–	–	–	–	–	–	–
($9E)	Reserved	–	–	–	–	–	–	–	–
($9D)	UCSR1C	–	UMSEL1	UPM11	UPM10	USBS1	UCSZ11	UCSZ10	UCPOL1
($9C)	UDR1	USART1 I/O Data Register							
($9B)	UCSR1A	RXC1	TXC1	UDRE1	FE1	DOR1	UPE1	U2X1	MPCM1
($9A)	UCSR1B	RXCIE1	TXCIE1	UCRIE1	RXEN1	TXEN1	UCSZ12	RXB81	TXB81
($99)	UBRR1L	USART1 Baud Rate Register Low							
($98)	UBRR1H	–	–	–	–	USART1 Baud Rate Register High			
($97)	Reserved	–	–	–	–	–	–	–	–
($96)	Reserved	–	–	–	–	–	–	–	–
($95)	UCSR0C	–	UMSEL0	UPM01	UPM00	USBS0	UCSZ01	UCSZ00	UCPOL0
($94)	Reserved	–	–	–	–	–	–	–	–
($93)	Reserved	–	–	–	–	–	–	–	–
($92)	Reserved	–	–	–	–	–	–	–	–
($91)	Reserved	–	–	–	–	–	–	–	–
($90)	UBRROH	–	–	–	–	USART0 Baud Rate Register High			
($)8F	Reserved	–	–	–	–	–	–	–	–
($)8E	Reserved	–	–	–	–	–	–	–	–
($)8D	Reserved	–	–	–	–	–	–	–	–
($)8C	TCCR3C	FOC3A	FOC3B	FOC3C	–	–	–	–	–
($)8B	TCCR3A	COM3A1	COM3A0	COM3B1	COM3B0	COM3C1	COM3C0	WGM31	WGM30
($)8A	TCCR3B	ICNC3	ICES3	–	–	–	–	–	–
($89)	TCNT3H	Timer/Counter3–Counter Register High Byte							
($88)	TCNT3L	Timer/Counter3–Counter Register Low Byte							
($87)	OCR3AH	Timer/Counter3–Output Compare Register A High Byte							
($86)	OCR3AL	Timer/Counter3–Output Compare Register A Low Byte							
($85)	OCR3BH	Timer/Counter3–Output Compare Register B High Byte							
($84)	OCR3BL	Timer/Counter3–Output Compare Register B Low Byte							
($83)	OCR3CH	Timer/Counter3–Output Compare Register C High Byte							
($82)	OCR3CL	Timer/Counter3–Output Compare Register C Low Byte							
($81)	ICR3H	Timer/Counter3–Input Capture Register High Byte							
($80)	ICR3L	Timer/Counter3–Input Capture Register Low Byte							
($7F)	Reserved	–	–	–	–	–	–	–	–
($7E)	Reserved	–	–	–	–	–	–	–	–

Address	Name	Bit 7	Bit 6	Bit 5	Bit 4	Bit 3	Bit 2	Bit 1	Bit 0
($7D)	ETIMSK	–	–	TICIE3	OCIE3A	OCIE3B	TOIE3	OCIE3C	OCIE1C
($7C)	ETIFR	–	–	ICF3	OCF3A	OCF3B	TOV3	OCF3C	OCF1C
($7B)	Reserved	–	–	–	–	–	–	–	–
($7A)	TCCR1C	FOC1A	FOC1B	FOC1C	–	–	–	–	–
($79)	OCR1CH	Timer/Counter1–Output Compare Register C High Byte							
($78)	OCR1CL	Timer/Counter1–Output Compare Register C Low Byte							
($77)	Reserved	–	–	–	–	–	–	–	–
($76)	Reserved	–	–	–	–	–	–	–	–
($75)	Reserved	–	–	–	–	–	–	–	–
($74)	TWCR	TWINT	TWEA	TWSTA	TWSTO	TWWC	TWEN	–	TWIE
($73)	TWDR	Two-wire Serial Interface Data Register							
($72)	TWAR	TWA6	TWA5	TWA4	TWA3	TWA2	TWA1	TWA0	TWGCE
($71)	TWSR	TWS7	TWS6	TWS5	TWS4	TWS3	–	TWPS1	TWPS0
($70)	TWBR	Two-wire Serial Interface Bit Rate Register							
($6F)	OSCCAL	Oscillator Calibration Register							
($6E)	Reserved	–	–	–	–	–	–	–	–
($6D)	XMCRA	–	SRL2	SRL1	SRL0	SRW01	SRW00	SRW11	
($6C)	XMCRB	XMBK	–	–	–	–	XMM2	XMM1	XMM0
($6B)	Reserved	–	–	–	–	–	–	–	–
($6A)	EICRA	ISC31	ISC30	ISC21	ISC20	ISC11	ISC10	ISC01	ISC00
($69)	Reserved	–	–	–	–	–	–	–	–
($68)	SPMCSR	SPMIE	RWWSB	–	RWWSRE	BLBSET	PGWRT	PGERS	SPMEN
($67)	Reserved	–	–	–	–	–	–	–	–
($66)	Reserved	–	–	–	–	–	–	–	–
($65)	PORTG	–	–	–	PORTG4	PORTG3	PORTG2	PORTG1	PORTG0
($64)	DDRG	–	–	–	DDG4	DDG3	DDG2	DDG1	DDG0
($63)	PING	–	–	–	PING4	PING3	PING2	PING1	PING0
($62)	PORTF	PORTF7	PORTF6	PORTF5	PORTF4	PORTF3	PORTF2	PORTF1	PORTF0
($61)	DDRF	DDF7	DDF6	DDF5	DDF4	DDF3	DDF2	DDF1	DDF0
($60)	Reserved	–	–	–	–	–	–	–	–
$3F($5F)	SREG	I	T	H	S	V	N	Z	C
$3E ($5E)	SPH	SP15	SP14	SP13	SP12	SP11	SP10	SP9	SP8
$3D ($5D)	SPL	SP7	SP6	SP5	SP4	SP3	SP2	SP1	SP0
$3C ($5C)	XDIV	XDIVEN	XDIV6	XDIV5	XDIV4	XDIV3	XDIV2	XDIV1	XDIV0
$3B ($5B)	RAMPZ	–	–	–	–	–	–	–	RAMPZ0
$3A ($5A)	EICRB	ISC71	ISC70	ISC61	ISC60	ISC51	ISC50	ISC41	ISC40
$39 ($59)	EIMSK	INT7	INT6	INT5	INT4	INT3	INT2	INT1	INT0

Address	Name	Bit 7	Bit 6	Bit 5	Bit 4	Bit 3	Bit 2	Bit 1	Bit 0
$38 ($58)	EIFR	INTF7	INTF6	INTF5	INTF4	INTF3	INTF2	INTF1	INTF0
$37 ($57)	TIMSK	OCIE2	TOIE2	TICIE1	OCIE1A	OCIE1B	TOIE1	OCIE0	TOIE0
$36 ($56)	TIFR	OCF2	TOV2	ICF1	OCF1A	OCF1B	TOV1	OCF0	TOV0
$35 ($55)	MCUCR	SRE	SRW10	SE	SM1	SM0	SM2	IVSEL	IVCE
$34 ($54)	MCUCSR	JTD	–	–	JTRF	WDRF	BORF	EXTRF	PORF
$33 ($53)	TCCR0	FOC0	WGM00	COM01	COM00	WGM01	CS02	CS01	CS00
$32 ($52)	TCNT0	Timer/Counter0 (8 Bit)							
$31 ($51)	OCR0	Timer/Counter0 Output Compare Register							
$30 ($50)	ASSR	–	–	–	–	AS0	TCN0UB	OCR0UB	TCR0UB
$2F ($4F)	TCCR1A	COM1A1	COM1A0	COM1B1	COM1B0	COM1C1	COM1C0	WGM11	WGM10
$2E ($4E)	TCCR1B	ICNC1	ICES1	–	WGM13	WGM12	CS12	CS11	CS10
$2D ($4D)	TCNT1H	Timer/Counter1–Counter Register High Byte							
$2C ($4C)	TCNT1L	Timer/Counter1–Counter Register Low Byte							
$2B ($4B)	OCR1AH	Timer/Counter1–Output Compare Register A High Byte							
$2A ($4A)	OCR1AL	Timer/Counter1–Output Compare Register A Low Byte							
$29 ($49)	OCR1BH	Timer/Counter1–Output Compare Register B High Byte							
$28 ($48)	OCR1BL	Timer/Counter1–Output Compare Register B Low Byte							
$27 ($47)	ICR1H	Timer/Counter1–Input Capture Register High Byte							
$26 ($46)	ICR1L	Timer/Counter1–Input Capture Register Low Byte							
$25 ($45)	TCCR2	FOC2	WGM20	COM21	COM20	WGM21	CS22	CS21	CS20
$24 ($44)	TCNT2	Timer/Counter2 (8 Bit)							
$23 ($43)	OCR2	Timer/Counter2 Output Compare Register							
$22 ($42)	OCDR	IDRD/OCDR7	OCDR6	OCDR5	OCDR4	OCDR3	OCDR2	OCDR1	OCDR0
$21 ($41)	WDTCR	–	–	–	WDCE	WDE	WDP2	WDP1	WDP0
$20 ($40)	SFIOR	TSM	–	–	–	ACME	PUD	PSR0	PSR321
$1F ($3F)	EEARH	–	–	–	–	EEPROM Address Register High			
$1E ($3E)	EEARL	EEPROM Address Register Low Byte							
$1D ($3D)	EEDR	EEPROM Date Register							
$1C ($3C)	EECR	–	–	–	–	EERIE	EEMWE	EEWE	EERE
$1B ($3B)	PORTA	PORTA7	PORTA6	PORTA5	PORTA4	PORTA3	PORTA2	PORTA1	PORTA0
$1A ($3A)	DDRA	DDA7	DDA6	DDA5	DDA4	DDA3	DDA2	DDA1	DDA0
$19 ($39)	PINA	PINA7	PINA6	PINA5	PINA4	PINA3	PINA2	PINA1	PINA0
$18 ($38)	PORTB	PORTB7	PORTB6	PORTB5	PORTB4	PORTB3	PORTB2	PORTB1	PORTB0
$17 ($37)	DDRB	DDB7	DDB6	DDB5	DDB4	DDB3	DDB2	DDB1	DDB0
$16 ($36)	PINB	PINB7	PINB6	PINB5	PINB4	PINB3	PINB2	PINB1	PINB0
$15 ($35)	PORTC	PORTC7	PORTC6	PORTC5	PORTC4	PORTC3	PORTC2	PORTC1	PORTC0

Address	Name	Bit 7	Bit 6	Bit 5	Bit 4	Bit 3	Bit 2	Bit 1	Bit 0
$14 ($34)	DDRC	DDC7	DDC6	DDC5	DDC4	DDC3	DDC2	DDC1	DDC0
$13 ($33)	PINC	PINC7	PINC6	PINC5	PINC4	PINC3	PINC1	PINC1	PINC0
$12 ($32)	PORTD	PORTD7	PORTD6	PORTD5	PORTD4	PORTD3	PORTD2	PORTD1	PORTD0
$11 ($31)	DDRD	DDD7	DDD6	DDD5	DDD4	DDD3	DDD2	DDD1	DDD0
$10 ($30)	PIND	PIND7	PIND6	PIND5	PIND4	PIND3	PIND2	PIND1	PIND0
$0F ($2F)	SPDR	SPI Data Register							
$0E ($2E)	SPSR	SPIF	WCOL	–	–	–	–	–	–
$0D ($2D)	SPCR	SPIE	SPE	DORD	MSTR	CPOL	CPHA	SPR1	SPR0
$0C ($2C)	UDR0	USART0 I/O Data Register							
$0B ($2B)	UCSR0A	RXC0	TXC0	UDRE0	FE0	DOR0	UPE0	U2X0	MPCM0
$0A ($2A)	UCSR0B	RXCIE0	TXCIE0	UDRIE0	RXEN0	TXEN0	UCSZ02	RXB80	TXB80
$09 ($29)	UBRR0L	USART0 Baud Rate Register Low							
$08 ($28)	ACSR	ACD	ACBG	ACO	ACI	ACIE	ACIC	ACIS1	ACIS0
$07 ($27)	ADMUX	REFS1	REFS0	ADSAR	MUX4	MUX3	MUX2	MUX1	MUX0
$06 ($26)	ADCSRA	ADEN	ADSC	ADFR	ADIF	ADIE	ADPS2	ADPS1	ADPS0
$05 ($25)	ADCH	ADC Data Register High Byte							
$04 ($24)	ADCL	ADC Data Register Low Byte							
$03 ($23)	PORTE	PORTE7	PORTE6	PORTE5	PORTE4	PORTE3	PORTE2	PORTE1	PORTE0
$02 ($22)	DDRE	DDE7	DDE6	DDE5	DDE4	DDE3	DDE2	DDE1	DDE0
$01 ($21)	PINE	PINE7	PINE6	PINE5	PINE4	PINE3	PINE2	PINE1	PINE0
$00 ($20)	PINF	PINF7	PINF6	PINF5	PINF4	PINF3	PINF2	PINF1	PINF0

A-3. 어셈블러 명령어

Mnemocins	Operands	Description	Operation	Flags	#clocks
		ARITHMETIC AND LOGIC INSTRUCTIONS			
ADD	Rd, Rr	Add two Registers	Rd ← Rd + Rr	Z,C,N,V,H	1
ADC	Rd, Rr	Add with Carry two Registers	Rd ← Rd + Rr + C	Z,C,N,V,H	1
ADIW	Rdl, K	Add Immeditate to Word	Rdh:Rdl ← Rdh:Rdl + K	Z,C,N,V,S	2
SUB	Rd, Rr	Subtract two Registers	Rd ← Rd-Rr	Z,C,N,V,H	1
SUBI	Rd, K	Subtract Constant from Register	Rd ← Rd - K	Z,C,N,V,H	1
SBC	Rd,Rr	Subtract with Carry two Registers	Rd ← Rd-Rr-C	Z,C,N,V,H	1
SBCI	Rd,K	Subtract with Carry Constant from Reg.	Rd ← Rd-K-C	Z,C,N,V,H	1
SBIW	Rdl,K	Subtract Immediate from Word	Rdh:Rdl ← Rdh:Rdl-K	Z,C,N,V,S	2
AND	Rd,Rr	Logical AND Registers	Rd ← Rd • Rr	Z,N,V	1
ANDI	Rd,K	Logical AND Register and Constant	Rd ← Rd • K	Z,N,V	1
OR	Rd,Rr	Logical OR Registers	Rd ← RdvRr	Z,N,V	1
ORI	Rd,K	Logical OR Register and Constant	Rd ← RdvK	Z,N,V	1
EOR	Rd,Rr	Exclusive OR Registers	Rd ← Rd⊕Rr	Z,N,V	1
COM	Rd	One's Complement	Rd ← $FF−Rd	Z,C,N,V	1
NEG	Rd	Two's Complement	Rd ← $00 − Rd	Z,C,N,V,H	1
SBR	Rd,K	Set Bit(s) in Register	Rd ← RdvK	Z,N,V	1
CBR	Rd,K	Clear Bit(s) in Register	Rd ← Rd • ($FF-K)	Z,N,V	1
INC	Rd	Increment	Rd ← Rd + 1	Z,N,V	1
DEC	Rd	Decrement	Rd ← Rd−1	Z,N,V	1
TST	Rd	Test for Zero or Minus	Rd ← Rd • Rd	Z,N,V	1
CLR	Rd	Clear Register	Rd ← Rd⊕Rd	Z,N,V	1
SER	Rd	Set Register	Rd ← $FF	None	1
MUL	Rd,Rr	Multiply Unsigned	R1:R0 ← RdxRr	Z,C	2
MULS	Rd,Rr	Multiply Signed	R1:R0 ← RdxRr	Z,C	2
MULSU	Rd,Rr	Multiply Signed with Unsigned	R1:R0 ← RdxRr	Z,C	2
FMUL	Rd,Rr	Fractional Multiply Unsigned	R1:R0 ← (RdxRr)〈〈1	Z,C	2
FMULS	Rd,Rr	Fractional Multiply Signed	R1:R0 ← (RdxRr)〈〈1	Z,C	2
FMULSU	Rd,Rr	Fractional Multiply Signed with Unsigned	R1:R0 ← (RdxRr)〈〈1	Z,C	2

Mnemocins	Operands	Description	Operation	Flags	#clocks
		BRANCH INSTRUCTIONS			
RJMP	k	Relative Jump	PC ← PC+k+1	None	2
IJMP		Indirect Jump to(Z)	PC ←Z	None	2
JMP	k	Direct Jump	PC ← k	None	3
RCALL	k	Relative Subroutine Call	PC ← PC+k+1	None	3
ICALL		Indirect Call to(Z)	PC ← Z	None	3
CALL	k	Direct Subroutine Call	PC ← k	None	4
RET		Subroutine Return	PC ← STACK	None	4
RETI		Interrupt Return	PC ← STACK	I	4
CPSE	Rd,Rr	Compare, Skip if Equal	if(Rd=Rr)PC←PC+2or3	None	1 / 2 / 3
CP	Rd,Rr	Compare	Rd－Rr	Z,N,V,C,H	1
CPC	Rd,Rr	Compare with Carry	Rd－Rr－C	Z,N,V,C,H	1
CPI	Rd,K	Compare Register withImmediate	Rd－K	Z,N,V,C,H	1
SBRC	Rr,b	Skip if Bit in Register Cleared	if(Rr(b)=0)PC←PC+2or3	None	1 / 2 / 3
SBRS	Rr,b	Skip if Bit in RegisterisSet	if(Rr(b)=1)PC←PC+2or3	None	1 / 2 / 3
SBIC	P,b	Skip if Bit in I/O Register Cleared	if(P(b)=0)PC←PC+2or3	None	1 / 2 / 3
SBIS	P,b	Skip if Bit in I/O Register is Set	if(P(b)=1)PC←PC+2or3	None	1 / 2 / 3
BRBS	s,k	Branch if Status Flag Set	if(SREG(s)=1)thenPC← PC+k+1	None	1 / 2
BRBC	s,k	Branch if Status Flag Cleared	if(SREG(s)=0)thenPC← PC+k+1	None	1 / 2
BREQ	k	Branch if Equal	if(Z=1)thenPC←PC+k+1	None	1 / 2
BRNE	k	Branch if NotEqual	if(Z=0)thenPC←PC+k+1	None	1 / 2
BRCS	k	Branch if Carry Set	if(C=1)thenPC←PC+k+1	None	1 / 2
BRCC	k	Branch if Carry Cleared	if(C=0)thenPC←PC+k+1	None	1 / 2
BRSH	k	Branch if Same or Higher	if(C=0)thenPC←PC+k+1	None	1 / 2
BRLO	k	Branch if Lower	if(C=1)thenPC←PC+k+1	None	1 / 2
BRMI	k	Branch if Minus	if(N=1)thenPC←PC+k+1	None	1 / 2
BRPL	k	Branch if Plus	if(N=0)thenPC←PC+k+1	None	1 / 2
BRGE	k	Branch if Greater or Equal,Signed	if(N⊕V=0)thenPC←PC+k+1	None	1 / 2
BRLT	k	Branch if Less Than Zero ,Signed	if(N⊕V=1)thenPC←PC+k+1	None	1 / 2
BRHS	k	Branch if Half Carry Flag Set	if(H=1)thenPC←PC+k+1	None	1 / 2
BRHC	k	Branch if Half Carry Flag Cleared	if(H=0)thenPC←PC+k+1	None	1 / 2

Mnemocins	Operands	Description	Operation	Flags	#clocks
BRTS	k	Branch if T Flag Set	if(T=1)thenPC←PC+k+1	None	1 / 2
BRTC	k	Branch if T Flag Cleared	if(T=0)thenPC←PC+k+1	None	1 / 2
BRVS	k	Branch if Overflow Flag is Set	if(V=1)thenPC←PC+k+1	None	1 / 2
BRVC	k	Branch if Overflow Flag is Cleared	if(V=0)thenPC←PC+k+1	None	1 / 2
BRIE	k	Branch if Interrupt Enabled	if(I=1)thenPC←PC+k+1	None	1 / 2
BRID	k	Branch ifI nterrupt Disabled	if(I=0)thenPC←PC+k+1	None	1 / 2
		DATA TRANSFER INSTRUCTIONS			
MOV	Rd,Rr	Move Between Registers	Rd←Rr	None	1
MOVW	Rd,Rr	Copy Register Word	Rd+1:Rd ← Rr+1:Rr	None	1
LDI	Rd,K	Load Immediate	Rd←K	None	1
LD	Rd,X	Load Indirect	Rd←(X)	None	2
LD	Rd,X+	Load Indirect and Post-Inc.	Rd←(X),X←X+1	None	2
LD	Rd,-X	Load Indirect and Pre-Dec.	X←X-1,Rd←(X)	None	2
LD	Rd,Y	Load Indirect	Rd←(Y)	None	2
LD	Rd,Y+	Load Indirect and Post-Inc.	Rd←(Y),Y←Y+1	None	2
LD	Rd,-Y	Load Indirect and Pre-Dec.	Y←Y-1,Rd←(Y)	None	2
LDD	Rd,Y+q	Load Indirect with Displacement	Rd←(Y+q)	None	2
LD	Rd,Z	Load Indirect	Rd←(Z)	None	2
LD	Rd,Z+	Load Indirect and Post-Inc.	Rd←(Z),Z←Z+1	None	2
LD	Rd,-Z	Load Indirect and Pre-Dec.	Z←Z-1,Rd←(Z)	None	2
LDD	Rd,Z+q	Load Indirect with Displacement	Rd←(Z+q)	None	2
LDS	Rd,k	Load Direct from SRAM	Rd←(k)	None	2
ST	X,Rr	Store Indirect	(X)←Rr	None	2
ST	X+,Rr	Store Indirect and Post-Inc.	(X)←Rr,X←X+1	None	2
ST	- X, Rr	Store Indirect and Pre-Dec.	X←X-1,(X)←Rr	None	2
ST	Y,Rr	Store Indirect	(Y)←Rr	None	2
ST	Y+,Rr	Store Indirect and Post-Inc.	(Y)←Rr,Y←Y+1	None	2
ST	- Y, Rr	Store Indirect and Pre-Dec.	Y ← Y - 1, (Y) ← Rr	None	2
STD	Y+q,Rr	Store Indirect with Displacement	(Y + q) ← Rr	None	2
ST	Z,Rr	Store Indirect	(Z)←Rr	None	2
ST	Z+,Rr	Store Indirect and Post-Inc.	(Z)←Rr,Z←Z+1	None	2
ST	-Z, Rr	Store Indirect and Pre-Dec.	Z←Z-1,(Z)←Rr	None	2
STD	Z+q,Rr	Store Indirect with	(Z+q)←Rr	None	2

Mnemocins	Operands	Description	Operation	Flags	#clocks
		Displacement			
STS	k,Rr	Store Direct to SRAM	(k)←Rr	None	2
LPM		Load Program Memory	R0←(Z)	None	3
LPM	Rd,Z	Load Program Memory	Rd←(Z)	None	3
LPM	Rd,Z+	Load Program Memory and Post-Inc	Rd←(Z),Z←Z+1	None	3
ELPM		Extended Load Program Memory	R0←(RAMPZ:Z)	None	3
ELPM	Rd,Z	Extended Load Program Memory	Rd←(RAMPZ:Z)	None	3
ELPM	Rd,Z+	Extended Load Program Memory and Post-Inc	Rd←(RAMPZ:Z),RAMPZ:Z←RAMPZ:Z+1	None	3
SPM		Store Program Memory	(Z)←R1:R0	None	-
IN	Rd,P	In Port	Rd←P	None	1
OUT	P,Rr	Out Port	P←Rr	None	1
PUSH	Rr	Push Register on Stack	STACK←Rr	None	2
POP	Rd	Pop Register from Stack	Rd←STACK	None	2
		BIT AND BIT-TEST INSTRUCTIONS			
SBI	P,b	Set Bit in I/O Register	I/O(P,b) ← 1	None	2
CBI	P,b	Clear Bit in I/O Register	I/O(P,b)←0	None	2
LSL	Rd	Logical Shift Left	Rd(n+1)←Rd(n),Rd(0)←0	Z,C,N,V	1
LSR	Rd	Logical Shift Right	Rd(n)←Rd(n+1),Rd(7)←0	Z,C,N,V	1
ROL	Rd	Rotate Left Through Carry	Rd(0)←C,Rd(n+1)←Rd(n),C←Rd(7)	Z,C,N,V	1
ROR	Rd	Rotate Right Through Carry	Rd(7)←C,Rd(n)←Rd(n+1),C←Rd(0)	Z,C,N,V	1
ASR	Rd	Arithmetic Shift Right	Rd(n)←Rd(n+1),n=0..6	Z,C,N,V	1
SWAP	Rd	Swap Nibbles	Rd(3:0)←Rd(7:4),Rd(7:4)←Rd(3:0)	None	1
BSET	s	Flag Set	SREG(s)←1	SREG(s)	1
BCLR	s	Flag Clear	SREG(s)←0	SREG(s)	1
BST	Rr,b	Bit Store from Register to T	T←Rr(b)	T	1
BLD	Rd,b	Bit load from T to Register	Rd(b)←T	None	1
SEC		Set Carry	C←1	C	1
CLC		Clear Carry	C←0	C	1
SEN		Set Negative Flag	N←1	N	1
CLN		Clear Negative	FlagN←0	N	1
SEZ		Set Zero Flag	Z←1	Z	1
CLZ		Clear Zero Flag	Z←0	Z	1
SEI		Global Interrupt Enable	I←1	I	1

Mnemocins	Operands	Description	Operation	Flags	#clocks
CLI		Global Interrupt Disable	I← 0	I	1
SES		Set Signed Test Flag	S←1	S	1
CLS		Clear Signed Test Flag	S←0	S	1
SEV		Set Twos Complement Overflow.	V←1	V	1
CLV		Clear Twos Complement Overflow	V←0	V	1
SET		Set T in SREG	T←1	T	1
CLT		Clear T in SREG	T←0	T	1
SEH		Set Half Carry Flag in SREG	H←1	H	1
CLH		Clear Half Carry Flag in SREG	H←0	H	1
MCU CONTROL INSTRUCTIONS					
NOP		No Operation		None	1
SLEEP		Sleep	(see specificdescr.forSleep function)	None	1
WDR		Watchdog Reset	(seespecificdescr.forWDR/timer)	None	1
BREAK		Break	For On-chip Debug Only	None	N/A

A-4. 발진기의 종류와 특징

항목	설명
수정진동자 (크리스탈)	• 수정진동자는 천연 혹은 인공 수정 결정을 특정 각도에서 잘라낸 수정편에 전극을 부착한 것이다. 수정진동자의 정확한 명칭은 Quartz Crystal Resonator이다. 수정진동자는 X-TAL Unit, 크리스탈(crystal)로 기술되는 경우가 많다. • 회로에 수정진동자를 사용하는 경우에는 2개의 신호(XTAL1, XTAL2)가 사용한다. • 수정진동자는 Q가 높고, 기계적, 물리적으로 안정하며, 저렴한 비용으로 주파수를 생성할 수 있기 때문에 폭넓게 사용된다. 또한 정교한 공진특성으로 주파수 선택이 우수하며, 다른 발진회로에 비하여 안정적으로 주파수를 발생시켜주기 때문에 오차나 오동작이 적다. • 수정진동자는 TV, VCR, 전자시계 , 전자계산기, 개인용 컴퓨터 등에 주로 사용되며 휴대전화와 이동통신 기기 등에도 사용된다.
수정발진기 (오실레이터)	• 수정발진기는 수정을 아주 얇게 만들어 전기를 가하면 전기의 세기에 따라 발생되는 고유한 진동을 이용한다. 수정발진기는 수정진동자(crystal)와 발신회로가 결합해서 공진주파수를 만들어 내는 소자이다. • 수정발진기(oscillator)는 5개의 신호(Vcc, GND, Input, Output, NC)를 사용한다. 일반적으로 OSC, 오실레이터, 수정발진기로 명명된다. • 수정발진기는 X-TAL(크리스탈)과 발진기를 하나의 모듈로 구성하여 외부에서 전원을 공급하면 안정된 고정주파수를 출력한다. • 수정발진기는 각종 통신기기, 계측기, PC 등에 사용된다.
세라믹 공진기	• 세라믹 공진기는 아날로그나 디지털 회로 내에서 일정 주파수를 발진시키거나 기준 주파수를 발생하는 부품이다. • 세라믹 공진기는 그림 2.17과 같이 커패시터를 내장한 3핀의 1.80MHz~13.00MHz 범위를 갖는 세라믹 공진기와 2핀의 6.0MHz~50.00MHz 범위를 갖는 세라믹 공진기가 있다.  | 그림 2.17 | 2핀 및 3핀을 갖는 세라믹 공진기의 외형 • 세라믹 공진기는 가격이나, 주파수 안정도 측면에서 저가격에 비교적 안정된 발진 주파수를 원하는 회로를 설계할 경우 사용된다. 세라믹 공진기는 마이컴의 발진소자로 사용된다. • 세라믹 공진기는 부하 컨덴서(load capacitor)가 필요하기 때문에 제조가에서 권고하는 용량의 콘덴서를 양쪽에 연결하여 사용한다. • 세라믹 공진기는 콘덴서가 내장된 형은 3핀 형태이고 콘덴서가 없는 형은 2핀이다. • 주파수안정도 측면에서 X-TAL, 세라믹 공진기, LC 발진회로의 순서이고 가격측면에서는 LC발진 회로, 세라믹 공진기, X-TAL 순이다.

항목	설명
VCXO	• VCXO(Voltage Controlled X-TAL OSC)는 수정발진기와 같이 발진 회로를 내장하고 있으며 전압을 제어하여 주파수를 출력하는 방법이다. • VCXO는 이동통신, 화상제어 및 PLL 회로 등에 사용된다.
TCXO	• TCXO(Temperature Compensated X-TAL OSC)는 온도보상형수정발진기이다. 즉, TCXO는 온도를 보상하여 주파수를 얻는 방법이다. • TCXO는 작동되는 환경의 온도가 변하면 주파수가 변하게 된다. 그래서 안정된 주파수를 얻기 위해서는 안정된 온도를 유지해야 한다. 그래서 수정발진기는 온도를 제어하거나 온도를 보상하여 안정된 주파수를 얻게 된다. • TCXO는 OCXO에 비해서 상제적인 저비용, 작은 크기, 낮은 소비전력 등의 장점이 있다. • TCXO는 Varactor(Vlotage-Variable Capacitor)를 회로를 내장하여 온도 변화에 따른 디지털 방식 혹은 서미서터(thermistor network)를 사용하여 공진주파수를 조정하게 된다. • TCXO는 수MHz ~ 수십MHz 범위까지 온도변화에 대한 주파수 안정도가 높기 때문에 단말기의 PLL에서 VCO와 함께 기준 주파수원으로서 널리 사용된다. • 주파수안정도는 Nominal Frequency에 대한 주파수 편차량을 표기하며 퍼센터(percentage) 혹은 ppm(part per million) 단위를 사용한다.
DCXO	• DCXO(Digital Compensated X-tal Osc)는 온도보상수정발진기(TCXO)에 비해서 절반 가격으로 동일한 성능을 얻을 수 있다. • DCXO는 콘덴서 등 외부저항 조절을 통해 TCXO와 같은 주파수 범위를 갖도록 했다.
DTCXO	• DTCXO(Digital Temperature Compensated X-TAL OSC)는 디지털 온도보상 수정 발진기는 발진 회로에 수정의 온도 특성을 수치화하여 메모리 IC에 기록한 후 온도가 변화될 때마다 이에 상응하는 값을 보상하여 제어해 주는 방식이다. • DTCXO는 TCXO보다도 출력 주파수의 오차가 작다.
OCXO	• OCXO(Oven Controlled X-TAL OSC)는 수정(crystal)이 온도에 민감하게 변화하는 특성을 역이용한 것으로 항온조(oven)로 수정의 온도를 일정하게 유지시켜 오차가 발생하지 않도록 해주는 방식이다. 일반적으로 3.3V 혹은 5V 단일 전원을 사용한다. • 수정 응용 제품 중에서 가장 정밀도가 높지만 부피가 크고 12V, 24V, 30V 등 다양한 전원을 사용하기 때문에 중계기, 위성통신 장비에 주로 사용된다.

A-5. AVR 키트 회로도

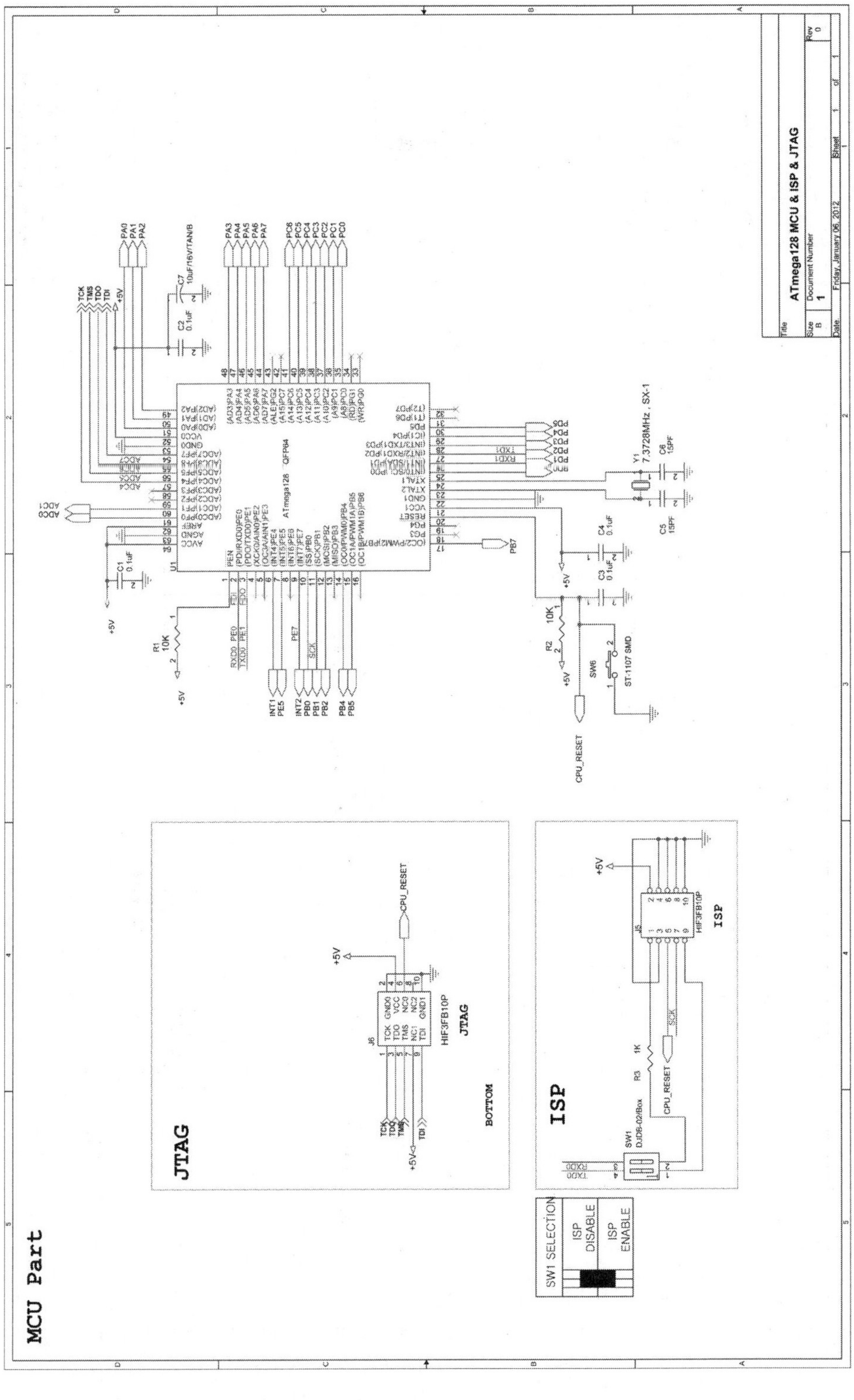
ATmega128 MCU & ISP & JTAG
MCU Part
JTAG
ISP
BOTTOM
SW1 SELECTION
ISP DISABLE
ISP ENABLE

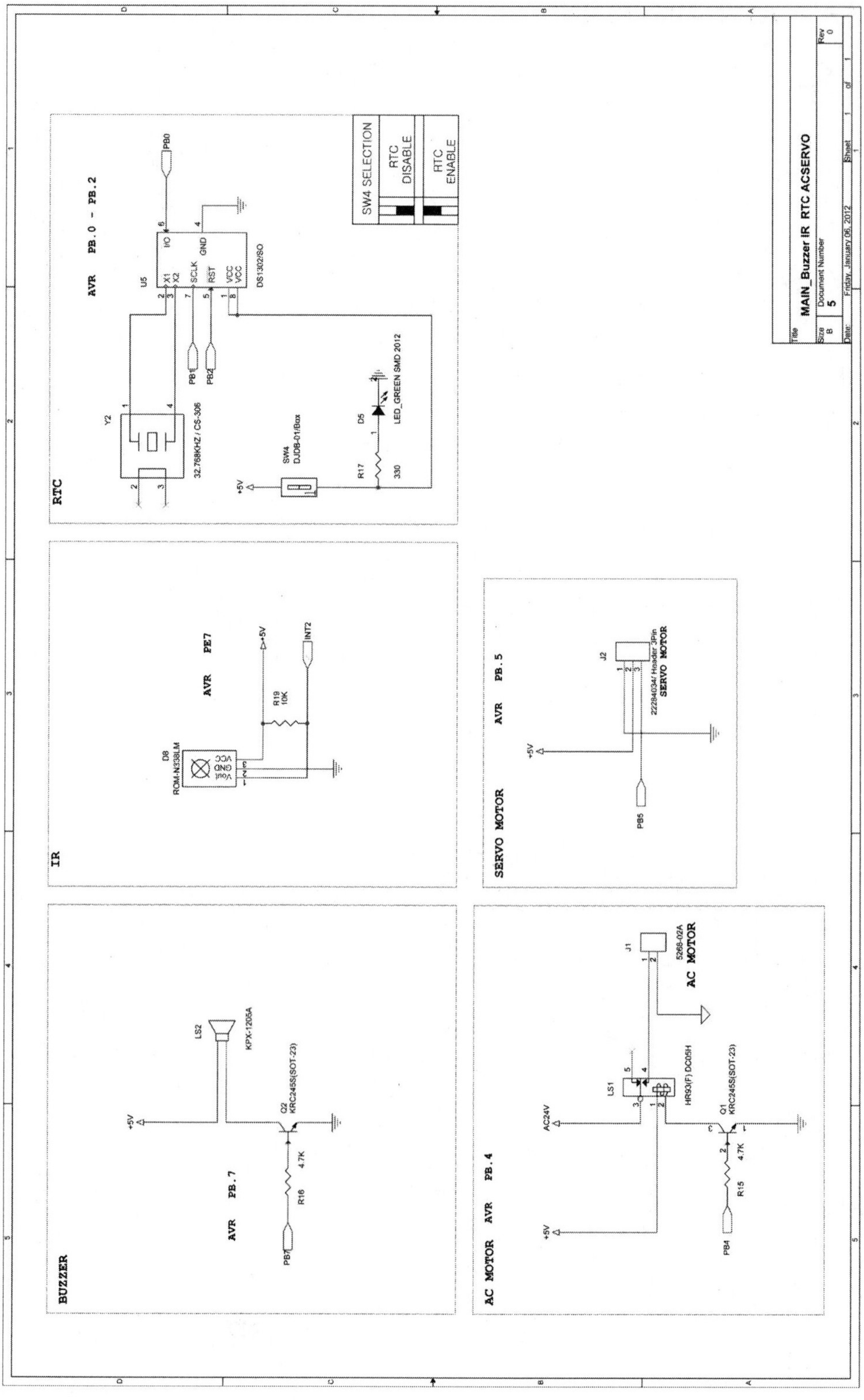
RTC
AVR PB.0 - PB.2
U5
DS1302/SO
Y2
32.768KHZ / CS-306
SW4
DJD8-01/Box
R17
330
D5
LED_GREEN SMD 2012
SW4 SELECTION
RTC DISABLE
RTC ENABLE
IR
AVR PE7
D8
ROM-N338LM
R19
10K
INT2
SERVO MOTOR
AVR PB.5
J2
22284034/ Header 3Pin
BUZZER
AVR PB.7
LS2
KPX-1205A
Q2
KRC245S(SOT-23)
R16
4.7K
AC MOTOR AVR PB.4
LS1
HR93(F) DC05H
Q1
KRC245S(SOT-23)
R15
4.7K
J1
5268-02A
AC24V
MAIN_Buzzer IR RTC ACSERVO
Friday, January 06, 2012

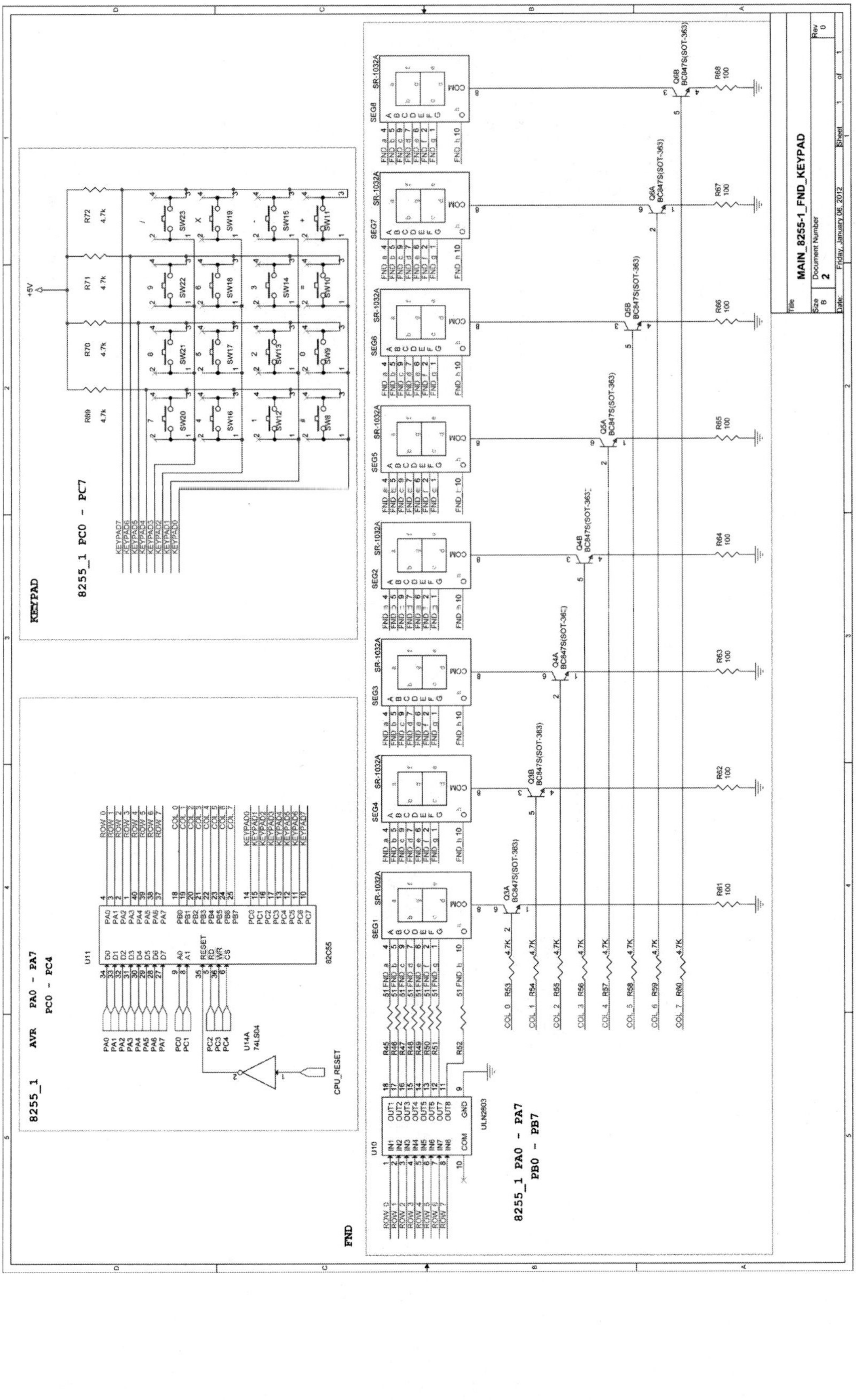
KEYPAD
8255_1 PC0 - PC7
8255_1 AVR PA0 - PA7
PC0 - PC4
FND
8255_1 PA0 - PA7
PB0 - PB7
MAIN_8255-1_FND_KEYPAD

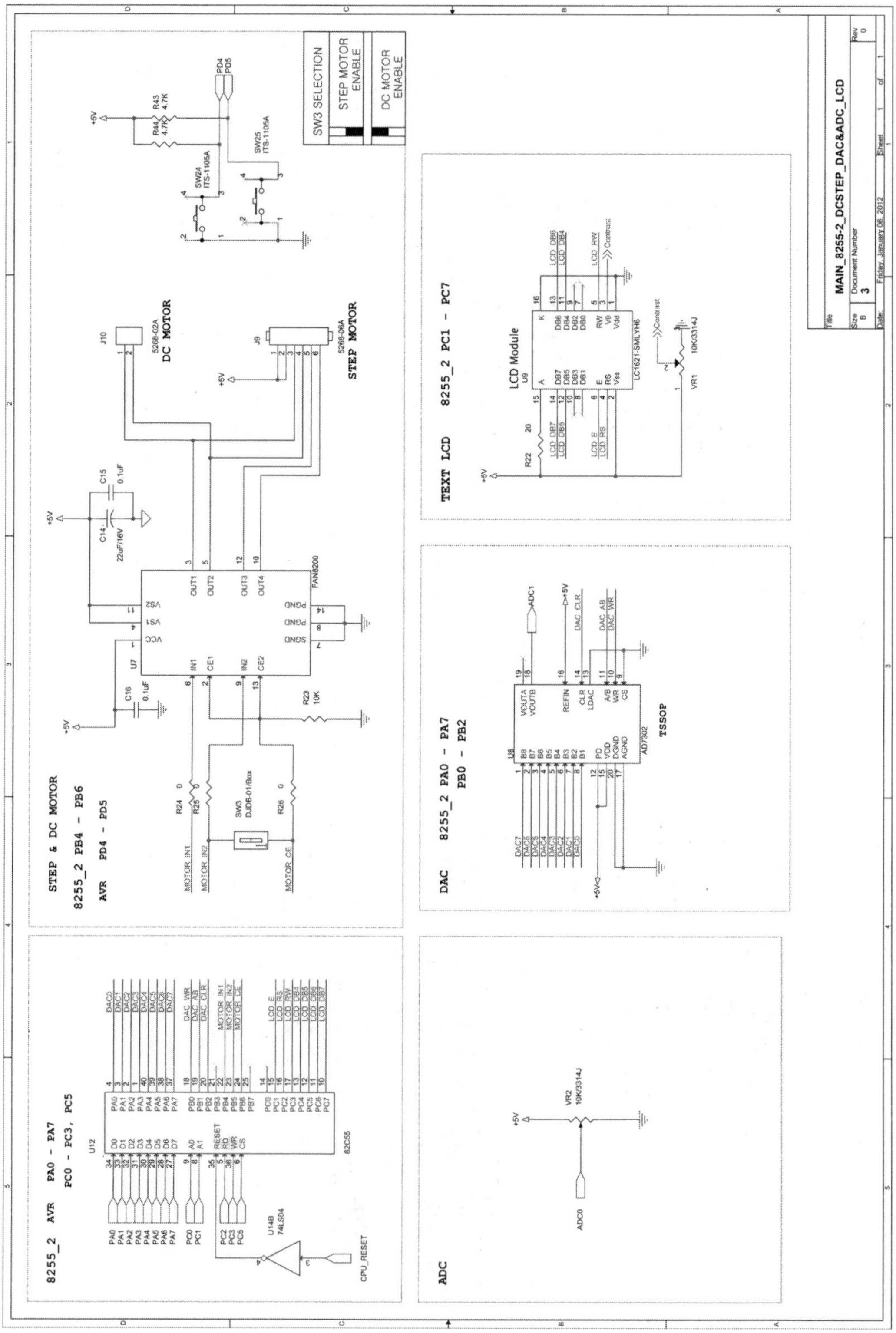
8255_2 AVR PA0 - PA7
PC0 - PC3, PC5
STEP & DC MOTOR
8255_2 PB4 - PB6
AVR PD4 - PD5
DC MOTOR
STEP MOTOR
SW3 SELECTION
STEP MOTOR ENABLE
DC MOTOR ENABLE
ADC
DAC 8255_2 PA0 - PA7
PB0 - PB2
TSSOP
TEXT LCD 8255_2 PC1 - PC7
LCD Module
MAIN_8255-2_DCSTEP_DAC&ADC_LCD
Friday, January 06, 2012

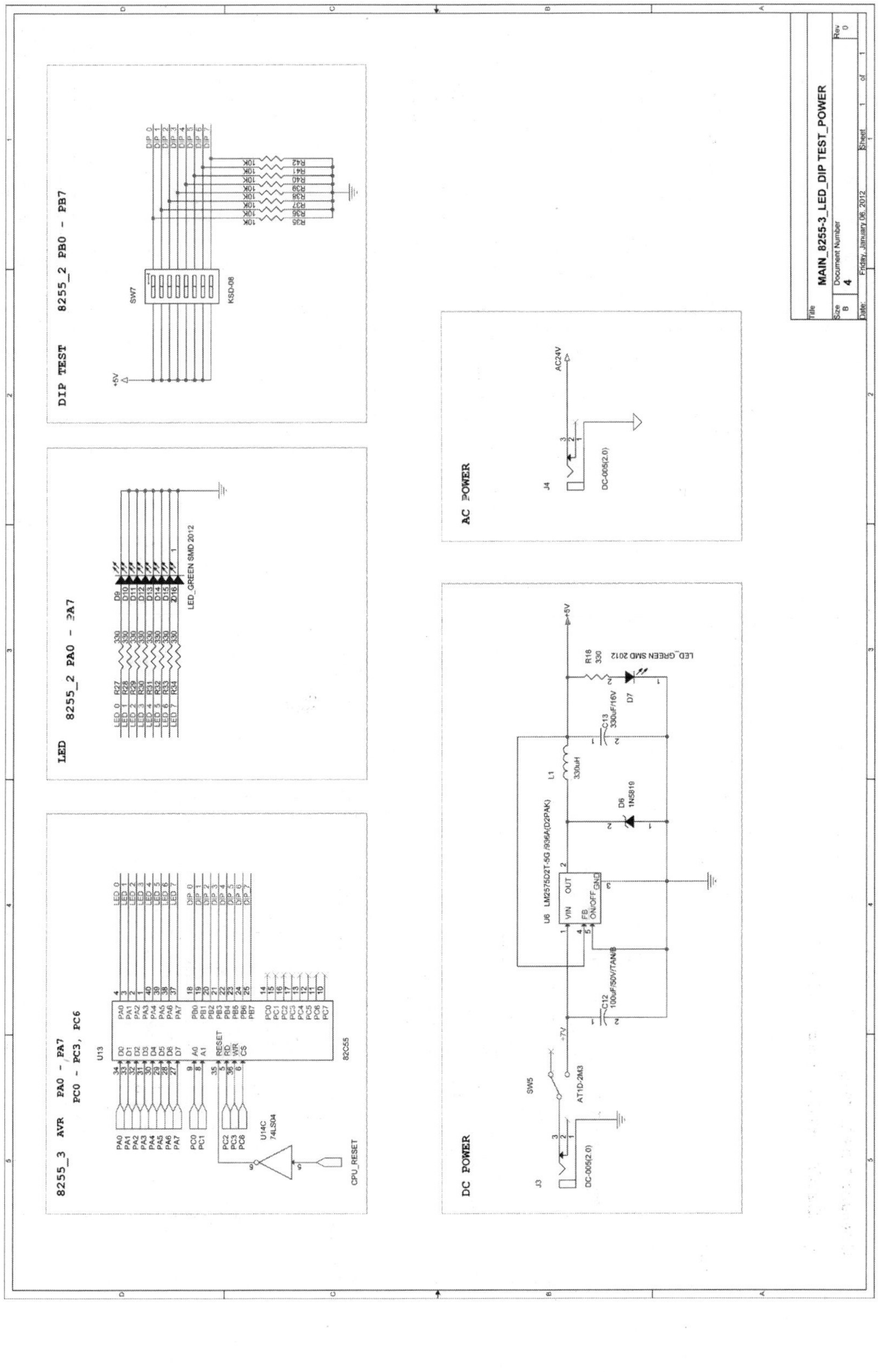

8255_3 AVR PA0 - PA7 PC0 - PC3, PC6
LED 8255_2 PA0 - PA7
DIP TEST 8255_2 PB0 - PB7
DC POWER
AC POWER
MAIN_8255-3_LED_DIP TEST_POWER

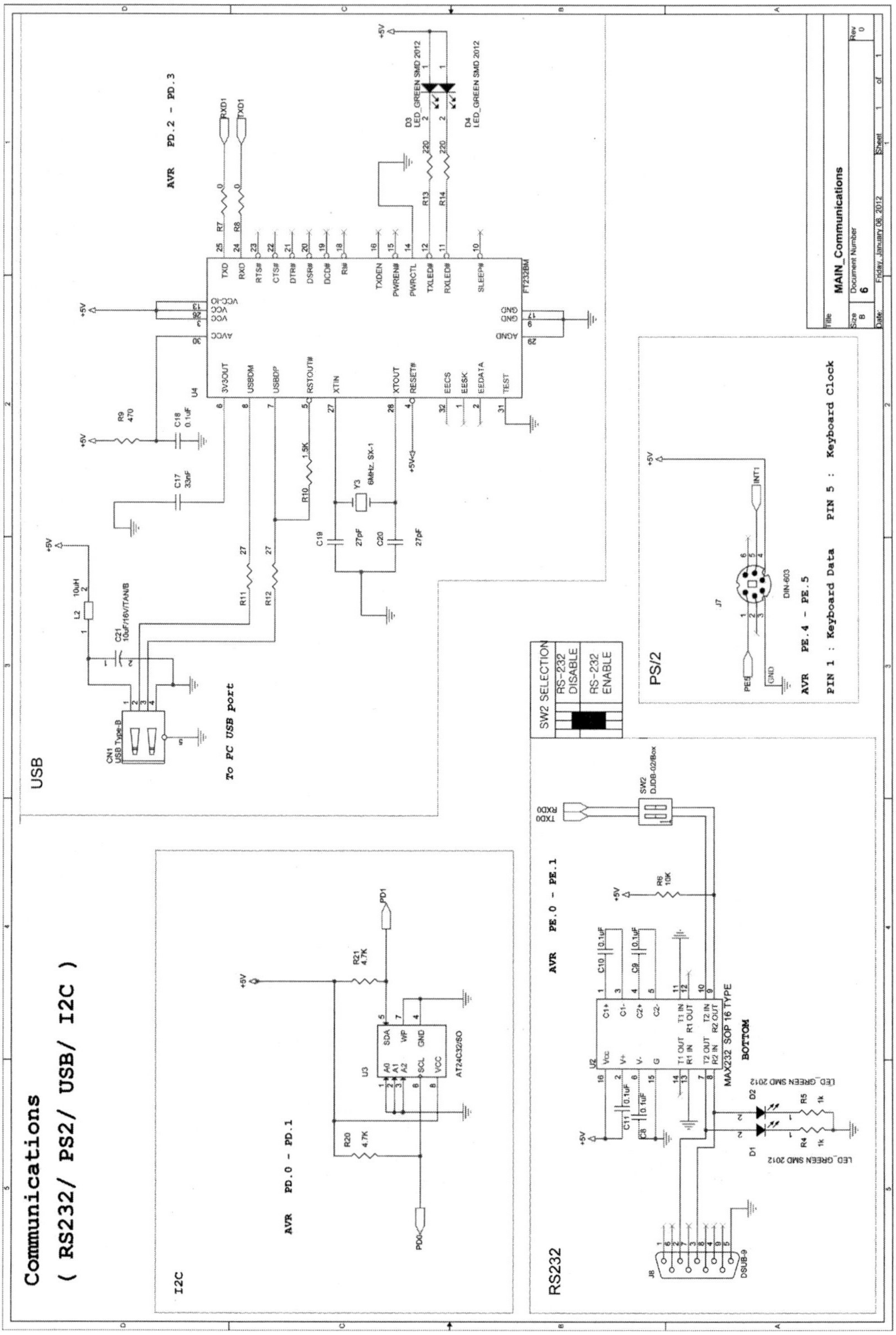
Communications
(RS232/ PS2/ USB/ I2C)
USB
To PC USB port
AVR PD.2 - PD.3
FT232BM
I2C
AVR PD.0 - PD.1
AT24C32/SO
RS232
AVR PE.0 - PE.1
MAX232 SOP 16 TYPE
BOTTOM
SW2 SELECTION
RS-232 DISABLE
RS-232 ENABLE
PS/2
AVR PE.4 - PE.5
PIN 1 : Keyboard Data PIN 5 : Keyboard Clock
MAIN_Communications

A-6. 참고문헌

01. http://www.atmel.com(ATmega128 데이터 시트)
02. http://www.intel.com(82C55A 데이터 시트)
03. http://www.analog.com(AD7302 데이터 시트)
04. http://www.motorbank.co.kr(소형 DC모터 데이터 시트)
05. http://www.towerpro.cn(소형 RC서보모터 데이터 시트)
06. http://www.raytron.co.kr(RON-N338LM 데이터 시트)
07. http://www.ftdichip.com/Documents/InstallGuides.htm (FT232BM 데이터 시트, 드라이브)
08. http://www.dalsemi.com(DS1302 데이터 시트)
09. www.fairchildsemi.com(FAN8200MTC 데이터 시트)
10. www.icbada.co.kr(LC1621-SMLYH6 데이터 시트)
11. http://www.usb.org(USB 표준안)
12. http://www.smbus.org(SMBus 표준안)
13. 이시현, 김영삼, MCS-51 Microcontroller를 활용한 Embedded System Design, 생능출판사, 2008.
14. Thomas L. Floyd, Principle of Electronic Circuits, Simon & Schuster, 1996.
15. Thomas L. Floyd, Fourth Edition Electronic Device, Simon & Schuster, 1996.

ATmega128 마이크로컨트롤러

INDEX

(ㅇ)

(ㅈ)

(ㅋ)

(ㅍ)

(ㅎ)

(숫자)

도서출판
그린

기초에서 응용까지
ATmega128 마이크로컨트롤러

인쇄일 ▶	2013년 6월 23일
발행일 ▶	2013년 6월 28일
저 자 ▶	이 시 현
발행처 ▶	도서출판 **그린**
발행인 ▶	윤 덕 우
출판등록 ▶	제8-161호(1995. 5. 3.)
주소 ▶	서울시 서대문구 연희동 219-20 (우)120-828
전화 ▶	02)333-2574
Fax ▶	02)333-2561
E-mail ▶	greenpress@greenpress.co.kr
Homepage ▶	http://www.greenpress.co.kr

Green Pub.

정가 : 21,000원

ISBN : 978-89-5727-202-2 (93560)